CLÁUSULA PENAL E SINAL

As penas privadas convencionais na perspectiva do Direito português e brasileiro

MARCELO MATOS AMARO DA SILVEIRA
Mestre em Direito pela Faculdade de Direito da Universidade de Lisboa.
Graduado em Direito pela Faculdade Milton Campos – Nova Lima/MG.
Membro fundador do Instituto Brasileiro de Direito Contratual - IBDCONT
Advogado. Brasileiro. Correio Eletrônico: marcelomatosamaro@gmail.com.

CLÁUSULA PENAL E SINAL

As penas privadas convencionais na perspectiva do Direito português e brasileiro

GZ
EDITORA
Rio de Janeiro
2019

1ª edição – 2019

Presidente do Conselho Editorial
Nelson Nery Costa

Capa
Flávio Vignoli

Diagramação
Olga Martins

CIP – Brasil. Catalogação-na-fonte.
Sindicato Nacional dos Editores de Livros, RJ.

S589c

Silveira, Marcelo Matos Amaro da
Cláusula penal e sinal: as penas privadas convencionais na perspectiva do direito português e brasileiro / Marcelo Matos Amaro da Silveira. - 1. ed. - Rio de Janeiro: GZ, 2019.
250 p.; 24 cm.

Inclui bibliografia e índice
ISBN 978-85-9524-070-4

1. Direito civil. I. Título.

19-59631

CDU: 347

contato@editoragz.com.br
www.editoragz.com.br
Av. Erasmo Braga, 299 – sala 202 – 2º andar – Castelo – RJ
CEP: 20020-000 – Rio de Janeiro – RJ
Tels.: (0XX21) 2240-1406 / 2240-1416 – Fax: (0XX21) 2240-1511

Impresso no Brasil
Printed in Brazil

Tal generosidade desejo firmar.
Acompanhai-me a um notário, selai lá
A obrigação sem mais, e a título de graça,
Se me falhardes o pagamento em tal dia,
Em tal lugar, de tal soma ou somas, tal como
Expresso nas condições, vá o incumprimento
Determinado em meio quilo escrupuloso
De vossa boa carne, a cortar-se e a tomar-se
Da parte do vosso corpo que me aprouver

Willian Shakespeare, *O Mercado de Veneza.*

AGRADECIMENTO

A presente obra é resultado da minha dissertação elaborada no programa de Mestrado Científico em Ciências Jurídicas da Faculdade de Direito da Universidade de Lisboa, e apresentada e aprovada com distinção perante banca altamente qualificada. Trata-se de um trabalho desenvolvido com muita dedicação e esmero, e cujo objetivo é tentar, de alguma forma, contribuir para o pensamento jurídico civilista luso-brasileiro contemporâneo.

Essa obra foi construída por aproximadamente dois anos, entre 2015 e 2017, período em que tive que fazer o "sacrifício" de viver em uma das mais belas e admiráveis cidades do mundo e frequentar diariamente os agradáveis bancos da "Clássica de Lisboa", que inegavelmente se tornou uma casa para mim. Aliado a isso, contei com o apoio acadêmico e pessoal de pessoas incríveis, e que não posso deixar de fazer uma menção carinhosa.

Do ponto de vista acadêmico, e que por sorte minha não se afasta do pessoal, três professores merecem um especial agradecimento.

O primeiro é o Professor Fernando Araújo, um mestre na acepção mais nobre da palavra, que alia um enorme saber, uma incrível capacidade de cativar e uma inegável generosidade, qualidades que o fazem inesquecível para qualquer um que já cruzou por seu caminho. Ele foi sem dúvidas um dos mais inspiradores professores que já tive a honra de conhecer, e um pouco de seu brilhantismo pode ser percebido no Prefácio da presente obra por ele assinado. O Professor Fernando me acolheu em sua Faculdade como verdadeiro mentor, sendo desde o início dos meus estudos um grande incentivador, e tendo ao final passado a ser também um grande amigo.

Também não posso deixar de agradecer ao Professor José Fernando Simão, gentil apresentador desta obra, civilista do mais alto gabarito, cuja erudição e cultura encantam e instigam a todos. Professor que hoje eu tenho a honra de chamar de amigo, e que vem, desde o início da nossa convivência, sempre me proporcionando grandes encontros e momentos divertidíssimos e engrandecedores, tanto do ponto de vista jurídico como pessoal.

Por fim, mas não menos importante, agradeço ao meu querido orientador, Professor António Barreto Menezes Cordeiro, jovem jurista que tenho grande admiração, e cuja contribuição para o trabalho foi pontual e decisiva. Professor que leva no sangue a aptidão para a academia e o saber do direito privado, e que, com muita maestria, me auxiliou a desenvolver o presente trabalho seguindo os rigorosos padrões da tradição civilista da FDUL.

Do ponto de vista pessoal não posso iniciar meus agradecimento por outras pessoas, que não meus pais, Andréa e Mário, que me apoiaram incondicionalmente durante todo o período de estudos, e me proporcionaram as condições materiais para fazer o curso de mestrado da melhor forma possível. À minha mãe sou especialmente grato por ter criado todas as bases para que eu pudesse ter uma formação humana e solidária, e me ensinar a valorizar a cultura e a educação como elementos fundamentais da nossa sociedade. Ao meu pai agradeço por ter me ensinado a valorizar o esforço e a dedicação como valores a serem seguidos e alcançados, e por ter me auxiliado a construir um percurso com autonomia e responsabilidade, sempre provendo e cobrando na mesma medida.

Agradeço, acima de tudo, à Bruna, por me apoiar, sempre demonstrar seu amor incondicional, e também por me incentivar a buscar o melhor, mas ao mesmo tempo não me frustrar e desgastar atoa. Companheira para todas as ocasiões que me ensina diariamente a ser uma pessoa positiva e serena. Ela me ajudou a contornar a distância, estando sempre atenta e interessada na minha rotina e atividades, presente quando possível e até quando não era possível. Foram horas e mais horas de conversas nos meios digitais que trouxeram o equilíbrio necessário para os momentos de maior pressão, aliadas a algumas visitas que acabaram virando viagens que nunca serão esquecidas.

Sou grato, ainda, aos meus familiares, em especial à Bárbara, André e Denise, aos meus Avós e aos meus padrinhos, André e Mônica; aos meus amigos "portugueses": Alessandro, Amanda, Carla, Caro, Derick, Dri, Franklin, Gabe, João, Malu, Pedrinho e Niemeyer e muito especialmente à Andrea, que estiveram ao meu lado, dando o apoio emocional e acadêmico necessário para concretização do mestrado, e a todos meus amigos brasileiros, que me abstenho de nomear para não cometer a gafe do esquecimento, mas que possuem inegável marca na minha vida.

Por fim, agradeço a você, leitor, que irá percorrer as próximas páginas dessa obra. Seu interesse pelo tema desta obra me deixa muito lisonjeado. Sobretudo, agradeço se futuras contribuições e considerações puderem ser feitas, pois somente através do diálogo e do debate de ideias que podemos contribuir para o desenvolvimento do direito... e também da sociedade.

APRESENTAÇÃO

Conheci Marcelo Matos Amaro da Silveira quando, em outubro de 2015, organizei com os amigos e professores Fernando Araújo, Cesar Santolim e Ricardo Lupion um evento de direito empresarial na Faculdade de Direito da Universidade de Lisboa.

Marcelo chegara a Portugal para iniciar seus estudos de mestrado naquele mês e optou por cursar a disciplina Análise Econômica do Contrato regida pelos amigos Fernando Araújo e Paula Vaz Freire. Foi por ocasião da primeira aula da disciplina que conheci Marcelo Silveira.

Aluno mais interessado que a média, sempre dedicado e participativo, Marcelo Silveira logo demonstrou seu conhecimento de direito civil e sua boa formação. Além disso, revelou-se interessado em promover a disseminação de conhecimentos e, por isso, sendo eleito Presidente do Nelb – Núcleo de Estudos Luso-brasileiro da Faculdade de Direito de Lisboa, realizou, já em fevereiro de 2016, um debate sobre a Boa-fé objetiva nas relações empresariais. O debate foi demais proveitoso e o tema dos planos de saúde esteve presente na discussão.

Naquele ano de 2016, em mais de uma ocasião estive em Lisboa e tive oportunidade de ouvir as intervenções de Marcelo no curso do prof Fernando Araujo, testemunhar sua presença nas arguições de mestrado das quais participei, já se preparando para a sua própria, e intensa preocupação com os relatórios que deveria entregar naquele ano. Uma palavra define a relação de Marcelo Silveira com o mestrado: profissionalismo.

Entregues os relatórios, Marcelo permaneceu em Lisboa para a pesquisa de sua dissertação de mestrado. Enquanto pesquisava, aproveitou para participar de muitos seminários jurídicos.

Em janeiro de 2017, Marcelo assistia aos eventos jurídicos realizados na Faculdade de Direito de Lisboa tais como o "Seminário de aniversário da RJLB" e as "Jornadas Luso-Brasileiras. No mesmo mês, promoveu uma bate-papo do NELB em que eu falei das atualizações do direito de Família e Sucessões.

Esse foi um traço característico do trabalho de Marcelo Silveira em Portugal: a promoção de eventos jurídicos que propiciavam o genuíno debate acadêmico entre brasileiros e portugueses.

Posteriormente, regressando ao Brasil, Marcelo Silveira prosseguia na elaboração da tese de mestrado, mas não deixou de frequentar eventos acadêmicos. Em São Paulo, assistiu minhas aulas de Família e Sucessões, bem como as de mestrado e doutorado, ministradas aos alunos do Largo de São Francisco (USP). Em Brasília, esteve na Comissão de Direito das Obrigações da VIII Jornada de Direito Civil do Conselho da Justiça Federal.

É por isso que, quando em julho de 2018 defendeu sua dissertação de mestrado, sob a orientação do Professor Doutor Antonio Barreto Menezes Cordeiro, o resultado não poderia ter sido diferente: foi aprovado com 18 valores e recebeu elogios consideráveis quanto à qualidade do trabalho e da pesquisa. É essa dissertação, agora sob a forma de livro, que tenho a alegria de apresentar.

"Cláusula penal e sinal: as penas privadas na perspectiva do Direito português e brasileiro" é efetivamente uma obra de comparação de sistemas, em que o autor se propõe a resolver de maneira científica temas espinhosos ainda na vigência do Código Civil de 1916 e que persistem até hoje.

A questão da natureza da cláusula penal, se punitiva ou indenizatória, é tema que Marcelo Silveira explora com maestria. Enfim, o livro que se apresente é necessário para todos aqueles que estudam direito civil, que o utilizam em suas profissões e para o público em geral que tem interesse em saber mais.

Os próximos passos? Marcelo é um jovem e talentoso professor. Seu ingresso no doutoramento é termo e não condição. É o tipo de acadêmico que brilha nos bancos de qualquer Universidade.

Um dado final, Marcelo Silveiro, além de jurista e pesquisador, tem um talento que nem todos conhecem. Em fevereiro de 2017, tive a alegria de degustar o melhor arroz de pato que já comi em toda minha vida e o chef de cuisine foi Marcelo Silveira.

Do quente inverno paulistano, São Paulo 1 de agosto de 2019.

José Fernando Simão

PREFÁCIO

Marcelo Matos Amaro da Silveira publica o seu estudo sobre as penas privadas convencionais no Direito Português e no Direito Brasileiro – centrando a sua atenção nas figuras, já milenares, da cláusula penal e do sinal.

Trata-se de um estudo original e profundo sobre um tema denso, complexo, já extensamente explorado pela doutrina e no entanto ainda na vanguarda da Ciência Jurídica, o que se explica pelos desafios teóricos que colocam, mas sobretudo pelas implicações práticas associadas a essas penas privadas na vida dos contratos, tanto a nível interno como a nível internacional.

1.

Em sintonia com a dogmática contemporânea, muita da análise da cláusula penal centra-se nas implicações da teoria "dualista", ou seja, no reconhecimento de que a herdeira da "*stipulatio poenae*" romana se desdobra por funções indemnizatórias, por um lado, e por funções coercitivas / punitivas, por outro; e que essa dupla natureza, em larga medida imiscível, se acoita com demasiada frequência em formulações legais ou jurisprudenciais que, por serem unitárias, provocam um empobrecimento, ou truncagem, "monistas".

Por exemplo, essa formulações têm reduzido, na aparência, a cláusula penal à sua função de liquidação antecipada dos danos, o que excluiria uma função genuinamente punitiva; sem se saber se essa aparência corresponde efectivamente à intenção de exclusão de funções punitivas "*stricto sensu*", intenção essa que não é norma no âmbito do "*Civil Law*", ao contrário do que até recentemente sucedia no "*Common Law*".

Essa aversão tradicional do "*Common Law*" às puras "*penalty clauses*" fica bem ilustrada pelo art. 2-718(1) do Código de Comércio Uniforme dos Estados Unidos, que estabelece como válidas as "*liquidated damages clauses*", mas como inválidas aquelas "*penalty clauses*", suspeitas de serem abusivas ou "leoninas"[1], suspeitas de "exorbitância", de "extravagância" e de "*unconscionability*" , por um conjunto de reservas conhecidas no meio do "*Common Law*" como "*Penalty Doctrine*"[2] e postas em prática através do denominado "*Dunlop* test"[3].

Essa tensão entre o "*laissez-faire*" da liberdade contratual e a tradição anti-liberal é, portanto, meramente latente nos modernos sistemas de "*Civil Law*", mas era plenamente assumida na tradição da "*Penalty Doctrine*", tal como ela começou por ser aplicada nos "*Courts of Equity*"[4].

Tão drástica aversão à vertente "coercitiva", "*in terrorem*", da cláusula penal foi sempre contestada, e passou a sê-lo ainda mais na medida em que o paternalismo, ou a repulsa atá-

---

1 Gaviria, Juan Antonio (2019), "El Efecto de las Cláusulas Penales en las Decisiones de Incumplimiento. Un Análisis de Economia Conductual", *Revista de Derecho Privado*, 36, 64-65.

2 Nem todo: o Indian Contract Act de 1872, por exemplo, evita habilidosamente a "*Penalty Doctrine*" e as suas complicações. Swaminathan, Shivprasad (2018), "De-Inventing the Wheel: Liquidated Damages, Penalties and the Indian Contract Act, 1872", *The Chinese Journal of Comparative Law*, 6/1, 103.

3 Halson, Roger (2018), *Liquidated Damages and Penalty Clauses*, Oxford, OUP, 2.44, 2.48, 3.01; Worthington, Sarah (2017), "Penalty Clauses", *in* Virgo, Graham & Sarah Worthington (orgs.) (2017), *Commercial Remedies: Resolving Controversies*, Cambridge, CUP, 379.

4 Halson, R. (2018), 1.21, 2.11.

vica da usura, tenham sido contemporaneamente, ou superados, ou canalizados para ramos de Direito mais vocacionados para lidarem com assimetrias intra-contratuais.

E também há muito se tinha percebido que a *"Penalty Doctrine"* era incongruente, pois, por exemplo, proibia atrasos no cumprimento, mas não prémios por antecipação no cumprimento, sendo que ambas as medidas são economicamente equivalentes[5].

Além disso, para lá de medos e paternalismos herdados, não pode ignorar-se o "viés de representatividade" que leva ao empolamento, em dimensão e frequência, da ocorrência de cláusulas "excessivas" ou disfuncionais[6]: pense-se no elemento estratégico que por vezes se insinua nas alegações forenses quanto ao elemento "usurário" ou "leonino" das cláusulas "coercitivas", muitas vezes um expediente para o inadimplente se furtar ao pagamento de uma quantia que aceitou inicialmente com plena consciência, livremente e de boa fé[7].

Com alguma ironia, a *"Penalty Doctrine"* acabou por estimular uma reacção dinâmica e criativa por parte dos agentes económicos e jurídicos, verificando-se, com a liberdade de estipulação, que proliferaram estipulações que tentam contornar a proibição da *"penalty clause"* pura – por exemplo, estabelecendo pagamentos ou benefícios em função da verificação de outros eventos que não o incumprimento da prestação principal[8], ou estabelecendo condições resolutivas, *"acceleration clauses"*, *"termination clauses"* ou *"mixed clauses"* que dissipem equívocos quanto às circunstâncias em que se perde o "benefício do prazo", ou quanto ao momento em que, perdido o interesse do credor, o incumprimento é definitivo e a indemnização é devida[9].

Devendo notar-se, contudo, que existe uma assimetria (lógica, mas sobretudo jurídica) entre cláusulas que incentivam o cumprimento (ou a antecipação do cumprimento) e cláusulas que desincentivam o incumprimento, pelo que a esta fuga à *"Penalty Doctrine"* pode ter criado ainda mais incongruências e aporias do que aquelas que se apontavam ao regime vigente[10].

Por seu lado, as abordagens de *"Civil Law"* têm propendido a entroncar o tema das cláusulas penais "excessivas" nas áreas da defesa do consumidor e das cláusulas contratuais gerais, o que de certo modo tem dispensado o recurso a algo que corresponda à *"Penalty Doctrine"*[11].

Isso não quer necessariamente dizer que o tema das "penas convencionais" seja mais pacífico no *"Civil Law"*, e mormente na doutrina alemã, havendo aí quem sustente, por exemplo, que só há penas verdadeiras se estas tiverem origem legal – e não se forem pactuadas, porque nesse caso teriam sido consensualmente aceites como meros deveres, não podendo, por isso, ser reconfiguradas como sanções[12].

Destaque-se que a aversão tradicional do *"Common Law"* às *"penalty clauses"* parece

---

5 Worthington, S. (2017), 372.

6 Gaviria, J.A. (2019), 67.

7 Denton, David H. (2011), "Liquidated Damages and Penalties. Ensuring Enforceability" (paper), 4.

8 Halson, R. (2018), 2.10, 2.38-2.40.

9 Halson, R. (2018), 5.32, 5.37, 5.42, 5.52.

10 Sun, Carlos, Praveen Edara & Andrew Mackley (2013), "Refocusing on Liquidated Damages in Incentive / Disincentive Contracts", *Journal of Legal Affairs and Dispute Resolution in Engineering and Construction*, 5, 136-140.

11 Patti, Francesco Paolo (2017), "The New English Law on Penalty Clauses: An Italian Perspective", *ERPL - European Review of Private Law*, 25/1, 227-228.

12 Patti, Francesco Paolo (2015), "Penalty Clauses in Italian Law", *ERPL - European Review of Private Law*, 23/3, 313.

ter sido superada pelo grande "separador de águas" que foi a decisão britânica "*Cavendish Square Holding BV v Talal El Makdessi*", ou simplesmente "Sentença *Makdessi*", de 2015 – sendo que é com essa decisão que pela primeira vez os tribunais do "*Common Law*" admitiram a legitimidade de um interesse das partes numa dissuasão autónoma do incumprimento para lá do interesse no ressarcimento dos danos resultantes desse incumprimento – reconhecendo que diversas situações contratuais aconselham essa separação de interesses (por exemplo, contratos que visam exclusivamente assegurar a presença física de alguém num determinado local e momento, ou a entrega tempestiva de um bem, ou a reserva da confidencialidade)[13].

Em suma, a "Sentença *Makdessi*" colocou em xeque a "*Penalty Doctrine*", a qual, como já referimos, vinha a ser muito criticada pela doutrina como entendimento iliberal, obsoleto, incongruente[14]. Agora, deixando as "*penalty clauses*" de ser consideradas *ipso facto* inválidas, isso só pode significar que, num movimento de convergência com o direito "continental", elas passam a ser controladas no seu valor e ficam expostas a reduções oficiosas[15]; o que por sua vez facilita ainda o paralelismo com o regime do sinal, também ele admitido independentemente da sua função, e apenas sujeito a um controle de valor[16]

2.

Na construção perfilhada por Marcelo Amaro, a liquidação convencional dos danos introduziria nas obrigações emergentes do contrato uma faculdade alternativa "*a parte creditoris*" – uma posição "agnóstica" sobre a moralidade da adstrição aos deveres contratuais que coloca já o autor próximo dos critérios económicos de "indiferença entre cumprimento e indemnização convencionada" (e da consequente admissão da possibilidade de "incumprimento eficiente"), mas sobretudo facilita a demarcação face à função genuinamente punitiva que, desligada do valor da prestação principal ou dos danos previsivelmente associáveis, de forma juridicamente relevante, ao inadimplemento, gera uma assimetria entre "interesse no cumprimento" e valor a suportar pelo inadimplente (razão do tradicional, e já referido, repúdio do "*Common Law*", e da sua "*Penalty Doctrine*", a essa função coercitiva[17]).

Deve-se a Oliver Wendell Holmes a "teoria *no-fault* do contrato", que concebe as obrigações emergentes do contrato como simples faculdades alternativas – conferindo a uma ou ambas as partes a opção entre cumprir o devido, por um lado, ou indemnizar pelo incumprimento, por outro –; aquilo que por vezes se designa como "*contract as option*", ou a "tese disjuntiva"[18], e que, enquadrando-se no campo da "*Efficiency Theory*", se compatibiliza facilmente com a ideia de "incumprimento eficiente", que mais não seria que o exercício de uma opção com resultados economicamente equivalentes / indiferentes, quando objectivamente avaliados[19]

Note-se que nos sistemas de "*Common Law*" existe um paralelismo entre a proibição tradicional das "*penalty clauses*" e a indisponibilidade, em princípio, da solução da "*spe-*

---

13 Worthington, S. (2017), 380; Patti, F.P. (2017), 234.

14 Morgan, Jonathan (2016), "The Penalty Clause Doctrine: Unlovable But Untouchable", *The Cambridge Law Journal*, 75/1, 13.

15 Patti, F.P. (2017), 240.

16 Worthington, S. (2017), 384.

17 Graves, Jack (2013), "Penalty Clauses as Remedies: Exploring Comparative Approaches to Enforceability", *Touro Law Review*, 29/3, 685.

18 Seiler, Michael J. (2017), "Do Liquidated Damages Clauses Affect Strategic Mortgage Default Morality? A Test of the Disjunctive Thesis", *Real Estate Economics*, 45/1, 204.

19 Halson, R. (2018), 2.61, 4.39.

cific performance" como alternativa ao pagamento de "*damages*", precisamente porque a indemnização, nesses sistemas, tem a pretensão de ser "neutra" entre o cumprimento e a indemnização por incumprimento (de acordo com a aludida "tese disjuntiva", que admite situações em que o incumprimento seja mais eficiente do que o cumprimento, desligando-se das conotações morais do "contrato como promessa")[20]

Ao nível dos pressupostos teóricos, têm-se defrontado, na doutrina anglo-saxónica, a "*Promise Theory*", que sustenta que existe uma base moral para a adstrição aos deveres contratuais, e a "*Efficiency Theory*", que privilegia a noção de que o contrato é sobretudo um facilitador de colaboração e de circulação de riqueza – sendo a primeira mais favorável às cláusulas penais "coercitivas", e a segunda mais favorável ao "incumprimento eficiente"[21] (admitindo esta "*Efficiency Theory*", contudo, que as "*liquidated damages*" sobre-indemnizem, desde que não o façam de maneira "excessiva")[22]

Além disso, há que reconhecer que, de certo modo, o simples estabelecimento de uma cláusula penal já gera a convicção de que o contrato transitou de uma simples "promessa de cumprimento" (que confere a referida dimensão moral ao incumprimento, e até uma dimensão pública que subjaz à sacralização do "*pacta sunt servanda*") para uma "faculdade alternativa" entre cumprimento e pagamento da indemnização pré-fixada (que retira a conotação moral ao incumprimento)[23].

De facto, ao tornar mais claros os valores em jogo, e em especial ao fixar os custos do incumprimento, as "*liquidated damages*" podem até viabilizar o "incumprimento eficiente" – ao contrário do que é o entendimento dominante[24] –, permitindo à parte inadimplente calcular com maior rigor os ganhos e perdas resultantes da sua conduta[25]

Lembremos que o objectivo das "*liquidated damages*" é o de converter numa quantia presente, e especificada, um valor futuro e incerto, correspondente a danos resultantes de incumprimento – tornando claras ("líquidas") às partes as consequências desse incumprimento.

Ora é essa antecipação que pode criar problemas de divergência, por excesso ou por defeito, entre o valor previamente liquidado e o valor dos danos efectivamente verificados em consequência do incumprimento[26]; nomeadamente confrontando um devedor que, no momento de contratar, foi excessivamente confiante na sua capacidade para cumprir, com a armadilha de uma cláusula penal que se revelou, para ele, excessiva – ou o inverso no caso de um credor que descobre que a cláusula penal é limitativa[27]; conduzindo respectivamente, agora sob o puro prisma da análise económica, a situações de "cumprimento ineficiente" e de "incumprimento ineficiente" [28].

Há que reconhecer que as "*liquidated damages*", ao explicitarem o efeito convencional do incumprimento, retiram mesmo a conotação moral ao incumprimento – já que consensu-

---

20 Graves, J. (2013), 682-683, 687-688.

21 Dosi, Cesare & Michele Moretto (2013), "Procurement with Unenforceable Contract Time and the Law of Liquidated Damages", *The Journal of Law, Economics, and Organization*, 31/1, 164.

22 Saprai, Prince (2013), "The Penalties Rule and the Promise Theory of Contract", *Canadian Journal of Law and Jurisprudence*, 26/2, 443-444, 462.

23 Seiler, M.J. (2017), 205.

24 Gaviria, J.A. (2019), 68.

25 Halson, R. (2018), 4.13.

26 Halson, R. (2018), 3.03.

27 Halson, R. (2018), 3.04, 3.10, 3.14.

28 Halson, R. (2018), 4.39.

almente as partes aceitam essas consequências, que se tornam uma "regra de jogo", capaz de fazer frente a regras morais "interiorizadas", a usos e demais "normas sociais"[29]

3.

O nosso autor não deixa de sublinhar como a doutrina "continental" aceitou a "dupla função" da cláusula penal: o que aparentemente denota menos paternalismo na regulação dos equilíbrios contratuais por não excluir completamente estipulações genuinamente penalizadoras, mas na verdade contribui para os equívocos já mencionados quanto à natureza e funções da cláusula, a reclamar uma demarcação que evite que a função indemnizatória seja subvertida por objectivos coercitivos, a ponto de perder como elementos de referência o valor da prestação principal e o valor dos danos causados à expectativa do credor (sem perder de vista que, como é devidamente assinalado no texto, toda a indemnização, na medida em que é suportada pelo inadimplente por nascer da sua responsabilidade, tem já uma dimensão coercitiva, pressionando ao adimplemento).

Em suma, resulta da análise que eram maiores os inconvenientes do que as vantagens nesse desenvolvimento de uma figura "unitária e bifuncional".

E também é minuciosamente analisado o momento de viragem para o modelo binário da cláusula penal, o momento do reconhecimento de dois tipos separados de cláusula, com naturezas distintas e a reclamarem um tratamento jurídico diferenciador: por um lado uma cláusula "substitutiva" ou "compensatória", a habilitar ao credor o exercício da faculdade alternativa de optar pela indemnização pré-liquidada sob forma de uma "*lump sum*" ou de um "*per diem*"[30] (poupando nos custos, no tempo e na controvérsia associáveis à determinação *ex post* dos danos, visto que passa a presumir-se a existência do dano e ao mesmo tempo fica eliminada a necessidade de cálculo do "*quantum debeatur*"); por outro lado uma cláusula "cumulativa", exigível em conjunto com o cumprimento coercivo ou com o sucedâneo pecuniário do incumprimento[31]/[32].

Esta visão dualista não negaria os já referidos efeitos incentivadores que a pura liquidação antecipada dos danos produz – mesmo se a sua vocação não é incentivadora, mas meramente reparadora –; simplesmente admitiria que as partes fixassem um *extra*, um suplemento incentivador /coercitivo[33], sob forma de penalização para além dos danos decorrentes do incumprimento, e cujo pagamento não exoneraria o inadimplente do cumprimento da obrigação ou da indemnização pelo inadimplemento, já que nesta segunda modalidade

---

29 Wilkinson-Ryan, Tess (2010), "Do Liquidated Damages Encourage Breach? A Psychological Experiment", *Michigan Law Review*, 108/ 5, 636-637.

30 A "*lump sum*" essencialmente vocacionada para casos de incumprimento definitivo, o "*per diem*" para casos de mora. Cfr. DiMatteo, Larry A. (2010), "Enforcement of Penalty Clauses: A Civil-Common Law Comparison", *IHR - Internationales Handelsrecht*, 10/5, 193.

31 Sem se excluir a possibilidade de um híbrido, uma cláusula "compensatória" e "cumulativa" que liquidasse antecipadamente os danos da "*mora debitoris*" ou do cumprimento defeituoso.

32 Gaviria, J.A. (2019), 60-62.

33 Novamente aqui não se excluirá a figura intermédia do "pacto de dano excedente", uma estipulação que permita ao credor lesado, uma vez determinados *ex post* os danos da "*mora debitoris*" ou do cumprimento defeituoso, reclamar a respectiva indemnização cumulativamente com o cumprimento coercivo da obrigação, ou com a indemnização pelo incumprimento, ou com o pagamento dos danos previamente liquidados através de cláusula penal "compensatória".

a "pena" não constitui alternativa ao cumprimento que tenha como efeito a extinção da obrigação.

O autor nota que o "modelo binário" não tem tido consagração legal expressa, sendo que com frequência se consagra somente a cláusula "compensatória", remetendo-se a cláusula "sancionatória" para o domínio da liberdade de estipulação, constituindo portanto uma cláusula não-tipificada, a merecer um tratamento doutrinal e jurisprudencial muito cuidadoso, dados os melindres e atavismos que em torno dela se acastelam – e que, como referimos, até recentemente conduziam à sua rejeição liminar nos sistemas de "*Common Law*".

E refere o autor que, não obstante essa atipicidade, a doutrina "continental" tem vindo a propender – embora só por maioria – para a admissão de uma cláusula penal compulsória puramente "cumulativa", ou seja, uma cláusula que não só fixa montantes penalizadores do cumprimento para além do valor da prestação incumprida como também preserva, na integralidade, o direito do autor de ser ressarcido dos danos advenientes do incumprimento: o equivalente à pura privatização de uma sanção pecuniária compulsória.

No entanto, nota subtilmente, da atipicidade de uma tal cláusula resulta que todas as referências expressas da lei se devam entender ser feitas à modalidade puramente "compensatória" da cláusula penal, só se admitindo a modalidade "coercitiva" quando isso resulte de estipulação inequívoca das partes.

Essa modalidade "coercitiva", "cumulativa", ou de "cláusula penal *stricto sensu*" traduzir-se-ia, em suma, no reforço convencional da adstrição ao dever de cumprir, criando uma sanção *ad hoc*, explicitamente conexa com o incumprimento e explicitamente desconexa do limite dos danos causados ao credor pelo incumprimento: a sua lógica seria mais tributária da dimensão preventiva da responsabilidade civil do que da função reparadora que, através da obrigação de indemnização, a responsabilidade civil principalmente visa.

A nitidez da sua função exclusivamente punitiva, puramente compulsória, é que justificaria a sua existência e admissibilidade no livre jogo das estipulações contratuais: seria um ajustamento directo das matrizes de ganhos e perdas associáveis às decisões de cumprir e não cumprir, estipulados no interior da própria relatividade das negociações contratuais.

Sublinhe-se ainda, de novo, que as "*liquidated damages clauses*" não se limitam à fixação de um montante total por incumprimento definitivo, muitas vezes traduzindo-se em sanções pecuniárias periódicas indutoras do cumprimento independentemente da sua natureza "puramente punitiva", já que podem corresponder à liquidação dos danos decorrentes da "*mora debitoris*", podendo inclusivamente estabelecer montantes "*per diem*" e não um montante compensatório único[34].

4.

Como seria de esperar, o nosso autor dedica uma particular atenção ao tema controverso do controle das penas convencionais – até recentemente o principal ponto de clivagem, como vimos, entre as soluções de "*Civil Law*" e de "*Common Law*" sobre este tema.

Julgo que a abordagem teria sido simplificada por uma breve tomada de posição quanto aos temas do paternalismo ("forte" ou "brando / *nudging*"), da "função social" do contrato, da protecção do consumidor, da assimetria informativa, da hipossuficiência, da auto-regulação e da hetero-regulação dos contratos incompletos, até aos temas da tradição do combate à "usura" e à "lesão enorme", ou da "alteração das circunstâncias" nas relações

34 Rogers, T.M., W.C. Zech, J.O. Shambley, W.N. Donald & J.A. Rueda-Benavides (2019), "State-of-the-Practice for Liquidated Damages, Incentive / Disincentive, and Road User Cost Provisions on High-Value Transportation Projects", *Journal of Legal Affairs and Dispute Resolution in Engineering and Construction*, 11/2, 04519001-2

jurídicas: pois isso clarificaria as necessárias tomadas de posição no seio das persistentes controvérsias sobre este ponto do "controle" – controvérsias que atravessam todo o domínio dos contratos e da actividade económica, e até da actividade humana no seio de comunidades politicamente organizadas (admitindo-se que poderia o autor responder a esta sugestão alegando que se trata de questões que transcendem o escopo da sua análise).

O autor não deixa de identificar a paulatina, mas firme, tendência para o aprofundamento e extensão do controle sobre o valor (e demais condições) da cláusula penal, como tendência num movimento mais amplo de incremento da hetero-regulação das relações contratuais (reflexo, por sua vez, de um progressivo declínio da liberdade económica e cívica às mãos da jurisprudência e da doutrina jurídica).

A questão, numa formulação muito esquemática, consiste em saber-se se o sistema jurídico confia no mecanismo da "justiça comutativa" (nas "*Property Rules*" de Calabresi e Melamed[35]), ou se, pelo contrário, lança mão da "justiça distributiva" para substituir, rectificar ou complementar os resultados espontâneos das transacções livres (as "*Liability Rules*").

Mais especificamente, confia-se, ou não, na capacidade das partes de elaborarem estipulações contratuais suficientemente completas e sólidas para fazerem frente às assimetrias de informação e de poder negocial entre elas, ou para contrabalançarem efeitos de vieses cognitivos para lá dos limiares tradicionais dos vícios e faltas de vontade? Admite-se, ou não, que haja "erros sistémicos" de excesso de optimismo quanto ao cumprimento, ou de "desconto hiperbólico" dos efeitos do incumprimento, na modulação das cláusulas penais – a ponto de elas constituírem armadilhas, chegado o momento de se efectivarem como penas convencionais?

Note-se, a propósito, que as soluções legais uniformes (vamos supor, por exemplo, uma limitação da pena convencional a 10% do valor da prestação principal) têm várias desvantagens, que vão da desconsideração da variedade das circunstâncias contratuais (e mesmo dos usos) até à dependência de um sistema de adjudicação que pode não ser imaculadamente competente, consistente ou eficiente – o que permite, nas estipulações entre as partes, uma margem de manipulação estratégica dos incentivos ao cumprimento[36]

Pelo meio de uma extensa controvérsia que é minuciosamente referenciada, Marcelo Amaro identifica como principal parâmetro de controle a regra geral de proibição do abuso de direito – combinado, em doses variáveis, com as salvaguardas referentes à alteração das circunstâncias, à tutela do devedor vulnerável, ao princípio da justiça corretiva, às regras de equidade, ao enriquecimento sem causa e a limites imperativos de proibição e indisponibilidade (a "*Inalienability*" de Calabresi e Melamed).

Esse "abuso" revelar-se-ia na desproporção "exagerada" entre os ganhos do credor lesado e as perdas do inadimplente resultantes da aplicação da cláusula penal – mas, na prática, não há consenso no estabelecimento das correspondentes balizas conceptuais, não obstante as soluções de equilíbrio ou "via intermédia" propostas nos foros internacionais[37], como o princípio estabelecido no art. 7 do Anexo à Resolução do Conselho da Europa (78) 3, de 20 de Janeiro de 1978, sobre Cláusulas Penais no Direito Civil, (que determina que tais cláusulas penais, mesmo as "coercitivas", não são inválidas por si mesmas, mas devem ser controladas e podem ser reduzidas se o seu valor for "manifestamente excessivo")[38], como o controle do valor das cláusulas penais que é estabelecido no alínea e) do nº 1 do Anexo

35 Calabresi, Guido & A. Douglas Melamed (1972), "Property Rules, Liability Rules, and Inalienability: One View of the Cathedral", *Harvard Law Review*, 85/6, 1089-1128.

36 Dosi, C. & M. Moretto (2013), 161.

37 DiMatteo, L.A. (2010), 199.

38 Dosi, C. & M. Moretto (2013), 162; DiMatteo, L.A. (2010), 199-200.

à Directiva 93/13/CEE do Conselho, de 5 de Abril de 1993, relativa às cláusulas abusivas nos contratos celebrados com consumidores[39], ou como os princípios UNCITRAL[40], UNIDROIT[41] e PECL[42].

Gerando-se um risco de casuísmo ou de subjectivismo judicial que ajudam a explicar a solução tradicional de proscrição absoluta de "margens coercitivas" ainda na fase "unitária e bifuncional" da cláusula penal, limitando na prática a sanção ao valor objectivo do dano; e reconduzindo-a, por isso, a uma função estritamente "compensatória".

Em contrapartida, aí onde se tenha consagrado o "modelo binário", e portanto se admita uma cláusula "puramente coercitiva" e "cumulativa", o controle da cláusula deixará de poder ancorar-se no valor objectivo dos danos resultantes do incumprimento, devendo antes gravitar para valores como os da censurabilidade da conduta do incumpridor, a avaliar sobre um pano de fundo de considerações de racionalidade e de estratégia na interacção entre as partes, de ponderações sobre os "usos do comércio" e sobre as tradições e normas sociais em cada sector de actividade – além das salvaguardas de ordem geral que já referimos e que ganham especial relevo em matéria de penalização das condutas, e mais ainda de penalização privada (ou seja, desacompanhada das garantias que acompanham a aplicação pública das sanções).

De notar também que na doutrina alemã é discernível uma clivagem entre os civilistas, que são favoráveis ao controle e limitação das cláusulas "coercitivas" ("*Vertragsstrafe*") – mas não das cláusulas "compensatórias" ("*Schadenspauschale*")[43] – e os comercialistas, que tendem a favorecer a irrestrição da liberdade de estipulação[44]; facto do qual decorre que,

---

39 Patti, F.P. (2015), 311, 322.

40 Estabelecem os arts. 7 e 8 das "Uniform Rules on Contract Clauses for an Agreed Sum Due Upon Failure of Performance" da UNCITRAL: "Article 7: *If the obligee is entitled to the agreed sum, he may not claim damages to the extent of the loss covered by the agreed sum. Nevertheless, he may claim damages to the extent of the loss not covered by the agreed sum if the loss substantially exceeds the agreed sum.* Article 8: *The agreed sum shall not be reduced by a court or arbitral tribunal unless the agreed sum is substantially disproportionate in relation to the loss that has been suffered by the obligee.*".

41 Estabelece o art. 7.4.13 (Agreed Payment for Non-performance) dos "Principles of International Commercial Contracts" do UNIDROIT: "(1) *Where the contract provides that a party who does not perform is to pay a specified sum to the aggrieved party for such nonperformance, the aggrieved party is entitled to that sum irrespective of its actual harm.* (2) *However, notwithstanding any agreement to the contrary the specified sum may be reduced to a reasonable amount where it is grossly excessive in relation to the harm resulting from the non-performance and to the other circumstances.*".

42 Estabelece o art. 9.509 (Agreed Payment for Non-performance) dos "Principles on European Contract Law": "(1) *Where the contract provides that a party who fails to perform is to pay a specified sum to the aggrieved party for such non-performance, the aggrieved party shall be awarded that sum irrespective of its actual loss.* (2) *However, despite any agreement to the contrary the specified sum may be reduced to a reasonable amount where it is grossly excessive in relation to the loss resulting from the non-performance and the other circumstances.*".

43 McKenna, J. Frank (2008), "Liquidated Damages and Penalty Clauses: A Civil Law versus Common Law Comparison", *ReedSmith / The Critical Path*, 4-5; Halson, R. (2018), 3.20.

44 Baffi, Enrico (2013), "Efficient Penalty Clauses with Debiasing: Lessons from Cognitive Psychology", *Valparaiso University Law Review*, 47, 1006.

por vezes, o controle e redução da pena convencional fiquem condicionados pelo reconhecimento de que ela é "justificável comercialmente", já que nas relações comerciais não é presumível que haja tantos problemas de vulnerabilidade e de hipossuficiência, ou tanta relutância a uma efectiva partilha de riscos entre as partes contratantes[45]. Reservando-se uma maior severidade paternalista, ao invés, para as relações de consumo e em especial para os contratos de adesão, nos quais há que admitir que as cláusulas penais, quando lícitas, sejam sujeitas à regra que desfavorece, na dúvida, o proponente: *"verba chartarum fortius accipiuntur contra proferentem"*[46]

5.

O segundo momento da obra é dedicado à análise do "sinal", ou "arras", como estipulação prévia, e acessória, das consequências do incumprimento (função "confirmatória") ou do arrependimento (função "penitencial") – uma estipulação de valor necessariamente inferior à da prestação principal, e que suplementa, com a tradição do bem entre "*Tradens*" e "*Accipiens*" (respectivamente a parte que oferece e a parte que recebe o sinal), a adstrição a deveres que deriva, para elas, da celebração do simples contrato.

O autor reconhece que a evolução histórica da figura é mais nebulosa do que a da cláusula penal, e que a variabilidade de regimes, e até terminológica, é igualmente maior: podendo ser identificadas diversas funções que, com ênfases muito distintas, já foram associadas à figura do sinal: pena privada, prova de vínculo (com o resquício formalista da tradição *quoad constitutionem*), instituição de um "direito ao arrependimento", liquidação antecipada de danos, princípio de cumprimento (a possibilidade de imputação do seu valor na prestação principal), etc..

Admita-se que o sinal pode ter nascido como modo de contornar as restrições tradicionais contra a usura, criando situações de "poder de facto" sobre montantes-reféns, ao abrigo da proscrição jurídica de estipulações que estabelecessem penalidades a serem aplicadas apenas no momento, e na eventualidade, do incumprimento, e sobretudo favorecendo o "*accipiens*", já que é ao "*tradens*" que cabe fazer prova das circunstâncias e do título jurídico através do qual o objecto do sinal ficou na posse do "*accipiens*", se pretender reavê-lo em caso de incumprimento imputável à contraparte[47]

A tudo isso acresce a complicação da diferenciação de regime do sinal nos contratos-promessa, face ao regime do sinal nos contratos em geral (pense-se, por exemplo, na circunstância de só nos contratos-promessa se presumir a natureza de sinal "penitencial" em qualquer antecipação ou princípio de cumprimento – salvo no caso dos contratos-promessa relativos à transmissão ou constituição de direitos reais de bens imóveis edificados, em que há presunção de constituição de um sinal "confirmatório-indemnizatório").

O sinal "penitencial" propiciaria, tanto ao "*tradens*" como ao "*accipiens*", a opção entre o cumprimento e o arrependimento (na verdade, uma faculdade alternativa), o que no entender do nosso autor constituiria um enfraquecimento do vínculo – uma ideia em que insiste, mas que creio deve ser temperada com a consideração do valor do sinal, pois um sinal de valor elevado envolve um sacrifício imediato (o da sua perda pelo "*tradens*" ou o da sua devolução em dobro pelo "*accipiens*") que pode ser, pelo contrário, dissuasor imediato do arrependimento: bastando pensar-se que o valor descontado de um cumprimento devido

45 Bell, Matthew (2012), "Liquidated Damages and the Doctrine of Penalties: Rethinking the War on *Terrorem*", *International Construction Law Review*, 29/4, 386-387, 405.

46 Eggleston, Brian (2009), *Liquidated Damages and Extensions of Time in Construction Contracts*, 3ª ed., Chichester, Wiley-Blackwell, 160.

47 Halson, R. (2018), 5.47-5.58.

num futuro mais longínquo, ou o valor descontado da indemnização pelo incumprimento nas mesmas condições, podem ser ultrapassados pelo valor imediato representado pelo sinal.

Já o sinal "confirmatório", como bem se assinala nesta obra, tem inequívoco escopo reforçador do vínculo obrigacional, na medida em que estabelece uma sanção pelo incumprimento – o que pode fazer, com pleno paralelismo com a cláusula penal, com objectivo "indemnizatório" ou "substitutivo", limitando-se à liquidação antecipada dos danos do incumprimento, ou com objectivo "coercitivo" ou "cumulativo", estabelecendo um suplemento genuinamente penalizador (não conexo com o montante dos danos, ou não limitado por esse montante) para o caso de se verificar o incumprimento.

Sendo que também aqui o sinal "confirmatório-indemnizatório" é o presumido por lei (resultando não apenas na fixação de montantes mas também na inversão do ónus da prova dos danos), enquanto que o sinal "confirmatório-coercitivo" será fruto atípico da liberdade de estipulação, quando esta liberdade não seja imperativamente limitada ou pontualmente proibida pela própria lei: o que não será de excluir, seja genericamente em atenção às resistências, já aludidas, que a privatização das penas suscita, seja ainda porque em particular o sinal "confirmatório-coercitivo" parece destinado, pela sua lógica própria, a produzir efeitos imediatos no momento do incumprimento, contornando a sequência da constituição em mora e da conversão desta em incumprimento definitivo; e, tendo uma lógica penalizadora, pretende ainda dispensar a verificação dos requisitos da responsabilidade civil.

6.

Depois de examinar os paralelismos e divergências em matéria de controle do sinal, nas suas diversas configurações, por comparação com o já aludido controle da cláusula penal, o nosso autor avança para as comparações de estrutura entre as duas figuras geradoras de penas convencionais, reconhecendo e sublinhando aquilo que a obra foi tornando evidente: a convergência entre cláusula penal "indemnizatória / substitutiva" e sinal "confirmatório-indemnizatório", por um lado, e entre cláusula penal "coercitiva / cumulativa" e sinal "confirmatório-coercitivo", por outro.

Este último "par conceptual", de frutos atípicos da liberdade de estipulação geradores de genuínas "penas privadas", aí onde elas sejam admitidas, permite a Marcelo Amaro algumas considerações sobre temas de vanguarda, à margem da abordagem dogmática tradicional: primeiro o tema substantivo das penas privadas (a sua génese, as suas relações com as indemnizações "punitivas", os "*punitive damages*" e com as sanções pecuniárias compulsórias, as "*astreintes*"), e depois o tema metodológico dos contributos da "*Law & Economics*" para o estudo do tema, com as categorias dos contratos incompletos, do incumprimento eficiente, dos incentivos e das estratégias "relacionais", dos equilíbrios "coaseanos", dos mecanismos de sinalização e revelação, a serem aplicados às estipulações do sinal / "*deposit*", da cláusula penal "compensatória" / "*liquidated damages*" e da cláusula penal "coercitiva" / "*penalty clause*".

Talvez o nosso autor pudesse ter-se alongado um pouco mais na exploração das virtualidades extra-dogmáticas, ou preter-dogmáticas, ou supra-dogmáticas, da abordagem do tema pela "*Law & Economics*", começando pelo facto de que ela tem vindo a favorecer o esbatimento da demarcação entre as "*liquidated damages clauses*" e as "*penalty clauses*", sustentando que elas são meros pontos dentro de um único contínuo de gradação de incentivos e penalizações "*in terrorem*" (a cláusula penal é uma mera estipulação colateral que procura reforçar a estipulação primária, e tornar-se-á coercitiva se o efeito de reforço extravasar dos valores em causa na estipulação primária, estabelecendo uma sanção que gradualmente vai excedendo o valor previsível dos danos resultantes do incumprimento, tal como eles podem ser perspectivados no momento da celebração do contrato, até se tornar "manifesta" e "excessiva"[48]) – o que torna um pouco mais complexo o recurso às cláusulas penais no seio do *"Common Law"*, ao menos enquanto se mantiver como dominante a *"Penalty Doctrine"* que, lembremos, aceita as primeiras e invalida as segundas[49].

Por outro lado, valeria a pena reconhecer que, seguindo a lógica de Calabresi e Melamed no desenho das *"Liability Rules"*, nada indica que o cálculo *ex post* dos danos resultantes do incumprimento será sempre mais dispendioso ou menos eficiente do que a sua fixação prévia: porque nesta fixação prévia há que cobrir um conjunto de contingências relevantes, enquanto que na adjudicação já ocorreu um evento lesivo, e é a esse unicamente que o cálculo de danos tem que reportar-se[50]. Isso explicaria aliás que, dentro de uma estratégia de "contrato incompleto", as partes possam preferir ser omissas quanto a cláusulas penais, preferindo "externalizar" sobre um adjudicador *ex post* a solução a dar aos danos do incumprimento[51]

Seria interessante, igualmente, uma referência mais desenvolvida à reabilitação, pela *"Law & Economics"*, da função "sinalizadora de idoneidade" do estabelecimento de uma cláusula penal "coercitiva" ou "cumulativa" ou de um sinal "confirmatório-coercitivo", visto que a "oferta de reféns" será tanto menos onerosa quanto maior for a probabilidade de cumprimento, e portanto quanto maior for a capacidade, ou idoneidade, daquele que assume o risco da penalização contratual – sendo que também se conceberá que tal "sinalização" será um sucedâneo da reputação, e portanto será particularmente interessante para um recém-chegado, para um *"first player"* no mercado ou no sector de actividade[52].

Com efeito, aquele que aceita uma penalização cumulativa transmite idoneamente a convicção de que cumprirá – tanto que se constitui refém desse cumprimento – e por isso segura a contraparte contra o risco de incumprimento, assumindo inteiramente esse risco para si[53], um ganho imediato que pode ultrapassar muito, em valor, a perda da oportunidade de "incumprimento eficiente" que a cláusula penal representa[54].

Dir-se-á, em termos mais amplos, que a estipulação de uma cláusula penal pode desempenhar uma função "expressiva", alicerçando as "expectativas normativas" de partes que, de boa fé, pretendem colmatar as brechas dos seus contratos incompletos com a confiança recíproca, buscando sinais dessa idoneidade em estipulações tidas por "reveladoras" da idoneidade contratual[55].

E na verdade estudos empíricos confirmam o efeito de "sinalização de reputação" que se insinua na "oferta de reféns", traduzida no aumento de preço dos contratos em que as cláusulas coercitivas são mais proeminentes ou mais pesadas[56]: o que confirma a tradição de "oferta de reféns" contida no instituto anglo-saxónico dos *"penal bonds"*, sucessores da *"stipulatio poenae"* e precursores da *"penalty rule"* no século XVII – e celebrizados no *"pound of flesh"* de *O Mercador de Veneza*, episódio que o nosso autor não se esquece de referir e analisar[57].

---

48 Davies, Paul S. & P.G. Turner (2013), "Relief Against Penalties Without a Breach of Contract", *The Cambridge Law Journal*, 72/1, 21.

49 Halson, R. (2018), 4.34.

50 Halson, R. (2018), 4.18.

51 Halson, R. (2018), 4.36.

52 Halson, R. (2018), 4.22.

53 Gaviria, J.A. (2019), 63.

54 Baffi, E. (2013), 995.

55 Wilkinson-Ryan, T. (2010), 650.

56 DiMatteo, L.A. (2010), 194.

57 Halson, R. (2018), 1.05 - 1.07, 1.12 - 1.13. Eggleston, B. (2009), 3.

Em termos modernos, diríamos, em suma, que a cláusula penal pode funcionar como um seguro, com o "segurador mais eficiente" a ocupar a posição de promitente / refém, em especial em mercados competitivos nos quais não é de presumir que as partes negoceiem soluções menos do que medianamente eficientes[58].

Teria sido igualmente interessante explorar mais o facto de a doutrina "continental" ter vindo a insistir no controle das próprias cláusulas "coercitivas", mantendo-as dentro das balizas de alguma proporcionalidade com os danos do incumprimento, mesmo se se dispensa a prova desses danos – e isso com o argumento de se travar a introdução das *"punitive damages"*[59], embora também releve o paralelismo com as cláusulas "compensatórias" nas quais inequivocamente vigora o princípio da redução oficiosa, por motivo de desproporção com os danos do incumprimento ou do cumprimento defeituoso, e numa ponderação que preserve antes do mais o interesse contratual positivo tal como ele é representado pela parte inocente / não-inadimplente[60].

Daí poderia ter-se partido para uma análise mais minuciosa ainda da articulação entre as cláusulas penais e os "contratos incompletos", já que aquelas são um sucedâneo de um "contrato completo" que tivesse a virtualidade de cobrir com as suas estipulações todas as contingências futuras, tornando automático o cálculo *ex post* dos danos por incumprimento[61]: com efeito, um contrato que é "incompleto", porque não especifica todas as contingências que podem determinar o incumprimento e o cálculo da indemnização correspondente, pode oferecer, como sucedâneo, a pré-fixação do montante "compensatório" que recubra toda e qualquer contingência causadora do incumprimento (ressalvados naturalmente os limites da ilicitude)[62].

Como referimos anteriormente, não seria descabido também tornar mais claras as incidências, sobre o tema, do paternalismo e da hetero-regulação dos contratos[63], explorando mais a fundo as premissas do paternalismo, mormente a ideia de que não somos decisores perfeitamente racionais – e daí o "excesso de optimismo" e o "desconto hiperbólico" que têm levado à adopção de medidas anti-usura, e anti-"coerção privada" como formas de "contrabalanço paternalista"[64]

Por fim, teria sido interessante a exploração de alguns tópicos avulsos. Por exemplo, o facto de partes interessadas na preservação dos seus segredos poderem preferir as *"liquidated damages"* como forma de evitar um apuramento de danos reais que as forçasse à exposição de "dados sensíveis" (pense-se, por exemplo, nos casos em que o cálculo de "lucros cessantes" impõe a revelação do volume de negócios, ou das margens praticadas nos preços, ou da lista dos parceiros comerciais) [65]

Ou ainda o facto de a poupança advinda da fixação prévia do montante indemnizatório, que abarca também a poupança de esforços do adjudicador, que assim se vê exonerado de apurar a natureza e extensão dos prejuízos – um facto que já era assinalado nas *Institutas* justinianeias [I.3.15.7][66] – ser um "ganho de simplificação" que pode perder-se num ambien-

58 Wilkinson-Ryan, T. (2010), 644-645.

59 Patti, F.P. (2015), 315.

60 Patti, F.P. (2015), 317-320.

61 Dosi, C. & M. Moretto (2013), 175.

62 Wilkinson-Ryan, T. (2010), 648.

63 Gaviria, J.A. (2019), 80.

64 Baffi, E. (2013), 993.

65 Halson, R. (2018), 4.49.

66 Halson, R. (2018), 4.16.

te jurídico e judicial de indeterminação – se porventura, como começa a ser o caso nos sistemas de "*Common Law*", houver divergências quer quanto à aplicação da "*Penalty Doctrine*" para anulação de toda e qualquer "*penalty clause*", quer quanto à própria demarcação entre as figuras, admitindo-se variações de amplitude quanto à fronteira de "extravagância" e de "*unconscionability*" a partir da qual o todo, ou parte, de "*liquidated damages clauses*" se converte em verdadeiras "*penalties*"[67]

7.

Uma indagação empreendida ao nível desta que tenho a honra de prefaciar é sempre virtualmente inesgotável em consequências e implicações. Isso explicará as minhas considerações longas, mas a palavra é agora do autor.

Concluamos, pois.

O nosso autor aborda, de forma minuciosa, segura, completa, o quadro histórico da cláusula penal e do sinal, e a respectiva caracterização dogmática e científica, para depois analisar sucessivamente os pontos de divergência e de convergência – na estrutura, nas funções e no modo de controle propiciado pelo enquadramento jurídico de cada uma dessas figuras.

A legislação, a jurisprudência e a doutrina brasileira e portuguesa são cuidadosamente convocadas, problematizadas, ocasionalmente contestadas – revelando o autor não apenas qualidades de exposição e sistematização de um volume muito grande de informação pertinente, mas também a agudeza crítica e o rasgo criativo que lhe permitem formular críticas de fundo, e apresentar perspectivas evolutivas genuinamente vanguardistas nesta área temática; sem descurar a radicalidade do desafio que a "*Law & Economics*" representa para a reflexão e evolução da dogmática, nos temas jurídicos em geral e naqueles que são objecto deste estudo.

Não surpreende, por isso, que o estudo que agora se publica, e que foi defendido como Tese de Mestrado na Faculdade de Direito da Universidade de Lisboa, tenha sido avaliado com a nota máxima, o que não pode deixar de significar um galardão pelo esforço e pelo talento de Marcelo Amaro, mas também uma expressão da confiança na evolução futura da carreira académica e científica deste ainda jovem autor.

Resta ao leitor comprovar, nas páginas que se seguem, o valor e interesse desta primeira obra jurídica de Marcelo Matos Amaro da Silveira.

Fernando Araújo
Professor Catedrático
Faculdade de Direito da Universidade de Lisboa

---

67 Halson, R. (2018), 4.17.

SUMÁRIO

1

INTRODUÇÃO

Dentro da prática contratual e do mundo dos negócios, duas cláusulas usualmente utilizadas pelos contratantes inegavelmente se destacam, a cláusula penal e o sinal. Ambas as figuras são milenares tendo experienciado durante os tempos uma longa utilização prática, aliada a diversos desenvolvimentos teóricos e doutrinários. O direito civil, e principalmente o direito obrigacional, é um dos ramos com maior aplicação prática corriqueira, do dia a dia, sendo certo que sua evolução muitas vezes não é acompanhada por mudanças legislativas, cabendo à doutrina e à jurisprudência trazer a modernidade necessária. A autonomia privada e o princípio da liberdade contratual, elementos intrínsecos à disciplina obrigacional, permitem que as práticas contratuais sempre mudem e se desenvolvam, sendo certo que o operador do direito deve estar atento a todas as mudanças.

Pergunta-se, assim, se a realidade legislativa e doutrinária sobre a cláusula penal e o sinal nos contextos jurídicos português e brasileiro é a mais moderna do ponto de vista prático e teórico. Estando tais figuras previstas em ambos os ordenamentos jurídicos, suas configurações são rígidas, ou comportam modulações de acordo com a vontade dos contratantes? Qual a finalidade da cláusula penal ou do sinal? Essas figuras exercem apenas um tipo de função, ou podem servir para mais de um propósito? As partes são livres para estabelecer os efeitos que serão exercidos? E como se dará o funcionamento dessas cláusulas? É possível que o conteúdo delas seja controlado por terceiros? Existem semelhanças e diferenças entre tais cláusulas que merecem uma análise ou sistematização? Estas são algumas perguntas que imediatamente aparecem quando se pensa nessas figuras.

O presente trabalho, portanto, pretende analisar detalhadamente a cláusula penal e o sinal, procurando identificar suas principais características, efeitos e investigar como se dá seu funcionamento. Mediante uma minuciosa avaliação da legislação, doutrina e jurisprudência portuguesa e da brasileira o objetivo deste trabalho é sistematizar as figuras, evidenciando a dinâmica e as funções que podem ser verificadas. A partir desta análise também se buscará determinar suas diferenças e, principalmente, suas semelhanças, como forma de construir uma possível separação em grupos funcionais distintos.

Para tanto incialmente a cláusula penal será a primeira figura a ser explorada. Como noção geral sobre ela, será apresentada uma definição bem como evidenciadas suas principais características, para posteriormente se retratar sua evolução histórica. Tal incurso histórico parece ser importante, como forma de explicitar como se deu o desenvolvimento da cláusula penal, e principalmente demonstrar que há nos dias de hoje uma tendência de mudança na forma de ver a figura. Serão colocadas em perspectiva a teoria clássica, conhecida por teoria monista, e a teoria mais moderna, a dualista, como forma de verificar qual delas é efetivamente a mais coerente e que melhor se aplica à realidade do sistema jurídico lusófono.

Ultrapassadas as questões mais teóricas envolvendo a cláusula penal, serão examinadas as principais características de cada espécie e modalidade que se cogita que ela possua, baseando-se na construção da figura pela teoria dualista. Neste ponto o principal aspecto que precisa ser examinado é a função e a natureza da cláusula penal, de forma a demonstrar que as espécies e modalidades da cláusula penal efetivamente existem e devem ser destacadas. Também serão evidenciados os aspectos práticos a ela relacionados, como seu funcionamento e efeitos. Não se pretende apresentar no presente trabalho apenas uma definição dogmática e distante da realidade, por se considerar fundamental investigar as questões que verdadeiramente podem influenciar na utilização prática da figura. Por fim, para concluir a análise da cláusula penal, será feito um exame sobre seu controle. Novamente se procurará analisar cada espécie e modalidade, como forma de melhor solucionar os problemas envolvendo a referida questão.

Esgotada a análise da cláusula penal, se passará ao escrutínio do sinal. Assim como foi feito para a primeira figura, se buscará inicialmente apresentar uma noção geral da segunda, a partir de sua definição genérica e identificação de suas principais características. Da mesma forma, também, se percorrerá, de forma breve, as páginas da história, para que se evidencie a origem e o desenvolvimento do sinal no decorrer dos tempos. Esta avaliação histórica ajudará na construção da noção geral sobre a figura, ao mesmo tempo que deverá ser o ponto de partida para uma análise mais microscópica e também mais contemporânea sobre o sinal. Aqui também se averiguará se a teoria monista clássica sobre uma das espécies de sinal ainda tem aplicação, ou se será necessário também concretizar uma visão dualista sobre a figura.

Mantendo a coerência do trabalho, se passará a apreciar cada espécie de sinal de forma separada. A dinâmica de análise será a mesma para a cláusula penal, primeiro sendo apresentadas as principais características de cada espécie, com um foco especial nas funções e na natureza de cada uma delas. Imediatamente, se passará à observação da forma de funcionamento das espécies, seus efeitos e questões e problemas práticos, esforçando-se para trazer a visão doutrinária e teórica o mais próximo possível da realidade da prática contratual. Por fim, serão examinados os principais problemas e questões evolvendo o controle do sinal e seu valor, procurando-se verificar se eles se assemelham ou mesmo possuem a mesma solução da cláusula penal.

Feitas as análises da cláusula penal e do sinal de forma separada, o próximo passo será comparar as figuras, já que este é o principal objetivo do trabalho. Nesse processo de comparação, inicialmente se evidenciarão as diferenças mais marcantes entre as figuras. A partir da análise estrutural, se procurará demonstrar que as figuras são de fato autônomas. Também serão apresentadas as diferenças funcionais entre as figuras, sendo destacados os grupos de espécies da cláusula penal e do sinal que servem para diferentes finalidades. A última diferença que será salientada será quanto à forma de controle entre as figuras, quando deverão ficar ainda mais claros os fundamentos de controle para cada uma delas.

Por fim se buscará evidenciar a convergência funcional existente entre dois grupos de espécies da cláusula penal. De um lado se demonstrará a convergência funcional entre duas figuras cuja índole é indenizatória. Do outro se destacará a convergência entre as espécies de cláusula penal e sinal que podem ser enquadradas no instituto das penas privadas. Tal instituto será apresentado inicialmente de forma geral, de forma a serem expostas suas principais características e principalmente sua definição, sendo também retratadas algumas dessas penas e uma possível separação do instituto em espécies. Mais especificamente sobre a cláusula penal e o sinal, será destacada sua classificação como pena privada convencional, sendo assim concretizada a sistematização cogitada pelo presente trabalho. Também será apresentado o contributo que a análise econômica do direito pode oferecer para que as figuras sejam melhor entendidas, e também como forma de marcar a posição clara quanto à validade e importância das penas privadas.

Acredita-se que o presente trabalho pode ajudar no desenvolvimento da noção de cláusula penal e sinal, contribuindo para a evolução da visão que a doutrina e a jurisprudência têm dessas figuras. Ademais o presente trabalho procura contribuir efetivamente para o desenvolvimento prático dessas cláusulas acessórias. Novamente se repete que são figuras largamente utilizadas na prática contratual, sendo certo que o principal contributo que esta dissertação pode efetivamente dar é voltado para uma melhor utilização dessas cláusulas na elaboração dos contratos e sua valorização quando forem analisadas pelos julgadores.

2

DA CLÁUSULA PENAL

2.2. Noção Geral

2.2.1. Definição e Principais Características

A cláusula penal, partindo-se de uma visão geral, é um pacto acessório a uma obrigação em que o devedor se compromete a uma prestação diversa da assegurada, cujo conteúdo é usualmente pecuniário, que deverá ser prestada caso ocorra o incumprimento dessa obrigação que seja imputável a ele[1]. Trata-se de uma figura largamente utilizada nos negócios jurídicos, mais notadamente nas relações obrigacionais, e que possui mais de dois mil anos de aplicação prática e desenvolvimento doutrinário. Ela possui acentuada relevância para o direito dos contratos, sendo comumente referida como "multa" convencional[2] [3] contratual, denominação não muito precisa, uma vez que a ideia de multa parece ser mais ligada ao direito público[4].

1 Sobre o conceito da cláusula penal, entre outros, ver: CORDEIRO, António Menezes. *Tratado de Direito Civil*. 4ª ed. Coimbra: Almedina, 2017. v. II, p. 668; MONTEIRO, António Pinto. *Cláusula Penal e Indemnização*. Coimbra: Almedina, 2014, p. 25-69; PEREIRA, Caio Mário da Silva. *Instituições de Direito Civil*. 19ª ed. Rio de Janeiro: Forense, 2000. v. I, p. 93; ROSENVALD, Nelson. Cláusula Penal: *A pena privada nas relações negociais*. Rio de Janeiro: Lumen Juris, 2007, p. 35.

2 RODRIGUES JUNIOR, Otavio Luiz. *Função, natureza e modificação da cláusula penal no direito civil brasileiro*. 418 f. Tese (Doutorado em Direito) – Faculdade de Direito da Universidade de São Paulo (USP), São Paulo, 2006, p. 160; e SILVA, Jorge Cesa Ferreira da. *Inadimplemento das Obrigações*: comentários aos arts. 389 a 420 do código civil. São Paulo: Revista dos Tribunais, 2007. (Coleção Biblioteca de Direito Civil, 7), p. 234.

3 Luiz Antonio Scavone Junior defende que a cláusula penal é uma espécie do gênero multa, acepção incorreta, uma vez que essa aproximação empobrece a noção de cláusula penal, que possui força e elementos suficientes para ela própria ser um gênero dentro do direito das obrigações. (SCAVONE JUNIOR, Luiz Antonio. *Do descumprimento das obrigações*: consequências à luz do princípio da restituição integral, interpretação sistemática e teleológica. São Paulo: Editora Juarez Oliveira, 2007, p. 177).

4 Não só considerando as multas administrativas e penais, mas também as chamadas multas contratuais, inseridas nos contratos administrativos que têm natureza e dinâmica de funcionamento diverso da cláusula penal, como bem se pode depreender das lições de SILVA, Paula Costa e. Multas contratuais: Discricionariedade ou Vinculação. *Cadernos de Justiça Administrativa*, Braga, nº 112, p. 3-11, jul./ago. 2015; e RAIMUNDO, Miguel Assis; CLARO, João Martins. A aplicação e redução de multas contratuais no contrato de empreitada de obras públicas. *Cadernos de Justiça Administrativa*, Braga, nº 112, p. 12-29, jul./ago. 2015, especialmente p. 15B-17B.

Também é muitas vezes denominada de pena convencional[5], denominação, contudo, feita de modo errônea, cabendo destacar que a pena convencional é somente a prestação que decorre do exercício e funcionamento da cláusula penal, não se confundindo com a figura, sendo na verdade apenas um de seus possíveis efeitos[6].

Sendo um negócio jurídico, a estipulação da cláusula penal depende necessariamente da declaração de vontade das partes[7]. Essa declaração negocial que constitui a cláusula penal será normalmente feita no mesmo momento em que a obrigação principal for acordada, mas não parece haver óbices para que ela seja estipulada em momento posterior. É preciso, contudo, destacar, como bem aponta PINTO MONTEIRO[8], que seu estabelecimento deve ser necessariamente anterior à violação da obrigação assegurada.

Importante notar que o legislador português optou por apresentar uma definição da figura, contida no artigo 810º, número 1, do Código Civil Português, que estabelece: "As partes podem, porém, fixar por acordo o montante da indemnização exigível: é o que se chama cláusula penal". A norma contida no referido artigo, porém, conforme indica PINTO OLIVEIRA[9], é apenas uma posição jurídica aclaratória delimitadora, não devendo ser encarada como definitiva. Conforme se verificará mais à frente, essa definição comporta apenas uma das duas espécies de cláusula penal, não podendo ser entendida como uma noção de cláusula penal *lato sensu*.

Diferentemente do legislador português, o brasileiro preferiu não definir o que seria a cláusula penal, deixando o conceito aberto, que deve ser construído pela doutrina[10]. As regras que gerem o regime da cláusula penal, contidas nos artigos 408 a 416 do Código Civil Brasileiro (CCB) são gerais,

---

5 CASSETTARI, Christiano. *Multa contratual*: teoria e prática da cláusula penal. 3ª ed. São Paulo: Revista dos Tribunais, 2011, p. 50; GAGLIANO, Pablo Stolze; PAMPLONA FILHO, Rodolfo. *Novo Curso de Direito Civil*. 15ª ed. São Paulo: Saraiva, 2014. v. 2, p. 365; GONÇALVES, Carlos Roberto. *Direito Civil Brasileiro*. 13ª ed. São Paulo: Saraiva, 2016. v. 2, p. 418.

6 CORDEIRO, António Menezes. *Tratado de Direito Civil*. 3ª ed. Coimbra: Almedina, 2017. v. IX, p. 475.

7 Isso significa que nos contratos por adesão o controle dela será maior que nos contratos em geral, conforme será analisado no tópico do trabalho que especificamente trata do controle da cláusula e da pena.

8 Nesse sentido, ver MONTEIRO, António Pinto. *Cláusula Penal e Indemnização*, p. 44.

9 OLIVEIRA, Nuno Manuel Pinto. *Cláusulas acessórias ao contrato*: cláusulas de exclusão e de limitação do dever indemnizar: cláusulas penais. 3ª ed. Coimbra: Almedina, 2008. p. 76.

10 Para a conceituação da cláusula penal no Direito Brasileiro, além dos autores já citados, ver: ARAI, Rubens Hideo. Cláusula Penal. In: LOTUFO, Renan; NANNI, Giovanni Ettore (Orgs.). *Obrigações*. São Paulo: Atlas, 2011, p. 731-732; MARTINS-COSTA, Judith. Do adimplemento das obrigações. In: _____. *Comentários ao novo Código Civil*. Rio de Janeiro: Forense, 2009. v. 5. t. II, p. 608.

já que não há norma definindo o que deve ser considerado como cláusula penal. Porém é possível verificar que a dinâmica de seu regime no código brasileiro é voltada preferencialmente para regular certa espécie de cláusula penal, sem prejuízo de aplicá-la a outra espécie quando for possível interpretá-la em consonância com a função exercida pela figura.

A partir da noção geral de cláusula penal apresentada acima, é possível identificar duas características muito importantes da cláusula penal, sua acessoriedade e sua disposição como prestação futura. A cláusula penal é inegavelmente um negócio jurídico e mais especificamente se enquadra na noção de obrigação, já que constitui uma prestação que uma parte deverá realizar para outra. Contudo não se trata de obrigação autônoma, mas sim acessória, que depende de uma obrigação principal para ser válida e produzir efeitos.

O caráter acessório é uma característica muito importante da cláusula penal, e parece não necessitar de muitas explicações[11]. Contudo merece ser destacada, já que reconhecer a acessoriedade da cláusula penal significa reconhecer também a existência de certa relação de dependência desta em relação à obrigação principal[12]. Ela sempre dependerá da validade da obrigação à que está atrelada para funcionar, sendo que sua nulidade, exigibilidade, extinção e cessão estão intimamente ligadas com as da obrigação principal[13]. OTAVIO LUIZ RODRIGUES JUNIOR[14] aponta que a possibilidade de uma cláusula penal autônoma seria bastante problemática, afirmando que a doutrina brasileira é pacífica quanto à acessoriedade desta, como também parece ocorrer na doutrina portuguesa.

O reconhecimento da cláusula penal como cláusula ou obrigação acessória é principalmente importante para verificar sua validade. Considerando, portanto, a máxima "o acessório segue a sorte do principal", dizer que a cláusula penal é uma obrigação acessória significar dizer que, caso a obrigação assegurada seja considerada nula, a cláusula penal também será nula.

Tal raciocínio foi exatamente o usado para afastar a possibilidade de cobrança da cláusula penal reconhecida pelo Supremo Tribunal de Justiça de Portugal (STJ-Portugal) no acórdão de 8 de outubro de 2013[15]. Na decisão, o relator, juiz conselheiro Azevedo Ramos, ponderou que, como

11 Nas palavras literais de António Pinto Monteiro: "não oferece, pois, dificuldades de maior". (MONTEIRO, António Pinto. *Cláusula Penal e Indemnização*, p. 87).

12 CORDEIRO, António Menezes. *Tratado de Direito Civil*, v. IX, p. 487.

13 OLIVEIRA, Nuno Manuel Pinto. *Cláusulas acessórias ao contrato*: cláusulas de exclusão e de limitação do dever indemnizar: cláusulas penais, p. 82-83.

14 RODRIGUES JUNIOR, Otavio Luiz. *Função, natureza e modificação da cláusula penal no direito civil brasileiro*, p. 166.

15 PORTUGAL. Supremo Tribunal de Justiça. *Processo nº 191/10.2TVLSB.L1.S1*. Rel. Juiz Conselheiro Azevedo Ramos. Julgado em 08/10/2013.

a obrigação assegurada pela cláusula penal era nula, a cláusula penal não poderia ser executada, já que por ser acessória também deveria ser considerada nula.

Juntamente com a noção de acessoriedade, é possível caracterizar a cláusula penal como promessa de cumprir uma prestação no futuro[16]. Sua eficácia e seu funcionamento estão condicionados a fato incerto e posterior, qual seja, ao incumprimento da obrigação assegurada. Ela define uma sanção pelo incumprimento do contrato, sendo que, caso este ocorra, o devedor deverá realizar a prestação diversa da obrigação assegurada, qual seja, aquela definida pela cláusula penal. Tal prestação, não custa mencionar, é denominada genericamente como "pena convencional". Por ter como característica essa dependência da ocorrência de um fato para funcionar, muitas vezes a cláusula penal pode ser enquadrada na categoria das promessas condicionadas, ou das obrigações condicionadas[17]. Essa caracterização, contudo, não parece ser a mais correta.

Sua caracterização como promessa de prestação futura faz com que a cláusula penal, na verdade, se insira na categoria das obrigações com faculdade alternativa. Isso porque o regime da obrigação com condição se refere a fato que, caso ocorra, demandará necessariamente que a prestação condicionada seja realizada. Por outro lado, a estipulação de cláusula penal não implica verdadeira condição suspensiva, mas sim *conditio juris,* porquanto não haverá o desencadeamento exclusivo da "pena convencional"[18]. O que se observa quando do incumprimento da obrigação é a abertura de uma opção para o credor, sendo facultada a este uma escolha alternativa entre certas opções de tutela de seu direito, que serão mais à frente evidenciadas. Nesse sentido deve se entender a cláusula penal como uma obrigação com faculdade alternativa "à parte *creditoris*", uma vez que o devedor se obriga a prestação diversa daquela assegurada, mas tal prestação não substitui a necessidade do cumprimento da própria prestação principal, sendo certo que é o credor que tem a alternativa de escolher a execução da prestação diversa (pena convencional ou indenização predeterminada) em caso de inadimplemento[19].

Alguma doutrina[20] tem rejeitado o enquadramento da cláusula penal

---

16 MONTEIRO, António Pinto. *Cláusula Penal e Indemnização*, p. 100.

17 Como cogitava PONTES DE MIRANDA, Francisco Cavalcanti. *Tratado de Direito Privado.* 3ª ed. Rio de Janeiro: Editor Borsoi, 1971. t. XXVI, p. 62.

18 MARQUES, J. Dias. *Teoria Geral do Direito Civil*. Coimbra: Coimbra Editora, 1959. v. II, p. 161.

19 MONTEIRO, António Pinto. *Cláusula Penal e Indemnização*, p. 100-105; e ROSENVALD, Nelson. *Cláusula Penal:* A pena privada nas relações negociais, p. 42-47.

20 CASSETTARI, Christiano. *Multa contratual*: teoria e prática da cláusula penal, p. 72; CORDEIRO, António Menezes. *Tratado de Direito Civil*. 2ª ed. Coimbra: Almedina, 2012.

nas obrigações com faculdade alternativa. Essa rejeição muitas vezes ocorre pois tais autores somente consideram que essa espécie de obrigação possa facultar a escolha do devedor, que é a concepção tradicionalmente apresentada. Mas não procedem as críticas pois, conforme será explicitado mais à frente, a estipulação de uma cláusula penal significa a criação de uma opção de ação para o credor. Com a ocorrência de sua "condição" de funcionamento, qual seja, o incumprimento, ela não necessariamente irá ser exercida, abrindo-se uma faculdade de agir para o credor, que poderá tutelar seu direito de crédito de diversas maneiras[21].

Uma última nota geral quanto à cláusula penal se refere ao objeto da "pena"[22] convencionada. Acima mencionou-se que a prestação alternativa à da obrigação assegurada que é determinada pela cláusula penal é usualmente pecuniária. Mas pergunta-se se a "pena" deverá sempre ser uma quantia em dinheiro. A resposta parece ser negativa[23]. Apesar de ser o mais comum, nada impede que as partes estabeleçam uma "pena" que não seja pecuniária[24], podendo ser constituída por "qualquer outra realidade"[25]. Não parece, assim, ser proibido que as partes determinem que a prestação devida pelo incumprimento seja a entrega de outro bem não fungível, como um carro, ou mesmo de um bem fungível, como sacas de café. Mais que isso, parece inclusive ser possível estabelecer uma "pena" cuja prestação não seja material, apresentando OTAVIO LUIZ RODRIGUES JUNIOR a possibilidade de desse estipular cláusulas penais que determinem o decaimento

v. VI, p. 671-674; GAGLIANO, Pablo Stolze; PAMPLONA FILHO, Rodolfo. *Novo Curso de Direito Civil*, p. 367; RODRIGUES JUNIOR, Otavio Luiz. *Função, natureza e modificação da cláusula penal no direito civil brasileiro*, p. 171.

21 OLIVEIRA, Nuno Manuel Pinto. *Cláusulas acessórias ao contrato*: cláusulas de exclusão e de limitação do dever indemnizar: cláusulas penais, p. 81 e 119-120.

22 Por ter sido utilizada neste trabalho algumas vezes entre "parênteses", cabe um breve esclarecimento sobre a expressão "pena". Entende-se que ela somente será uma verdadeira pena quando estiver relacionada com a cláusula penal *stricto sensu*. Caso seja decorrente do exercício da cláusula de liquidação antecipada do dano, o termo técnico mais correto parece ser sanção indenizatória. Porém, por motivos históricos e por estar se apresentando um panorama geral da cláusula penal, utiliza-se a expressão "pena" desta forma.

23 Em sentido contrário, Luís Manuel de Menezes Leitão parece ser um dos poucos doutrinadores a defender que a pena convencional seja necessariamente um montante pecuniário (LEITÃO, Luis Manuel Teles de Menezes. *Direito das Obrigações*. 11ª ed. Coimbra: Almedina, 2017. v. II, p. 284).

24 MONTEIRO, António Pinto. *Cláusula Penal e Indemnização*, p. 54.

25 CORDEIRO, António Menezes. *Tratado de Direito Civil*, v. IX, p. 489.

de certos direitos ou a perda de certos benefícios[26]. PINTO MONTEIRO[27], por outro lado, não parece entender que cláusulas que estabelecem sanções cujo objeto é a perda de direitos sejam espécies de cláusula penal. As considerações do autor português são de fato sólidas, mas ele próprio admite que, por possuírem uma notável identidade funcional e estrutural, ambas as cláusulas acabam sendo tratadas como uma só. E como são cláusulas que acabam estabelecendo certa "prestação" diversa daquela assegurada, é possível enquadrá-las na categoria de cláusula penal.

No tocante a essa espécie de "pena" surge, principalmente na doutrina e jurisprudência brasileira, a discussão sobre a relação entre a cláusula penal e os chamados descontos ou bônus de pontualidade. Estes constituem uma estipulação contratual que determina uma espécie de "prémio" de pontualidade para o devedor. Caso o pagamento da obrigação seja feito na data estipulada pelas partes, o devedor terá um desconto de X%. Por outro lado, caso este não realize a prestação no tempo devido, perderá esse desconto, passando a ter que pagar o valor originalmente acordado entre as partes. Certa doutrina brasileira[28] tem entendido que esse desconto é na verdade uma cláusula penal "às avessas", defendendo também a impossibilidade de as partes inserirem ao mesmo tempo uma cláusula como esta e uma cláusula penal. De fato, tal acepção além de interessante parece ser correta. Como bem aponta JOSÉ FERNANDO SIMÃO[29], caso seja inserida cláusula de desconto em um contrato, o valor efetivo da prestação deverá levar em conta o valor do desconto, e não o valor inserido pelas partes. Assim a "perda" do direito ao desconto pode ser sim vista como o objeto de uma cláusula penal, que acaba sendo disfarçada pelas partes.

---

26 RODRIGUES JUNIOR, Otavio Luiz. *Função, natureza e modificação da cláusula penal no direito civil brasileiro*, p. 179. No mesmo sentido SILVA, Jorge Cesa Ferreira da. *Inadimplemento das Obrigações*: comentários aos arts. 389 a 420 do código civil, p. 234.

27 MONTEIRO, António Pinto. *Cláusula Penal e Indemnização*, p. 58-69.

28 CASSETTARI, Christiano. *Multa contratual*: teoria e prática da cláusula penal, p. 183; SIMÃO, José Fernando. Cláusula Penal e Abono de Pontualidade ou Cláusula Penal e Cláusula Penal disfarçada. *Jornal Carta Forense*, 20 out. 2009; e VENOSA, Silvio de Salvo. *Direito Civil*. São Paulo: Atlas, 2014. v. II, p. 366.

29 Nas palavras do próprio autor: "O contrato prevê que se a mensalidade escolar no importe de R$ 100,00 for paga até o dia 5 do mês, há um desconto de 20%, se paga até o dia 10, o desconto é de 10% e se paga na data do vencimento, dia 15, não há desconto. Entretanto, se houver atraso a multa moratória é de 10%. Na realidade, o valor da prestação é de R$ 80,00, pois se deve descontar o abono de pontualidade de 20%, que é cláusula penal disfarçada. Então, temos no contrato duas cláusulas penais cumuladas: a primeira que transforma o valor da prestação de R$ 80,00 em R$ 100,00 e a segunda, aplicada após o vencimento, que transforma o valor de R$ 100,00 em R$ 110,00" (SIMÃO, José Fernando. Cláusula Penal e Abono de Pontualidade ou Cláusula Penal e Cláusula Penal disfarçada).

Esse, contudo, não vem sendo o entendimento do Superior Tribunal de Justiça do Brasil[30], que em duas decisões recentes determinou a validade da cumulação de cláusulas de desconto e penalidade em contratos de locação. Em ambas as decisões mencionadas, os julgadores entenderam, de forma equivocada, que o desconto na verdade é uma liberalidade do credor, ressaltando, porém, que, para que sejam válidos, esses descontos devem ocorrer para pagamentos antes do vencimento da obrigação.

Todas as considerações apresentadas, contudo, são apenas de cunho geral, uma vez que a cláusula penal na verdade é uma figura multifacetada. A noção de cláusula penal ora evidenciada é apenas uma noção lata, existindo duas espécies da figura. As características acima apresentadas são aquelas que se aplicam a ambas as espécies da figura. Cada uma delas, porém, possui funções, finalidades, efeitos e funcionamento específicos, que merecem ser analisados separadamente. Antes, porém, de apresentar a concepção mais moderna sobre a figura, parece ser importante dar alguns passos atrás na história, de forma a analisar brevemente a evolução da cláusula penal no curso do tempo.

2.2.2. Breve Evolução Histórico-Doutrinária

A cláusula penal é uma figura do direito das obrigações que vem sendo utilizada e desenvolvida por mais de dois mil anos. Sua origem é usualmente atribuída à *stipulatio poena* do Direito Romano[31], figura que no decorrer dos séculos acabou virando o que é hoje conhecido por cláusula penal. A *stipulatio* era um negócio tipicamente obrigacional do direito romano, destinado a criar direitos e deveres[32]. Sua constituição era feita de forma oral, sendo um negócio notadamente abstrato[33]. Quando sua estipulação assumia faceta de *poena*, tinha caráter coercitivo, e era utilizada como forma de compelir o devedor a cumprir com sua obrigação. A prestação que deveria ser paga pelo devedor ao credor em caso de inadimplemento da obrigação

30 BRASIL. Superior Tribunal de Justiça. *AgRg no AREsp 324762/DF*. Rel. Min. Antonio Carlos Ferreira. *DJe* 08/09/2016; BRASIL. Superior Tribunal de Justiça. *REsp 832293/PR*. Rel. Min. Raul Araújo. *DJe* 28/10/2015.

31 Para tanto, entre outros: MONTEIRO, António Pinto. *Cláusula Penal e Indemnização*, p. 350; RODRIGUES JUNIOR, Otavio Luiz. Cláusula Penal: Natureza e Função no Direito Romano. In: PINTO, Eduardo Vera-Cruz (Org.). *O Sistema Contratual Romano*: De Roma ao Direito Actual. Coimbra: Coimbra Editora, 2010, p. 914; RODRIGUES JUNIOR, Otavio Luiz. *Função, natureza e modificação da cláusula penal no direito civil brasileiro*, p. 25; e ROSENVALD, Nelson. *Cláusula Penal*: A pena privada nas relações negociais, p. 5-6.

32 CRUZ, Sebastião. *Direito romano*: Ius Romanum. 4ª ed. Coimbra: Dis.Livro. 1984, p. 303.

33 JUSTO, António dos Santos. *Breviário de Direito Privado Romano*. Coimbra: Coimbra Editora, 2010, p. 190-192.

não guardava semelhança com o valor da prestação principal, servindo como verdadeira pena privada. A pena normalmente possuía valor propositalmente superior ao da prestação principal, muitas vezes sendo seu dobro ou triplo[34], exatamente porque visava forçar o devedor a cumprir a obrigação[35]. Tratava-se de uma promessa de realizar certa prestação caso a obrigação originalmente pactuada não fosse cumprida, sendo indiferente a relação entre o objeto da pena e o objeto da obrigação assegurada[36]. Tal estipulação era comumente utilizada para reforçar contratos de compra e venda e de empréstimos marítimos, nas promessas solenes e nos compromissos *arbitra*, sendo importante destacar que não havia uma sistematização sobre a *stipulatio poena* no *Corpus Iuris Civilis*, existiam apenas menções esparsas sobre a figura, e principalmente quando os referidos contratos eram mencionados[37].

Essa noção estritamente coercitiva da *stipulatio poena* é certas vezes questionada pela doutrina[38]. Alguns importantes estudiosos do direito romano, como ZIMMERMANN[39] e SANTOS JUSTO[40], identificam que já no direito romano a função coercitiva da *stipulatio* convivia harmoniosamente com a função indenizatória. No mesmo sentido, OTAVIO LUIZ RODRIGUES JUNIOR[41] e LIMONGI FRANÇA[42] apontam que o caráter de reparação dos danos da cláusula penal já era notado no direito romano. MENEZES CORDEIRO também destaca a possível dupla dimensão que a figura assumia, sublinhando um caráter mais indenizatório nas *institutiones* e mais coercitivo no *codex*[43]. Por outro lado, PINTO MONTEIRO[44] rechaça essa noção, afirmando

34 CORDEIRO, António Menezes. *Tratado de Direito Civil*, v. IX, p. 446; evidencia que somente no *codex* é que o limite de 2 (duas) vezes o valor da prestação assegurada foi instituído.

35 MONTEIRO, António Pinto. *Cláusula Penal e Indemnização*, p. 350-363.

36 PIOLA, Giuseppe. Clausola Penale. In: *Il Digesto Italiano*. Torino: Unione Tip. Editrice Torinese, 1902. v. VII, 2ª Parte, p. 364B.

37 CORDEIRO, António Menezes. *Tratado de Direito Civil*, v. IX, p. 443-444.

38 Conforme alerta MONTEIRO, António Pinto. *Cláusula Penal e Indemnização*, p. 621, nota 1456; apontando que é majoritário o entendimento de que já em Roma a dupla função da "cláusula penal" era verificada.

39 ZIMMERMANN, Reinhard. *The Law of Obligations*: Roman Foundations of the Civilian Tradition. Oxford: Oxford University Press, 1996, p. 95-96.

40 JUSTO, António dos Santos. *Breviário de Direito Privado Romano*, p. 240.

41 Enquanto RODRIGUES JUNIOR, Otavio Luiz. Cláusula Penal: Natureza e Função no Direito Romano, p. 914 a 916.

42 FRANÇA, Rubens Limongi. *Teoria e Prática da Cláusula Penal*. São Paulo: Saraiva, 1988, p. 19.

43 CORDEIRO, António Menezes. *Tratado de Direito Civil*, v. IX, p. 444-445.

44 MONTEIRO, António Pinto. *Cláusula Penal e Indemnização*, p. 363-370.

que, na dinâmica de execução da *stipulatio poena*, o credor ficava dispensado de fazer qualquer prova de seu interesse, não havendo relação entre o valor e os danos. Para o professor de Coimbra, a índole da figura era estritamente punitiva/coercitiva, já que a pena servia como verdadeira punição ao devedor que não cumprisse a obrigação. Certo é que, independente de existir dupla função, ou apenas uma função, parece ser possível afirmar que a função mais importante da *stipulatio poena* era efetivamente a coercitiva/punitiva.

Porém, com o passar do tempo, tal função foi perdeu sua relevância, embora existam grandes discussões sobre o momento em que isso foi verificado. ZIMMERMANN[45] identifica a crescente noção de substutividade da pena em relação à realização da prestação como decisiva para a consolidação da função compensatória no próprio direito romano. MÚCIO CONTINENTINO[46] também identifica que o enfraquecimento da função coercitiva já podia ser verificado durante o período romano. Mas foi a partir da derrocada do império romano, com o desenvolvimento do cristianismo e o fortalecimento da Igreja, que é possível verificar uma decisiva viragem na natureza da cláusula penal[47].

É durante a Idade Média, a partir da forte influência da doutrina cristã e do desenvolvimento do Direito Canônico, que a noção indenizatória da cláusula penal se consolida no pensamento jurídico da Europa Continental[48]. No período medieval não é incomum verificar menções a uma espécie de "pena contratual" nos documentos e estatutos da época[49]. Certas vezes a pena era efetivamente utilizada como tal, mas também era usada como forma de mascarar a usura dos comerciantes. Parece ser no final do século XIII, com a distinção entre usura e interesse, formulada pelos juristas da Escola de Bolonha, que uma forma efetiva de controle da cláusula penal surge, e que o caráter indenizatório se consolida[50]. Como forma de possibilitar que o direito ao cumprimento do credor fosse resguardado, sem que o combate à usura fosse deixado de lado, há um movimento de aproximação da figura à teoria do interesse. A "pena" proveniente da cláusula penal, assim, passa a

45 ZIMMERMANN, Reinhard. *The Law of Obligations*: Roman Foundations of the Civilian Tradition, p. 101.

46 CONTINENTINO, Múcio. *Da Cláusula Penal no Direito Brasileiro*. São Paulo: Livraria Acadêmica, 1926, p. 14-15.

47 RODRIGUES JUNIOR, Otavio Luiz. *Função, natureza e modificação da cláusula penal no direito civil brasileiro*, p. 32-33.

48 Principalmente por meio da busca pelo controle e limitação da pena, conforme destaca CORDEIRO, António Menezes. *Tratado de Direito Civil*, v. IX, p. 447.

49 PIOLA, Giuseppe. Clausola Penale, p. 365A.

50 RODRIGUES JUNIOR, Otavio Luiz. *Função, natureza e modificação da cláusula penal no direito civil brasileiro*, p. 43-46.

ser válida quando for representativa do valor do dano causado pelo incumprimento da obrigação[51], não sendo aceita como forma de pressionar ou punir o devedor.

Interessante notar que o desenvolvimento da figura no pensamento jurídico da *common law*[52], apesar de ter sido desenvolvido de forma diversa, também teve como premissa o combate à função coercitiva da cláusula penal. Aspecto que, vale acrescentar, se mantém até os dias de hoje[53], mesmo que decisões recentes da Corte Suprema possam trazer certa mudança no paradigma[54]. Na origem da formação do Direito anglo-saxônico as cortes da *common law* sempre consideraram como *enforceable* (exigíveis) as *penalty bonds*, não apresentando nenhuma restrição quanto a penalidades contratuais[55]. Porém, a partir do século XV, com o desenvolvimento dos tribunais da *equity law*[56], verificou-se maior preocupação com a proteção das partes mais fracas em um contrato, sendo coibidas as estipulações que procuravam coagir o devedor[57]. Essa noção acabou por fim sendo também adotada pelos tribunais de *common law*[58], estabelecendo-se uma diferenciação en-

---

51 ROSENVALD, Nelson. *Cláusula Penal*: A pena privada nas relações negociais, p. 7-8.

52 Importante ressalvar que, como bem ensina CORDEIRO, António Barreto Menezes. *Do Trust no Direito Civil*. Coimbra: Almedina, 2014, p. 59; a expressão *common law* possui dois sentidos, sendo utilizada aqui no sentido de sistema, ordenamento jurídico. O outro sentido de *common law* serve para designar uma espécie de tribunal diverso da *equity law* que perdurou no Direito inglês até praticamente o final do século XIX (p. 195-196).

53 Tanto nos EUA quanto na Inglaterra e países do *Commonwealth*. A forma de controle, porém, como bem aponta CORDEIRO, António Menezes. *Tratado de Direito Civil*, v. IX, p. 455; é diferente em cada lugar. Na Inglaterra o principal ponto de verificação da existência de uma *penalty clause* é a avaliação da vontade das partes. Por outro lado, nos EUA, o exercício de verificação passa mais pela razoabilidade da "pena" estabelecida.

54 PALMER, Jessica. Implications of the New Rule Against Penalties. *Victoria University Wellington Law Review*, nº 47, p. 305-326, 2016; ressalta que a mudança de paradigma na Inglaterra em dois casos recentes não determinou que a cláusula era punitiva, mas considerou que uma cláusula que não seja uma estimativa válida dos danos não necessariamente deve ser proibida (p. 307-309). Os casos em questão são: REINO UNIDO. Supreme Court. *Cavendish Square Holding BV v Makdessi and ParkingEye Ltd v Beavis [2015]* UKSC 67 (4 Nov. 2015).

55 FURMSTON, Michael. Recent Developments about Penalties. *National Law School of India Review*, v. 28, p. 18-25, 2016, p. 19.

56 Para uma visão detalhada sobre o desenvolvimento do Direito anglo-saxônico e principalmente da *equity law*, ver: CORDEIRO, António Barreto Menezes. *Do Trust no Direito Civil*, p. 65-234.

57 NORDIN, Emily. The Penalty Clause Bias. *Maastricht Journal of European and Comparative Law*, v. 21, p. 162-187, 2014, p. 167.

58 CORDEIRO, António Menezes. *Tratado de Direito Civil*, v. IX, p. 454-455.

tre as duas figuras[59]. A *liquidated damages clause,* com índole indenizatória, seria aquela cláusula *enforceable*, já que servia para fazer uma avaliação dos danos esperados. Do outro lado, a *penalty clause,* com índole coercitiva, estabelecida *in terrorem*, seria proibida. Este entendimento, conhecido com *penalty doctrine*, foi aplicado na Inglaterra durante muito tempo apenas como costume, sendo finalmente consolidada como entendimento jurisprudencial no célebre julgamento do caso *Dunlop PneumaticTyre Co. Ltd.* v. *New Garage and Motor Co. Ltd*[60], de 1914[61]. No referido julgamento ficou consagrado um método de quatro fases estabelecido por *Lord* Dunedin para verificação do conteúdo punitivo ou indenizatório da cláusula penal[62].

A noção dualista da cláusula penal, porém, não foi tão cedo adotada nos países da Europa Continental. A doutrina canonista da Idade Média, com sua concepção de cláusula penal unitária e indenizatória foi aquela que influenciou a concepção moderna da figura. Essa noção condicionou, e muito, o desenvolvimento da figura no Direito "luso-brasileiro". Tanto nas Ordenações Afonsinas (Livro IV, Título LXII: Das Penas convencionaaes, e judiciaaes), do século XV, quanto nas Ordenações Manuelinas (Livro IV Título XLIV: Das penas convencionaes, e judiciaes, e interesses, em que casos se podem levar, ou nam), do século XVI, a noção de cláusula penal era for-

---

59 Para mais esclarecimentos sobre o desenvolvimento e o funcionamento da *"liquidated damages clause"* e da *"penalty clause"*, ver: BENJAMIM, Peter. Penalties, Liquidated Damages and Penal Clauses in Commercial Contracts: A Comparative Study of English and Continental Law. *The International and Comparative Law Quarterly*, v. 9, n° 4, p. 600-627, Oct. 1960; e MATTEI, Ugo. The Comparative Law and Economics of Penalty Clauses in Contract. *American Journal of Comparative Law*, 43 Am. J. Comp. L. 427, 1995; e MONTEIRO, António Pinto. *Cláusula Penal e Indemnização*, p. 396-399.

60 REINO UNIDO. *Dunlop Pneumatic Tyre Co Ltd v New Garage and Motor Co Ltd [1915] AC 79* (1 Jul 1914).

61 FURMSTON, Michael. Recent Developments about Penalties, p. 18-26; e PALMER, Jessica. Implications of the New Rule Against Penalties, p. 306.

62 Importante salientar que, antes dos dois casos (mencionados na nota n° 54) julgados pela Suprema Corte do Reino Unido em 2015, o caso *Dunlop* e o *"four tests"* do *Lord Dunedin* eram constantemente utilizados para fundamentar decisões da *House of Lords* e da *Court of Appeal* relacionadas com cláusulas penais, como por exemplo nos seguintes casos: REINO UNIDO. *Cine Bes Filmcilik ve Yapimcilik and Another v United International Pictures and Others [2004] 1 CLC 401 CA* (21 Nov. 2003); REINO UNIDO. *Jobson v Johnson [1989] 1 WLR 1026*; REINO UNIDO. *Lombard North Central Plc. v. Butterworth [1987] Q.B. 527*; REINO UNIDO. *Sport International Bussum B.V. and Others v. Inter-Footwear Ltd. [1984] 1 W.L.R. 776* (2 Jan. 1984); REINO UNIDO. *George Mitchell (Chesterhall) Ltd. Respondents v. Finney Lock Seeds Ltd. Appellants [1983] 2 A.C. 803* (29 Sept. 1982); REINO UNIDO. *Lombank v Excell, [1964] 1 Q.B. 415*; REINO UNIDO. *Bridge v Campbell Discount Co Ltd, [1962] A.C. 600*; REINO UNIDO. *White & Carter (Councils) Ltd v McGregor, 1962 S.C. (H.L.).*

temente influenciada pela doutrina canonista[63]. Também nas Ordenações Filipinas (Livro IV Título LXX: Das penas convencionais, e judiciais, e interesses, em que casos se podem levar), do século XVII, é possível identificar uma função estritamente reparatória da cláusula penal[64]. Isso porque havia uma minuciosa regulamentação sobre o limite da cláusula penal[65], que era bastante relacionada com o valor da obrigação principal ou dos prejuízos.

A noção indenizatória da cláusula penal foi aquela trazida à positivação pelas primeiras codificações, com destaque para o *Code Civil* de 1804, cuja disciplina sobre a cláusula penal pode ser verificada nos arts. 1152 e 1226 a 1233. Influenciado pela doutrina de POTHIER[66], o código napoleônico privilegiou a natureza indenizatória da cláusula penal[67], concretizando-a como uma cláusula de *"dommages-intérêts"*, ou seja, destinada a avaliar previamente perdas e danos.

Porém uma nova/velha noção de cláusula penal é resgatada e posteriormente consolidada. Ao avaliar a dinâmica regulatória da figura e seu desenvolvimento prático durante o século XIX, a doutrina francesa passou a defender a existência de uma "dupla função" da cláusula penal[68], entendendo que por meio da função indenizatória a cláusula penal poderia eventualmente exercer função coercitiva[69]. Tal noção parece ter sido decisivamente influenciada pelo caráter invariável do valor da pena convencional estabelecido no código. A cláusula penal no diploma legal francês seria uma forma de liquidação antecipada dos danos, mas como seu valor era fixo, não po-

63 CORDEIRO, António Menezes. *Tratado de Direito Civil*, v. IX, p. 457; e FRANÇA, Rubens Limongi. *Teoria e Prática da Cláusula Penal*, p. 69.

64 RODRIGUES JUNIOR, Otavio Luiz. *Função, natureza e modificação da cláusula penal no direito civil brasileiro*, p. 53.

65 FRANÇA, Rubens Limongi. *Teoria e Prática da Cláusula Penal*, p. 71.

66 POTHIER, Robert Joseph. *Tratado das obrigações pessoaes e reciprocas nos pactos, contractos, convenções*. Tradução José Homem Correa Telles. Lisboa: Tip. António José da Rocha, 1849, p. 284. O autor claramente indicava que a pena era estipulada como forma de indenizar o credor, tendo função compensatória das perdas e danos decorrentes do incumprimento da obrigação.

67 Sobre a codificação francesa e a construção doutrinária da cláusula penal: MONTEIRO, António Pinto. *Cláusula Penal e Indemnização*, p. 377-392; ROSENVALD, Nelson. *Cláusula Penal*: A pena privada nas relações negociais, p. 8-11; e BENJAMIM, Peter. Penalties, Liquidated Damages and Penal Clauses in Commercial Contracts: A Comparative Study of English and Continental Law, p. 610-611.

68 CORDEIRO, António Menezes. *Tratado de Direito Civil*, v. IX, p. 451.

69 MONTEIRO, António Pinto. *Cláusula Penal e Indemnização*, p. 391. O autor aponta que, apesar de a natureza da cláusula penal ser "exclusivamente indemnizatória", não se afastava "a eventualidade de ela prosseguir uma dupla função". Ver também BENJAMIM, Peter. Penalties, Liquidated Damages and Penal Clauses in Commercial Contracts: A Comparative Study of English and Continental Law, p. 606-608.

dendo ser controlado, ela acabava exercendo, secundariamente, a função de pressão no devedor.

Essa noção desenvolvida pela doutrina francesa e positivada no *Code* foi seguida pela doutrina e pelos códigos dos principais países da Europa continental. Durante quase todo o século XIX e XX, em ordenamentos jurídicos como da Espanha[70] (artigo 1152 do Código Civil de 1889) e da Itália[71] (artigo 1212 do *Codice Civile* de 1865), a função predominantemente indenizatória da figura foi a que prevaleceu, sendo expressamente mencionada sua função compensatória. Mais especificamente em Portugal, o Código de Seabra de 1867 (artigo 676º) acolheu a concepção indenizatória da cláusula penal preconizada pelo Direito francês, mantendo de certa forma a noção que já existia nas Ordenações Filipinas. Também foi positivado o caráter invariável que a pena possuía, não podendo ser ela modificada pelo julgador, salvo em caso de cumprimento parcial da obrigação[72].

A cláusula penal chega ao final do século XIX com estes contornos: uma figura unitária, com natureza indenizatória, servindo como cláusula de liquidação antecipada e invariável do dano, com somente eventual e residual função coercitiva. Essa noção, porém, pode ser identificada como o "modelo latino" da cláusula penal, já que estava restrita aos países cuja língua foi influenciada pelo latim. Na Alemanha, por exemplo, o desenvolvimento da figura acabou sendo de certa forma diverso. Com o advento do *Bürgerliches Gesetzbuch* (BGB), de 1896, mais uma nova concepção de cláusula penal vem à tona. A *Vertragsstrafe* (prevista nos §§339 a 345 do BGB) do Direito alemão veio tratada sob um prisma diferente. Sua função primordial não era de simplesmente liquidar de maneira antecipada o dano causado pelo incumprimento. A pena era apenas a definição do valor mínimo de indenização a ser pago pelo devedor em caso de violação da obri-

70 ROSENVALD, Nelson. *Cláusula Penal*: A pena privada nas relações negociais, p. 17-19. Para um conceito de Cláusula Penal na doutrina Espanhola: ALBALADEJO, Manuel. *Compendio de Derecho Civil*. 2ª ed. Barcelona: Libreria Bosch, 1974, p. 196-197; DIEZ-PICAZO, Luis; GULLON, Antonio. *Sistema de Derecho Civil*. 10ª ed. Madrid: Tecnos, 2012. v. II, t. I, p. 160-162; e LASARTE, Carlos. *Principios de Derecho Civil*. 19ª ed. Madrid: Marcial Pons, 2015. (Derecho de Obligaciones, II), p. 202-206.

71 ROSENVALD, Nelson. *Cláusula Penal*: A pena privada nas relações negociais, p. 14-17; para um conceito de Cláusula Penal na doutrina Italiana: DE CUPIS, Adriano. *Istituzioni di Diritto Privato*. 4ª ed. Milão: Dott. A. Giuffrè Editore, 1987, p. 321-322; e BIANCA, C. Massimo. *Il Contrato*. Milano: Dott. A. Giuffrè Editore, 1984. (Diritto Civile, III), p. 706.

72 MONTEIRO, António Pinto. *Cláusula Penal e Indemnização*, p. 414-416. Para uma visão doutrinária da cláusula penal durante a vigência do Código de Seabra ver: MOREIRA, Guilherme Alves. *Instituições do Direito Civil Português*. 2ª ed. Coimbra: Coimbra Editora, 1925. v. II, p. 145-146.

gação[73] [74]. Mas além de ser um mínimo indenizatório, sua principal função seria de pressionar o devedor a cumprir a obrigação[75]. A doutrina alemã retomou a importância da função coercitiva. A pena convencional normalmente poderia estabelecer, ao final, uma "indenização" que superaria o valor dos prejuízos efetivos, sendo dispensada a prova dos danos pelo credor[76], motivo pelo qual se verificava uma pressão direcionada ao cumprimento da obrigação.

Influenciada pela construção da figura durante o século anterior, a doutrina civilista do século XX, portanto, elaborou a noção de cláusula penal com base na teoria monista[77]. A única diferença verificada no Direito europeu continental era quanto ao "modelo latino" e ao "modelo germânico". Enquanto no primeiro a função indenizatória era primordial, no segundo era a função coercitiva. Não obstante, a visão da cláusula penal como figura unitária e bifuncional era defendida em ambos os "modelos".

Não foi diferente na doutrina portuguesa[78], que durante quase todo o século XX apresentou uma concepção monista e de dupla função da figura[79]. A prevalência da função indenizatória influenciou o legislador português na

---

73 ENNECERUS, Ludwig; KIPP, Theodor; WOLFF, Martin. *Tratado de Derecho Civil* – Derecho de Obligaciones. Traducción Blas Pérez González e José Alguer. Barcelona: Librería Bosch, 1933. v. I, p. 187-188.

74 O que se mantém até os dias de hoje: RODRIGUES JUNIOR, Otavio Luiz. *Função, natureza e modificação da cláusula penal no direito civil brasileiro*, p. 64.

75 MONTEIRO, António Pinto. *Cláusula Penal e Indemnização*, p. 402-406. O autor atribui ao BGB de 1896 e ao desenvolvimento doutrinário e jurisprudencial da *Vertragsstrafe* o apogeu da tese da dupla função da cláusula penal, tendo em vista que, ao mesmo tempo que privilegiou sua função coercitiva, definiu a figura como mínimo indenizatório.

76 VON TUHR, Andreas. *Tratado de las obligaciones*. Traducción W. Roces. Madrid: Reus, 1934. t. II, p. 235.

77 O que pode ser evidenciado, por exemplo, em CONTINENTINO, Múcio. *Da Cláusula Penal no Direito Brasileiro*, p. 26-32.

78 Para tanto: COSTA, Mário Júlio de Almeida. *Direito das obrigações*. 5ª ed. Coimbra: Almedina, 1991, p. 658-660; JORGE, Fernando Pessoa. *Direito das Obrigações*. Lisboa: AAFDL, 1976, p 597-603; LIMA, Fernando Andrade Pires de; VARELA, João de Matos Antunes. *Código Civil Anotado*. 4ª ed. Coimbra: Coimbra Editora, 1997, p. 73-74; PINTO, Carlos Alberto da Mota. *Teoria Geral do Direito Civil*. 3ª ed. Coimbra: Coimbra Editora, 1996. v. II, p. 585-586; SILVA, João Calvão da. *Cumprimento e sanção pecuniária compulsória*. Coimbra: Almedina, 1987, p. 247-278; PRATA, Ana Maria Correia Rodrigues. *Cláusulas de exclusão e limitação da responsabilidade contratual*. Coimbra: Almedina, 1985, p. 103-107; TELLES, Inocêncio Galvão. *Direito das Obrigações*. 7ª ed. Coimbra: Coimbra Editora, 1997, p. 437-440; VARELA, João de Matos Antunes. *Das obrigações em geral*. 7ª ed. Coimbra: Almedina, 1997. v. II, p. 139-140; entre outros.

79 CORDEIRO, António Menezes. *Tratado de Direito Civil*, v. IX, p. 459.

elaboração do artigo 810º do Código Civil de 1966[80]. Considerando essa noção, importante notar como define a figura CALVÃO DA SILVA[81], para quem a cláusula penal é negócio jurídico que define uma "indenização sancionatória", que deverá ser paga pelo devedor caso este não cumpra a obrigação. A doutrina brasileira[82] do século XX também não fugiu desta dinâmica. A noção da cláusula penal como figura unitária e bifuncional era aquela que constava nos manuais. Como o Código Civil de 1916 não definiu o conceito da figura em qualquer um dos artigos que regulavam a matéria (arts. 916 a 927), era a literatura jurídica que influenciava sua definição. Nesse sentido CAIO MÁRIO[83] apontava que a noção mais moderna de cláusula penal era aquela que reunia ao mesmo tempo a ideia de liquidação antecipada do dano e punição pelo incumprimento.

Porém a "modernidade" é algo mutável, não sendo mais possível concordar com a frase do renomado jurista brasileiro. A doutrina mais moderna sobre o assunto não vem entendendo que a figura possa reunir as funções indenizatória e coercitiva ao mesmo tempo. A concepção clássica vem sendo cada vez mais criticada, existindo atualmente um movimento cada vez mais crescente de superação da teoria monista. Isso se deve muito à experiência do Direito anglo-saxônico já acima tratada, mas sobretudo ao desenvolvimento da jurisprudência, legislação e doutrina na Alemanha[84]. Na *common law*, como já apontado, a concepção dualista já existe há muito tempo, o que de certa forma auxilia na construção da teoria dualista. Mas foi na Alemanha, principalmente na década de 1970, a partir da entrada em vigor do *Allgemeinen Geschaftsbedingungen* (AGB, lei que regulamenta a contratação com cláusulas gerais), de 1976, que houve o definitivo rompimento com o modelo unitário da cláusula penal acolhido pela jurisprudência, mediante a distinção entre a cláusu-

80 Diferentemente da posição adotada por VAZ SERRA, Adriano Paes da Silva. Pena Convencional. *Boletim do Ministério da Justiça*, Lisboa, n° 67, 1957; nos trabalhos preparatórios para o código, conforme será exposto mais à frente.

81 SILVA, João Calvão da. *Cumprimento e sanção pecuniária compulsória*, p. 247-248 (grifou-se); note-se que o autor define a pena convencional como sendo uma "indenização sancionatória", o que demonstra de forma clara o caráter bifuncional que é dado à esta.

82 Para tanto: CONTINENTINO, Múcio. *Da Cláusula Penal no Direito Brasileiro*, p. 17-38; PEREIRA, Caio Mário da Silva. *Instituições de Direito Civil*. 20ª ed. Rio de Janeiro: Forense, 2004. v. II, p. 93-97; RODRIGUES, Sílvio. Parte Geral das Obrigações. In: _____. *Direito Civil*. 2ª ed. São Paulo: Saraiva, 1973. v. 2, p. 79-86; entre outros.

83 PEREIRA, Caio Mário da Silva. *Instituições de Direito Civil*, v. II, p. 94.

84 MONTEIRO, António Pinto. *Cláusula Penal e Indemnização*, p. 499-539; e ROSENVALD, Nelson. *Cláusula Penal*: A pena privada nas relações negociais, p. 23-28.

la penal (*Vertragsstrafe*) e a cláusula de liquidação antecipada dos danos (*Schadensersatz Pauschalierung*)[85].

Essa distinção, posteriormente abraçada pela doutrina germânica, foi decisiva para a superação da teoria monista, que perdurou durante tantos anos. Essa noção parece ter influenciado decisivamente o entendimento moderno sobre a figura em outros países, como na França (*Clause Penale* e *Clause de dommages-intérêts*) e na Itália (*Clausola Penale* e *Liquidazione Convenzionale del Danno*)[86]. Mas foi principalmente importante para o desenvolvimento da teoria dualista no Direito lusófono.

No Direito português, ainda que VAZ SERRA[87], em seus estudos preparatórios para o Código Civil, tenha desenvolvido um entendimento diferente da doutrina clássica sobre a figura, é partir da tese de doutoramento do professor PINTO MONTEIRO de 1990, intitulada "Cláusula Penal e Indemnização", que se verificou o início do movimento de superação da visão clássica da figura. Também foi decisivo para o desenvolvimento desta teoria a decisão proferida pelo STJ-Portugal no acórdão de 3 de novembro de 1983[88]. Conforme será verificado mais à frente, a referida tese foi muito bem aceita pela doutrina e influenciou sobremaneira a jurisprudência em

85 MONTEIRO, António Pinto. *Cláusula Penal e Indemnização*, p. 520-522. Como bem aponta MEDICUS, Dieter. *Tratado de Las Relaciones Obligacionales*. Traducción Ángel Matínez Sarrion. Barcelona: Bosch, 1995. v. I, p. 211-212; quando são estabelecidas cláusulas penais em contratos por adesão, sujeitos às regras do AGB (§11, n° 5), a função por ela exercida deve ser estritamente de liquidação antecipada do dano.

86 MONTEIRO, António Pinto. *Cláusula Penal e Indemnização*, p. 539-576. Note-se que o autor afirma que na verdade o Direito francês "dá sinais de ter **redescoberto** uma diferenciação que, todavia, o Código acolherá – ao que tudo indica – dois séculos antes" (p. 572 – grifo no original).

87 VAZ SERRA, Adriano Paes da Silva. Pena Convencional, p-8-9. Apesar de o autor não evidenciar a existência de duas figuras distintas, o que na época não era algo ainda discutido, ele afirma "que o conteúdo da cláusula penal possa ser vário: a prestação pode ser querida só como indenização, só como pena ou também a título de reparação do dano devida por lei" (p. 9). Tal afirmação parece evidenciar que o autor entendia que a vontade das partes deveria ser verificada quando da qualificação da cláusula penal, ponto que é atualmente o mais importante para se definir a espécie de cláusula penal, conforme será apontado no tópico 2.4.

88 PORTUGAL. Supremo Tribunal de Justiça. Acórdão de 03 de novembro de 1983. Rel. Juiz Conselheiro José dos Santos Silveira. *Revista da Ordem dos Advogados*, Lisboa, ano 45, v. I, p. 113-127, abr. 1985. Importante ressaltar que no acórdão é questionada qual seria a função da multa (cláusula penal) estabelecida pelas partes, se coercitiva ou indenizatória, sendo determinada que se tratava de uma cláusula compulsória, já que visava compelir as partes a cumprirem o contrato. Sobre o acórdão, interessante ver também VARELA, João de Matos Antunes. Parecer. *Revista da Ordem dos Advogados*, Lisboa, ano 45, v. I, p. 159-197, abr. 1985.

Portugal, sendo possível afirmar que a teoria dualista, hoje, é majoritariamente acatada.

No Direito brasileiro tal preocupação tem sido mais timidamente desenvolvida. A questão sobre as funções da cláusula penal, com destaque para a punitiva, chegou a ser levantada por FABIO DE MATTIA[89] na década de 1960, e ainda posteriormente por LIMONGI FRANÇA[90], no final dos anos 1980. Tais ideias, porém, acabaram não sendo acolhidas pela doutrina ou mesmo pelo legislador na elaboração do Código Civil de 2002. Após sua edição, alguns autores passaram a refletir sobre a figura[91] e também sobre a teoria monista[92], mas ainda assim de forma incipiente. Somente com a tese de doutoramento de NELSON ROSENVALD de 2007, intitulada "Cláusula Penal: A pena privada nas relações negociais", é que o assunto ganhou repercussão, e a análise da cláusula penal passou a levar em conta a noção mais moderna[93]. A tese da dupla função, posteriormente, foi adotada também por JUDITH MARTINS-COSTA[94], que também defende a possibilidade de aplicação da cláusula penal com função coercitiva no Direito brasileiro. Mas não se percebe ainda uma verdadeira adoção da teoria no país.

A teoria dualista, rompendo com a visão clássica de cláusula penal como sendo uma figura unitária, estabelece a existência de duas espécies

89 MATTIA, Fabio Maria de. Cláusula Penal Pura e Cláusula Penal não Pura. In: TEPEDINO, Gustavo; FACCHIN, Luiz Edson (Orgs.). *Obrigações e Contratos*: Obrigações: Funções e Eficácia. São Paulo: Editora Revista dos Tribunais, 2011, p. 1117-1149. É necessário ressaltar que o texto foi originalmente publicado na Revista dos Tribunais, 383/35 de setembro de 1967.

90 FRANÇA, Rubens Limongi. *Teoria e Prática da Cláusula Penal*. Ver principalmente p. 126-136.

91 Como, por exemplo: CASSETTARI, Christiano. *Multa contratual*: teoria e prática da cláusula penal, p. 47-63, apresentando uma noção trifuncional da cláusula penal e cogitando que elas possam ser exercidas de forma individual; e TEPEDINO, Gustavo. Notas sobre cláusula penal compensatória. In: _____. *Temas de direito civil*. Rio de Janeiro: Renovar, 2006. t. II, p. 47-61, que aponta a crítica à concepção bifuncional e unitária da cláusula penal feita por PINTO MONTEIRO, porém confunde a distinção feita pelo autor com a classificação tradicional das modalidades de cláusula penal (moratória e compensatória) e não rompe efetivamente com a visão clássica.

92 RODRIGUES JUNIOR, Otavio Luiz. *Função, natureza e modificação da cláusula penal no direito civil brasileiro*, p. 240-242. O autor, contudo, rejeita a possibilidade de estipulação de uma cláusula penal punitiva no Brasil, aspecto que será detalhadamente analisado mais à frente.

93 ARAI, Rubens Hideo. Cláusula Penal., p. 737-742, ao escrever sobre a cláusula penal, parece ter sido influenciado pelo entendimento de ROSENVALD; já LÔBO, Paulo. Obrigações. In: _____. *Direito Civil*. 2ª ed. São Paulo: Saraiva, 2011, p. 268; influenciado pelo o entendimento de PINTO MONTEIRO, defende a visão funcional da cláusula penal, sublinhando, porém, que a referida tese não foi totalmente acolhida no Brasil.

94 MARTINS-COSTA, Judith. Do adimplemento das obrigações, p. 624-628.

distintas de cláusula penal. Ao proceder a análise levando em consideração a intenção das partes ao estipularem uma cláusula penal[95], se consegue separar bem a estrutura e função de cada uma das espécies. Essa visão funcional é a base de toda a teoria dualista das figuras, que defende a existência em separado de uma cláusula penal como liquidação antecipada do dano e uma cláusula penal *stricto sensu*. É o momento então de passar à contemporaneidade e procurar estabelecer como é possível romper com a teoria monista da cláusula penal, apresentando a noção mais moderna sobre a figura, baseada no dualismo de espécies.

2.3. Espécies

2.3.1. Da Divisão Tradicional: Modalidades Compensatória e Moratória

Baseada na teoria monista, tradicionalmente a cláusula penal é separada em duas modalidades (usualmente referidas pela doutrina como espécies) que não leva em conta sua função, mas sim seus efeitos. Classicamente, portanto, a cláusula penal é dividida em uma modalidade compensatória e uma modalidade moratória[96]. Grosso modo, é possível falar que a primeira visa à indenização dos danos decorrentes do incumprimento da obrigação, enquanto a segunda serve para compensar os danos verificados quando há o cumprimento moroso da obrigação. Essa separação é inclusive a que ainda é apresentada por boa parte da doutrina brasileira[97], que até o momento

95 ROSENVALD, Nelson. *Cláusula Penal*: A pena privada nas relações negociais, p. 96-103. O autor, nesse sentido, aponta que se deve analisar "a cláusula pena segundo a sua causa, o seu perfil funcional. A cada finalidade será atribuída uma distinta conformação jurídica. Cada qual das espécies da cláusula penal será individualizada em correspondência à função que visa exercer" (p. 101). Também é esse o entendimento de MONTEIRO, António Pinto. *Cláusula Penal e Indemnização*, p. 601-618, que defende que se deve "apurar o título a que a cláusula penal é estipulada, a função que visa prosseguir, de acordo com ela se definindo a sua natureza jurídica – indemnizatória ou sancionatória – e o seu regime, no que concerne a alguns aspectos, cuja disciplina terá de ser diferenciada" (p. 675).

96 Conforme apontam MONTEIRO, António Pinto. *Cláusula Penal e Indemnização*, p. 281; e RODRIGUES JUNIOR, Otavio Luiz. *Função, natureza e modificação da cláusula penal no direito civil brasileiro*, p. 181.

97 AZEVEDO, Álvaro Vilaça. *Teoria Geral das Obrigações e Responsabilidade Civil*. 12ª ed. São Paulo: Atlas, 2011, p. 227-229; GAGLIANO, Pablo Stolze; PAMPLONA FILHO, Rodolfo. *Novo Curso de Direito Civil*, p. 367-371; GONÇALVES, Carlos Roberto. *Direito Civil Brasileiro*, p. 424-425; SCAVONE JUNIOR, Luiz Antonio. *Do descumprimento das obrigações*: consequências à luz do princípio da restituição integral, interpretação sistemática e teleológica, p. 182-185 (que chega a analisar os argumentos de PINTO MONTEIRO para rejeitar a visão mais moderna da figura); VENOSA, Silvio de Salvo. *Direito Civil*, p. 367-372.

não acolheu a teoria dualista[98]. Como não se cogita(va) a existência de mais de uma espécie do ponto de vista da função que a figura exerce, era do ponto de vista estrutural e de funcionamento que sempre se procurou separar as modalidades de cláusula penal.

A referida divisão consta dos códigos civis de Portugal e do Brasil, que estabelecem diferentes dinâmicas de funcionamento para cada uma das supostas "espécies" de cláusula penal, compensatória ou moratória. A cláusula penal compensatória funciona substituindo a obrigação principal, sendo a única prestação devida caso haja incumprimento do contrato[99]. Já a cláusula penal moratória funciona cumulativamente com o cumprimento ou indenização por incumprimento, podendo ser exigida em conjunto com o cumprimento forçado ou com a indenização por incumprimento[100], servindo para compensar os danos moratórios sofridos pelo credor. Essa noção, conforme aponta PINTO MONTEIRO[101], está totalmente alinhada com a visão tradicional da figura, que é evidentemente reducionista. Assim não parece ser correto continuar apresentando a cláusula penal compensatória e a cláusula penal moratória como espécies de cláusula penal. Elas devem ser entendidas como modalidades específicas da cláusula de liquidação antecipada do dano.

Ainda, cumpre destacar, é possível encontrar problemas ao se utilizar tal separação como atualmente é apresentada. Essa noção, por exemplo, parece não comportar aquela cláusula penal que seja estabelecida como reforço de uma obrigação acessória ou uma cláusula específica em um contrato[102]. Tal aspecto foi identificado por LIMONGI FRANÇA[103], que aponta como errônea a divisão da cláusula penal em compensatória e moratória[104].

Porém isso não quer dizer que essa divisão clássica não tenha suas virtudes. Em verdade, ela pode ser bastante útil para definir o funcionamento

98 SILVA, Jorge Cesa Ferreira da. *Inadimplemento das Obrigações*: comentários aos arts. 389 a 420 do código civil, p. 239-245; chega a identificar uma forte tendência doutrinária, mas não absoluta, de romper com o modelo unitário, chamado pelo autor de modelo tradicional. Porém, parece ser possível afirmar que nem o próprio autor rompeu com o modelo unitário, porquanto que defende a coexistência das duas funções na cláusula penal.

99 ROSENVALD, Nelson. *Cláusula Penal*: A pena privada nas relações negociais, p. 57.

100 ROSENVALD, Nelson. *Cláusula Penal*: A pena privada nas relações negociais, p. 58-59.

101 MONTEIRO, António Pinto. *Cláusula Penal e Indemnização*, p. 281, nota 571.

102 Problema apontado por CASSETTARI, Christiano. *Multa contratual*: teoria e prática da cláusula penal, p. 67.

103 FRANÇA, Rubens Limongi. *Teoria e Prática da Cláusula Penal*, p. 135.

104 Também identifica o problema em utilizar essa divisão SILVA, Jorge Cesa Ferreira da. *Inadimplemento das Obrigações*: comentários aos arts. 389 a 420 do código civil, p. 254-255.

de ambas as espécies de cláusula penal, principalmente pois trazem em seu seio duas ideias opostas, de substutividade na cláusula compensatória e de cumulatividade na cláusula moratória[105]. Assim é possível verificar que podem existir cláusulas penais que substituem a prestação assegurada, e outras que funcionam em cumulação com a prestação assegurada ou principal. Essa divisão, inclusive, tem sido a mais utilizada na doutrina espanhola[106], que identifica a cláusula penal *liquidatória* ou *sustitutoria* e a cláusula penal *cumulativa*. Interessante apontar, também, que PONTES DE MIRANDA[107], em meados do século passado, também já preferia essa denominação à tradicional, por entender ser mais apurada.

Essa separação em duas modalidades, uma substitutiva e outra cumulativa, parece ser aquela que em verdade mais se harmoniza com a visão dualista, sendo totalmente possível existir uma cláusula de liquidação antecipada do dano substitutiva ou uma cláusula penal *stricto sensu* cumulativa, por exemplo. Essa divisão também auxilia no problema da qualificação da cláusula penal que reforça uma obrigação ou cláusula acessória, na medida em que, não podendo ser qualificada nem como compensatória nem como moratória, ela facilmente se encaixa na modalidade cumulativa, uma vez que o credor poderá exigir seu pagamento juntamente com o cumprimento da obrigação principal. Também facilita a análise comparada luso-brasileira, principalmente considerando a diferente noção de mora existente na legislação brasileira e portuguesa[108].

---

105 RODRIGUES JUNIOR, Otavio Luiz. *Função, natureza e modificação da cláusula penal no direito civil brasileiro*, p. 181-182.

106 Como, por exemplo: DÍAZ ALABART, Silvia. *La Cláusula Penal*. Madrid: Reus, 2011, p. 171-174; LASARTE, Carlos. *Principios de Derecho Civil*, p. 204; e DIEZ-PICAZO, Luis; GULLON, Antonio. *Sistema de Derecho Civil*, p. 161.

107 PONTES DE MIRANDA, Francisco Cavalcanti. *Tratado de Direito Privado*, t. XXVI, p. 81.

108 A legislação portuguesa trata a mora somente no plano do tempo do pagamento. Para tanto, ver, entre outros, MARTINEZ, Pedro Romano. *Cumprimento Defeituoso em Especial na Compra e Venda e na Empreitada*. Coimbra: Almedina, 2015, p. 116-118; para quem: "A mora supõe que o devedor, por causa que lhe é imputável, não efectuou a prestação aquando do seu vencimento" (p. 116) e "a mora deve ser só qualificada como uma falta temporal do cumprimento" (p. 117); e PROENÇA, José Carlos Brandão. *Lições de Cumprimento e Não Cumprimento das Obrigações*. Coimbra: Coimbra Editora, 2011, p. 319-328. Por outro lado, o Código Civil brasileiro determina que o devedor estará em mora caso não cumpra a obrigação no tempo, lugar e forma que foi estabelecida: Art. 394: "Considera-se em mora o devedor que não efetuar o pagamento e o credor que não quiser recebê-lo no **tempo, lugar e forma que a lei ou a convenção estabelecer**" (grifo acrescido). Sobre a concepção de mora no Direito brasileiro, ver: MARTINS-COSTA, Judith. Do adimplemento das obrigações, p. 324-325.

2.3.2. Da Visão Moderna: a Teoria Dualista

Considerando, portanto, que a divisão em cláusula penal substitutiva e cláusula penal cumulativa se refere à modalidade da figura, e não a sua espécie, quais seriam então as duas espécies de cláusula penal atualmente defendida? A resposta somente pode ser obtida caso a visão funcional da figura seja levada em conta. Conforme explicitado acima, a aceitação praticamente unânime da teoria monista da cláusula penal, figura que seria unitária e bifuncional, tem sido cada vez mais questionada. Se até o final do século XX essa visão clássica sobre a cláusula penal prosperava nos principais países do sistema romano-germânico, o início do século XXI parece ter trazido uma mudança de paradigma, sendo cada vez mais aceite a teoria dualista[109]. Trata-se de rompimento com a visão clássica positivada pelo *Code* em 1804[110] e consolidada no século XX.

Em Portugal, grande parte dos doutrinadores modernos[111] parecem ter acolhido a visão dualista preconizada por PINTO MONTEIRO. No Brasil, tal noção, inicialmente apresentada por LIMONGI FRANÇA[112] e mais recentemente desenvolvida por ROSENVALD, parece ainda um pouco embrionária, mas já é reconhecida por alguma doutrina. Entre aqueles que apontam tal teoria, mesmo sem concordar com a possibilidade de sua aplicação no Direito brasileiro, conforme se verá adiante, importa destacar a análise de OTAVIO LUIZ RODRIGUES JUNIOR, no sentido de que os fundamentos para a referida teoria são sólidos e sedutores[113].

---

109 O termo "teoria dualista" aqui utilizado é emprestado de RODRIGUES JUNIOR, Otavio Luiz. *Função, natureza e modificação da cláusula penal no direito civil brasileiro*, p. 240.

110 Sendo, porém, interessante notar o apontamento de MONTEIRO, António Pinto. *Cláusula Penal e Indemnização*, p. 539-576, de que a diferenciação entre duas espécies de cláusula penal pode na verdade ter sido feita pelo Direito francês há mais de dois séculos, e que somente mais recentemente tenha havido essa (re)descoberta.

111 Entre os autores portugueses que destacam a existência de duas espécies de cláusula penal: CORDEIRO, António Menezes. *Tratado de Direito Civil*, v. II, p. 669-670; CORDEIRO, António Menezes. *Tratado de Direito Civil*, v. IX, p. 477 e 481; LEITÃO, Luis Manuel Teles de Menezes. *Direito das Obrigações*, v. II, p. 285; PROENÇA, José Carlos Brandão. *Lições de Cumprimento e Não Cumprimento das Obrigações*, p. 389-398; e OLIVEIRA, Nuno Manuel Pinto. *Cláusulas acessórias ao contrato*: cláusulas de exclusão e de limitação do dever indemnizar: cláusulas penais, p. 73-81.

112 FRANÇA, Rubens Limongi. *Teoria e Prática da Cláusula Penal*, p. 124. A teoria sobre a divisão da cláusula penal apresentada pelo autor paulista, porém, é bastante complexa, já que leva em conta de 8 critérios diferentes para classificar a figura. Essa multiplicidade de critérios proposta pelo autor faz que, ao final, existam cerca de 20 espécies e 12 subespécies, que sob o ponto de vista prático inviabiliza sua proposta (p. 330), o que parece ter sido o motivo de sua rejeição pela doutrina brasileira.

113 RODRIGUES JUNIOR, Otavio Luiz. *Função, natureza e modificação da cláusula penal no direito civil brasileiro*, p. 242.

Inclusive, é possível afirmar que o fundamento da teoria dualista é bem simples, levando em conta o critério funcional e valorizando a vontade dos contratantes, o que faz com que seja de fácil aplicação. Como o próprio nome indica, assenta no reconhecimento da existência de uma dupla de espécies de cláusula penal, cada uma com função, natureza e características próprias. Diferentemente da noção monista, em que a cláusula penal exerce ao mesmo tempo função indenizatória e coercitiva, na visão dualista cada espécie exerce uma função separadamente, sempre devendo ser considerada a intenção das partes no estabelecimento da cláusula.

Cabe, porém, ressaltar, que a teoria dualista originalmente desenvolvida por PINTO MONTEIRO[114], na verdade, resulta na separação da figura em três espécies: cláusula de liquidação prévia do dano (indenizatória), cláusula penal *stricto sensu* e cláusula penal puramente compulsória (as duas últimas coercitivas). Porém, por motivos que serão adiante explicitados, optou-se pela separação apresentada por ROSENVALD[115], pois entendeu-se que, de acordo com uma visão funcional, o mais correto é identificar apenas duas espécies diferentes.

2.3.2.1. Cláusula Penal como Liquidação Antecipada do Danos

A primeira espécie a ser analisada é a cláusula de liquidação antecipada do dano, cuja natureza é indenizatória. Sua função é a determinação antecipada do valor da indenização que deverá ser paga pelo devedor ao credor em caso de incumprimento da obrigação. As partes, quando estipulam essa espécie buscam evitar as incertezas e a morosidade do julgamento do valor da indenização mediante o estabelecimento de regras comuns da responsabilidade civil[116]. A partir desse estabelecimento as partes determinam a sanção indenizatória para o caso de incumprimento da obrigação.

Esta é a espécie de cláusula penal acolhida pelo legislador português de 1966. Nela as partes definem de forma antecipada e invariável o "montante da indemnização exigível" pelo credor em caso de não cumprimento ou cumprimento defeituoso da obrigação imputável ao devedor, nos exatos termos do art. 810º, nº 1, do Código Civil português, que mais uma vez, ressalte-se, é a norma que conceitua a figura. A dinâmica normativa do diploma cível português, portanto, é toda voltada para esta espécie, conforme será verificado no tópico 2.3.1.

---

114 MONTEIRO, António Pinto. *Cláusula Penal e Indemnização*, em diversos trechos da obra, como nas p. 282 e 602-610.

115 ROSENVALD, Nelson. *Cláusula Penal*: A pena privada nas relações negociais, p. 105-106.

116 Sobre essa espécie de cláusula penal, ver: MONTEIRO, António Pinto. *Cláusula Penal e Indemnização*, p. 601-604; e ROSENVALD, Nelson. *Cláusula Penal*: A pena privada nas relações negociais, p. 110-112.

O Código Civil brasileiro não tratou de conceituar a figura, mas parece ter sido esta espécie de cláusula penal que o legislador brasileiro de 2002 privilegiou[117]. OTAVIO LUIZ RODRIGUES JUNIOR vai além, afirmando que o Código na verdade restringiu a cláusula penal a esta figura, somente podendo ser estipulada no Brasil uma cláusula penal com índole indenizatória[118]. Essa concepção apresentada pelo autor não pode prosperar, como será explicitado mais à frente, mas não se pode negar que alguns artigos do CCB que regulam o funcionamento e os efeitos da cláusula penal são clara e especificamente voltados a essa espécie.

Por ter finalidade exclusivamente de liquidação da indenização[119], buscando reduzir o grau de controvérsia relacionado ao valor da indenização por incumprimento[120], o valor da sanção estabelecida deverá sempre ser semelhante ao valor da obrigação assegurada. Assim, quando as partes acordem uma obrigação cuja prestação é a entrega de veículo cujo preço é de R$45.000,00 (quarenta e cinco mil reais), o valor da cláusula penal de liquidação antecipada do dano deverá ser o mais próximo desse valor. Assim, caso haja incumprimento dessa obrigação, o devedor deverá pagar o valor estabelecido na cláusula penal como sanção indenizatória pelo incumprimento do contrato.

Vale a pena novamente apontar que a divisão tradicional das modalidades de cláusula penal, moratória e compensatória, foi pensada para essa espécie de cláusula penal. Porém, ainda assim parece ser mais correto utilizar as denominações substitutiva e cumulativa, pois são as mais apuradas. O mais normal será a estipulação de uma cláusula de liquidação antecipada do dano substitutiva, tradicionalmente denominada compensatória, cujo valor da sanção será o mesmo da obrigação principal, e caso haja o incumprimento definitivo da obrigação, a indenização substituirá a prestação. A cláusula constante em um contrato que estabelece esta modalidade usualmente seria verificada nos seguintes termos:

> Cláusula X – Caso haja o incumprimento da obrigação estabelecida na cláusula Y, o CONTRATANTE A deverá pagar ao CONTRATANTE B o valor de R$XXXXXX (xxxxxx reais) como forma de compensar os prejuízos causados pela violação do contrato.

---

117 ROSENVALD, Nelson. *Cláusula Penal*: A pena privada nas relações negociais, p.112.

118 RODRIGUES JUNIOR, Otavio Luiz. *Função, natureza e modificação da cláusula penal no direito civil brasileiro*, p. 242-247 e 282.

119 OLIVEIRA, Nuno Manuel Pinto. *Cláusulas acessórias ao contrato*: cláusulas de exclusão e de limitação do dever indemnizar: cláusulas penais, p. 88.

120 SILVA, Jorge Cesa Ferreira da. *Inadimplemento das Obrigações*: comentários aos arts. 389 a 420 do código civil, p. 242.

Também será possível verificar uma cláusula de liquidação antecipada cumulativa, destinada a reparar do dano moratório, cuja função será compensar o credor pelo cumprimento impontual ou imperfeito da obrigação por parte do devedor. Nessa situação o credor ainda poderá exigir o cumprimento da obrigação, sendo a sanção paga pelo devedor como indenização moratória, já que se trata de sanção cumulativa. Nesse sentido, a referida cláusula é cogitada com a seguinte redação:

> Cláusula X – Em caso de atraso no pagamento estabelecido na cláusula Y, o CONTRATANTE A deverá pagar ao CONTRATANTE B o valor estabelecido na referida cláusula acrescida de R$XX,XX (xxxxxx reais) por dia de atraso, como forma de compensar os prejuízos causados pela violação do contrato.

Também é possível cogitar a estipulação de cláusula de liquidação antecipada do dano voltada ao reforço de alguma obrigação acessória ou cláusula específica em um contrato. Essa cláusula também deve ser entendida como cumulativa, porque é possível cumular sua exigência não com a exigência da prestação assegurada, mas sim com a exigência do cumprimento da obrigação principal, aspecto que será melhor analisado à frente. Nesse caso a redação da cláusula será a seguinte:

> Cláusula X – Em caso de violação da obrigação estabelecida na cláusula Y, o CONTRATANTE A deverá pagar ao CONTRATANTE B o valor de R$XX,XX (XX reais) por dia de atraso, como forma de compensar os prejuízos causados pela violação do contrato. O CONTRATANTE A, porém, não fica dispensado em nenhuma hipótese do cumprimento da obrigação objeto do presente contrato.

Importante arrematar a presente análise destacando que a exigência do valor estabelecido pela cláusula penal indenizatória substitutiva ou compensatória não será a única opção do credor quando do incumprimento da obrigação assegurada. O estabelecimento de uma cláusula penal indenizatória não cria para o devedor uma obrigação alternativa, fazendo com que ele possa ou cumprir a obrigação, ou pagar o valor da sanção indenizatória. Pelo contrário, o estabelecimento de uma cláusula penal sempre reforça a obrigação[121], nunca podendo ser afastada a possibilidade de o credor exigir o cumprimento forçado da obrigação. Nesse sentido é importante enquadrar a cláusula penal indenizatória como obrigação com faculdade alternativa para o credor (ou a parte *creditoris*)[122]. Quando for verificado o incumprimento da obrigação assegurada, o credor poderá optar pela exigência do cumprimento forçado da obrigação ou pelo pagamento da sanção indenizatória pela violação da obrigação ou contrato. De forma diversa, a cláusula

---

121 CASSETTARI, Christiano. *Multa contratual*: teoria e prática da cláusula penal, p. 47.

122 MONTEIRO, António Pinto. *Cláusula Penal e Indemnização*, p. 104.

penal indenizatória cumulativa ou moratória não afastará a possibilidade de cumulação entre a sanção indenizatória e o cumprimento da obrigação.

Ressalta-se, contudo, que, por se tratar de cláusula com natureza de indenização, o estabelecimento desta obsta que o credor busque a reparação do dano pelo regime comum da responsabilidade civil[123]. Esta não será uma opção para o credor, que se quiser ser compensado pelo incumprimento da obrigação, deverá ficar adstrito ao montante de indenização determinado antecipadamente pela cláusula penal como liquidação antecipada do dano, somente sendo possível que este exija a sanção indenizatória[124].

2.3.2.2. Cláusula Penal Stricto Sensu

A) Considerações Gerais sobre a Espécie

Outra espécie de cláusula penal que merece análise é aquela chamada de propriamente dita, ou *stricto sensu*, cuja natureza é de pena privada. Sua função é coercitiva, servindo para pressionar o devedor a cumprir a obrigação assegurada. Em razão da natureza e da função desta espécie, o valor da prestação alternativa devida pelo devedor em caso de não cumprimento ou cumprimento defeituoso não guarda relação com o valor da obrigação assegurada ou mesmo com o valor dos danos esperados no caso do inadimplemento, sendo, em verdade, superior. Importante ressaltar que tal espécie não se encontra regulamentada nos ordenamentos jurídicos de Portugal e do Brasil, sendo uma espécie atípica de cláusula penal.

Sua índole é coercitiva/punitiva, já que o que se busca com sua estipulação é, inicialmente, compelir o devedor ao cumprimento da obrigação, e caso isso não ocorra, sancioná-lo punitivamente por meio da pena convencional. Considerando uma obrigação de entrega de coisa certa estipulada entre A e B, cujos danos esperados em caso de inadimplemento da obrigação sejam de RS 20.000,00 (vinte mil reais), se estabelecida cláusula em que o devedor se obrigue a pagar ao credor o montante de R$100.000,00 (cem mil reais) em caso de inadimplemento, estar-se-á diante da cláusula penal *stricto sensu*[125]. Caso a obrigação não seja cumprida, o credor poderá exigir

123 ROSENVALD, Nelson. *Cláusula Penal*: A pena privada nas relações negociais, p. 111.

124 A não ser que exista um pacto de indenização pelo dano excedente, como será posteriormente analisado.

125 Sobre esta espécie de cláusula penal, ver: MONTEIRO, António Pinto. *Cláusula Penal e Indemnização*, p. 608-613; e ROSENVALD, Nelson. *Cláusula Penal*: A pena privada nas relações negociais, p. 106-110. Porém é interessante sempre destacar, conforme aponta OLIVEIRA, Nuno Manuel Pinto. *Cláusulas acessórias ao contrato*: cláusulas de exclusão e de limitação do dever indemnizar: cláusulas penais, p. 74, nota 124; que o valor da pena é apenas um dos indícios que apontam para a estipulação de uma cláusula penal excessiva.

o valor da pena em substituição ao cumprimento ou à indenização, sendo certo que seu valor será propositalmente superior ao valor destes. Porém é interessante sempre destacar, conforme aponta PINTO OLIVEIRA[126], que o valor da pena é apenas um dos indícios que apontam para a estipulação de uma cláusula penal coercitiva, sendo sempre necessário verificar outros elementos interpretativos para alcançar a verdadeira intenção das partes. Dessa forma, a cláusula de contrato que estabelece essa modalidade de cláusula penal terá a seguinte redação:

> Cláusula X – Caso haja o incumprimento da obrigação estabelecida na cláusula Y, o CONTRATANTE A deverá pagar ao CONTRATANTE B o valor de R$ XXXXX,XX (XXXXXX reais) sem prejuízo das perdas e danos eventualmente verificadas.

Assim como ocorre com a cláusula de liquidação antecipada dos danos, essa espécie de cláusula penal constitui uma obrigação com faculdade alternativa para o credor. Quando for verificado o incumprimento, portanto, o credor poderá optar por exercê-la, ou, alternativamente, buscar outras formas de tutelar seu direito ao crédito, podendo exigir, por exemplo, o cumprimento da obrigação assegurada, sempre ressalvada a possibilidade de pedidos sucessivos ou alternativos. Porém, como a pena convencional neste caso nada tem a ver com a indenização, o credor poderá, se quiser, exigir o pagamento da indenização calculada pelas regras gerais da responsabilidade civil[127]. Essa espécie de cláusula penal, portanto, acaba assegurando ao credor mais opções de tutela de seu direito ao crédito do que a espécie indenizatória.

Não é difícil perceber que a cláusula penal *stricto sensu* não é aquela referida na legislação civil portuguesa, que somente regula a cláusula penal indenizatória[128]. Conforme apontado acima, trata-se de espécie atípica de cláusula penal. Sua existência se justifica pelo princípio da liberdade contratual das partes, estabelecido no art. 405 do CCP, que legitima às partes estabelecerem livremente cláusulas diversas das previstas na lei[129]. Importante ressaltar que tal princípio permite não só que os contratantes contratem livremente, mas também que estipulem as cláusulas contratuais que determinam as consequências do incumprimento de forma livre[130], sendo permitida a estipulação da referida espécie. Assim, ainda que o Código Civil

126 OLIVEIRA, Nuno Manuel Pinto. *Cláusulas acessórias ao contrato*: cláusulas de exclusão e de limitação do dever indemnizar: cláusulas penais, p. 74, nota 124.

127 MONTEIRO, António Pinto. *Cláusula Penal e Indemnização*, p. 100-105; e ROSENVALD, Nelson. *Cláusula Penal*: A pena privada nas relações negociais, p. 42-47.

128 CORDEIRO, António Menezes. *Tratado de Direito Civil*, v. IX, p. 486.

129 MONTEIRO, António Pinto. *Cláusula Penal e Indemnização*, p. 605.

130 CORDEIRO, António Menezes. *Tratado de Direito Civil*, v. IX, p. 442.

português, nos artigos 810º a 812º, não tratem dessa cláusula, isso não significa que ela tenha sido afastada ou proibida pelo legislador português[131].

Da mesma forma, por não ter conceituado o que seria a cláusula penal, o legislador brasileiro aparentemente não impediu que essa espécie fosse estipulada. Como o princípio da liberdade contratual também está positivado no Brasil, nos artigos 421 e 425 do CCB, não parece existir nenhum empecilho para que essa espécie seja validamente acordada pelas partes no Direito brasileiro. Parece correto afirmar que essa tal liberdade contratual vem sendo cada vez mais limitada no ordenamento jurídico brasileiro, mas não se pode afirmar, por outro lado, que ela tenha sido totalmente afastada, permanecendo presente, ainda que com menos fôlego[132]. No ambiente da cláusula penal, tal limitação pode existir, mas não será a regra. É possível afirmar, portanto, que a liberdade contratual existente no Direito lusófono autoriza a cláusula penal *stricto sensu*. Trata-se de espécie de cláusula penal atípica, que não possui bases legais[133], mas que não encontra impedimentos quanto à sua existência, validade e eficácia.

Essa visão que privilegia a autonomia privada e o princípio da liberdade contratual, autorizando que, dentro de certos limites, as partes estabeleçam de forma livre o conteúdo e cláusulas contratuais, sem dúvidas valoriza a cláusula penal. Inclusive parece ser uma noção presente na doutrina italiana, e que, conforme se apresenta neste trabalho, vem sendo cada vez mais aceita em Portugal e no Brasil. Como bem aponta MARINI[134], as partes são livres para estabelecer cláusulas penais cujo conteúdo seja diverso do disposto no ordenamento jurídico. A sanção decorrente dessa cláusula não precisa necessariamente ser indenizatória, podendo ser punitiva.

Porém essa não é a visão de OTAVIO LUIZ RODRIGUES JUNIOR[135]. Segundo o autor, não é possível a estipulação válida de uma cláusula penal coercitiva no Direito brasileiro, já que seria proibida pelo ordenamento jurídico. Ele argumenta que, ainda que a teoria dualista seja muito bem fundamentada e de certa forma sedutora, ela não pode ser aplicada no Brasil, já que há uma limitação objetiva do valor da cláusula penal, inclusive de raízes históricas, estabelecida no art. 412 do CCB, que tira qualquer força coerci-

---

131 OLIVEIRA, Nuno Manuel Pinto. *Cláusulas acessórias ao contrato*: cláusulas de exclusão e de limitação do dever indemnizar: cláusulas penais, p. 76-77.

132 FORGIONI, Paula Andrea. *Teoria Geral dos Contratos Empresariais*. 2ª ed. São Paulo: Editora Revista dos Tribunais, 2010, p. 83.

133 FRANÇA, Rubens Limongi. *Teoria e Prática da Cláusula Penal*, p. 205.

134 MARINI, Annibale. *La Clausola Penale*. Napoli: Jovene Editore, 1984, p. 34-35.

135 RODRIGUES JUNIOR, Otavio Luiz. *Função, natureza e modificação da cláusula penal no direito civil brasileiro*, p. 263-277.

tiva da cláusula penal[136]. O artigo de lei referido pelo autor determina que o valor da pena não pode ser maior que o da obrigação principal, o que faria com que qualquer tentativa de dar à cláusula penal feição punitiva fosse impedida. Além disso, o professor da universidade de São Paulo também aponta que há diversos mecanismos de limitação do valor da pena que afastam a índole coercitiva[137], e que a possibilidade de redução da pena pelo Poder Judiciário enfraquece ainda mais a ideia coercitiva[138].

Essa visão do autor parece se coadunar com a interessante percepção apresentada pela professora espanhola DÍAZ ALABART[139], de que a cláusula penal como sanção punitiva não é figura que goza de muito prestígio do ponto de vista legislativo, sendo que na maioria dos ordenamentos somente é aceita quando pactuada expressamente, em outros é inclusive proibida. Entre os argumentos do autor brasileiro, que certamente são bastantes sólidos, o principal deles casa com a percepção da doutrinadora espanhola. O legislador brasileiro, consoante a norma contida no artigo 412 do Código Civil, teria proibido a cláusula penal com viés sancionatório punitivo, na medida em que estabeleceu um limite à cláusula penal.

Essa norma, contudo, desde há muito tem sido criticada[140]. CAIO MÁRIO[141] já identificava a regra inócua no Código Civil de 1916, e criticou sua manutenção no Código de 2002 por não combinar com sua sistemática, reafirmando ser inócua e de conteúdo vazio. Já na vigência do Código de 2002, ROSENVALD[142] também tece críticas, questionando a aplicabilidade prática da referida norma e identificando-a como norma que afronta em demasia o princípio da autonomia privada. De fato, essas críticas são pertinentes, principalmente se se considerar que muitas vezes as cláusulas penais não são estabelecidas para reforçar as obrigações principais, e

136 RODRIGUES JUNIOR, Otavio Luiz. *Função, natureza e modificação da cláusula penal no direito civil brasileiro*, p. 247.

137 RODRIGUES JUNIOR, Otavio Luiz. *Função, natureza e modificação da cláusula penal no direito civil brasileiro*, p. 248. Como a Lei de Usura e o Código de Defesa do Consumidor.

138 RODRIGUES JUNIOR, Otavio Luiz. *Função, natureza e modificação da cláusula penal no direito civil brasileiro*, p. 229 e 248-249.

139 DÍAZ ALABART, Silvia. *La Cláusula Penal*, p. 40.

140 FRANÇA, Rubens Limongi. *Teoria e Prática da Cláusula Penal*, p. 82 e 86-87; e SILVA, Jorge Cesa Ferreira da. *Inadimplemento das Obrigações*: comentários aos arts. 389 a 420 do código civil, p. 264; inclusive evidenciam que em alguns dos projetos de codificação do final do século XIX, não havia a previsão do limite no valor da pena, incluindo o projeto original do Código de 1916 elaborado por Clovis Bevilaqua.

141 PEREIRA, Caio Mário da Silva. *Instituições de Direito Civil*, v. II, p. 158-159.

142 ROSENVALD, Nelson. *Cláusula Penal*: A pena privada nas relações negociais, p. 226.

também pelo fato de "valor da obrigação principal" não ser um conceito bem determinado[143].

A aplicação desse artigo, mesmo para as cláusulas penais indenizatórias, é bastante controversa, sendo muitas vezes utilizado de forma equivocada, inclusive pelos tribunais superiores. Em decisão recente do STJ-Brasil[144], publicada em 1º de agosto de 2017, tal aspecto fica patente. O caso gira em torno da execução de cláusula penal exigida pelo cantor brasileiro Latino em face da Rede TV, canal de televisão. O contrato estabelecia uma pena de R$1.000.000,00 (um milhão de reais) em caso de incumprimento do contrato por qualquer uma das partes. Passados 6 (seis) meses de vigência do contrato, que possui prazo determinado de 1 (um) ano, a Rede TV decidiu rescindir o contrato, e o cantor Latino, assim, exigiu o pagamento do valor integral estabelecido na cláusula. Na contestação, a Rede TV pediu que o julgador diminuísse o valor da pena, considerando o cumprimento parcial do contrato, pedido este que foi acatado pelo juiz de primeira instância, que reduziu o valor pela metade. Porém a Rede TV não se contentou com essa redução, e o caso acabou chegando ao STJ. Interessante notar que ficou comprovado nos autos que a remuneração do cantor Latino era variável, podendo ser no mínimo de R$180.000,00 (cento e oitenta mil reais), e no máximo de R$480.000,00 (quatrocentos e oitenta mil reais).

O caso parece simples, e fora do contexto sobre a discussão do limite legal da cláusula penal estabelecido no artigo 412 do CCB, mas não é. Isso porque o assunto é amplamente discutido pelo relator do caso o Ministro Luis Felipe Salomão. Em seu voto, o ministro por diversas vezes se refere ao artigo em análise, ressaltando que o Código Civil brasileiro estabelece um limite para a cláusula penal, que é o valor da obrigação, inclusive sublinhando que o valor máximo da obrigação que é objeto da cláusula penal em análise é de R$480.000,00 (quatrocentos e oitenta mil reais). Porém o Ministro manteve a decisão do juiz de primeira instância, confirmada pelo TJSP, para condenar a Rede TV a pagar a quantia de R$500.000,00 (quinhentos mil reais). Ou seja, mesmo reconhecendo que o limite da pena estabelecida em uma cláusula penal é o do valor da obrigação principal, e identificando qual seria o valor (máximo) da obrigação principal, o Ministro determinou que o valor da pena a ser paga fosse maior que o valor do contrato. Isso mesmo após o cumprimento parcial, de metade do contrato, pela Rede TV. Certo é que tal pena parece, na verdade, ter função punitiva, e não indenizatória, por mais que não tenha sido esta a percepção dos julgadores do caso.

---

143 SILVA, Jorge Cesa Ferreira da. *Inadimplemento das Obrigações*: comentários aos arts. 389 a 420 do código civil, p. 267.

144 BRASIL. Superior Tribunal de Justiça. *REsp. 1.466.177/SP*. Rel. Min. Luis Felipe Salomão. *DJe* 01/08/2017.

Tal caso evidencia que a norma do artigo 412 do CCB é mal aplicada até nos casos em que há eventual cláusula de liquidação antecipada dos danos, cuja obrigação assegurada tenha valor facilmente determinável. Pior ainda será se for considerada, por exemplo, uma obrigação que não possua valor patrimonial, como um termo de confidencialidade. Qual será o limite o valor da cláusula penal neste caso? Também será particularmente problemática quando a obrigação principal possuir um valor, como no caso de prestação de serviço, mas em que as partes desejem estabelecer cláusula de exclusividade. Neste caso o valor da cláusula penal deverá ser limitado ao valor da obrigação principal, mesmo que esta seja inferior ao valor da obrigação assegurada? O valor da obrigação é necessariamente o valor objetivo que as partes atribuem ao cumprimento da obrigação?

Conforme bem aponta JUDITH MARTINS-COSTA[145] é preciso ter cuidado com a expressão "obrigação principal". Ela não pode significar apenas o valor dado pelas partes ao contrato, e muitos menos o simples valor da obrigação principal. Este limite deve ser verificado considerando todo o contexto contratual, e principalmente a noção de obrigação complexa, devendo ser embutidos os valores subjetivos e das obrigações laterais do contrato. A autora, porém, não faz nenhuma consideração sobre a aplicação do artigo 412 às cláusulas penais *stricto sensu*. Ela somente evidencia a possibilidade de utilização dessa norma nas modalidades compensatória e moratória[146], que, conforme já anteriormente evidenciado, não combinam com a espécie coercitiva da cláusula penal.

Considerando as reflexões de MARTINS-COSTA, parece, portanto, possível afirmar que a limitação do valor da pena convencional decorrente de cláusula penal *stricto sensu* não se aplica. A intenção da norma é estabelecer limites às cláusulas penais indenizatórias, não cabendo às outras espécies. A norma contida no artigo 412 não deve ser aplicada às cláusulas penais propriamente ditas, por não estar em harmonia com a dinâmica dessa espécie, que não possui função indenizatória, e sim coercitiva/punitiva. Dessa forma, deve-se afastar a aplicação da referida norma quando se estiver diante de cláusula penal com função de pressão do devedor. Conforme já foi evidenciado acima, tais cláusulas não estão previstas no Código Civil brasileiro, são atípicas, somente sendo possível aplicar as normas deste diploma de forma supletiva, e quando forem harmônicas com as características da referida espécie.

145 MARTINS-COSTA, Judith. Do adimplemento das obrigações, p. 679-681.

146 MARTINS-COSTA, Judith. Do adimplemento das obrigações, p. 674. Importante destacar que a autora deixa clara a diferença entre as espécies de cláusula penal e as modalidades de cláusula penal.

Afastado o principal argumento contra a cláusula penal *stricto sensu*, os outros perdem sentido. Afirmar que os limites legais impostos a certas cláusulas penais demonstram a impossibilidade de uma cláusula com cariz coercitivo não é correto. Tais limites são muito específicos e não se aplicam, por exemplo, aos contratos empresariais, ou contratos celebrados entre particulares que não sejam mútuos feneratícios[147] [148]. A impossibilidade de estipulação de cláusulas penais punitivas em alguns contratos, como nos de consumo, por exemplo, também não pode significar sua proibição generalizada. Pelo contrário, a existência de limites acaba demonstrando que existe uma dinâmica diferente de controle em certos contratos, mais rígida, quando a relação for consumerista, por exemplo, e mais livre quando se estiver perante relações empresariais. Há que se ressaltar que a principal hipótese de aplicação que se cogita para a cláusula penal *stricto sensu* é exatamente nos contratos empresariais, que têm como um de seus pressupostos a proteção e tutela do crédito[149], o que se harmoniza perfeitamente com a referida espécie.

Da mesma forma, a possibilidade de controle do valor da pena tampouco pode significar a proibição da cláusula penal punitiva. Se aplicada de forma equivocada, a redução do valor da pena pode gerar um enfraquecimento da figura, como tem ocorrido no Brasil[150], porém isso não significa que a índole coercitiva seja afastada. Ao contrário de afastar sua possibilidade, deve-se valorizar a cláusula penal *stricto sensu*, pois somente assim parece ser possível resgatar a força da cláusula penal como um todo.

B) Da Subespécie Puramente Compulsória

Evidenciou-se acima que o professor PINTO MONTEIRO, em sua tese de doutoramento, cujo principal objetivo foi romper com a visão monista

147 Para uma avaliação histórico-jurisprudencial da relação da cláusula penal com a Lei de Usura, ver: SILVA, Jorge Cesa Ferreira da. *Inadimplemento das Obrigações*: comentários aos arts. 389 a 420 do código civil, p. 248-253.

148 Isso porque o STJ-Brasil tem entendido que a Lei de Usura somente se aplica ao mútuos realizados entre os particulares, não se aplicando, por exemplo, às instituições financeiras. Sobre o assunto, ver as seguintes decisões: BRASIL. Superior Tribunal de Justiça. *AgRg no REsp 1092891/RS*. Rel. Min. Luis Felipe Salomão. *DJe* 14/02/2013; BRASIL. Superior Tribunal de Justiça. *AgRg no Ag 1316972/SP*. Rel. Des. Sidnei Beneti. *DJe* 27/09/2012; BRASIL. Superior Tribunal de Justiça. *AgRg no Ag 1189694/SP*. Rel. Min. Raul Araújo. *DJe* 22/05/2012; BRASIL. Superior Tribunal de Justiça. *AgRg no REsp 886220/RS*. Rel. Min. Paulo de Tarso Sanseverino. *DJe* 24/03/2011; BRASIL. Superior Tribunal de Justiça. *REsp 1061530/RS* (Recurso Repetitivo). Rel. Min. Nancy Andrighi. *DJe* 10/03/2009.

149 FORGIONI, Paula Andrea. *Teoria Geral dos Contratos Empresariais*, p. 89.

150 RODRIGUES JUNIOR, Otavio Luiz. *Função, natureza e modificação da cláusula penal no direito civil brasileiro*, p. 228.

e bifuncional da cláusula penal, estabeleceu uma divisão em três espécies diversas de cláusula penal. Duas delas já foram aqui analisadas, restando fazê-lo com a denominada cláusula penal puramente compulsória, que até então foi negligenciada no presente trabalho. Em que pese a consistência teórica e os sólidos argumentos utilizados pelo professor de Coimbra para apresentá-la como figura autônoma, ela na verdade parece ser apenas uma subespécie da cláusula penal *stricto sensu*, motivo pelo qual a teoria do autor é aqui chamada de dualista, e não tríplice ou tripartida.

O autor apresenta a cláusula penal puramente compulsória como aquela "acordada como um *plus*, como algo que acresce à execução específica da prestação ou à indenização pelo não cumprimento"[151]. Ou seja, seria uma cláusula que estabeleceria uma pena cumulativa, acordada sem prejuízo da possibilidade de exigir ao mesmo tempo a pena e o cumprimento da obrigação principal ou a indenização pelo não cumprimento da obrigação. Para o autor, essa espécie é diversa da cláusula penal em sentido estrito, pois a pena oriunda do exercício desta acresce ao cumprimento ou indenização por incumprimento, enquanto a pena daquela substitui o cumprimento ou a indenização[152]. Em um contrato essa modalidade de cláusula penal usualmente será redigida da seguinte maneira:

> Cláusula X – Em caso de atraso no pagamento estabelecido na cláusula Y, o CONTRATANTE A deverá pagar ao CONTRATANTE B o valor estabelecido na referida cláusula acrescida de R$ XX,XX (XX reais) por dia de atraso, sem prejuízo das perdas e danos eventualmente verificados.

Porém não parece ser correto, conforme já previamente evidenciado, caracterizá-la como espécie autônoma, sendo antes subespécie da cláusula penal *stricto sensu*. O que quer se dizer com isso é que ela é válida e de extrema importância para a dinâmica do direito obrigacional, mas que não possui autonomia em relação à espécie coercitiva acima exposta, por dois motivos, um relacionado à sua função e outro a seu funcionamento.

O primeiro motivo diz respeito à própria construção por trás da superação da teoria monista da cláusula penal. Para romper com a ideia da figura unitária e bifuncional, é fundamental caracterizar cada espécie de cláusula penal a partir da intenção das partes no estabelecimento da cláusula, verificando qual função a figura exerce no seio da relação obrigacional. Defende PINTO MONTEIRO que a cláusula penal puramente compulsória teria função exclusivamente coercitiva, e que a intenção do credor ao estabelecê-la

151 MONTEIRO, António Pinto. *Cláusula Penal e Indemnização*, p. 604-605.

152 MONTEIRO, António Pinto. Anotação ao Acórdão do STJ de 27 de Setembro de 2011. *Revista Legislação e Jurisprudência*, ano 141, n° 3972, p. 177-199. Coimbra: Coimbra Editora, 2012, p. 190-B-191-A.

seria apenas de pressionar o devedor a cumprir a obrigação. Por isso essa espécie seria diversa da cláusula penal *stricto sensu*, que, além da referida função, também serviria como forma de satisfação do credor, já que substitui o cumprimento ou indenização pelo incumprimento[153].

Mas essa dualidade entre "penas" (sanções) que substituem e sanções que cumulam também existe na cláusula de liquidação antecipada do dano, e, conforme já foi verificado, é basicamente a estrutura que compõe a divisão clássica entre cláusulas compensatórias, que são substitutivas, e cláusulas penais moratórias, que são cumulativas. Nessa perspectiva, não se verifica a necessidade, ou mesmo a plausibilidade de se autonomizar a cláusula penal puramente compulsória. A distinção da intenção das partes, com a verificação da função de cada espécie de cláusula, é o aspecto decisivo para a autonomização de cada espécie de cláusula penal, havendo necessidade de separar as cláusulas que exercem função indenizatória daquelas que exercem função compulsória ou coercitiva. Exatamente daí, portanto, que essa teoria é chamada de dualista.

Nesse sentido, a chamada "cláusula penal puramente compulsória" defendida por PINTO MONTEIRO deve ser entendida, na verdade, como subespécie ou modalidade da cláusula penal *stricto sensu*, que teria uma modalidade substitutiva e uma modalidade cumulativa. A modalidade agora estudada seria a cumulativa, e teria a mesma dinâmica das cláusulas de liquidação antecipada do dano moratórias ou cumulativas, conforme será adiante esmiuçado.

Essa espécie, por ter índole coercitiva/punitiva e ainda poder ser cumulada com o cumprimento ou indenização pelo incumprimento da obrigação, muitas vezes levanta dúvidas sobre sua validade, ou abusividade. Ela foi pela primeira vez reconhecida pelo célebre acórdão do STJ-Portugal de 3 de novembro de 1983[154], influenciando decisivamente o desenvolvimento da teoria dualista em Portugal. Na ocasião, CALVÃO DA SILVA[155] foi um dos maiores críticos de sua validade. O autor entendeu que, na verdade, se tratava de tentativa de privatizar a sanção pecuniária compulsória, que somente pode ser decretada pelo Poder Judiciário. Como sempre foi um defensor da dupla função da cláusula penal, que seria, segundo as palavras

---

153 MONTEIRO, António Pinto. *Cláusula Penal e Indemnização*, p. 609-610.

154 PORTUGAL. Supremo Tribunal de Justiça. *Acórdão de 03 de novembro de 1983*. Importante ressaltar que no acórdão é questionada qual seria a função da multa (cláusula penal) estabelecida pelas partes, se coercitiva ou indenizatória, sendo determinado que se tratava de cláusula compulsória, já que visava compelir as partes a cumprirem o contrato.

155 SILVA, João Calvão da. Direitos de Autor, Cláusula Penal e Sanção Pecuniária Compulsória. *Revista da Ordem dos Advogados*, Lisboa, ano 47, v. I, p. 129-156, 1987, principalmente p. 148-150.

do mencionado autor, uma "indenmnização sancionatória"[156], o professor não concordou com a possibilidade de se estipular cláusula penal puramente coercitiva, e muitos menos de se cumular a pena com o cumprimento ou indenização pelo incumprimento, o que violaria as regras consagradas no artigo 811º do CCP.

PINTO MONTEIRO[157], porém, de forma muito acertada combate tais argumentos, evidenciando que as normas contidas no artigo 811º não se aplicam à figura em questão, já que somente são destinadas à cláusula penal com perfil indenizatório. Além disso o autor critica a caracterização feita por CALVÃO DA SILVA, afirmando que se trata de uma figura milenar e de grande importância no direito obrigacional, e designá-la como "sanção pecuniária compulsória convencional" não é uma atitude correta[158].

Apesar desta interessante discussão doutrinária travada pelos dois professores de Coimbra, essa modalidade de cláusula penal *stricto sensu* tem sido reconhecida pela doutrina portuguesa[159]. Da mesma forma é possível encontrar julgados do STJ-Portugal[160] que reconhecem a existência dessa modalidade. Particularmente interessante destacar o acórdão de 27 de setembro de 2011, em que o Juiz Conselheiro Nuno Cameira identificou a cláusula penal como sendo coercitiva e cumulativa

> Em primeiro lugar, dado o seu elevado valor, correspondente ao triplo do valor do contrato, que mostra ter sido intenção dos interessados assegurar-se de que o contrato prometido seria de facto concluído; em segundo lugar, por resultar das demais cláusulas do contrato – nas quais ficou convencionado que a quantia de 10 000 000$00 entregue pelo autor aos réus o foi a título de "sinal e princípio de pagamento" e que a execução específica da promessa poderia ser sempre accionada – que foi intuito das partes, mediante a estipulação duma pena de tão avultado montante, retirar-lhe o carácter de antecipação da indemnização

---

156 SILVA, João Calvão da. *Cumprimento e sanção pecuniária compulsória*, p. 247-248.

157 MONTEIRO, António Pinto. *Cláusula Penal e Indemnização*, p. 606-607.

158 MONTEIRO, António Pinto. *Anotação ao Acórdão do STJ de 27 de Setembro de 2011*, p. 195-B.

159 Por exemplo: COSTA, Mário Júlio de Almeida. *Direito das obrigações*. 12ª ed. Coimbra: Almedina, 2009, p. 794-794; PROENÇA, José Carlos Brandão. *Lições de Cumprimento e Não Cumprimento das Obrigações*, p. 396.

160 PORTUGAL. Supremo Tribunal de Justiça. *Processo nº 3938/12.9TBPRD.P1.S1*. Rel. Juíza Conselheira Maria Clara Sottomayor. Julgado em 27/01/2015; PORTUGAL. Supremo Tribunal de Justiça. *Processo nº 08S2056*. Rel. Juiz Conselheiro Bravo Serra. Julgado em 22/10/2008; PORTUGAL. Supremo Tribunal de Justiça. *Processo nº 99B715*. Rel. Juiz Conselheiro Peixe Pelica. Julgado em 13/01/2000; PORTUGAL. Supremo Tribunal de Justiça. *Processo nº 99B711*. Rel. Juiz Conselheiro Sousa Dinis. Julgado em 21/10/1999. Todos publicados em www.dgsi.pt.

devida em caso de incumprimento, sublinhando com nitidez o seu carácter compulsório, isto é, de pressão ao cumprimento.[161]

Observa-se, assim, que o valor da pena é um importante norte para identificar se a cláusula é coercitiva ou indenizatória, mas, para que seja considerada como puramente compulsória, ou como aqui se defende, *stricto sensu* cumulativa, é fundamente verificar se a possibilidade de exigir o cumprimento forçado ou a indenização pelo incumprimento foi mantida pelos contratantes.

No Direito brasileiro, da mesma forma, há dúvidas sobre a validade dessa espécie. A já evidenciada posição de OTAVIO LUIZ RODRIGUES JUNIOR quanto às cláusulas penais punitivas se mantém. O autor chega a admitir que as cláusulas penais moratórias possam eventualmente ser punitivas, mas mantém a posição de que no Direito brasileiro, devido ao forte controle do valor da pena exercido pelo Judiciário, a coercibilidade não pode ser alcançada[162]. Interessante notar que até ROSENVALD, o principal defensor da teoria dualista no Brasil, afasta a possibilidade de uma cláusula penal coercitiva cumulativa, afirmando que, quando a cláusula penal for estipulada como pressão ao cumprimento, ela sempre será substitutiva[163].

Assim como já foi afirmado para a cláusula penal *stricto sensu* substitutiva, não parece haver nenhum óbice à estipulação de uma cláusula coercitiva que seja cumulativa no Direito brasileiro. A própria jurisprudência do STJ-Brasil, ainda que não tenha acolhido a tese dualista, vem, em decisões recentes[164], entendendo que a cláusula penal moratória não possuí função compensatória, mas sim coercitiva/punitiva. Em julgado bastante recente, que foi inclusive destacado pelo tribunal, o Ministro Marco Aurélio Bellizze afirmou que:

> [...] diversamente do desconto por pontualidade, a multa contratual, concebida como espécie de cláusula penal (no caso, cláusula penal moratória), assume um nítido viés coercitivo e punitivo, na medida em que as partes, segundo o **princí-**

---

161 PORTUGAL. Supremo Tribunal de Justiça. *Processo nº 81/1998.C1.S1*. Rel. Juiz Conselheiro Nuno Cameira. Julgado em 27/09/2011.

162 RODRIGUES JUNIOR, Otavio Luiz. *Função, natureza e modificação da cláusula penal no direito civil brasileiro*, p. 248-249.

163 ROSENVALD, Nelson. *Cláusula Penal*: A pena privada nas relações negociais, p. 106-107.

164 BRASIL. Superior Tribunal de Justiça. *REsp 1642314/SE*. Rel. Min. Nancy Andrighi. *DJe* 22/03/2017; BRASIL. Superior Tribunal de Justiça. *EDcl no AgRg no AREsp 691747/RJ*. Rel. Min. Marco Aurélio Bellizze. *DJe* 23/02/2016; BRASIL. Superior Tribunal de Justiça. *REsp 1201515/MS*. Rel. Min. Raul Araújo. *DJe* 09/09/2014; BRASIL. Superior Tribunal de Justiça. *REsp 1.335.617/SP*. Rel. Min. Sidnei Beneti. *DJe* 22/04/2014; BRASIL. Superior Tribunal de Justiça. *REsp n° 968.091/DF*. Rel. Min. Fernando Gonçalves. *DJe* 30/3/2009.

pio da autonomia privada, convencionam a imposição de **uma penalidade na hipótese de descumprimento da obrigação.** (grifos acrescidos)[165]

As referidas decisões e, principalmente, o trecho destacado, são bastante interessantes, pois mostram certa preocupação dos ministros do STJ em verificar a intenção das partes quando da estipulação da cláusula penal. Além disso eles valorizam a autonomia privada e destacam a validade de cláusulas penais que sejam coercitivas/punitivas, como se vem defendendo no presente trabalho. Porém é necessária uma nota de crítica quanto à afirmação generalizada de que qualquer cláusula penal moratória possui viés coercitivo. É verdade que muitas vezes as partes inserem no contrato uma "pena moratória" como forma de pressionar o devedor a cumprir a obrigação, assumindo assim feição de cláusula penal *stricto sensu* cumulativa. Porém não se pode afastar a possibilidade de as partes estipularem que a mesma cláusula seja voltada para compensar/reparar os danos sofridos pelo credor em razão da mora no cumprimento da obrigação, sendo neste caso verificada uma cláusula de liquidação antecipada dos danos cumulativa.

Traçadas tais considerações quanto às espécies de cláusula penal, com maior destaque para a classificação da cláusula penal *stricto sensu*, e identificação de suas modalidades, substitutiva e compulsória, passa-se à verificação de como se dá o funcionamento das referidas cláusulas, e consequentemente de seus efeitos.

2.4. Funcionamento e Efeitos

Evidenciada a visão mais moderna sobre a cláusula penal, que assenta na teoria dualista, fica assim definida a existência de duas espécies de cláusula penal, que deverão ser analisadas de acordo com a função que cada uma exerce. A identificação da espécie de cláusula penal com a qual se está lidando é tarefa fundamental do aplicador do direito, pois o funcionamento de cada uma delas e os efeitos verificados são diversos[166]. Trata-se, sobretudo, de exercício de interpretação das vontades das partes, ou seja, de interpretação do negócio jurídico. É fundamente, portanto, nesse exercício, verificar qual foi o objetivo das partes quando estipularam a cláusula penal, se liquidar antecipadamente o valor da indenização devida em caso de

165 BRASIL. Superior Tribunal de Justiça. *Informativo de Jurisprudência*, n° 0591, 4 a 18 out. 2016. Disponível em: <https://ww2.stj.jus.br/jurisprudencia/externo/informativo/?acao=pesquisarumaedicao&livre=@cod=0591. Informativo retirado da decisão: BRASIL. Superior Tribunal de Justiça. *REsp 1.424.814/SP*. Rel. Min. Marco Aurélio Bellizze. *DJe* 10/10/2016.

166 ROSENVALD, Nelson. *Cláusula Penal*: A pena privada nas relações negociais, p. 112-113.

incumprimento da obrigação, ou se pressionar o devedor a realizar a prestação. Mais que isso, também é necessário verificar se a cláusula é voltada para sancionar o incumprimento total ou parcial da obrigação, a mora no cumprimento ou mesmo o incumprimento de alguma obrigação acessória ou cláusula especifica[167].

A presunção, considerando os regimes estabelecidos pelos Códigos Civis de Portugal e do Brasil, deve ser sempre voltada para a cláusula penal como liquidação antecipada. Nesse sentido não se pode aceitar a posição de PINTO OLIVEIRA[168], para quem, na dúvida, deve-se interpretar a cláusula penal como sendo coercitiva, já que é aquela que mais se adequa aos princípios do direito obrigacional, mais notadamente ao princípio do cumprimento[169]. Ainda que faça sentido sua argumentação, não procede por dois motivos. O primeiro já foi apresentado acima, e tem a ver com a própria dinâmica do regime legal da cláusula penal em ambos os ordenamentos jurídicos, que não parece ser voltado para a figura com índole coercitiva. O segundo esbarra na natureza da figura. Por ser uma pena, ainda que privada, o princípio da *nulla poena sine legem* deve ser levado em conta, não podendo ser presumida a cláusula penal que estabelece verdadeira pena privada sem a estipulação inequívoca das partes. Fica assim feito o alerta. Na dúvida a cláusula penal deve ser interpretada como sendo indenizatória[170].

Por outro lado, caso sejam verificados elementos suficientes que demonstrem que a intenção das partes foi outra, sendo a relação entre o valor da sanção e o valor dos danos esperados[171] pelo incumprimento um fator determinante para essa interpretação, então a cláusula penal deve ser interpretada como sendo coercitiva. Ou seja, somente é possível utilizar as regras de funcionamento e esperar os efeitos relacionados à cláusula penal punitiva, caso seja possível interpretar que a intenção das partes foi claramente de estipular essa espécie de cláusula.

Quando se fala sobre os efeitos da cláusula penal, é necessário também fazer outro alerta. Este se prende com outro já feito anteriormente, relacionado à diferença entre a cláusula penal e a pena convencional. Enquanto a cláusula penal é decorrente do acordo de vontade das partes, sendo um negócio jurídico, a pena convencional somente será verificada caso haja o

167 MONTEIRO, António Pinto. *Cláusula Penal e Indemnização*, p. 683.

168 OLIVEIRA, Nuno Manuel Pinto. *Cláusulas acessórias ao contrato*: cláusulas de exclusão e de limitação do dever indemnizar: cláusulas penais, p. 82.

169 Sobre o princípio do cumprimento, ver: SILVA, João Calvão da. *Cumprimento e Sanção Pecuniária Compulsória*, p. 162-163.

170 CORDEIRO, António Menezes. *Tratado de Direito Civil*, v. IX, p. 498; e FRANÇA, Rubens Limongi. *Teoria e Prática da Cláusula Penal*, p. 269.

171 Não dos danos efetivamente verificados, conforme alerta MONTEIRO, António Pinto. *Cláusula Penal e Indemnização*, p. 643.

funcionamento desse negócio, sendo exatamente a prestação diversa da principal que o devedor se compromete para o caso de não cumprimento, ou cumprimento defeituoso, por sua culpa. Somente quando ocorre o incumprimento (total, parcial ou pontual) da obrigação, faz nascer, no credor, a possibilidade de exigir a prestação diversa daquela que era a principal, que será a pena convencional.

Assim, os efeitos da cláusula penal serão os chamados efeitos imediatos, ou seja, aqueles que, independentemente da ocorrência de qualquer fato, serão sempre verificados quando da estipulação da figura pelas partes. Por outro lado, os efeitos da "pena convencional" serão os chamados efeitos mediatos, pois somente serão verificados caso ocorra fato que possibilite que a cláusula penal funcione, entrando em cena a prestação diversa devida pelo credor como sanção por seu incumprimento, ou seja, a "pena".

2.4.1. Cláusula Penal como Liquidação Antecipada dos Danos

A cláusula penal como liquidação antecipada do dano, como foi visto, é aquela cuja natureza é indenizatória, e cuja função é definir antecipadamente o valor devido pelo devedor ao credor caso haja incumprimento da obrigação por fato a si imputável. São dois os principais efeitos imediatos verificados nessa espécie[172]. O primeiro é a criação de uma sanção indenizatória, que deverá ser paga pelo devedor caso este não cumpra a obrigação assegurada. Fica, assim, fixado de forma antecipada o *quantum debeatur* pelo devedor ao credor como forma de compensar/reparar os prejuízos provenientes do incumprimento (total ou parcial) da obrigação. O segundo é a modificação da dinâmica probatória, sendo estabelecida uma verdadeira inversão do ônus da prova do prejuízo.

A partir do primeiro efeito é possível retirar um dos principais pressupostos de funcionamento dessa espécie de cláusula penal, o incumprimento da obrigação. Somente pode haver o exercício dessa cláusula caso haja violação, ilícito contratual, com a verificação do incumprimento da obrigação assegurada. Mais que isso, esse incumprimento deve ser por fato imputável ao devedor, ou seja, este deve ter agido com culpa. O elemento culpa é condição essencial para que seja possível a execução de ambas as espécies de cláusula penal; aspecto que está presente tanto na legislação portuguesa, de forma tácita[173], quanto na legislação brasileira, de forma expressa[174].

---

172 Conforme destaca OLIVEIRA, Nuno Manuel Pinto. *Cláusulas acessórias ao contrato*: cláusulas de exclusão e de limitação do dever indemnizar: cláusulas penais, p. 84-85.

173 Infere-se pela organização sistemática do artigo 810º do CCP, inserido na subseção sobre a "Falta de cumprimento e mora imputáveis ao devedor".

174 CCB, Art. 408: "Incorre de pleno direito o devedor na cláusula penal, desde que, culposamente, deixe de cumprir a obrigação ou se constitua em mora". (BRASIL. Lei n° 10.406, de 10 de janeiro de 2002)

Nesse sentido, interessante apontar uma decisão do STJ-Portugal proferida no acórdão de 26 de abril de 2007[175]. Em seu voto, o relator, o juiz conselheiro Salvador da Costa, destacou que a culpa pelo incumprimento é presumida quando da existência de cláusula penal em contrato, mas que essa presunção não é absoluta, caso o devedor prove, por exemplo, que o credor contribuiu para o incumprimento. Arrematando a decisão, o julgador impediu o exercício da cláusula penal, já que a devedora conseguiu "ilidir a presunção de culpa que sobre ela impendia e, consequentemente, não pode ser responsabilizada no confronto dos recorrentes por via da cláusula penal moratória em causa".

O outro efeito imediato que pode ser verificado é a inversão do ônus da prova. Isso significa que as partes, quando estabelecem cláusula penal indenizatória em contrato, também determinam que, caso haja incumprimento da obrigação assegurada, haverá presunção de existência de prejuízos, que não precisa ser provada pelo devedor. Trata-se de um aspecto que vem levantando polêmicas na doutrina, mas que parece ser correto. Entre aqueles que criticam tal visão, PINTO MONTEIRO[176] aponta que a cláusula de liquidação antecipada do dano não pode ser vista como uma "simples inversão do ónus da prova", já que esta percepção enfraquece a figura. Porém é inegável que a cláusula penal altera a dinâmica probatória normal, já que aquele que alega (o credor) os fatos (o prejuízo) não precisa provar que estes ocorreram. Isso, contudo, não obsta que o devedor se defenda provando que o dano não existiu, ou foi menor que o valor da pena[177], se liberando do pagamento da pena convencional, daí decorrendo a inversão da carga probatória.

Por ser uma estipulação que fixa de forma antecipada a sanção que servirá como indenização pelo não cumprimento da prestação assegurada, a existência de danos é pressuposto fundamental para o exercício de tal cláusula. As regras de funcionamento da cláusula penal como liquidação antecipada dos danos são exatamente aquelas aplicáveis ao regime geral da responsabilidade civil contratual. Ou seja, todos os pressupostos desta devem ser preenchidos para que se possa exigir o pagamento da sanção indenizatória, sendo a existência de dano o principal deles[178].

---

175 PORTUGAL. Supremo Tribunal de Justiça. *Processo nº 07B1070*. Rel. Juiz Conselheiro Salvador da Costa. Julgado em 26/04/2007.

176 MONTEIRO, António Pinto. *Cláusula Penal e Indemnização*, p. 604.

177 CORDEIRO, António Menezes. *Tratado de Direito Civil*, v. IX, p. 492.

178 É interessante a avaliação de ROSENVALD, Nelson. *Cláusula Penal*: A pena privada nas relações negociais, p. 126: A pena privada nas relações negociais: "A cláusula penal não derroga as regras sobre os pressupostos da responsabilidade negocial. O credor só poderá exigir a pena se estiver preenchida a previsão normativa do art. 389 do Código Civil (Brasileiro). A cláusula de prefixação de indenização apenas derroga as regras sobre a eficácia da responsabilidade, pois os critérios convencionais de liquidação de danos substituem os critérios legais".

Mas como um dos efeitos imediatos da cláusula penal é a inversão do ônus probatório, conforme evidenciado acima, a existência do dano é presumida, não sendo necessário que o credor prove a existência dele para haja seu funcionamento. É dessa forma que o artigo 416 do CCB deve ser entendido quando aplicado para a cláusula de liquidação antecipada do dano. O credor não precisa alegar quais prejuízos sofreu para exigir a indenização predeterminada, mas eles devem ter sido experimentados para que o exercício da cláusula penal seja legítimo. Assim, caso o devedor prove que o credor não sofreu qualquer dano em decorrência da violação da obrigação, este não incorrerá na sanção indenizatória[179].

Este aspecto não parece, contudo, ser muito aceito pela doutrina. Autores portugueses[180] e brasileiros[181] destacam como um dos efeitos da cláusula penal a desnecessidade não só da prova, como a ocorrência de danos para que seja possível exigir a sanção estipulada. Essa percepção, porém, está muitas vezes atrelada à noção monista da cláusula penal, que não é aceita no presente trabalho. Por ter natureza de indenização, essa espécie deve seguir os mesmos pressupostos do regime comum da responsabilidade civil[182]. Trata-se de sanção indenizatória, não podendo ser exigida caso não existam danos a serem tornados indenes.

Também por possuir natureza indenizatória, o momento da exigibilidade da sanção também segue as regras da responsabilidade civil. Esse momento, assim como os efeitos mediatos da cláusula penal, contudo, divergem dependendo da modalidade de cláusula penal em jogo. Assim, vale a pena, a partir de agora, analisar cada modalidade separadamente.

2.4.1.1. A Sanção Indenizatória Substitutiva ou Compensatória

Quando a modalidade da cláusula penal indenizatória é substitutiva, tradicionalmente conhecida como compensatória, ela será destinada a compensar os danos decorrentes da não realização da prestação assegura-

179 GONÇALVES, Carlos Roberto. *Direito Civil Brasileiro*, p. 419.

180 COSTA, Mário Júlio de Almeida. *Direito das obrigações*, 12. ed., p. 799; PINTO, Carlos Alberto da Mota. *Teoria Geral do Direito Civil*, 3ª ed. p. 586; PROENÇA, José Carlos Brandão. *Lições de Cumprimento e Não Cumprimento das Obrigações*, p. 392-393; TELLES, Inocêncio Galvão. *Direito das Obrigações*, p. 440; entre outros.

181 RODRIGUES JUNIOR, Otavio Luiz. *Função, natureza e modificação da cláusula penal no direito civil brasileiro*, p. 196; SILVA, Jorge Cesa Ferreira da. *Inadimplemento das Obrigações*: comentários aos arts. 389 a 420 do código civil, p. 286-287; SCAVONE JUNIOR, Luiz Antonio. *Do descumprimento das obrigações*: consequências à luz do princípio da restituição integral, interpretação sistemática e teleológica, p. 192-193.

182 MONTEIRO, António Pinto. A pena e o dano. In: *Estudos em homenagem a Miguel Galvão Teles*. Coimbra: Almedina, 2012, v. II, p. 662-663.

da. A sanção substitui a obrigação, servindo como indenização pelo incumprimento. A exigência desta, ou seja, o funcionamento dessa modalidade de cláusula penal está atrelado ao momento em que o credor poderia exigir o pagamento da indenização caso fosse definida seguindo as regras gerais da responsabilidade civil, ou seja, a partir do momento em que houvesse incumprimento absoluto da obrigação. A simples mora, nessa modalidade, não é capaz de desencadear seu funcionamento, havendo necessidade de se verificar o incumprimento definitivo ou a perda do interesse do credor pelo cumprimento da obrigação.

Como o fim buscado pelas partes é definir, de forma antecipada e invariável, o montante de indenização devido em caso de incumprimento da obrigação, esta não pode ser exigida em momento diverso daquele que deveria ser verificado caso a indenização fosse arbitrada considerando as regras gerais sobre responsabilidade civil. Como a simples demora no cumprimento da obrigação não iria possibilitar que o credor exigisse a indenização pelo incumprimento, também não será assim na cláusula penal[183]. Assim, por exemplo, caso as partes, em uma obrigação de dar coisa certa, cujo valor do objeto seja de R$20.000,00 (vinte mil reais), estabeleçam cláusula de liquidação antecipada do dano no valor de R$25.000,00 (vinte e cinco mil reais), que seria o valor dos danos esperados, se o devedor não entregar o bem, o credor somente poderá exigir a sanção quando for verificado o incumprimento definitivo.

Caso esses pressupostos relacionados à responsabilidade civil sejam verificados, a cláusula penal indenizatória substitutiva poderá funcionar, sendo verificados seus efeitos normais, com destaque para a substituição da obrigação assegurada. Por se tratar da espécie de cláusula penal definida no artigo 810º do CCP, bem como aquela que mais se harmoniza com as regras previstas no CCB, cabe ressaltar, porém, que a dinâmica de funcionamento e alguns efeitos são regidos por estas normas. Quanto ao funcionamento da "pena", duas são as principais questões tratadas pela legislação civil de ambos os países analisados. A primeira relacionada à cumulação da sanção com o cumprimento, a segunda relacionada à eventual verificação de danos excedentes.

Por se tratar de "pena" substitutiva, não se pode exigir o cumprimento da obrigação cumulativamente com a pena convencionada[184]. Esse é o teor

183 MONTEIRO, António Pinto. *Cláusula Penal e Indemnização*, p. 636 (ver também p. 689-696). Nesse mesmo sentido, ver: ROSENVALD, Nelson. *Cláusula Penal*: A pena privada nas relações negociais, p. 136-139.

184 Destaca-se que o cúmulo proibido é quando há identidade de interesses entre a pena exigida e o cumprimento da obrigação. Para mais detalhamento sobre a questão, ver: MONTEIRO, António Pinto. A pena e o dano, p. 671-676; e ESTACA, José Marques. A Cláusula Penal e a Responsabilidade Civil. In: CORDEIRO, António Menezes; LEITÃO,

da norma contida no nº 1 do artigo 811º do CCP. Não é possível que o credor faça funcionar a cláusula penal substitutiva e ao mesmo tempo exija que a obrigação assegurada seja cumprida (de forma voluntária ou forçada). No mesmo sentido, o artigo 410 do CCB estabelece que o devedor tem a alternativa de escolher a pena, reforçando a noção de cláusula penal como obrigação com faculdade alternativa em favor do credor já aqui apresentada.

Esse efeito substitutivo da "pena", aliado à noção de cláusula penal como obrigação alternativa, faz com que o efeito derradeiro verificado seja a extinção da obrigação assegurada. Com o pagamento da pena pelo devedor, o credor é compensado pelos prejuízos sofridos com o incumprimento, sendo seu interesse no cumprimento satisfeito pela prestação alternativa. Não há assim resolução do contrato, mais sim extinção da obrigação através de seu cumprimento alternativo[185].

A legislação de ambos os países também veda a possibilidade de o credor reclamar o pagamento de valor excedente, caso se verifique que os prejuízos foram acima do fixado antecipadamente e não haja pacto em contrário[186]. Tanto a norma contida no nº 2 do artigo 811 do CCP quanto aquela contida no parágrafo único do artigo 416 do CCB[187] estabelecem a necessidade de que as partes expressamente estipulem a possibilidade do credor de exigir o valor do dano excedente. A princípio, portanto, nenhum efeito será verificado caso o credor prove que os danos foram acima do valor antecipadamente liquidado. Porém pergunta-se: qual será o efeito verificado caso as partes tenham estabelecido pacto de dano excedente?

Desde logo, concordando com o posicionamento de OTAVIO LUIZ RODRIGUES JUNIOR[188], se afasta um efeito punitivo eventualmente atribu-

---

Luis Menezes; GOMES, Januário da Costa (Orgs.). *Novos Estudos de Direito Privado*. Coimbra: Almedina, 2003. p. 291-326. (Estudos em Homenagem ao Professor Doutor Inocêncio Galvão Telles, 4), p. 304-313 e 314-316.

185 ROSENVALD, Nelson. *Cláusula Penal*: A pena privada nas relações negociais, p. 141.

186 Sobre as questões atinentes ao dano excedente no Direito português, ver: MONTEIRO, António Pinto. *Cláusula Penal e Indemnização*, p. 703-715; MONTEIRO, António Pinto. A pena e o dano, p. 663-666; e OLIVEIRA, Nuno Manuel Pinto. Contributo para a interpretação do nº 2 do Art. 811º do Código Civil. *Scientia Iuridica*, Lisboa, v. 53, nº 300, p. 499-507, set.-dez. 2004, p. 499-507; no Direito brasileiro, ver: ROSENVALD, Nelson. *Cláusula Penal*: A pena privada nas relações negociais, p. 129-133.

187 Novidade trazida pelo Código Civil de 2002 destacada por GAGLIANO, Pablo Stolze; PAMPLONA FILHO, Rodolfo. *Novo Curso de Direito Civil*, p. 367. Pronuncia-se contra essa novidade, afirmando que é uma regra que vai contra a natureza da cláusula penal, CASSETTARI, Christiano. *Multa contratual*: teoria e prática da cláusula penal, p. 128.

188 RODRIGUES JUNIOR, Otavio Luiz. *Função, natureza e modificação da cláusula penal no direito civil brasileiro*, p. 187.

ído a esse pacto. Não se trata de agravamento da responsabilidade[189] do devedor, que poderia ser entendida como punição; pelo contrário, é uma norma voltada ao princípio da reparação integral do dano, que nada tem a ver com a função coercitiva/punitiva da cláusula penal. Dessa forma, é possível verificar que o efeito quando as partes estipulam esse pacto é de natureza indenizatória.

Para PINTO MONTEIRO[190], o pacto de dano excedente tem como efeito a abertura de uma terceira opção para o credor quando do incumprimento da obrigação. Havendo incumprimento da obrigação e existindo pacto de dano excedente, o credor poderá exigir o cumprimento forçado da obrigação, exigir o valor da "pena convencional" ou buscar a indenização integral, a partir das regras gerais de responsabilidade civil[191]. Assim, o que seria normalmente vedado quando do estabelecimento de uma cláusula penal indenizatória não é, caso haja convenção determinando a reparação pelo dano excedente.

Nesse sentido, o credor tem duas opções para buscar a indenização devida. Ou exige a "pena convencional", não havendo necessidade de apresentar provas (sobretudo do dano e da culpa do credor), ou exige a indenização nos termos gerais, devendo formular seu pedido indenizatório observando as regras probatórias normais (sobretudo tendo que provar a extensão do dano sofrido)[192].

No Direito português um último aspecto relacionado com a cláusula penal que possuir pacto de dano excedente e valor do prejuízo merece menção. Trata-se da norma contida no nº 3 do artigo 811, que inclusive vem sendo bastante criticada pela doutrina[193]. Numa leitura mais desavisada, o intérprete pode acabar concluindo que existe um limite legal para qualquer cláusula penal, e que ele seria os prejuízos resultantes do incumprimento da obrigação, o que inclusive poderia inviabilizar a existência da cláusula

---

189 Como defende OLIVEIRA, Nuno Manuel Pinto. *Cláusulas acessórias ao contrato*: cláusulas de exclusão e de limitação do dever indemnizar: cláusulas penais, p. 107.

190 MONTEIRO, António Pinto. *Cláusula Penal e Indemnização*, p. 703-704.

191 ROSENVALD, Nelson. *Cláusula Penal*: A pena privada nas relações negociais, p. 130.

192 OLIVEIRA, Nuno Manuel Pinto. *Cláusulas acessórias ao contrato*: cláusulas de exclusão e de limitação do dever indemnizar: cláusulas penais, p. 101.

193 Entre as principais críticas, ver: LIMA, Fernando Andrade Pires de; VARELA, João de Matos Antunes. *Código Civil Anotado*, p. 80; LEITÃO, Luis Manuel Teles de Menezes. *Direito das Obrigações*, v. II, p. 286; MONTEIRO, António Pinto. Artigo 811º, nº 3, do código civil: "requiem" pela cláusula penal indemnizatória. In: *Estudos em homenagem a António Barbosa de Melo*. Almedina: Coimbra, 2013, p. 153-155; TELLES, Inocêncio Galvão. *Direito das Obrigações*, 1997, p. 447, que destaca a inutilidade da norma; e VARELA, João de Matos Antunes. *Das obrigações em geral*, v. II, p. 146-147, que entende tratar-se de uma norma que provoca uma "castração" na cláusula penal.

penal coercitiva. Porém não é esta a interpretação mais correta da norma. Na verdade, na acertada acepção de PINTO MONTEIRO[194], a norma somente se aplica à hipótese do número imediatamente anterior. No mesmo sentido, MENEZES CORDEIRO[195] invoca motivos lógicos para tal entendimento, apontando que tal preceito somente se harmoniza com o funcionamento da cláusula de liquidação antecipada do dano com estabelecimento de pacto de indenização pelo dano excedente. Ou seja, trata-se de regra voltada para regular as cláusulas penais indenizatórias quando houver pacto de dano excedente, inseridas no nº 2 do artigo 811º[196]. Nesses casos, se o credor optar pelo regime da indenização total, utilizando a cláusula do dano excedente, a norma determina que ele não poderá elaborar pretensão que seja superior ao valor dos danos efetivamente verificados relacionados com a obrigação principal. Assim, o credor ficará obstado de exigir a reparação de danos que sejam relacionados à violação de deveres laterais ou de obrigações acessórias.

Por fim, cabe apenas uma última consideração referente à dinâmica do funcionamento da cláusula penal quando a obrigação assegurada tiver pluralidade de devedores, que, se ressalta, é a mesma para todas as espécies e modalidades de cláusula penal. Essa questão foi abordada pelo legislador brasileiro nos artigos 414 e 415 do CCB. O código estabelece que, caso a obrigação seja indivisível, a "pena convencional" será devida por todos os devedores, ressaltando o direito de regresso de cada um contra aquele devedor que for culpado do incumprimento. Por outro lado, caso se trate de obrigação divisível, a sanção somente será devida pelo devedor culpado, devendo ser paga proporcionalmente à sua participação na obrigação. Ambas as normas, porém, como bem aponta PINTO MONTEIRO[197], parecem ser totalmente dispensáveis, porquanto simplesmente repetem as regras gerais que devem ser aplicadas a qualquer obrigação com pluralidade de credores. Assim, ainda que não haja nenhuma regre específica sobre o assunto no diploma civil português, a dinâmica de funcionamento será a mesma apresentada acima, pois é regra geral sobre o assunto[198].

194 MONTEIRO, António Pinto. Artigo 811º, nº 3, do código civil: "requiem" pela cláusula penal indemnizatória, p. 165-175.

195 CORDEIRO, António Menezes. *Tratado de Direito Civil*, v. IX, p. 492.

196 PINTO, Carlos Alberto da Mota. *Teoria Geral do Direito Civil*, 3. ed., p. 589, nota 2.

197 MONTEIRO, António Pinto. *Cláusula Penal e Indemnização*, p. 48, nota 113. Apesar de o autor criticar os artigos 925 e 926 do Código Civil brasileiro de 1916, imagina-se que a posição seja a mesma quanto aos artigos do Código de 2002 apresentados acima, uma vez que foram praticamente replicados do diploma anterior.

198 Artigos 534º e seguintes do CCP. Sobre a dinâmica das obrigações com pluralidade de devedores no direito civil português, ver, entre outros: COSTA, Mário Júlio de Almeida. *Direito das obrigações*, 12. ed., p. 666-684.

2.4.1.2. A Sanção Indenizatória Cumulativa ou Moratória

A "pena convencional", quando cumulativa, serve, conforme sua denominação tradicional (moratória), para compensar os prejuízos sofridos pelo credor em razão do cumprimento atemporal, defeituoso ou imperfeito[199] da obrigação assegurada. Também pode ser destinada a compensar os prejuízos causados pelo incumprimento de alguma obrigação acessória ou cláusula especifica[200]. Assim, diferentemente da modalidade acima analisada, sua exigência é possível assim que haja violação da obrigação. O funcionamento dessa modalidade de cláusula penal indenizatória, portanto, se dá no exato momento em que houver violação da obrigação[201], pois o fato que está se tutelando não é o incumprimento total da obrigação, mas o incumprimento parcial (moroso ou imperfeito) da obrigação principal, ou a violação de alguma prestação lateral.

O fim buscado pelas partes é definir, de forma antecipada e invariável, o montante de indenização devido em caso de incumprimento pontual obrigação. Considera-se os prejuízos decorrentes dessa violação, que poderá ser exigida assim que for violada, já que seria nesse momento em que a indenização, considerando as regras gerais sobre responsabilidade civil, poderia ser exigida. Assim, considerando uma obrigação de dar coisa certa, cujo valor do objeto seja de R$20.000,00 (vinte mil reais), em que as partes estipulem sanção indenizatória cumulativa, caso o devedor não entregue a coisa na data estabelecida, no valor de R$200,00 (duzentos reais) por dia de incumprimento, que seria o valor dos danos moratórios esperados, o credor poderá exigir a pena assim que haja a violação, nesse caso, por exemplo, no dia seguinte à data estabelecida.

Além disso, o credor poderá exigir a "pena convencional" e, ao mesmo tempo, o cumprimento da obrigação de entrega da coisa acordada. O efeito do funcionamento dessa modalidade de "pena convencional" não é substitutivo, mas sim cumulativo, podendo ser cumulado o pedido do valor da prestação alternativa com o pedido do cumprimento da obrigação principal[202]. Este aliás, é o ditame do artigo 811º, nº 1, do CCP e do artigo 411 do CCB, que determinam que, quando a pena for devida em razão da mora, seu pedido poderá ser cumulado com o da obrigação assegurada. Mas não só

199 Como cogita MONTEIRO, António Pinto. *Cláusula Penal e Indemnização*, p. 281, nota 572.

200 RODRIGUES JUNIOR, Otavio Luiz. *Função, natureza e modificação da cláusula penal no direito civil brasileiro*, p. 183; inclusive aponta que a maior parte da doutrina brasileira tem entendido que a cláusula para reforçar alguma obrigação especial é moratória. Aqui, prefere-se denominar como cumulativa e não moratória, pelos motivos já explicitados acima.

201 MONTEIRO, António Pinto. *Cláusula Penal e Indemnização*, p. 688.

202 ROSENVALD, Nelson. *Cláusula Penal*: A pena privada nas relações negociais, p. 58-59.

quando se estiver diante da compensação da mora é que a cumulação será possível, também quando a pena for direcionada a uma violação pontual da obrigação, como o cumprimento em lugar diverso do estabelecido, ou mediante forma diferente da que tiver sido acordada.

O enquadramento de uma cláusula penal indenizatória na modalidade cumulativa deve ser feito utilizando a concepção da "identidade de interesses" defendida por PINTO MONTEIRO[203]. É considerando essa concepção que se argumenta a favor da inclusão das cláusulas penais indenizatórias destinadas a assegurar uma obrigação acessória ou cláusula específica na modalidade cumulativa. Estas são as destinadas, por exemplo, a estabelecer uma indenização predeterminada caso o devedor viole uma obrigação de exclusividade, ou uma cláusula de confidencialidade. Nesses casos, o interesse protegido não é o mesmo da obrigação principal. Assim, caso haja violação desse interesse, será possível cumular o pedido do pagamento do valor da "pena convencional" com o cumprimento da obrigação principal, já que não há "identidade de interesses".

Com o funcionamento da "pena convencional" em sua modalidade cumulativa, portanto, o efeito derradeiro não será a extinção da obrigação, pelo contrário, será a possibilidade de se exigir seu cumprimento forçado. E caso o devedor se recuse a cumprir a referida obrigação, será perfeitamente possível que o credor exija a indenização pelo não cumprimento definitivo da obrigação nos termos gerais. Além disso, interessante notar que decisões recentes do STJ-Brasil[204], todas relativas à entrega atrasada de unidades habitacionais, apontam no sentido de ser possível que o credor receba além da "multa moratória", que compensa os danos sofridos em razão da demora, uma indenização por lucros cessantes, que serviria para reparar outros danos que não são moratórios[205].

No mais, as observações feitas acima quanto aos efeitos verificados, caso haja pacto de dano excedente, são mantidas. O credor, nesse caso, po-

203 MONTEIRO, António Pinto. *Cláusula Penal e Indemnização*, p. 434.

204 BRASIL. Superior Tribunal de Justiça. *AgInt no AREsp 685199/RJ*. Rel. Min. Paulo de Tarso Sanseverino. *DJe* 02/03/2017; BRASIL. Superior Tribunal de Justiça. *AgInt no REsp 1624677/DF*. Rel. Min. Raul Araújo. *DJe* 13/12/2016; BRASIL. Superior Tribunal de Justiça. *REsp 1536354/DF*. Rel. Min. Ricardo Vilas Bôas Cueva. *DJe* 20/06/2016; BRASIL. Superior Tribunal de Justiça. *AgRg no REsp 1544333/DF*. Rel. Min. Marco Aurélio Bellizze. *DJe* 13/11/2015.

205 Contudo, considerando a quantidade de demandas sobre o assunto, o Ministro Luis Felipe Salomão propôs uma afetação de todos os processos que versam sobre a possibilidade de cumulação entre a cláusula penal e a indenização por lucros cessantes, para que sejam decididos em conjunto pelo rito dos recursos repetitivos. BRASIL. Superior Tribunal de Justiça. *ProAfR no REsp 1635428/SC*. Rel. Min. Luis Felipe Salomão. *DJe* 03/05/2017; BRASIL. Superior Tribunal de Justiça. *ProAfR no REsp 1498484/DF*. Rel. Min. Luis Felipe Salomão. *DJe* 03/05/2017.

derá optar por ter reparados todos os prejuízos sofridos em decorrência da violação da obrigação assegurada, mas para tanto ficará adstrito às regras gerais da responsabilidade civil, sendo necessária principalmente a prova do valor do prejuízo verificado e da culpa do devedor, que no caso do funcionamento da cláusula penal, repita-se, são presumidos.

2.4.2. Cláusula Penal Stricto Sensu

A cláusula penal *stricto sensu*, com índole coercitiva, é estipulada com o intuito de pressionar o devedor a cumprir a obrigação. Trata-se de espécie atípica de cláusula penal, não regulamentada no Código Civil português, e que em certas ocasiões não se encaixa no regime estabelecido no Código Civil brasileiro. Assim, as regras do CCP não se aplicam à figura, e as normas do CCB serão aplicáveis apenas de forma subsidiária e quando não contiverem regras especificamente relacionadas com a dinâmica indenizatória. Ou seja, como bem aponta LIMONGI FRANÇA, é uma cláusula que não possui bases legais[206]. Feitas essas ressalvas, é de se indicar que são três os efeitos imediatos verificados quando da estipulação da cláusula penal *stricto sensu* para assegurar a obrigação acordada, todos relacionados com sua função coativa e sua natureza de pena privada.

O primeiro, e principal, efeito mediato é o reforço da obrigação assegurada[207]. Como o valor estabelecido como pena é superior ao valor da obrigação, e também superior ao valor da indenização que seria devida em caso de violação da obrigação assegurada, o devedor assim sente-se pressionado, compelido[208] a cumprir a obrigação, havendo um reforço no vínculo obrigacional[209].

A função coercitiva, porém, não é completa se não for estabelecida uma consequência caso ela não funcione, sendo assim verificado o segundo efeito imediato, que é a criação de uma sanção pelo incumprimento, neste caso a pena convencional[210]. A cláusula penal possui efeito preventivo, de reforço. Por outro lado, é a pena em si que tem o sancionador, punitivo, que alerta o devedor para o fato de que será punido, penalizado, caso não realize a prestação assegurada. Essa pena é a prestação alternativa estabelecida na cláusula penal, que funcionará caso haja verificação do ilícito contratual, ou seja, do incumprimento.

---

206 FRANÇA, Rubens Limongi. *Teoria e Prática da Cláusula Penal*, p. 205.

207 OLIVEIRA, Nuno Manuel Pinto. *Cláusulas acessórias ao contrato*: cláusulas de exclusão e de limitação do dever indemnizar: cláusulas penais, p. 82.

208 MONTEIRO, António Pinto. *Cláusula Penal e Indemnização*, p. 609.

209 AZEVEDO, Álvaro Vilaça. *Teoria Geral das Obrigações e Responsabilidade Civil*, p. 226.

210 ROSENVALD, Nelson. *Cláusula Penal*: A pena privada nas relações negociais, p. 106.

Por último, cria-se um efeito de independência e irrelevância dos danos causados pelo incumprimento, sendo afastada a dinâmica e as regras da responsabilidade civil[211]. A pena convencional em nada tem a ver com os prejuízos sofridos pelo credor em decorrência do incumprimento, sendo direcionada apenas para sancionar o comportamento do devedor, e não as consequências desse comportamento. Nesse sentido, mesmo que não sejam verificados danos em decorrência da violação da obrigação[212], a cláusula penal será devida, já que essa espécie não possui função reparatória. Trata-se de sanção punitiva direcionada à conduta ilícita do devedor, qual seja, o não cumprimento da prestação assegurada pela cláusula. O que está se tutelando não é a proteção do patrimônio do credor, mas sim seu próprio interesse no cumprimento da obrigação, motivo pelo qual não há necessidade da ocorrência de danos para que seja legítimo que o credor exija o pagamento pelo devedor da pena convencional propriamente dita.

Por não se buscar a reparação do dano, mas sim punir o incumprimento da obrigação por parte do devedor, não há necessidade de existirem danos para que seja legítima a exigência do pagamento da pena, sendo esta a dicção do artigo 416 do CCB[213]. Necessário novamente ressaltar, porém, que a possibilidade de o credor exigir o pagamento da indenização integral, pela celebração de um pacto de dano excedente, nada tem a ver com a função indenizatória, não se aplicando a essa espécie. Como explicitado acima, a cláusula penal coercitiva é independente dos danos, por isso mesmo não cabe falar em verificação de danos excedentes. Se nem os danos ordinários são levados em conta, os excedentes muito menos, ficando afastada a aplicação do parágrafo único do artigo 416 do diploma civil brasileiro.

Entendidos os efeitos dessa espécie, não parece ser difícil apontar o momento em que a cláusula penal *stricto sensu* poderá funcionar. A pena poderá ser exigida logo que haja o incumprimento da obrigação. Nessa espécie não há necessidade de o credor constituir o devedor em mora ou demonstrar a perda no interesse pelo comprimento da obrigação[214], já que o interesse tutelado pela cláusula é o próprio cumprimento da prestação assegurada. O foco da cláusula penal coercitiva é no comportamento do de-

---

211 MONTEIRO, António Pinto. A pena e o dano, p. 677.

212 MONTEIRO, António Pinto. *Cláusula Penal e Indemnização*, p. 621.

213 Norma que pelo seu conteúdo pode ser aplicada subsidiariamente.

214 ROSENVALD, Nelson. *Cláusula Penal*: A pena privada nas relações negociais, p. 139-140. Em suas conclusões, o autor afirma sobre a questão que, "considerando que a cláusula penal em sentido estrito não é indenização prefixada, mas outra prestação de cunho sancionatório, basca que ocorra a mora para que se torne exigível a pena. O simples fato de o devedor não cumprir no momento convencionado já é razão suficiente para ativar a cláusula penal, sem a necessidade de o credor demonstrar a perda de qualquer interesse".

vedor. Portanto, o incumprimento da obrigação é suficiente para desencadear a pena. Ainda assim, cabe ressaltar que o momento exato do exercício dependerá do tipo de obrigação (fazer, não fazer e dar) e de qual fato[215] as partes quiseram reforçar.

2.4.2.1. A Pena Convencional Substitutiva

Na modalidade substitutiva, a pena, como é facilmente dedutível, substituí a prestação assegurada, sendo este o principal efeito mediato verificado. Considerando uma obrigação de dar coisa certa, cujo valor do objeto seja de R$ 20.000,00 (vinte mil reais), em que as partes tenham estipulado cláusula penal de R$ 50.000,00 (cinquenta mil reais) caso a entrega não seja realizada, a pena convencional poderá ser exigida pelo credor a partir do momento em que o devedor descumprir a referida obrigação, substituindo a prestação violada. A pena também tem o efeito de substituir a obrigação de indenização que o devedor teria pelo incumprimento, sendo uma forma alternativa de satisfação do interesse do credor[216].

Além disso, ela também possui efeito sancionatório *stricto sensu*, punitivo, pois a pena em si serve, acima de tudo, para punir o devedor que descumprir a obrigação. Enquanto o efeito da cláusula penal é inibitório, servindo como forma de pressionar o devedor a cumprir a obrigação, a pena possui direção repressiva; se for exercida, verifica-se um efeito penal, punitivo[217], mas de índole privada, já que se trata de uma pena privada. A pena, portanto, nessa espécie de cláusula penal, tem duplicidade de efeitos, sendo satisfativa para o credor, e punitiva para o devedor.

É possível perceber, assim, que o efeito derradeiro da pena, assim como acontece com sua contraparte indenizatória, é de extinguir a obrigação principal, satisfazendo o interesse do credor pelo cumprimento alternativo da obrigação. O devedor não presta a obrigação originalmente acordada, mas deve prestar a obrigação alternativa, qual seja, a pena. Nesse sentido é que a cláusula penal deve ser entendida, conforme já diversas vezes foi apontado, como uma obrigação com faculdade alternativa para o credor. Caso o devedor não cumpra a obrigação, o credor poderá, entre outras opções, exigir o pagamento da pena convencional, ficando assim satisfeito seu interesse no cumprimento.

---

215 A preocupação com a relação entre a execução da pena convencional e o fato para o qual ela foi acordada pelas partes já era evidenciada por VAZ SERRA, Adriano Paes da Silva. Pena Convencional, p. 20-24.

216 MONTEIRO, António Pinto. *Cláusula Penal e Indemnização*, p. 612-613.

217 ROSENVALD, Nelson. *Cláusula Penal*: A pena privada nas relações negociais, p. 208.

2.4.2.2. A Pena Convencional Cumulativa

A pena convencional que decorre do funcionamento da modalidade de cláusula penal *stricto sensu* cumulativa, conforme se depreende de sua própria denominação, possui perfil diverso da modalidade acima analisada, sendo seu principal efeito cumulativo, e não substitutivo. A cláusula penal coercitiva cumulativa será usualmente utilizada para pressionar o devedor no cumprimento pontual da obrigação, muitas vezes sendo parecida com a cláusula penal moratória, mas também será particularmente útil para reforçar aquelas obrigações cuja avaliação do valor do cumprimento, seja do ponto de vista indenizatório ou punitivo, for difícil[218]. Nesse diapasão, a pena decorrente dessa modalidade servirá para sancionar o incumprimento pontual da obrigação principal, ou de alguma obrigação acessória ou cláusula específica.

Essa modalidade de pena convencional não obsta que o credor exija o cumprimento da obrigação assegurada (forçado ou a indenização pelo equivalente), ou da obrigação principal, sendo acordada como um *plus*, um adicional à realização da prestação[219]. O efeito derradeiro dessa cláusula não é a extinção da obrigação assegurada, mas sim a cumulação da pena com o cumprimento. Diferentemente da outra modalidade de pena convencional, nesta não se verifica o efeito satisfativo, uma vez que a exigência pelo credor do pagamento da pena será feita concomitantemente com o pedido de cumprimento da obrigação, ou com o pedido de indenização pelo equivalente da obrigação. É por isso que essa modalidade é chamada por PINTO MONTEIRO de "puramente compulsória" Daí se tira não só o funcionamento cumulativo, como também seu efeito derradeiro exclusivamente sancionatório, punitivo[220].

A pena nesse caso funciona apenas direcionada para o devedor. Caso seja verificado comportamento ilícito do devedor, havendo pagamento atemporal da obrigação, ou violação de obrigação acessória, haverá punição. Porém, diferentemente da modalidade substitutiva, a pena não significará uma satisfação do interesse pelo cumprimento para o credor, que receberá a pena apenas como retribuição do devedor por seu comportamento sancionável. Ou seja, caso a pressão exercida pela cláusula penal não seja eficaz, a pena servirá para sancionar o devedor pelo incumprimento[221] e nada mais.

---

218 MONTEIRO, António Pinto. *Anotação ao Acórdão do STJ de 27 de Setembro de 2011*, p. 192-B.

219 OLIVEIRA, Nuno Manuel Pinto. *Cláusulas acessórias ao contrato*: cláusulas de exclusão e de limitação do dever indemnizar: cláusulas penais, p. 119.

220 MONTEIRO, António Pinto. *Cláusula Penal e Indemnização*, p. 605.

221 MONTEIRO, António Pinto. *Anotação ao Acórdão do STJ de 27 de Setembro de 2011*, p. 192-A.

Como se trata de pena atípica, seu funcionamento não está adstrito às regras estabelecidas pelo artigo 811º do Código Civil português, não sendo violada a proibição do cúmulo[222]. Tampouco há violação do artigo 411 do diploma civil brasileiro, pois a pena é exatamente estipulada para sancionar a mora ou o incumprimento de alguma cláusula ou obrigação específica. Não se verifica conflito nos interesses tutelados que seja capaz de afastar essa cumulatividade, já que a função precípua da cláusula penal coercitiva cumulativa é exatamente impedir que haja o incumprimento da obrigação assegurada.

2.5. Controle da Pena Convencional

2.5.1. Delimitação da Análise

Feitas as considerações sobre os efeitos e o funcionamento da cláusula penal e da pena convencional, uma última questão merece análise: o controle da pena convencional. Para tanto, inicialmente, há que se ressaltar que o assunto traz diversas ramificações de problemas, havendo necessidade de delimitar o que será analisado. Optou-se por excluir da análise as questões relacionadas com o controle da validade da cláusula penal e com o agravamento do valor da pena, por motivos diferentes, mas que merecem breves apontamentos.

O problema da validade da cláusula penal, ou seja, o controle geral[223] da espécie é exercício que na verdade diz respeito a questões relacionadas com os vícios de vontade, a nulidade de acordos, a onerosidade excessiva e alteração das circunstâncias, entre outras. Dessa forma, é possível verificar que o problema se vincula mais com considerações gerais sobre a validade dos negócios jurídicos e obrigações, o que significaria que sua análise por si só justificaria trabalho autônomo. No presente trabalho, portanto, parte-se do pressuposto de que está se analisando uma cláusula penal existente e válida, focando no controle do valor da pena convencional estabelecida nesta, ou seja, no controle de sua eficácia.

---

222 MONTEIRO, António Pinto. *Anotação ao Acórdão do STJ de 27 de Setembro de 2011*, p. 194-B-195-A;

223 Para uma análise mais aprofundada sobre o controle geral da cláusula penal ver: MONTEIRO, António Pinto. *Cláusula Penal e Indemnização*, p. 718-724; e ROSENVALD, Nelson. *Cláusula Penal*: A pena privada nas relações negociais, p. 216-220. Ambos os autores evidenciam a necessidade de validade da cláusula penal, antes de adentrar no controle interno desta, que, conforme evidenciado, é o controle da pena convencional. O controle externo ou geral da cláusula penal passa principalmente pela analise dessa validade, devendo ser observados os aspectos relacionados à formação do acordo, bem como eventuais circunstâncias que se alterem durante a execução do acordo. Caso sejam verificados vícios, nulidades ou alterações na cláusula penal, o controle da pena convencional ficará prejudicado, uma vez que a cláusula penal não poderá ser exercida.

Relacionado a esse problema, importante notar que as questões acerca do controle da cláusula penal quando estipulada em contratos por adesão ou de consumo (Lei das Cláusulas Gerais - Portugal[224] e Código de Defesa do Consumidor - Brasil[225]) também serão excluídas da presente análise. Uma vez que não há regulamentação específica sobre o controle da pena convencional nesses diplomas, sendo utilizado o regime da lei civil, não vale a pena fazer maiores considerações sobre tais contratos.

Por outro lado, fica ressalvada também a análise detida do controle das cláusulas penais que tenham limite expresso no Código Civil ou em legislação esparsa ou que possuam regulação específica. Optou-se por analisar a dinâmica geral do controle da cláusula penal, sendo afastada a análise desta em contratos ou obrigações específicas, como o mútuo[226], a compra e venda imobiliária, títulos de créditos, entre outros[227].

Também não será abordada de forma exaustiva o problema do reforço ou aumento da pena convencional pelo julgador, já que tal possibilidade não foi prevista nas legislações civilistas de Portugal e do Brasil. Porém algumas poucas considerações sobre o assunto merecem ser feitas, principalmente considerando que alguns autores portugueses[228] e brasileiros[229] defendem a possibilidade do julgador de reforçar a pena convencional.

A questão parece, contudo, ser um falso problema apresentado pela doutrina, sendo necessário na verdade louvar ambos os códigos por não terem trazido a possibilidade, que foi consagrada, por exemplo, na reforma do *Code Civil* em 1975. Inicialmente é importante ressalvar que a pena

---

224 Sobre o assunto: COSTA, Mario Júlio de Almeida; CORDEIRO, António Menezes. *Cláusula Contratuais Gerais*: Anotação ao Decreto-Lei n.º 446/85, de 25 de Outubro. Coimbra: Almedina, 1990, p. 47-55; e MONTEIRO, António Pinto. *Cláusula Penal e Indemnização*, p. 747-754.

225 Para tanto ver: ROSENVALD, Nelson. *Cláusula Penal*: A pena privada nas relações negociais, p. 271-296; e RODRIGUES JUNIOR, Otavio Luiz. *Função, natureza e modificação da cláusula penal no direito civil brasileiro*, p. 339-346.

226 Questão particularmente destacada por COSTA, Mário Júlio de Almeida. *Direito das obrigações*, 12. ed., p. 796-797.

227 Para uma lista exemplificativa de limites à cláusula penal no Direito brasileiro: CASSETTARI, Christiano. *Multa contratual*: teoria e prática da cláusula penal, p. 79-80; e MARTINS-COSTA, Judith. Do adimplemento das obrigações, p. 676-677.

228 Entre outros autores que defendem a possibilidade de se reforçar a pena convencional, ver: CORDEIRO, António Menezes. *Tratado de Direito Civil*, v. IX, p. 501-502; COSTA, Mário Júlio de Almeida. *Direito das Obrigações*, 12. ed., p. 667-668; e TELLES, Inocêncio Galvão. *Direito das Obrigações*, p. 443. Além desses, MONTEIRO, António Pinto. *Cláusula Penal e Indemnização*, p. 706-71; que apresenta a hipótese de o devedor propositalmente deixar de cumprir a obrigação caso verifique que a pena é consideravelmente inferior a eventual dano causado pelo inadimplemento.

229 ROSENVALD, Nelson. *Cláusula Penal*: A pena privada nas relações negociais, p. 261-267.

convencional, seja de qual espécie ou modalidade for, advém de cláusula livremente pactuada pelas partes. Portanto, a possibilidade de o julgador reforçar essa pena significaria grave ingerência no princípio da autonomia privada e, mais que isso, excessiva proteção ao credor[230]. Aspecto que seria especialmente indesejável considerando a dinâmica já protetiva para o credor das penas convencionais cumulativas.

Além disso, considerando a defesa da qualificação da cláusula penal como obrigação com faculdade alternativa para o credor, a possibilidade de agravamento da pena por via judicial significaria total esvaziamento da questão. Como se trata de obrigação com faculdade alternativa para o credor, a partir da verificação da violação da obrigação pelo devedor, surgem para credor algumas opções para tutelar seu crédito, sendo a execução da pena convencional uma delas. Isso significa dizer que, caso o credor verifique que a pena convencional é menor que os danos efetivamente verificados, ele poderá utilizar-se de outros mecanismos de tutela de seu direito de crédito.

Em se tratando de cláusula penal *stricto sensu*, com função coercitiva, caso o credor verifique que a pena convencional propriamente dita é inferior ao valor dos danos efetivamente apurados, ele poderá optar por outros instrumentos ou meios de tutela de seus interesses[231][232]. Não parece plausível, ou mesmo necessário, que se autorize que o juiz reforce a pena convencional, já que não haverá nenhum prejuízo para o credor a existência de pena convencional propriamente dita inferior ao dano efetivamente verificado. Ainda que se argumente que tal meio possibilite o afastamento do perfil coercitivo/sancionatório dessa espécie de cláusula penal, não parece razoável defender esse tipo de ingerência estatal no seio da relação obrigacional das partes. Quando tal situação for verificada, diga-se de passagem, a função coercitiva nunca terá sido efetivamente alcançada, não sendo possível que, mediante o reforço desta, venha a se alcançar tal finalidade.

---

230 OLIVEIRA, Nuno Manuel Pinto. *Cláusulas acessórias ao contrato*: cláusulas de exclusão e de limitação do dever indemnizar: cláusulas penais, p. 126.

231 Cumprimento forçado da obrigação: Artigo 817º e seguintes do Código Civil português e artigos 497 e seguintes do Código de Processo Civil brasileiro de 2015. Sobre o assunto é importante a noção dada por MONTEIRO, António Pinto. *Cláusula Penal e Indemnização*, p. 696-700; para quem: "Uma vez que a cláusula penal não prejudica o direito ao cumprimento, pode o credor, não sendo voluntariamente efectuado, prosseguir a execução específica, a fim de obter, nesta sede, a plena satisfação do interesse que levou a contratar..." (p. 700). Cabe ressaltar que ambas as espécies de cláusula penal estão inseridas neste entendimento.

232 Pedido indenizatório: Artigo 798º e seguintes do Código Civil português e artigo 402 e seguintes do Código Civil brasileiro. Conforme ensina MONTEIRO, António Pinto. *Cláusula Penal e Indemnização*, p. 700-703; o credor poderá optar pelo regime geral da responsabilidade civil e exigir a indenização pelo incumprimento da obrigação caso a cláusula penal em discussão seja a propriamente dita.

A discussão é um pouco mais complexa quando se trata da cláusula de liquidação antecipada do dano, mas o resultado das conclusões continua sendo contrário à possibilidade de aumento judicial da pena convencional. Por ter natureza indenizatória, o estabelecimento dessa cláusula obsta o credor a optar pelo regime comum da responsabilidade civil. Assim, ele tem a opção de exigir o valor da sanção indenizatória ou o cumprimento forçado da obrigação. Caso a sanção indenizatória seja menor que os danos verificados, é possível que o credor fique desamparado não vendo satisfeito seu direito ao cumprimento e ao crédito. Ainda assim, a solução do referido problema não passa pela possibilidade de reforço do valor da pena, mas sim pela análise do controle geral da cláusula penal e das questões relativas às cláusulas de limitação de responsabilidade[233].

Em sendo verificada a situação acima descrita, não se estará diante de cláusula penal, mas sim de cláusula de limitação de responsabilidade[234]. As partes, ao predeterminarem o montante de indenização, estabeleceram um valor claramente menor que o dos danos esperados, limitando a responsabilidade, e não reforçando esta. O que se deve controlar, portanto, não é o valor da pena, mas a validade da cláusula de limitação da responsabilidade[235].

Nesse sentido, importante destacar que a limitação da responsabilidade do devedor somente pode ser abarcada quando houver incumprimento por culpa leve[236]. Caso seja verificado que o devedor agiu com culpa grave ou dolo, a limitação de responsabilidade deverá ser afastada[237]. Assim, afasta-se essa limitação, sendo possível que o credor exija a reparação integral dos danos sofridos nos termos gerais da responsabilidade civil contratual. Ou seja, a intervenção na cláusula penal, quando houver dolo ou culpa grave do devedor, não relacionada com o funcionamento da figura, mas sim com as regras gerais de responsabilidade civil[238].

---

233 MONTEIRO, António Pinto. Sobre o controle da Cláusula Penal. In: *Direitos das Obrigações*. Coimbra: Coimbra Editora, 2007. (Comemorações aos 35 anos do Código Civil e dos 25 anos da reforma de 1922, III), p. 197-199. Sobre cláusula de limitação de responsabilidade, ver, entre outros: MONTEIRO, António Pinto. *Cláusulas limitativas e de exclusão de responsabilidade civil*. Coimbra: Almedina, 1985; e PRATA, Ana Maria Correia Rodrigues. *Cláusulas de exclusão e limitação da responsabilidade contratual*, 1985.

234 OLIVEIRA, Nuno Manuel Pinto. *Cláusulas acessórias ao contrato*: cláusulas de exclusão e de limitação do dever indemnizar: cláusulas penais, p. 42.

235 OLIVEIRA, Nuno Manuel Pinto. *Cláusulas acessórias ao contrato*: cláusulas de exclusão e de limitação do dever indemnizar: cláusulas penais, p. 129.

236 OLIVEIRA, Nuno Manuel Pinto. *Cláusulas acessórias ao contrato*: cláusulas de exclusão e de limitação do dever indemnizar: cláusulas penais, p. 26.

237 Nesse sentido: ROSENVALD, Nelson. *Cláusula Penal*: A pena privada nas relações negociais, p. 164-168.

238 FRANÇA, Rubens Limongi. *Teoria e Prática da Cláusula Penal*, p. 256.

Necessário também apresentar uma observação sobre aqueles casos em que há verificação de que valor da pena é inferior ao dos danos, e que a intenção das partes não era a de limitar a responsabilidade. Nessas situações não se pode aceitar que as partes fiquem sem tutela, e principalmente que o credor veja seu direito ao crédito mitigado. Porém, como bem apontam OTAVIO LUIZ RODRIGUES JUNIOR[239] e PINTO OLIVEIRA[240] o regime da alteração de circunstâncias será aquele utilizado para solucionar tal problema[241]. Verificados os pressupostos para aplicação desse instituto, caso o credor, por exemplo, prove que uma modificação externa à dinâmica da obrigação fez com que os danos pelo incumprimento fossem maiores do que o previsto, o julgador poderá afastar a aplicação da cláusula penal, arbitrando a indenização nos termos gerais.

Tais considerações apontam, portanto, para a rejeição da possibilidade de se aumentar o valor da pena convencional. Fica evidenciado que existem outras formas de se solucionar eventuais problemas que decorram do valor irrisório das penas, mais notadamente o regime das cláusulas de limitação da responsabilidade e o da alteração das circunstâncias. O problema, assim, não está relacionado com o controle da pena convencional, mas sim com o controle da cláusula penal, não cabendo fazer mais considerações sobre o assunto.

2.5.2. Considerações Gerais sobre o Controle da Pena

Apresentada a delimitação da análise, bem como as considerações sobre o problema do agravamento da pena, fica nítido que a questão do controle da pena convencional está na verdade relacionada com a redução de seu valor. Trata-se de assunto já bastante discutido pelos canonistas durante a Idade Média, que sempre se preocuparam com a relação entre o valor da pena e a proibição da usura. Nesse sentido, MENEZES CORDEIRO chega a afirmar que a história da cláusula penal, principalmente na realidade lusófo-

---

239 RODRIGUES JUNIOR, Otavio Luiz. *Função, natureza e modificação da cláusula penal no direito civil brasileiro*, p. 338-348.

240 OLIVEIRA, Nuno Manuel Pinto. *Cláusulas acessórias ao contrato*: cláusulas de exclusão e de limitação do dever indemnizar: cláusulas penais, p. 129.

241 Nesse mesmo sentido, ROSENVALD, Nelson. *Cláusula Penal*: A pena privada nas relações negociais, p. 266-267; apontando também o entendimento do Enunciado nº 358 da 4ª Jornada de Direito Civil do Conselho da Justiça Federal, que diz: "Art. 413. O caráter manifestamente excessivo do valor da cláusula penal não se confunde com a alteração de circunstâncias, a excessiva onerosidade e a frustração do fim do negócio jurídico, que podem incidir autonomamente e possibilitar sua revisão para mais ou para menos". (CONSELHO DE JUSTIÇA FEDERAL. Enunciados aprovados - IV Jornada de Direito Civil).

na, efetivamente é a história de seu controle e limitações[242]. História, aliás, que merece ser brevemente mencionada.

Por influência do *Code Civil* 1804[243], cuja base liberal consagrava os princípios do *pacta sunt servanda* e da autonomia da vontade como ditames absolutos do direito obrigacional, os primeiros Códigos Civis de Portugal (artigo 675 do Código de 1967) e do Brasil (artigo 924 do Código de 1916) somente permitiam o controle da pena convencional por meio de sua redução proporcional em caso de cumprimento parcial da obrigação[244]. Tal realidade, porém, se alterou. A possibilidade de controlar o valor da cláusula penal é hoje acolhida nos principais ordenamentos jurídicos dos países da Europa continental (§343 do BGB; artigo 1231 do Código Civil Belga; artigo 1384 do Código Italiano de 1942; nº 3 do artigo 163 do Código Suíço das Obrigações; artigo 6.94 do Código Civil da Holanda e finalmente no artigo 1231 – 5, II do Código Civil francês após sua reforma de 2016), assim como no Direito português e no brasileiro. Os atuais códigos civis de ambos os países, de forma expressa (artigo 812º do CCP e 413 do CCB), autorizam que seja feito o controle da cláusula penal pelo legislador, por meio de sua redução, não sendo mais discutida a possibilidade de se controlar a pena, mas sim como tal controle deve ser feito.

Interessante notar que o assunto não gera discussões apenas no mundo jurídico. Na clássica obra de WILLIAM SHAKESPEARE *O mercador de Veneza*, a trama é desenvolvida no julgamento da execução de uma pena convencional e versa sobre a validade/excessividade desta[245]. Tal obra, in-

---

242 CORDEIRO, António Menezes. *Tratado de Direito Civil*, v. IX, p. 456, nota 1648.

243 Apesar da ressalva feita por MONTEIRO, António Pinto. *Cláusula Penal e Indemnização*, p. 380-383; quanto à posição adotada pelos principais doutrinadores franceses que influenciaram o Código Napoleônico: "A doutrina de DUMOLIN e de POTHIER, favorável à redução da pena excessiva, não seria, pois, aceita. A razão fundamental desta rejeição, como decorre do exposto, assentou no pressuposto sagrado de que as convenções ***sont la loi des parties***" (p. 383 – grifo acrescido). Tal aspecto pode ser verificado em POTHIER, Robert Joseph. *Tratado das obrigações pessoaes e reciprocas nos pactos, contractos, convenções*, p. 287.

244 Como bem evidencia VAZ SERRA, Adriano Paes da Silva. Pena Convencional, p. 39-41.

245 SHAKESPEARE, William. *The Merchant of Venice*. Edited by Cedric Watts. Ware: Wordsworth Classics, 2000. Na história, um judeu usurário chamado Shylock, ao "emprestar" uma quantia pecuniária para Bassânio, exige que o amigo do mutuário, António, garanta o pagamento da dívida e que, caso o valor emprestado não seja pago, como sanção pelo incumprimento, o judeu terá direito de arrancar 1 (uma) libra de carne do corpo de António. Posteriormente, como a dívida não é paga, o judeu exige o pagamento dessa cláusula penal (libra de carne), sendo a validade de tal estipulação discutida no tribunal de Veneza. Para uma versão em língua portuguesa, ver: SHAKESPEARE, William. *O Mercador de Veneza*. Tradução Daniel Jonas. Lisboa: Cotovia, 2008.

clusive, é objeto de análise de JHERING[246], que evidencia que, tendo sido considerada válida a cláusula penal, o juiz não poderia ter "controlado" a pena, pois não existia tal regra no Direito veneziano[247], numa clara violação do Direito vigente à época[248].

É inegável que a cláusula penal é uma figura de extrema importância no direito das obrigações e na prática contratual. Constitui instrumento jurídico que valoriza o princípio do cumprimento das obrigações, auxiliando, sobretudo, na simplificação e diminuição dos processos judiciais. É também um marco da liberdade contratual das partes, consistindo em importante mecanismo de controle dos riscos envolvidos em uma relação contratual. Ao mesmo tempo, porém, é uma figura perigosa, porque estabelece prestações que somente se verificarão no futuro. Assim, muitas vezes as partes acabam aceitando cláusulas penais que estabelecem penas exorbitantes, sem considerar a possibilidade de ter que pagá-las posteriormente, já que tendem a sempre confiar que vão cumprir a obrigação acordada[249].

Nesse sentido, considerando os ditames da justiça material e do princípio da solidariedade e a ressignificação dos princípios da autonomia da vontade e do *pacta sunt servanda*, a análise sobre os pressupostos e forma de controle da pena convencional é assunto de extrema relevância e que deve ser minunciosamente explorado. É fundamental discutir o controle da pena convencional, para evitar que ela não se torne uma forma de opressão e abuso por parte do credor e para, ao mesmo tempo, valorizá-la, não deixando que perca sua importância e relevância prática[250]. Aspecto aliás que

---

246 JHERING, Rudolf von. *A Luta Pelo Direito*. Organização, introdução e notas de Fernando Luso Soares Filho. Lisboa: Edições Cosmos, 1992, p. 54-56. Por ter feito tal afirmação, o jurista foi bastante criticado, mas no prefácio de 24 de dezembro de 1888, JHERING (p. 5-9) explica de forma pormenorizada sua análise sobre a obra de SHAKESPEARE e afirma que: "Eu nunca sustentei que o juiz deveria ter reconhecido como válido o título de crédito (que se entende, na verdade, como sendo uma cláusula penal) de Shylock, mas afirmei que uma vez isso feito, não podia, fora do tempo, por uma traiçoeira astúcia esquivar-se à execução da sentença. O juiz tinha a alternativa de declarar o título ou válido ou nulo. Decidiu-se no primeiro sentido".

247 A obra do escritor inglês obviamente é uma ficção, mas parece ser interessante sua análise, juntamente com a percepção de JHERING, uma vez que mostra através de um exemplo uma situação e discussão sobre o controle da pena convencional, e de forma correta apresenta a concepção do direito canonista da época, bem como a tradição de não se cogitar a redução da pena convencional.

248 Direito subjetivo, que para JHERING, conforme ensina CORDEIRO, António Menezes. *Da Boa-fé no Direito Civil*. Coimbra: Almedina, 2015, p. 663-664; é "a defesa pura dos interesses individuais".

249 CORDEIRO, António Menezes. *Tratado de Direito Civil*, v. IX, p. 493.

250 ROSENVALD, Nelson. *Cláusula Penal*: A pena privada nas relações negociais, p. 215-216. Interessante a afirmação do autor, para quem: "o controle judicial da cláusula

é sublinhado por grande parte da doutrina. A percepção da doutrina sobre os fundamentos que autorizam e devem ser levados em conta quando do controle da pena são vários. Entre outros são apontados a alteração das circunstâncias[251], a tutela do devedor como parte mais fraca[252], o princípio da justiça corretiva[253], as regras de equidade[254], o enriquecimento sem causa[255] e os aspectos de ordem moral e social[256].

Porém é fundamental apontar que o principal parâmetro de controle da pena convencional é a regra geral de proibição do abuso de direito[257]. Como bem aponta PINTO MONTEIRO[258], a norma que autoriza o controle da

penal será dimensionado como uma das mais interessantes ponderações entre o princípio da autonomia privada e da solidariedade. Uma forma de harmonizar a autodeterminação dos privados com a necessária correção das cláusulas (entende-se como penas) desproporcionadas ou excessivas" (p. 216). Da mesma forma MONTEIRO, António Pinto. Sobre o controle da Cláusula Penal, p. 197-198; alerta que: "as prestimosas **vantagens** da cláusula penal, seja qual for a espécie concretamente acordada, consoante a finalidade visada pelas partes ao estipulá-la, não devem levar a esquecer os sérios **perigos** e **riscos** que ela propicia" (p. 197 – grifos no original)" e remata que: "Há, em suma, que **conciliar** a autonomia privada com os superiores ditames de **justiça material**, com o princípio da **boa-fé**, muito especialmente. É esse **justo equilíbrio** que há que procurar obter" (p. 208 – grifos no original).

251 CORDEIRO, António Menezes. *Direito das Obrigações*. Lisboa: Editora da AAFDL, 1986. v. II, p. 428.

252 LEITÃO, Luis Manuel Teles de Menezes. *Direito das Obrigações*, v. II, p. 287.

253 MARTINS-COSTA, Judith. Do adimplemento das obrigações, p. 693-694.

254 TELLES, Inocêncio Galvão. *Direito das Obrigações*, p. 442; e VARELA, João de Matos Antunes. *Das obrigações em geral*, v. II, p. 142.

255 NANNI, Giovanni Ettore. *Enriquecimento sem causa*. 3ª ed. São Paulo: Saraiva, 2012, p. 409-415; TEPEDINO, Gustavo. Notas sobre cláusula penal compensatória, p. 61.

256 VAZ SERRA, Adriano Paes da Silva. Pena Convencional, p. 46.

257 Esse é o entendimento de MONTEIRO, António Pinto. *Cláusula Penal e Indemnização*, p. 728-734; e ROSENVALD, Nelson. *Cláusula Penal*: A pena privada nas relações negociais, p. 240-245.

258 MONTEIRO, António Pinto. Cláusula Penal e comportamento abusivo do credor. In: *Estudos em homenagem ao Prof. Doutor António Castanheira Neves*. Coimbra: Coimbra Editora, 2008. v. II, p. 514; e MONTEIRO, António Pinto. Responsabilidade Contratual: Cláusula Penal e Comportamento Abusivo do Credor. *Revista da EMERJ*, v. 7, nº 26, p. 165-178, 2004; em que o autor aponta: "Alias, eu diria que se não existisse o artigo 812 em Portugal, ou o artigo 413 no Brasil, pela proibição do abuso de direito – no caso do direito português, artigo 334, no caso do direito brasileiro, artigo 187 – poder-se-ia lá chegar; e é engraçado, é interessante, é curioso, dizer-vos o seguinte: no código português anterior – o código antigo era de 1867 -, em que não havia um preceito semelhante a este, a melhor doutrina portuguesa, designadamente o Professor Manuel de Andrade, dizia que só pelo instituto do abuso de direito é que se poderia combater cláusula penais manifestamente excessivas, isto porque estávamos ainda na vigência

cláusula penal, seja no Direito português, seja no Direito brasileiro, é baseada nesse fundamento. A possibilidade de intervenção estatal no valor da pena estabelecido livremente entre as partes existe para evitar que haja abuso por parte do credor no exercício de seu direito à prestação diversa da principal.

Não é, contudo, uma acepção universal. CARNEIRO DA FRADA[259], por exemplo, recusa que o controle da cláusula penal seja baseado no abuso de direito. Para o professor da Universidade do Porto, a norma que autoriza o controle da pena, mencionando mais especificamente o artigo 812º do CCP, se encontra no plano do controle do conteúdo contratual, e não no controle do exercício de uma posição jurídica. Em sentido similar, MENEZES CORDEIRO não chega a refutar a possibilidade de utilização do abuso de direito, mas ressalta a existência de fundamentos diferentes para a verificação de uma pena abusiva e de um exercício abusivo[260]. A reflexão dos autores, porém, não parece correta, sendo interessante explorar a razão para que se entenda que o controle da pena é baseado no abuso do direito.

O exercício da cláusula penal com o funcionamento da pena convencional, seja qual for sua espécie, é um direito subjetivo do credor. O direito subjetivo confere a seu titular a possibilidade de exercer um poder concedido por uma norma ou, no caso em questão, por um acordo, sendo que seu exercício significa o aproveitamento de certo bem jurídico, conforme ensinam MENEZES CORDEIRO e LARENZ[261]. Assim, pode se afirmar que a pena convencional é, consequentemente, um direito subjetivo do credor[262].

Assim, ao exercer esse direito subjetivo, o credor deve observar os parâmetros da boa-fé objetiva, conforme preceituam os artigos 334º do CCP e 187 do CCB. Ao executar a pena convencional, que é seu direito subjetivo, o credor está exercendo uma posição jurídica. Fundamental nesse exercício é

---

do Código antigo. Ora bem, tenho para mim que a consagração do artigo 413 no Brasil, e do artigo 812º em Portugal, vai nesta linha de proibir atuações abusivas do credor" (p. 177).

---

259 FRADA, Manuel Carneiro da. *Teoria da Confiança e Responsabilidade Civil.* Coimbra: Almedina, 2004, p. 315-316, nota 299.

260 CORDEIRO, António Menezes. *Tratado de Direito Civil*, v. IX, p. 494.

261 Para maiores esclarecimentos sobre direito subjetivo conferir: CORDEIRO, António Menezes. *Tratado de Direito Civil.* 4ª ed. Coimbra: Almedina, 2012. v. I, p. 896-902; e LARENZ, Karl. *Derecho Civil* – Parte General. Traducción Miguel Izquierdo y Macías-Picavea. Madrid: Edersa, 1978, p. 281-284.

262 Para uma compreensão da evolução histórica da percepção de direito subjetivo, ver: CORDEIRO, António Menezes. *Da Boa-fé no Direito Civil*, p. 661-670. Após apresentar as várias concepções de direito subjetivo e suas respectivas escolas, o autor conclui que se deve entender o direito subjetivo como sendo "uma permissão normativa de aproveitamento específico" introduzindo "no coração do direito privado a permissibilidade" (p. 670).

observar os limites estabelecidos pelo ordenamento jurídico. Caso o credor exija uma pena excessiva, que coloque o devedor em situação extremamente desfavorável, estará atuando em abuso de seu direito. O credor estará exercendo sua posição jurídica em desequilíbrio, excedendo manifestamente os limites impostos pela boa-fé. Nesse sentido, MENEZES CORDEIRO ensina que uma das hipóteses de desequilíbrio na posição jurídica, que é um dos comportamentos típicos do abuso de direito, ocorre quando da "desproporção grave entre o benefício do titular exercente e o sacrifício por ele imposto a outrem"[263]. Quando a pena de um lado beneficia enormemente o credor e do outro significa um grande sacrifício para o credor, viola, portanto, os parâmetros da boa-fé, sendo seu exercício abusivo.

A cláusula penal, conforme já evidenciado, é uma disposição futura de bens, uma promessa para cumprir no futuro, sendo que muitas vezes o devedor aceitará uma pena cujo valor é estratosférico. O devedor pode nem sequer cogitar a hipótese de descumprimento da obrigação[264], como ocorre no clássico de SHAKESPEARE já citado, em que o devedor aceita como pena em caso de descumprimento do contrato o pagamento de 1 (uma) libra de sua própria carne sem considerar a hipótese de que venha a descumprir a obrigação[265]. Para que seu direito[266] de exigir a pena seja legítimo, o credor deve observar os limites da boa-fé. Caso seja verificada desproporção exagerada entre os "ganhos" do credor e as "perdas" do devedor, a pena deverá ser considerada excessiva. Isso significa dizer, também, que o momento de averiguação da excessividade da pena, seja qual for sua espécie ou modalidade, é no seu exercício, ou seja, quando ocorrer o incumprimento da obrigação[267].

Quando os parâmetros da boa-fé não forem verificados, a pena será excessiva. Tal norma de conduta nas relações obrigacionais e no exercício de direitos e posições jurídicas, através de um dos seus vetores, qual seja, o princípio da materialidade subjacente, também atua de forma ativa, permitindo que o julgador controle as condições e o conteúdo dos acordos, quando estes se revelem em desacordo com as normas do sistema, evitan-

---

263 CORDEIRO, António Menezes. Do abuso do direito: estado das questões e perspectivas. *Revista da Ordem dos Advogados*, Lisboa, ano 65, v. II, set. 2005.

264 CORDEIRO, António Menezes. *Tratado de Direito Civil*, v. II, p. 670.

265 António diz para Bassânio: "Que não receies, homem, não serei cobrado. Dentro de uns dois meses, isso um bom mês antes Da expiração do prazo, conto ter de volta Três vezes o triplo do valor desta verba". (SHAKESPEARE, William. *O Mercador de Veneza*, p. 35.)

266 Exatamente no sentido de direito subjetivo, por ser uma permissão do contrato para que ele aproveite um certo bem.

267 SILVA, Jorge Cesa Ferreira da. *Inadimplemento das Obrigações*: comentários aos arts. 389 a 420 do código civil, p. 277.

do que haja abuso dos credores ou devedores nessas relações[268]. Uma das inegáveis funções da boa-fé é a corretora, que autoriza que muitas vezes contratos tenham seu conteúdo controlado quando for identificada uma situação de abuso de direito. Nesse sentido, o controle da cláusula penal surge como um dos principais exemplos da positivação da função corretora da boa-fé nos ordenamentos jurídicos[269].

O reconhecimento do abuso de direito como parâmetro de controle da cláusula penal é importante, pois auxilia na solução de uma questão tormentosa, qual seja, a possibilidade de redução oficiosa pelo julgador da pena convencional. Tal aspecto é bastante discutido pela doutrina portuguesa, que não possui uma opinião consensual. É possível perceber que em sua maioria os autores portugueses rejeitam a possibilidade de redução oficiosa da cláusula penal[270]. Na jurisprudência, ainda que por vezes seja defendida essa possibilidade[271], majoritariamente tem se decidido pela impossibilidade[272] de redução oficiosa da pena convencional.

---

268 Para mais informações sobre o princípio da materialidade subjacente, ver: CORDEIRO, António Menezes. *Da Boa-fé no Direito Civil*, p. 1252-1257. É interessante notar que o autor afirma que "a boa fé actua no funcionamento de certos princípios, determinando que, na sua aplicação eles não se desvinculem dos resultados a que conduzam, antes procurando, ainda aí, animar as pretensões sistemáticas: o fenómeno documenta-se através do controlo, pelo juiz, dos conteúdos contratuais, quando estes revelem injustiças advenientes do não esclarecimento inicial do contratante débil ou da simples inexistência, por parte deste, de *animus donandi*" (p. 1254) e segue dizendo "a boa fé assume, contra princípio válidos, exigências globais do sistema, provocando uma fractura intra-sistemática: assim, na alteração de circunstâncias" (p. 1254). Percebe-se que em ambas as situações a boa-fé, através do princípio da materialidade subjacente, funciona como um parâmetro de conduta nas relações obrigacionais, sendo, consequentemente, um parâmetro de conduta para o exercício da cláusula penal.

269 MARTINS-COSTA, Judith. *A Boa-fé no Direito Privado*: critérios para a sua aplicação. São Paulo: Marcial Pons, 2015, p. 581; que destaca a norma do artigo 413 do Código Civil brasileiro como uma vertente da função corretora da boa-fé.

270 COSTA, Mário Júlio de Almeida. *Direito das obrigações*, 12. ed., p. 801; LEITÃO, Luis Manuel Teles de Menezes. *Direito das Obrigações*, v. II, p. 287; MONTEIRO, António Pinto. Sobre o controle da Cláusula Penal, p. 202; OLIVEIRA, Fernando Batista. Contratos Privados: Das Noções à Prática Judicial, vol. I, 2ª Edição. Coimbra: Coimbra Editora, 2015, p. 289; PROENÇA, José Carlos Brandão. *Lições de Cumprimento e Não Cumprimento das Obrigações*, p. 397; TELLES, Inocêncio Galvão. *Direito das Obrigações*, p. 441.

271 PORTUGAL. Supremo Tribunal de Justiça. *Processo nº 99A001*. Rel. Juiz Conselheiro Lopes Pinto. Julgado em 09/02/1999; PORTUGAL. Supremo Tribunal de Justiça. *Processo nº 98A1249*. Rel. Juiz Conselheiro Garcia Marques. Julgado em 26/01/1999. Todos publicados em www.dgsi.pt.

272 PORTUGAL. Supremo Tribunal de Justiça. *Processo nº 1942/07.8TBBNV.L1.S1*. Rel. Juiz Conselheiro Azevedo Ramos. Julgado em 12/09/2013; PORTUGAL. Supremo Tribunal de Justiça. *Processo nº 605/06.6TBVRL.P1.S1*. Rel. Juiz Conselheiro Helder Roque. Julgado em 24/04/2012; PORTUGAL. Supremo Tribunal de Justiça. *Processo nº 09A0440*.

De forma diversa, a doutrina[273] e a jurisprudência[274] parecem pacíficas quanto ao reconhecimento da possibilidade de redução oficiosa da pena no Direito brasileiro. Isso porque a própria letra do artigo 413 indica essa possibilidade. A referida norma regulamentadora da redução da pena convencional estabelece que o juiz deve moderar a pena quando esta for manifestamente elevada através da equidade. Há uma locução imperativa na norma contida no artigo 413, que tem feito com que a doutrina entenda que se trata de dever do julgador de assim proceder. Dessa forma, é possível afirmar que a redução da pena convencional no ordenamento jurídico brasileiro não só pode, como deve ser feita *ex officio*.

Em Portugal, diferentemente, o artigo 812º do Código Civil não diz nada sobre a questão[275]. Porém, considerando que o parâmetro de redução da pena convencional é a proibição do abuso de direito, parece ser plausível defender a possibilidade de redução oficiosa[276], já que o reconhecimento oficioso do próprio abuso de direito vem sendo aceito por alguma doutrina[277]. Trata-

Rel. Juiz Conselheiro Urbano Dias. Julgado em 25/03/2009; PORTUGAL. Supremo Tribunal de Justiça. *Processo nº 05A3965*. Rel. Juiz Conselheiro Urbano Dias. Julgado em 07/03/2006; PORTUGAL. Supremo Tribunal de Justiça. *Processo nº 99A696*. Rel. Juiz Conselheiro Afonso Melo. Julgado em 12/10/1999. Todos publicados em www.dgsi.pt.

273 Nesse sentido, confira, entre outros: CASSETTARI, Christiano. *Multa contratual*: teoria e prática da cláusula penal, p. 103; GONÇALVES, Carlos Roberto. *Direito Civil Brasileiro*, p. 422-423; ROSENVALD, Nelson. *Cláusula Penal*: A pena privada nas relações negociais, p. 249-256; e TEPEDINO, Gustavo; BARBOZA, Heloísa Helena; MORAES, Maria Celina Bodin de. *Código Civil Interpretado conforme a Constituição da República*. 3ª ed. Rio de Janeiro: Renovar, 2014. v. I, p. 758-760; VENOSA, Silvio de Salvo. *Direito Civil*, p. 377.

274 BRASIL. Superior Tribunal de Justiça. *REsp 1641131/SP*. Rel. Min(a). Nancy Andrighi. *DJe* 23/02/2017; BRASIL. Superior Tribunal de Justiça. *REsp 1520327/SP*. Rel. Min. Luis Felipe Salomão. *DJe* 27/05/2016; BRASIL. Superior Tribunal de Justiça. *REsp 1554965/PE*. Rel. Min. Paulo de Tarso Sanseverino. *DJe* 14/03/2016; BRASIL. Superior Tribunal de Justiça. *AgRg no REsp 1100080/CE*. Rel. Min. Antonio Carlos Ferreira. *DJe* 11/02/2016; BRASIL. Superior Tribunal de Justiça. *REsp 1424074/SP*. Rel. Min. Ricardo Villas Boâs Cueva. *DJe* 16/11/2015; BRASIL. Superior Tribunal de Justiça. *AgRg no AREsp 592075/RJ*. Rel. Min. João Otávio de Noronha. *DJe* 17/03/2015.

275 Diferentemente do que defendia VAZ SERRA, Adriano Paes da Silva. Pena Convencional, nos trabalhos preparatórios do Código Civil, para quem "Assim, se, por exemplo, o devedor não intervém no processo e portanto, não requer a redução, poderá o juiz reduzir a pena quando os factos mostrarem que é excessiva" (p. 46), sendo que em suas conclusões define que "Art. 7º - Redução Equitativa. 1. As penas convencionais devem ser reduzidas..." (p. 62).

276 OLIVEIRA, Nuno Manuel Pinto. *Cláusulas acessórias ao contrato*: cláusulas de exclusão e de limitação do dever indemnizar: cláusulas penais, p. 132-171.

277 Entre outros: CORDEIRO, António Menezes. *Tratado de Direito Civil*. Coimbra: Almedina, 2011. v. V, p. 373; e VAZ SERRA, Adriano Pais da Silva. Anotação ao Acórdão de 19 de Outubro de 1978. *Revista de Legislação e de Jurisprudência*, nº 112, p. 121-127 e

se de exercício interpretativo que faz com que a possibilidade de redução das penas excessivas pelo julgador seja reconhecida pela "via marginal"[278]. Este, aliás, é o posicionamento de MENEZES CORDEIRO, que inicialmente se posiciona contra a possibilidade da redução oficiosa da pena excessiva, mas posteriormente a admite caso o excesso seja de tal ordem que o comportamento do credor ao exigir a pena deva ser considerado abusivo[279]. Nesse sentido, é importante destacar o acórdão do STJ-Portugal de 9 de novembro de 2003[280]. Na decisão o relator, juiz conselheiro Neves Ribeiro, defendeu a possibilidade de redução oficiosa da cláusula penal, já que se trata de concretização da proibição do abuso de direito. Argumentou que, sendo possível o reconhecimento oficioso do abuso contido no artigo 334º, também deve ser possível o reconhecimento do abuso (excessividade da pena) do artigo 812º.

Feitas todas essas considerações, importante arrematar o presente ponto ressaltando que o controle ou, mais especificamente, a redução da pena convencional é apenas uma espécie do gênero "revisão/modificação dos contratos"[281]. Trata-se de espécie de menor alcance do que outras, mais notadamente do que a modificação dos contratos baseada na cláusula *rebus sic stantibus*. Isso significa dizer que, caso seja verificada alteração nas

130-132, 1981. Interessante notar a posição de ASCENSÃO, José de Oliveira. O "abuso de direito" e o art. 334 do Código Civil: Uma Recepção Transviada. In: *Estudos em Homenagem ao Professor Doutor Marcello Caetano* – No centenário do seu nascimento. Coimbra: Coimbra Editora, 2006. v. I, p. 615-618; que, apesar de cético quanto à possibilidade do reconhecimento oficioso do abuso do direito pelo juiz, entende que as situações de grave violação ou contrariedade da boa-fé devam ser reconhecidas de ofício pelo julgador.

278 ROSENVALD, Nelson. *Cláusula Penal*: A pena privada nas relações negociais, p. 254-255; para quem: "temos três caminhos para admitir a redução oficiosa da pena desproporcional: a) a estrada – trata-se do art. 413 do Código Civil (brasileiro). O próprio direito positivo tratou de conformar o princípio da solidariedade na lei ordinária; b) **via marginal** – se a norma do art. 413 fosse obscura – tal qual na Itália ou em **Portugal** – ou não existisse, tal qual no Código Civil de 1916 – poderíamos aplicar a cláusula geral da **proibição ao abuso de direito** do art. 187 do Código Civil (brasileiro). Seria um apelo à eficácia mediata do direito fundamental da solidariedade, por meio da roupagem da boa-fé que assume nas relações negociais; c) via aérea – se não tivéssemos uma estrada ou uma via marginal, invocaríamos a eficácia imediata dos direitos fundamentais nas relações privadas, consistente em um influxo direto da solidariedade nas relações horizontais" (grifos acrescidos).

279 CORDEIRO, António Menezes. *Tratado de Direito Civil*, v. IX, p. 494.

280 PORTUGAL. Supremo Tribunal de Justiça. *Processo nº 03B2503*. Rel. Juiz Conselheiro Neves Ribeiro. Julgado em 09/10/2003.

281 OLIVEIRA, Nuno Manuel Pinto. *Cláusulas acessórias ao contrato*: cláusulas de exclusão e de limitação do dever indemnizar: cláusulas penais, p. 159.

circunstâncias ou onerosidade excessiva no contrato, a modificação do conteúdo contratual deverá ser baseada nas regras específicas sobre o assunto[282], quais sejam, os artigos 437º e seguintes do CCP e 478 e seguintes do CCB.

Dito isso, deve-se agora verificar como utilizar a regra geral do abuso de direito no exercício de redução da pena convencional, principalmente considerando esse exercício como um controle do exercício de posições jurídicas dentro dos limites da boa-fé. Também é fundamental analisar como a possibilidade de redução oficiosa da pena deve ser encarada pelo julgador no controle de cada uma das espécies de pena convencional.

2.5.3. Pena Convencional Indenizatória

A pena convencional indenizatória, que decorre do funcionamento da cláusula penal como liquidação antecipada do dano, não custa relembrar, tem função reparatória/compensatória. Trata-se de uma sanção indenizatória que deve ser valorada considerando os prejuízos esperados pelo credor em decorrência do não cumprimento da obrigação pelo devedor. Essa repetição sobre a natureza indenizatória dessa espécie parece desnecessária, mas é, pelo contrário, fundamental, uma vez que o controle do valor da pena pelo julgador deve necessariamente levar em conta essa percepção. Isso quer dizer que, no exercício de redução da cláusula penal, a extensão dos danos sofridos pelo credor é o principal parâmetro que deve ser observado.

Conforme já foi anteriormente evidenciado, esta é a pena convencional que se encaixa na noção apresentada no Código Civil português, e que mais se adequa à dinâmica regulada pelo Código Civil brasileiro. Dessa forma, o controle da "pena" deve se dar considerando as normas contidas nos artigos 812º do CCP e 413 do CCB. Também é particularmente importante a consideração do limite objetivo que o artigo 412 do diploma civil brasileiro estabelece para a pena convencional substitutiva ou compensatória. Mas, como já foi anteriormente considerado, o "valor da obrigação" que determina o montante máximo da pena estipulada pelas partes não deve ser encarado estritamente como o valor pecuniário da obrigação, mas como o valor do cumprimento, aquele que satisfaça integralmente o credor.

Da análise detida de ambos os artigos depreende-se duas orientações ao julgador. A primeira delas aponta para o controle material da pena, indicando que, para que a pena mereça ser controlada, ela deve ser mani-

282 OLIVEIRA, Nuno Manuel Pinto. *Cláusulas acessórias ao contrato*: cláusulas de exclusão e de limitação do dever indemnizar: cláusulas penais, p. 158; e RODRIGUES JUNIOR, Otavio Luiz. *Função, natureza e modificação da cláusula penal no direito civil brasileiro*, p. 338.

festamente excessiva[283]. A segunda é referente ao método de redução, o controle formal da penal, sendo certo que o julgador deve operar a adequação do valor da pena observando critérios de equidade[284]

Considerando que a extensão dos danos sofridos pelo credor em decorrência da violação da obrigação pelo devedor é o critério angular para seu controle, é fundamental destacar que o valor da pena deve sempre ser o mais próximo do valor do dano. Ou seja, o valor da pena deve ser, preferencialmente, o valor do montante de indenização que seria arbitrado em caso de se recorrer ao regime geral da responsabilidade civil. A intenção das partes ao estipular essa espécie de pena é a reparação civil, o que significa dizer que o valor da pena deve ser aquele suficiente para reparar/compensar o credor por todos os danos sofridos em decorrência de ver seu direito ao cumprimento não satisfeito.

Porém, pela própria natureza negocial da pena, pequenas variações entre o valor desta e dos danos efetivamente verificados são plenamente justificadas[285]. Não se pode olvidar que se trata de uma figura que concretiza em uma relação obrigacional a autonomia privada das partes, e que, acima de tudo, o valor estabelecido pelas partes é uma indicação de suas expectativas indenizatórias[286]. Tal percepção é válida principalmente considerando que, nas relações obrigacionais contemporâneas, muitas vezes a valoração dos danos relativos à não realização de uma prestação acordada não é facilmente medida, sendo a cláusula de liquidação antecipada do dano um importante instrumento para que as partes definam o valor que o cumprimento da obrigação tem no seio do negócio.

Feitas tais considerações, pergunta-se, então, como a moderação dessa "pena convencional" deve ser encarada E, principalmente, o que deve ser considerado uma excessividade manifesta da pena. Autores[287] que se debruçaram detidamente sobre o assunto muitas vezes apontam, como praticamente um "mantra" a ser utilizado no exercício de redução da pena, que excessiva será aquela pena cujo valor exagerado "salte aos olhos" do julga-

283 Essa também é a interpretação de MONTEIRO, António Pinto. *Cláusula Penal e Indemnização*, p. 743.

284 Sobre equidade ver: CORDEIRO, António Menezes. A decisão segundo a equidade. *O Direito*, Lisboa, ano 122, v. 2, p. 261-280, 1990; e FRADA, Manuel Carneiro da. Equidade (ou a "Justiça com Coração). In: OTERO, Paulo; QUADROS, Fausto de; SOUSA, Marcelo Rebelo de (Coords.). *Estudos em Homenagem ao Prof. Doutor Jorge Miranda*. Coimbra: Coimbra Editora, 2012, p. 295-322.

285 MONTEIRO, António Pinto. *Cláusula Penal e Indemnização*, p. 741.

286 RODRIGUES JUNIOR, Otavio Luiz. *Função, natureza e modificação da cláusula penal no direito civil brasileiro*, p. 338.

287 MONTEIRO, António Pinto. *Cláusula Penal e Indemnização*, p. 742; ROSENVALD, Nelson. *Cláusula Penal*: A pena privada nas relações negociais, p. 224.

dor, expressão cunhada pelo jurista francês JEAN CARBONNIER[288]. Porém essa expressão muitas vezes pode ser mal interpretada, sendo necessário fazer uma análise mais detida.

O parâmetro sobre o exagero de uma pena parece ser a verificação de clara desproporção entre o valor dos danos efetivamente apurados e valor dos danos previamente liquidados. Essa desproporção deve ser manifesta, ou seja, deve ser patente, facilmente verificável, o que significa dizer que, se o valor for superior ao dos danos efetivamente causados, a pena deverá ser reduzida. Tal afirmação parece ser perigosa, principalmente se se considerar que a figura tem perdido cada vez mais relevância, muito por conta da possibilidade de controle, como aponta OTAVIO LUIZ RODRIGUES JUNIOR[289]. Em sentido semelhante, PINTO MONTEIRO[290] e ROSENVALD[291] entendem que a moderação da pena manifestamente excessiva não deve significar sua redução ao valor do prejuízo verificado.

Não parece, contudo, ser essa uma posição correta, principalmente considerando a tese dualista, que é defendida por ambos os autores. Como se tem constantemente defendido no presente trabalho que as regras gerais da responsabilidade civil se aplicam ao funcionamento da "pena convencional" indenizatória, outra não pode ser a orientação para o controle desta: a avaliação do manifesto exagero da pena deve sempre levar em conta o prejuízo que efetivamente ocorrer. Ou seja, a medida de valoração da excessividade da pena deve ser a relação da desproporção entre seu valor e o valor dos danos efetivamente verificados[292]. A verificação dessa relação, inclusive, tem sido a forma com que o STJ-Portugal[293] tem reconhecido a desproporção manifesta. Entre as decisões destacadas, a mais recente, relatada pelo juiz conselheiro Júlio Gomes, é especialmente interessante, pois

288 CARBONNIER, Jean. Les Biens, Les Obligations. In: _____. *Droit Civil*. Paris: Quadrige/Puf, 2004. v. 2, p. 2224; no original: "Il n'y a lieu à revision qu'en présence d'une disproportion important, tell qu'elle saut aux yeux". Tradução livre: "Não existe lugar para uma revisão que não apresente uma desproporção significativa, de tal ordem que salte aos olhos".

289 RODRIGUES JUNIOR, Otavio Luiz. *Função, natureza e modificação da cláusula penal no direito civil brasileiro*, p. 228.

290 MONTEIRO, António Pinto. *Cláusula Penal e Indemnização*, p. 741-744.

291 ROSENVALD, Nelson. *Cláusula Penal*: A pena privada nas relações negociais, p. 228.

292 CORDEIRO, António Menezes. *Tratado de Direito Civil*, v. IX, p. 496.

293 PORTUGAL. Supremo Tribunal de Justiça. *Processo nº 266/14.9TBPRD-A.P1.S1*. Rel. Juiz Conselheiro Júlio Gomes. Julgado em 03/11/2015; PORTUGAL. Supremo Tribunal de Justiça. *Processo nº 04B1701*. Rel. Juiz Conselheiro Neves Ribeiro. Julgado em 24/06/2004; PORTUGAL. Supremo Tribunal de Justiça. *Processo nº 98A1094*. Rel. Juiz Conselheiro Aragão Seia. Julgado em 20/01/1999; PORTUGAL. Supremo Tribunal de Justiça. *Processo nº 02B013*. Rel. Juiz Conselheiro Eduardo Batista. Julgado em 24/04/2002. Todos publicados em www.dgsi.pt.

evidencia que, na redução das cláusulas de liquidação antecipada do dano, a verificação da excessividade deve preponderantemente passar pela análise da diferença entre o valor antecipadamente liquidado e o valor do dano efetivamente verificado.

Mas fundamental novamente é ressaltar que um dos efeitos da cláusula de liquidação antecipada dos danos é a inversão do ônus probatório. Cabe ao devedor, portanto, a prova de que a extensão dos danos causados por seu ato ilícito é menor que o valor da "pena convencional" indenizatória[294]. Somente com essa prova cabal é que o valor da "pena" deverá ser reduzido. A sanção indenizatória que sobrecompensa o credor é desproporcional e deverá ser considerada manifestamente excessiva. A prova e a verificação de tal desproporção devem ser suficientes para que o julgador modere a pena. Mais que isso, no exercício de moderação, o julgador deve sim reduzir a pena ao valor dos prejuízos que foram provados. Se a função dessa sanção é indenizatória, não se pode cogitar que o julgador verifique que a pena é excessiva, mas reduza para um montante que supere o valor dos danos. O juízo de controle deve, portanto, visar à igualdade com o dano efetivamente verificado[295].

Reconhecida a excessividade da pena, a legislação civil de Portugal e do Brasil determina que sua redução seja feita utilizando um juízo equitativo[296]. Importante ressaltar, porém, que a redução pela equidade não autoriza que as decisões sejam arbitrárias, intuitivas ou discricionárias, tampouco permite que o julgador utilize tal controle como forma de corrigir injustiças ou equalizar relações desiguais entre as partes[297]. No processo de controle da pena excessiva, a concepção de equidade a ser utilizada é a de equidade "fraca", ou seja, aquela que é metodologicamente desenvolvida, seguindo critérios científicos do Direito[298]. Além disso, o exercício de controle utilizando a equidade deve sempre levar em conta a finalidade do negócio, a intenção que as partes tinham quando da estipulação da cláusula penal[299]. Nessa espécie de cláusula, cuja finalidade é reparatória, ainda assim tal aspecto é importante, sendo necessário estabelecer se a reparação é o dano advindo do incumprimento total, parcial, pontual ou de alguma obrigação específica.

---

294 GONÇALVES, Carlos Roberto. *Direito Civil Brasileiro*, p. 424.

295 SILVA, Jorge Cesa Ferreira da. *Inadimplemento das Obrigações*: comentários aos arts. 389 a 420 do código civil, p. 242.

296 Segundo os ditames do número "2" do art. 812º do CCP e da parte final do art. 413 do CCB.

297 CORDEIRO, António Menezes. *Tratado de Direito Civil*, v. IX, p. 498-497.

298 CORDEIRO, António Menezes. A decisão segundo a equidade, p. 267 e 270-273.

299 MONTEIRO, António Pinto. *Cláusula Penal e Indemnização*, p. 746.

Dessa forma, a proibição do abuso de direito e, principalmente, a boa--fé, como parâmetros de realização da justiça no caso concreto[300], devem ser levados em conta quando da redução da pena convencional como indenização predeterminada pelo julgador. O julgador, portanto, somente pode reduzir a pena caso encontre fundamentos sólidos, devendo apresentar uma sentença cientificamente fundamentada levando em conta os fatos e, principalmente, as provas apresentadas pelo devedor. É fundamental que sejam apresentados elementos suficientemente fortes para fundamentar a redução, e que sejam apresentadas provas pelo devedor que justifiquem tal decisão. Essa concepção de equidade, com sendo um exercício de construção de uma decisão de forma científica, técnica, juntamente com a ressalva acima feita sobre o ônus da prova do credor, ajudam a resolver um último problema que merece atenção, a possibilidade de redução oficiosa da pena.

Considerando que se defende no presente trabalho que a pena pode (ou deve) ser reduzida de forma oficiosa pelo julgador, mas que ao mesmo tempo essa redução somente pode ser operada caso o devedor demonstre a existência da desproporção manifesta entre o valor da pena e a extensão dos danos causados, como harmonizar estas questões? Trata-se, aparentemente, de duas afirmações contraditórias, que não podem ser aplicadas de forma concomitante. Isso parece ser ainda mais evidente considerando a forma como os julgadores de dois importantes tribunais estaduais do Brasil, o Tribunal de Justiça de Minas Gerais (TJMG)[301] e o Tribunal de Justiça

---

300 Ao analisar a equidade como critério para a redução das penas convencionais e o papel da boa-fé objetiva, ROSENVALD, Nelson. *Cláusula Penal*: A pena privada nas relações negociais, p. 238; ensina uma importante noção: "Com efeito, com arrimo no princípio da boa-fé objetiva é possível encontrar um modelo de interpretação construtiva que nos permita fundamentar sempre a melhor resposta para as hipóteses de moderação da cláusula penal".

301 MINAS GERAIS. Tribunal de Justiça. *Apelação Cível nº 0083883-67.2011.8.13.0470*. Rel. Des. Pedro Aleixo (Redução com base na onerosidade excessiva e enriquecimento sem causa). *DOE* 14/07/2017; MINAS GERAIS. Tribunal de Justiça. *Apelação Cível nº 6004375-42.2014.8.13.0024*. Rel. Des. José Augusto Lourenço dos Santos. *DOE* 03/04/2017; MINAS GERAIS. Tribunal de Justiça. *Apelação Cível nº 0823572-57.2011.8.13.0024*. Rel. Des. José Flávio de Almeida. *DOE* 16/03/2017; MINAS GERAIS. Tribunal de Justiça. *Apelação Cível nº 0058453-12.2014.8.13.0114*. Rel. Des. Valdez Leite Machado. *DOE* 24/02/2017; MINAS GERAIS. Tribunal de Justiça. *Apelação Cível nº 0452787-49.2011.8.13.0702*. Rel. Des. João Cancio. *DOE* 16/11/2016 (Redução com base na vedação do enriquecimento sem causa); MINAS GERAIS. Tribunal de Justiça. Apelação Cível nº 0165777-36.2012.8.13.0145. Rel. Des. Márcio Idalmo Santos Miranda. *DOE* 23/09/2016; MINAS GERAIS. Tribunal de Justiça. *Apelação Cível nº 0026707-32.2012.8.13.0362*. Rel. Desa. Cláudia Maia. *DOE* 16/09/2016; MINAS GERAIS. Tribunal de Justiça. *Apelação Cível nº 1603260-90.2012.8.13.0024*. Rel. Des. Edison Feital Leite. *DOE* 15/07/2016; MINAS GERAIS. Tribunal de Justiça. *Apelação Cível nº 0526049-58.2013.8.13.0024*. Rel. Des. José Augusto Lourenço dos Santos. *DOE* 23/06/2016;

de São Paulo (TJSP)[302], têm operado as reduções dos valores das penas. Na

MINAS GERAIS. Tribunal de Justiça. *Apelação Cível nº 0364166-53.2013.8.13.0105*. Rel. Des. Mariza Porto. *DOE* 10/06/2016; MINAS GERAIS. Tribunal de Justiça. *Apelação Cível nº 3200971-26.2010.8.13.0433*. Rel. Des. Estevão Lucchesi. *DOE* 13/05/2016; MINAS GERAIS. Tribunal de Justiça. *Apelação Cível nº 0013421-71.2013.8.13.0452*. Rel. Des. Juliana Campos Horta. *DOE* 04/05/2016; MINAS GERAIS. Tribunal de Justiça. *Apelação Cível nº 0483793-66.2014.8.13.0024*. Rel. Des. Márcia De Paoli Balbino. *DOE* 02/02/2016 (Julgadora mantem a redução, entendendo que o valor é suficiente para compensar o credor, mas não há em nenhum momento considerações sobre o valor dos prejuízos); MINAS GERAIS. Tribunal de Justiça. *Apelação cível nº 0136068-58.2013.8.13.0035*. Rel. Des. Pedro Bernardes. *DOE* 04/12/2015 (Redução baseado no enriquecimento sem causa e onerosidade excessiva); MINAS GERAIS. Tribunal de Justiça. *Apelação Cível nº 0055011-36.2012.8.13.0687*. Rel. Des. Alberto Diniz Junior. *DOE* 29/10/2015; MINAS GERAIS. Tribunal de Justiça. *Apelação Cível nº 0205843-15.2013.8.13.0245*. Rel. Des. José Arthur Filho. *DOE* 25/08/2015; MINAS GERAIS. Tribunal de Justiça. *Apelação Cível nº 2821525-52.2006.8.13.0024*. Rel. Des. Evangelina Castilho Duarte. *DOE* 29/08/2014; MINAS GERAIS. Tribunal de Justiça. *Apelação Cível nº 2004591-42.2012.8.13.0024*. Rel. Des. Arnaldo Maciel. *DOE* 11/08/2014 (Menciona a função compensatória, mas não considera os prejuízos); MINAS GERAIS. Tribunal de Justiça. *Apelação Cível nº 0130938-45.2009.8.13.0450*. Rel. Des. Saldanha da Fonseca. *DOE* 16/07/2014.

302 SÃO PAULO. Tribunal de Justiça. *Apelação Cível nº 4000416-40.2013.8.26.0002*. Rel. Des. Penna Machado. *DOE* 03/08/2017; SÃO PAULO. Tribunal de Justiça. *Apelação Cível nº 009758-89.2014.8.26.0100*. Rel. Des. Carlos von Adamek. *DOE* 28/07/2017; SÃO PAULO. Tribunal de Justiça. *Agravo de Instrumento nº 081620-10.2017.8.26.0000*. Rel. Des. Coelho Mendes. *DOE* 12/07/2017 (redução com base na onerosidade excessiva); SÃO PAULO. Tribunal de Justiça. *Agravo de Instrumento nº 2076799-60.2017.8.26.0000*. Rel. Des. José Wagner de Oliveira Melatto Peixoto. *DOE* 14/06/2017; SÃO PAULO. Tribunal de Justiça. *Apelação Cível nº 0139377-94.2011.8.26.0100*. Rel. Des. Edgard Rosa. *DOE* 01/06/2017; SÃO PAULO. Tribunal de Justiça. *Apelação Cível nº 1035640-53.2014.8.26.0100*. Rel. Des. Hugo Crepaldi. *DOE* 11/05/2017 (o relator mistura aspectos de punição e compensação na mesma cláusula, reduzindo posteriormente a pena de forma arbitrária); SÃO PAULO. Tribunal de Justiça. *Apelação Cível nº 1003337-98.2013.8.26.0462*. Rel. Des. Moreira Viegas. *DOE* 27/04/2017; SÃO PAULO. Tribunal de Justiça. *Apelação Cível nº 1004071-60.2015.8.26.0565*. Rel. Des. Ana Maria Baldy. *DOE* 03/04/2017; SÃO PAULO. Tribunal de Justiça. *Apelação Cível nº 1002849-54.2016.8.26.0005*. Rel. Des. Ricardo Pessoa de Mello Belli. Julgada em 30/03/2017 (julgador reduz a cláusula penal argumentando que o valor arbitrado será suficiente para compensar o Credor, mas em nenhum momento há uma ponderação dos prejuízos efetivamente verificados); SÃO PAULO. Tribunal de Justiça. *Apelação Cível nº 1022613-37.2013.8.26.0100*. Rel. Des. Flávio Cunha da Silva. Julgada em 22/03/2017; SÃO PAULO. Tribunal de Justiça. *Apelação Cível nº 1012190-19.2015.8.26.0562*. Rel. Des. Antonio Nascimento. Julgada em 23/03/2017; SÃO PAULO. Tribunal de Justiça. *Apelação Cível nº 1022871-82.2015.8.26.0001*. Rel. Des. Sergio Gomes. Julgada em 07/03/2017; SÃO PAULO. Tribunal de Justiça. *Apelação Cível nº 1034402-96.2014.8.26.0100*. Rel. Des. Fortes Barbosa. Julgada em 01/03/2017 (julgador sublinha a função compensatória da cláusula penal, inclusive afastando a possibilidade de que esta exerça uma fun-

série de julgados analisados nesta dissertação, fica claro que a noção de controle oficioso da "pena convencional" tem sido interpretada pelos julgadores como autorização para a redução do valor, independentemente de qualquer demonstração pelo credor de sua excessividade. A redução da pena tem sido efetuada por eles sem qualquer ponderação sobre o valor dos danos sofridos pelo credor em decorrência do incumprimento. Mesmo naquelas decisões em que os julgadores reconhecem a natureza compensatória, ou fazem menção à função de liquidação antecipada do dano da cláusula penal, não se identifica qualquer ponderação acerca dos prejuízos sofridos pelo credor.

A possibilidade (ou dever) de reduzir a "pena convencional" de forma oficiosa não deve ser encarada da maneira como tem sido feita nos julgados acima apresentados. Não se pode aceitar que uma sanção indenizatória livremente pactuada pelas partes, que represente a expectativa que estas têm sobre o valor da indenização referente à violação da obrigação, possa ser reduzida sem que seja provado que a extensão dos danos é inferior ao valor da pena. JOSÉ FERNANDO SIMÃO[303] alerta que a possibilidade de redução oficiosa da "pena convencional" é uma afronta à autonomia privada, principalmente considerando as situações de contratos paritários e individuais. Da forma como esse processo de controle tem sido praticado pelos tribunais brasileiros, sem dúvidas, tal afirmação está correta. Contudo, se forem levados em conta certos parâmetros de controle, tal ingerência na autonomia privada será justificável, como forma de controlar, principalmente, a finalidade da cláusula penal como liquidação antecipada do dano, não sendo verificada, ao final, uma ingerência na autonomia das partes, que efetivamente desejam a definição de um valor verdadeiramente indenizatório.

Nesse sentido, a redução oficiosa, conforme a valiosa lição de PINTO OLIVEIRA[304], na verdade deve significar duas coisas. Primeiro, que as partes não podem afastar a possibilidade de controle da pena, mesmo que expressamente assim estipulem no contrato. Segundo, e mais importante, que o poder-dever de redução deve significar apenas a desnecessidade do julgador de perder tempo buscando no pedido do devedor os fundamentos para reduzir o valor da pena. Tendo à sua frente caso envolvendo uma execução ou redução de "pena convencional" indenizatória, o julgador deve se atentar

ção puramente sancionatória, mantem a redução do valor, afirmando que é suficiente para compensar o Credor. Não é considerado em momento algum o real prejuízo verificado);

303 SIMÃO, José Fernando. Cláusula penal e redução de ofício pelo juiz – Parte 2. *Jornal Carta Forense*, 2 jun. 2014.

304 OLIVEIRA, Nuno Manuel Pinto. *Cláusulas acessórias ao contrato*: cláusulas de exclusão e de limitação do dever indemnizar: cláusulas penais, p. 144 e 171.

mais aos fatos apresentados pelas partes, e à extensão dos danos causados pelo incumprimento, do que ao pedido efetivamente aduzido pelo credor. Assim sendo, mesmo que não exista pedido expresso de redução da pena por parte do devedor, caso este traga aos autos elementos suficientes para tal conclusão, ela deve ser tomada pelo julgador. É possível, portanto, que a sanção indenizatória seja reduzida pelo julgador caso o devedor, ainda sem o pedido para tanto, traga aos autos provas sobre o prejuízo experienciado pelo credor inferior ao valor da "pena".

Para que não fique parecendo, porém, que o presente trabalho é uma ode contra o Poder Judiciário e que o entendimento aqui exposto é o de que os julgadores têm apenas controlado a cláusula penal de forma equivocada, apresenta-se e analisa-se duas interessantes e recentes decisões do TJSP, com base nas quais se apresenta aqui algumas reflexões, que servirão de exemplo para apresentar a forma como se entende que a cláusula penal deve ser moderada. Na primeira decisão[305] os julgadores entenderam por bem que a pena não era passível de redução, uma vez que não foi comprovado pelo devedor que os prejuízos eram inferiores ao valor da pena, tendo sido, pelo contrário, provado pelo credor que os prejuízos eventualmente poderiam ser maiores que o referido valor. Na outra decisão[306] os julgadores decidiram pela procedência do pedido de redução do valor da pena, uma vez que a devedora efetivamente provou que os prejuízos sofridos pelo credor foram inferiores o valor da "pena", ressaltando que, como este fato foi provado, a redução era não só possível, mas devida, destacando que a pena deveria ser reduzida *ex officio* pelos julgadores, sendo ajustada ao valor dos prejuízos efetivamente sofridos.

Fundamental apontar que as reflexões apresentadas sobre o controle da "pena convencional" indenizatória também se aplicam para quando a redução for baseada no cumprimento parcial da obrigação. Verificando que a obrigação foi cumprida, mas somente de modo parcial, e que a pena foi integralmente exigida, o julgador deve reduzi-la, observando os mesmos critérios acima apresentados. Assim, é fundamental, mesmo neste caso, que o devedor demonstre que a extensão do prejuízo foi inferior à pena. Não se deve, portanto, operar a moderação da pena através de um simples critério proporcional[307], matemático, mas também observar o montante dos prejuízos verificados. Caso, por exemplo, 70% da obrigação tenham sido cumpridas, isso não necessariamente significará que a pena deva ser

---

305 SÃO PAULO. Tribunal de Justiça. *Apelação Cível nº 1012404-04.2016.8.26.0100*. Rel. Des. Artur Marques. *DOE* 13/03/2017.

306 SÃO PAULO. Tribunal de Justiça. *Apelação Cível nº 0081641-84.2012.8.26.0100*. Rel. Des. Ronnie Herbert Barros Soares. *DOE* 21/03/2017.

307 CASSETTARI, Christiano. *Multa contratual*: teoria e prática da cláusula penal, p. 108.

diminuída para 30% de seu valor. Aspecto, aliás, que vem sendo bem identificado pelo STJ-Brasil em decisões recentes[308], ressaltando-se que ainda faltam nessas decisões, porém, maior atenção à verificação das perdas e danos reais do caso em concreto, que, repita-se, deve ser o parâmetro para se identificar uma pena excessiva. Tal aspecto é importante de ser apontado, tendo em vista que, mesmo que haja o cumprimento parcial da obrigação, pode não haver razões para que a pena seja reduzida[309]. Portanto é possível concluir que, qualquer que seja o motivo que leve a um pedido de redução do valor da "pena convencional" indenizatória, o montante dos prejuízos efetivamente causados pela violação da obrigação é o primeiro critério a ser levado em conta.

2.5.4. Pena Convencional Propriamente Dita

A pena convencional propriamente dita, que decorre do funcionamento da cláusula penal coercitiva, tem natureza de pena privada. Sua dinâmica, portanto, não é indenizatória, como foi acima verificada, e sim coercitiva/punitiva. Dessa forma, o exercício de controle da pena será diverso daquele verificado para a pena indenizatória. Nesse modo diverso de proceder ao ajustamento das penas convencionais manifestamente excessivas, o primeiro aspecto que muda é a norma a ser aplicada pelo julgador no controle.

Como já foi anteriormente evidenciado, o legislador português optou por definir o que seria entendido por cláusula penal: aquela que aqui é designada por cláusula de liquidação antecipada do dano. Diferentemente, mas com efeito prático semelhante, o legislador brasileiro construiu o regime da cláusula penal direcionado à espécie indenizatória. Considerando estas reflexões, tem se defendido no presente trabalho que as normas portuguesas sobre o funcionamento da cláusula penal se referem tão somente àquela espécie, não sendo aplicáveis à espécie propriamente dita. Também tem se posicionado sobre a aplicação apenas subsidiária das normas que regulamentam a cláusula penal no Direito brasileiro quando a espécie for a coercitiva.

Assim, para que se mantenha uma mínima coerência no presente trabalho, parece correto dizer, no Direito português, que o artigo 812º somente deve ser aplicado no controle das penas com caráter indenizatório. Como a cláusula penal que está regulamentada no Código Civil de 1966 é aquela de função indenizatória, todas as regras contidas no código são inaplicáveis à espécie coercitiva, incluindo a regra contida no artigo 812º. Foi este, inclu-

---

308 BRASIL. Superior Tribunal de Justiça. *AgRg no AREsp 592075/RJ*. Rel. Min. João Otávio Noronha. *DJe* 17/03/2015; BRASIL. Superior Tribunal de Justiça. *REsp 1.186.789/RJ*. Rel. Min. Luis Felipe Salomão. *DJe* 13/05/2014.

309 MONTEIRO, António Pinto. *Cláusula Penal e Indemnização*, p. 746.

sive, o entendimento do STJ-Portugal no célebre acórdão de 3 de novembro de 1983[310]. Na decisão, o tribunal decidiu que, como se tratava de pena convencional com caráter compulsório, o artigo 812º do Código Civil não se aplicava ao caso.

A referida decisão foi duramente criticada por PINTO MONTEIRO[311] em seu trabalho. O autor, conforme será também evidenciado no capítulo sobre o sinal, entende que a norma contida no artigo 812º do CCP contém um princípio geral de controle de abusos nos conteúdos contratuais. Defende assim que tal regra seja não só aplicada no controle de qualquer das espécies de cláusula penal, mas também no controle de outras cláusulas e sanções. O autor parece ter razão ao criticar a decisão pela falta de controle da pena estabelecida no caso em questão[312], mas não é possível concordar com sua defesa da aplicação irrestrita do artigo 812º do CCP. Ele próprio parece contraditório ao defender que o artigo 811º somente se aplica à cláusula de liquidação antecipada do dano por um lado, e afirmar que o artigo 812º é aplicável a todas as espécies de cláusula penal, por outro lado. Parece ser possível defender que, ou se aplicam à cláusula penal coercitiva todas as regras do Código Civil, ou não se aplica nenhuma, sendo inclusive excluída a do referido artigo.

Afirmar isso não significa defender que não seja possível fazer o controle da pena convencional propriamente dita. Ao contrário, significa dizer que os parâmetros de controle não devem ser calcados somente na excessividade do valor, como estabelece o art. 812º. Como o fundamento para o controle da pena é o abuso do direito, a norma utilizada para controlar a pena convencional propriamente dita deve ser o artigo 334º, ou seja, a cláusula geral de proibição do abuso de direito. É interessante notar que o professor de Coimbra, em texto mais recente, inclusive cogita a hipótese de aplicação do artigo 334º, mas mantém a defesa da aplicação analógica do 812º por ser uma solução mais simples e menos gravosa[313].

---

310 Tal acórdão já foi anteriormente mencionado. Para considerações sobre seu conteúdo, ver: CORREIA, A. Ferrer; MESQUITA, M. Henrique. Anotação ao Acórdão do STJ de 3 de novembro de 1983. *Revista da Ordem dos Advogados*, Lisboa, ano 45, v. I, p. 129-158, 1985; MONTEIRO, António Pinto. *Cláusula Penal e Indemnização*, p. 474-496; VARELA, João de Matos Antunes. Anotação ao Acórdão do STJ de 3 de Novembro de 1983. *Revista Legislação e Jurisprudência*, Coimbra, ano 121, p. 183-192 e 216-224, 1985. Apesar de não se coadunar com as críticas feitas, é interessante verificar os comentários dos autores sobre o caso, de forma a melhor entender os fatos.

311 MONTEIRO, António Pinto. *Cláusula Penal e Indemnização*, p. 495-496. Tal aspecto é tratado pelo autor em diversos momentos, e mais notadamente nas p. 159-161, 195-237 e 730-734.

312 Que efetivamente foi manifestamente gravosa para o devedor (1% do valor da prestação vencida ao dia, o que significa 365% do valor ao final de um ano).

313 MONTEIRO, António Pinto. *Anotação ao Acórdão do STJ de 27 de Setembro de 2011*, p. 197-A.

Entretanto a praticidade ou simplicidade não pode ser a razão para a aplicação do artigo 812º no controle da pena convencional em detrimento do artigo 334º. A norma contida no artigo 812º é norma excepcional[314], na medida em que excepciona o direito ao cumprimento e o direito subjetivo do credor ao pagamento integral da pena. Segundo dispõe a norma contida no artigo 11º do Código Civil português, a aplicação por analogia está vedada quando se trata de normas excepcionais[315]. Assim não parece ser correto defender que a norma do art. 812º possa ser aplicada de forma analógica no controle da pena convencional propriamente dita. Por outro lado, o exercício dessa espécie de pena é o exercício de uma posição jurídica, de um direito subjetivo do credor, sendo totalmente plausível cogitar que o controle de seu exercício seja feito pela cláusula geral que estabelece de proibição do abuso de direito, que no final das contas é o fundamento para o controle de qualquer cláusula penal.

Feitas tais considerações sobre o Direito português, cabe apontar que no Direito brasileiro a norma contida no artigo 413 do CCB não parece ser desarmoniosa em relação à pena convencional propriamente dita. Nesse sentido, poderia ser possível aplicá-la de forma subsidiária, sempre considerando como parâmetro de controle o abuso de direito. O artigo 413 do diploma civil brasileiro, aliás, é muito bem construído, já que estabelece que o controle da pena deve ser feito tendo em vista a finalidade do negócio jurídico, aspecto que tem relação direta com o abuso de direito. Porém, ainda que tal artigo possa ser aplicado no controle dessa espécie de pena convencional, deve ser feito juntamente com a regra de proibição do abuso de direito, ou seja, com o artigo 187.

Essas considerações parecem ser meramente acadêmicas, sem efeito prático algum, mas têm razão de ser. Sendo uma pena privada, destinada a reforçar as relações obrigacionais e sobretudo valorizar o princípio do cumprimento, a cláusula penal, porém, pode dar azo a abusos por parte do credor. As normas legais destinadas ao controle específico da pena convencional somente se preocupam com o valor da pena. Por outro lado, as normas que proíbem o abuso de direito servem para controlar o exercício de direitos e posições jurídicas. Assim, ao se aplicar o artigo 334º do CCP

314 Sobre norma excepcional ver ASCENSÃO, José de Oliveira. *O Direito*: Introdução e Teoria Geral. 13ª ed. Coimbra: Almedina, 2006, p. 527-528.

315 Nesse sentido, também é interessante ressaltar a lição de REALE, Miguel. *Lições Preliminares de Direito*. 10ª ed. Coimbra: Almedina, 1982, p. 294, para quem: "Ainda no tocante à analogia cumpre advertir que ela não tem emprego em todos os domínios do Direito, sendo inadmissível, em princípio, quando se tratar de regras de caráter penal ou se as normas forem restritivas de direitos ou abrirem exceções". Ainda que a doutrina mais moderna não entenda que a analogia de regras restritivas de direito seja vedada, a analogia das regras que abram exceções continua sendo proibida.

ou o artigo 187 do CCB no controle das penas convencionais, não se estará preocupado apenas com a abusividade ou excessividade do valor da pena, mas sim com a abusividade do exercício da pena pelo credor. Esse deve ser o parâmetro de controle da pena convencional propriamente dita.

Considerando esta perspectiva, ao fazer o controle da pena convencional, o julgador não deve restringir sua avaliação apenas ao valor da pena, ao montante exigido, devendo observar outros aspectos. Deparando-se com uma pena convencional propriamente dita, deve ele verificar se o exercício dessa posição jurídica, qual seja, a exigência pelo credor do pagamento da pena, obedece aos limites impostos pela boa-fé. Por outro lado, também deve verificar a conduta do devedor inadimplente. Como a referida pena serve para punir o devedor pelo incumprimento da obrigação, a conduta deste é de espec[illegible]levância. Por se tratar de sanção punitiva, o grau de reprovação de s[illegible]fração e seu grau de culpa são também parâmetros importantes pa[illegible]noderação da pena convencional propriamente dita[316]. Nesse sentido [illegible]enefícios aferidos pelo devedor devido a seu incumprimento també[illegible]em ser levados em conta[317], sendo uma forma de medir sua culpa.

No contr[illegible]a pena convencional propriamente dita, é fundamental que não seja [illegible]nte observada a excessividade do valor, mas principalmente a relaç[illegible]tre o benefício do credor e o sacrifício do devedor. Caso essa relação [illegible] excessiva e manifestamente desproporcional, estar-se-á diante de [illegible]buso de direito, em sua modalidade de desequilíbrio no exercício das [illegible]ções jurídicas[318]. A verificação, portanto, não é da simples

---

316 Nesse se[illegible], ver: MONTEIRO, António Pinto. *Cláusula Penal e Indemnização*, p. 743-744. Em [illegible]a obra, MONTEIRO, António Pinto. Sobre o controle da Cláusula Penal, p. 205, o a[illegible] afirma que "a gravidade da infração, o grau de culpa do devedor, as vantagens q[illegible] para este, resultem o incumprimento, o interesse do credor na prestação, a situação económica de ambas as partes, a sua boa ou má fé, a índole do contrato, as condições em que foi negociado e, designadamente, eventuais contrapartidas de que haja beneficiado o devedor pela inclusão da cláusula penal, são, entre outros, factores que o juiz deve ponderar para tomar uma decisão".

317 MARTINS-COSTA, Judith. Do adimplemento das obrigações, p. 704-705.

318 Para tanto, é fundamental o ensinamento de CORDEIRO, António Menezes. Do abuso do direito: estado das questões e perspectivas: "De seguida, o preceito exige que o titular exceda manifestamente certos limites. A expressão liga-se aos superlativos usados por alguma doutrina, anterior ao Código Civil. Na época, lidava-se com uma construção sem base legal, de fundamentação doutrinária insegura e ainda desconhecida na jurisprudência. O uso de uma linguagem empolada visava captar o intérprete-aplicador, apresentando-se, além disso, como uma criptojustificação da proibição do abuso. Perante institutos modernos, a adjectivação enérgica não faz sentido. Além desse aspecto, temos outras dificuldades exegéticas. "Manifestamente" contrapõe-se a "ocultamente" ou "implicitamente". Não parece defendível que se possa atentar contra a boa fé ou os bons costumes, desde que às ocultas. E também os fins eco-

desproporção entre o valor da pena e o prejuízo, mas entre o exercício do direito e a boa-fé. Importante, aliás, sempre sublinhar que o prejuízo nesse caso não é parâmetro a ser avaliado no momento de controle da pena[319]. A cláusula penal *stricto sensu* não tem índole reparatória/compensatória, sendo que o prejuízo causado por conta do incumprimento da obrigação assegurada não é importante para a pena convencional oriunda dessa espécie.

Por outro lado, outros aspectos que se relacionam com os ditames da boa-fé também devem ser levados em conta pelo julgador. Fundamental, portanto, que seja verificado qual interesse do credor está sendo tutelado. Também possui relevância a situação econômica das partes, o valor econômico que o cumprimento tem para o credor, se a obrigação foi totalmente ou parcialmente inadimplida. Nesse sentido, interessante destacar o acórdão do STJ-Portugal de 23 de abril de 2008[320]. Na decisão, o tribunal, ao reduzir a pena convencional propriamente dita, levou em consideração o valor econômico da obrigação, o tempo que a obrigação demorou para ser cumprida e a conduta (culpa) do devedor. Como o valor da pena era muito superior ao valor econômico da obrigação, o atraso no cumprimento foi diminuto e o nível de culpa do devedor foi leve, os julgadores decidiram moderar o valor da pena.

No exercício do controle da pena convencional propriamente dita, porém, o julgador não pode nunca olvidar do caráter coercitivo, de pressão que move essa espécie de cláusula penal. A redução, caso seja verificada uma pena excessiva, é salutar, mas o julgador deve ser mais comedido no processo de controle dessa espécie[321]. É fundamental que no momento de controle dessa espécie de pena o binômio coerção/punição que a caracteriza não seja desprezado. Em julgado recente do TJSP[322], esse foi o aspecto relevante que pautou a redução efetuada pelo desembargador relator. Reconhecendo a função punitiva/coercitiva estipulada pelas partes, ainda assim o valor da pena foi reduzido, mas ficou ressalvado que ele era suficiente para desestimular a repetição da conduta pelos devedores.

Último aspecto que também merece particular atenção do julgador no processo de avaliação do valor da pena para seu posterior controle é a

---

nómico e social do direito em jogo poderão não ser alcançados perante desvios não manifestos. Em suma: "manifestamente" deixa-nos um apelo a uma realidade de nível superior, mas que a Ciência do Direito terá de localizar, em termos objectivos".

---

319 CORDEIRO, António Menezes. *Tratado de Direito Civil*, v. IX, p. 496.

320 PORTUGAL. Supremo Tribunal de Justiça. *Processo nº 07S2894*. Rel. Juiz Conselheiro Mário Pereira. Julgado em 23/04/2008. Publicado em www.dgsi.pt.

321 CORDEIRO, António Menezes. *Tratado de Direito Civil*, v. IX, p. 497.

322 SÃO PAULO. Tribunal de Justiça. *Apelação Cível nº 1092128-62.2013.8.26.0100*. Rel. Des. Fortes Barbosa. *DOE* 15/03/2017.

natureza e finalidade do negócio em análise. JUDITH MARTINS-COSTA[323], de forma muito correta, aponta que não se pode fazer o controle das cláusulas penais utilizando-se de critérios previamente estabelecidos. O julgador deve, caso a caso, verificar as particularidades da relação obrigacional em análise, para somente de forma posterior e munido de fatos e provas tomar a decisão sobre o controle. Aspectos como a racionalidade econômica do contrato, o comportamento estratégico das partes em sua celebração, e também as características do setor econômico no qual o contrato se encaixa, podem ajudar o julgador a definir a abusividade da pena e, consequentemente, o comportamento abusivo do credor. E somente se for possível reconhecer o abuso de direito manifesto, é que o julgador deve reduzir a pena.

Importante ressaltar que, reconhecido o abuso de direito, várias são as consequências que podem ser verificadas[324] [325]. Como no caso específico da pena convencional o mais comum é a verificação de valores exagerados, o exercício de controle será para moderá-la. Assim, constatando a existência do abuso de direito, o julgador deve decotar somente o que for abusivo, sendo mantido o exercício daquele que seja legítimo[326]. No exercício de controle da pena excessiva, o princípio da conservação do negócio jurídico deve sempre prevalecer[327]. O controle deve ser unicamente da parte da pena que for abusiva, ou seja, deve ser controlada a eficácia da cláusula penal, sem, contudo, que sua validade seja atacada.

Porém não se exclui a possibilidade de que a própria exigência da cláusula penal seja abusiva. Caso seja reconhecido o exercício abusivo na exigência da própria pena convencional, a consequência desse reconhecimento será mais gravosa. Nesse caso não se deve proceder à simples redução do valor da pena, mas sim declarar a cessação da conduta. Quando for verificada uma situação como essa, portanto, não há que se falar em

323 MARTINS-COSTA, Judith. Do adimplemento das obrigações, p. 701.

324 SÁ, Fernando Augusto Cunha de. Abuso do Direito. Coimbra: Almedina, 1997, p. 647-650. O autor destaca que "a sanção do acto abusivo é variável e deve ser determinada, consequentemente, caso a caso" (p. 647).

325 Sobre abuso de direito no Código Civil de 2002, ver: CARPENA, Heloísa. Abuso de Direito no Código de 2002 – Relativização de direitos na ótica civil-constitucional. In: TEPEDINO, Gustavo. (Coord.). *A Parte Geral do Novo Código Civil* – Estudos na perspectiva civil-constitucional. Rio de Janeiro: Renovar, 2002, p. 367-385.

326 CORDEIRO, António Menezes. Do abuso do direito: estado das questões e perspectivas. O autor destaca que as consequências do reconhecimento do abuso de direito são variadas, sendo uma delas "a cessação do concreto exercício abusivo, mantendo-se, todavia, o direito".

327 AZEVEDO, Antônio Junqueira de. *Negócio Jurídico* - Existência, Validade e Eficácia. 4ª ed. São Paulo: Saraiva, 2002, p. 70-71.

conservação do negócio, devendo ser atacada a eficácia da cláusula penal como um todo, evitando que esta produza um efeito abusivo.

Por fim, uma última nota para concretizar a forma como a possibilidade do controle oficioso da pena deve ser vista para essa espécie de pena convencional. Como bem evidencia MENEZES CORDEIRO[328], o reconhecimento do abuso de direito pelo tribunal pode se dar mesmo que não haja pedido expresso do autor nesse sentido. O autor, porém, adverte que, para que haja esse reconhecimento, os fatos alegados e as consequências do ato abusivo devem ser retiradas do quadro fático-probatório apresentado ao julgador. O abuso de direito não é matéria de fato, é matéria de direito. Seu reconhecimento está relacionado com uma qualificação jurídica, e não somente com a subsunção de fatos. Sendo assim, se o julgador verificar que o quadro fático apresentado por uma das partes no processo configura situação de abuso de direito, é totalmente plausível que ocorra o reconhecimento oficioso deste. É preciso, contudo, sempre ressalvar o objeto processual[329]. Ou seja, o julgador não está adstrito a todas as alegações jurídicas que as partes apresentem, mas sua decisão deve necessariamente levar em conta o pedido, a causa de pedir e os elementos fático-probatórios dos autos.

Especificamente sobre o controle oficioso da pena convencional, é fundamental que tais considerações sejam também levadas em consideração pelo julgador. Pode ocorrer que o devedor não tenha efetivamente requerido a redução da pena com base no abuso de direito, ou mesmo que não tenha elaborado um pedido manifesto de redução de seu valor. Mas se houver nos autos um conjunto de fatos e provas que demonstrem que há exercício abusivo do direito à pena pelo credor, que o valor desta é efetivamente exagerado, o julgador poderá e deverá proceder a seu controle. Além disso, a possibilidade de reconhecimento oficioso da redução da pena deve significar a desnecessidade de que o julgador perca muito tempo buscando os motivos e os fundamentos que devam embasar a redução do montante da pena[330]. Assim que for verificado o abuso de direito, o julgador deverá fazer cessar tal exercício, decotando o excesso e mantendo o direito. Ou seja, assim que seja verificada a pena abusiva, o julgador deverá reduzi-la a patamares mais razoáveis, sempre considerando, porém, o direito do credor à pena e, principalmente, sua importante função coercitiva/punitiva.

328 CORDEIRO, António Menezes. *Litigância de Má-fé, Abuso do Direito de Ação e Culpa "In Agendo"*. 3ª ed. Coimbra: Almedina, 2014, p. 133.

329 ROCHA, Maria Luiza do Valle. O conhecimento oficioso do abuso do direito. *Revista de Direito Civil*, Lisboa, ano II, nº 1, 2017, p. 202-203.

330 OLIVEIRA, Nuno Manuel Pinto. Em tema de Redução Oficiosa da Pena Convencional. In: *Estudos em comemoração do 10º aniversário da Licenciatura em Direito da Universidade do Minho*. Coimbra: Almedina, 2000, p. 763.

3

DO SINAL

3.1. Noção Geral

3.1.1. Definição e Principais Características

O sinal, também conhecido como arras[331], de modo genérico, pode ser definido como um valor ou objeto dado por uma das partes em um contrato ou obrigação à outra, de forma antecipada, como forma de definir as consequências do incumprimento do contrato ou para criar um direito de arrependimento[332]. A parte que entrega o sinal é conhecida como *tradens,* enquanto a parte que o recebe é designada de *accipiens*. A figura é largamente utilizada no mundo dos negócios e *praxis* contratual, possuindo particular importância no âmbito dos contratos-promessa do Direito português[333], conhecidos no Direito brasileiro como contratos preliminares[334].

A partir da definição do sinal rapidamente se extrai duas características fundamentais dessa figura, porém com naturezas diversas. A primeira é a necessidade de tradição do bem dado como sinal, que faz com que a figura possua caráter real. A segunda é a constituição de direitos ou obrigações que dependem da vontade das partes, sendo identificado também um aspecto convencional. O sinal possui dinâmica diversa dos negócios jurídicos comuns. Por outro lado, também não pode ser considerado mero direito real. Por ter essa constituição que engloba a entrega de certo valor ou coisa, com uma declaração negocial emitida pelas partes, é possível dizer que o sinal é um ato jurídico real *quoad constitutionem*[335], ou seja, um negócio jurídico que necessita da prática de certo ato material para sua constituição.

A constituição do sinal de forma completa exige dois elementos. É necessária a declaração de vontade das partes, já que a figura é um negócio

---

331 Importante destacar que o Código Civil português utiliza exclusivamente o termo sinal, enquanto o Código Civil brasileiro utiliza predominantemente a expressão arras, ainda que seja utilizado "Das Arras ou Sinal" no título do capítulo dedicado ao assunto.

332 Sobre o conceito do sinal, conferir, entre outros: OLIVEIRA, Nuno Manuel Pinto. *Ensaio Sobre o Sinal*. Coimbra: Coimbra Editora, 2008, p. 9; e PEREIRA, Caio Mário da Silva. *Instituições de Direito Civil*. 10ª ed. Rio de Janeiro: Forense, 2001. v. III, p. 57.

333 MONTEIRO, António Pinto. *Cláusula Penal e Indemnização*, p. 173.

334 SILVA, Jorge Cesa Ferreira da. *Inadimplemento das Obrigações*: comentários aos arts. 389 a 420 do código civil, p. 291.

335 OLIVEIRA, Nuno Manuel Pinto. *Ensaio Sobre o Sinal*, p. 10-13.

jurídico, mas ao mesmo tempo é preciso que haja o ato material de entrega do bem a título de sinal[336], devido a seu caráter real. É perfeitamente plausível que as partes acordem uma promessa de sinal com entrega futura de um bem, mas somente com a efetiva entrega do bem é que esta constituição poderá produzir efeitos[337]. A tradição do bem, portanto, é uma condição de existência do sinal. Além da declaração de vontade das partes, aspecto comum a qualquer negócio jurídico, existe uma forma típica para sua constituição, que é a prática de um ato material, qual seja, a entrega do objeto[338].

Sendo a entrega do bem condição fundamental para a eficaz constituição do sinal, também há que se atentar para o próprio bem que é entregue. Normalmente o sinal é constituído mediante a entrega de uma soma pecuniária, mas cogita-se sempre a possibilidade de que outra espécie de bem seja entregue. Importante sublinhar que o objeto entregue como sinal não deve ser necessariamente idêntico ao objeto da prestação[339]. Mas será que qualquer bem pode ser dado como sinal, ou existe algum óbice, algum limite legal ou mesmo lógico que restrinja o objeto dado?

No Direito brasileiro a resposta é simples, já que a lei somente autoriza a constituição do sinal por meio da entrega de dinheiro ou outro bem móvel. Tal aspecto, inclusive, é bastante destacado pela doutrina[340]. Trata-se de uma limitação interessante, e de certa maneira lógica, já que ajuda principalmente a que o funcionamento e os efeitos normais do sinal sejam mais facilmente verificados.

Em Portugal, de modo diverso, não existe nenhuma disposição legal sobre o assunto[341], havendo aparentemente uma liberdade total para as partes na definição do bem que será dado como sinal. Essa liberdade é destacada por ANA PRATA[342] e CALVÃO DA SILVA[343], apontando, contudo, que

---

336 COIMBRA, Ana Maria Correia Rodrigues. O sinal: contributo para o estudo do seu conceito e regime. In: *O Direito*, Lisboa, ano 122, v. III-IV, p. 621-671, 1990, p. 622.

337 LOUREIRO, Francisco Eduardo. Arras. In: LOTUFO, Renan; NANNI, Giovanni Ettore (Coords.). *Obrigações*. São Paulo: Atlas, 2011, p. 762.

338 AZEVEDO, Antônio Junqueira de. *Negócio Jurídico* - Existência, Validade e Eficácia, p. 21-22 e 126.

339 COIMBRA, Ana Maria Correia Rodrigues. O sinal: contributo para o estudo do seu conceito e regime, p. 653.

340 LOUREIRO, Francisco Eduardo. Arras., p. 764; MARTINS-COSTA, Judith. Do adimplemento das obrigações, p. 501; TARTUCE, Flávio. *Direito Civil*. 11ª ed. Rio de Janeiro: Forense, 2016. v. 2, p. 260.

341 OLIVEIRA, Nuno Manuel Pinto. *Ensaio Sobre o Sinal*, p. 23.

342 PRATA, Ana Maria Correia Rodrigues. *O Contrato-Promessa e o Seu Regime Civil*. Coimbra: Almedina, 1995, v. II, p. 868-869.

343 SILVA, João Calvão da. *Sinal e Contrato Promessa*. 14ª ed. Coimbra: Almedina, 2017, p. 86, nota 90.

o objeto deve ser preferencialmente fungível. MENEZES LEITÃO[344] é mais incisivo, defendendo que o sinal somente pode ser constituído quando houver a entrega de coisa fungível. Não parece ser uma advertência correta, porquanto na prática contratual se verifica a possibilidade da entrega de automóveis ou máquinas, bens nitidamente não fungíveis, como sinal. PINTO OLIVEIRA[345] cogita um possível problema na verificação dos efeitos do sinal quando o bem for não fungível, mas que, conforme será analisado, não é de difícil resolução, como o próprio autor acaba por identificar.

Não parecem existir muitos limites materiais ao bem dado como sinal. O objeto pode ser idêntico ou diverso do bem da prestação principal, em dinheiro ou qualquer outro objeto (móvel no Brasil), fungível ou não fungível. Não se pode admitir, todavia, que o objeto seja de valor superior ao da prestação principal[346], já que isso significaria uma distorção total no funcionamento e na verificação dos efeitos da figura. Caso se admitisse que o bem dado como sinal tivesse valor superior ao da obrigação assegurada, boa parte da dinâmica normal do sinal seria prejudicada, com reflexos principalmente no efeito da figura verificado quando do cumprimento da obrigação, qual seja, o de antecipação de cumprimento.

Muitos autores[347] apontam como uma das funções primordiais do sinal essa antecipação do pagamento, acepção que não parece, contudo, ser uma visão correta. Conforme destaca ANTUNES VARELA[348], existem diferenças marcantes entre o regime do sinal e o regime da antecipação de cumprimento. Tais dinâmica impedem que a segunda seja uma função do primeiro. Porém, é inegável que existe a possibilidade de imputação do objeto ou valor dado na prestação assegurada, quando há o cumprimento. Não se trata, portanto, de uma função da figura, mas antes de um efeito normal do funcionamento do sinal quando ocorrer o cumprimento da obrigação. Tal imputação é, portanto, apenas um efeito do sinal que usualmente será

344 LEITÃO, Luis Manuel Teles de Menezes. *Direito das Obrigações*. 14ª ed. Lisboa: Almedina, 2017. v. I, p. 224.

345 OLIVEIRA, Nuno Manuel Pinto. *Ensaio Sobre o Sinal*, p. 22.

346 Nesse sentido não é possível concordar com o entendimento de PRATA, Ana Maria Correia Rodrigues. *O Contrato-Promessa e o Seu Regime Civil*, p. 865, que defende a possibilidade de ser dado como sinal objeto com valor superior ao da obrigação assegurada.

347 COIMBRA, Ana Maria Correia Rodrigues. O sinal: contributo para o estudo do seu conceito e regime, p. 665; FIUZA, César. *Direito Civil*: curso completo. 18ª ed. São Paulo: Editora Revista dos Tribunais, 2015, p. 619; SILVA, Jorge Cesa Ferreira da. *Inadimplemento das Obrigações*: comentários aos arts. 389 a 420 do código civil, p. 296-297; TARTUCE, Flávio. *Direito Civil*, p. 260; entre outros.

348 VARELA, João de Matos Antunes. *Sobre o contrato-promessa*. 2ª ed. Coimbra: Coimbra Editora, 1989, p. 67.

verificado. Por outro lado, a necessidade de devolução do bem ou valor entregue é algo excepcional. Isso ocorrerá somente quando a natural imputação na prestação assegurada for impossível. Dessa forma, a possibilidade de constituição de sinal mediante a entrega de um bem com valor superior ao da obrigação assegurada faria com que a exceção virasse regra, porquanto seria impossível imputá-lo na prestação em caso de realização desta.

Há, portanto, um limite lógico para o bem que será dado como sinal. O objeto não pode ter valor superior ao da obrigação assegurada. Em consonância com esta afirmação, parece ser importante sublinhar decisão recente do STJ-Portugal, proferida no acórdão de 12 de janeiro de 2017, em que o relator, o juiz conselheiro LOPES DO REGO, afasta a possibilidade de constituição de sinal através de uma quantia idêntica ou superior ao valor da obrigação, frisando que:

> [...] a devolução do sinal em dobro apenas pode emergir, por definição, quando exista sinal. Ora visto o contrato em dilucidação verifica-se que mais do que quantia parcelar entregue a título de sinal, o autor/recorrente promitente comprador, pagou a totalidade do preço[349].

No Direito brasileiro tal questão parece ser ainda mais presente. O STJ-Brasil vem proferindo reiteradas decisões em demandas envolvendo contratos de compra e venda de imóvel, no sentido de proibir a retenção de arras que representem mais de 30% do valor do contrato[350]. Entre as referidas decisões, merece especial menção aquela proferida pelo Ministro João Otávio Noronha. No caso, o tribunal entendeu que o valor dado a título de sinal representava uma quantia substancial em relação ao preço, não podendo ser considerado como tal. Assim, caso seja verificado que o valor dado como sinal é substancial em relação ao preço, este será considerado apenas como antecipação de cumprimento. Esse limite estabelecido pelo STJ-Brasil acaba sendo de certa forma muito rigoroso e não leva em conta as funções que o sinal exerce, que serão mais à frente explicitadas. Mas de certa forma evidencia que há um limite valorativo em relação ao objeto dado como sinal. Parece mais correto, porém, afirmar que o verdadeiro limite intrínseco do sinal é relacionado com o valor da obrigação que este resguarda.

---

349 PORTUGAL. Supremo Tribunal de Justiça. *Processo nº 40/13.0TBBBR.C1.S1*. Rel. Juiz Conselheiro Lopes do Rego. Julgado em 12/01/2017. No mesmo sentido PORTUGAL. Supremo Tribunal de Justiça. *Processo nº 09A0350*. Rel. Juiz Conselheiro Nuno Cameira. Julgado em 07/05/2009. Todos publicados em www.dgsi.pt.

350 BRASIL. Superior Tribunal de Justiça. *AgRg no REsp 149524/DF*. Rel. Min. Moura Ribeiro. *DJe* 31/08/2016; BRASIL. Superior Tribunal de Justiça. *REsp 1.224.921/PR*. Rel. Min(a). Nancy Andrighi. *DJe* de 11/5/2011; BRASIL. Superior Tribunal de Justiça. *REsp 761944/DF*. Rel. Min. João Otávio de Noronha. *DJe* 16/11/2009.

Interessante também destacar que o ato jurídico de constituição do sinal não tem caráter autônomo ou principal[351], sendo na verdade ato acessório a um negócio ou a uma obrigação principal[352]. A acessoriedade do sinal é uma de suas principais características, pois seus efeitos e seu funcionamento estão intimamente ligados ao funcionamento do negócio ou obrigação que estiver assegurando[353]. Por estar constantemente relacionado à pratica contratual, o sinal acaba sendo uma verdadeira cláusula contratual acessória[354]. Assim, caso o contrato seja inválido, o sinal também será, já que o acessório sempre segue a sorte do principal. Também se a obrigação for inexistente, o sinal assim o será. Nesse sentido, decidiu bem o STJ-Portugal no acórdão de 03/11/2015[355]. Na referida decisão, o tribunal verificou que a obrigação que seria reforçada pelo sinal acabou não sendo constituída, não sendo assim também constituído o próprio sinal. Por outro lado, importante ressaltar que qualquer defeito na constituição do sinal não importará em defeitos no contrato. Caso haja algum vício na constituição dessa cláusula acessória, não haverá qualquer prejuízo à obrigação principal, já que é fundamental considerar o princípio da conservação dos negócios jurídicos.

Essa acessoriedade do sinal não significa que ele sempre tenha que ser constituído no momento da constituição do negócio jurídico ou celebração do contrato. Não parece haver nenhum óbice para a constituição de um sinal em momento posterior à celebração do principal[356], sendo, contudo, sempre necessária a entrega do bem. É perfeitamente possível que as partes, após a celebração do negócio, decidam em momento posterior constituir um sinal. Há, porém, um limite temporal para tal constituição, que deve sempre se dar antes do vencimento da prestação assegurada[357]. Da mesma forma não parece plausível a constituição de um sinal após verificado o inadimplemento ou arrependimento, já que sua função é exatamente prever as consequências que decorrerão desses atos. Ocorrendo, portanto,

---

351 Como defende, por exemplo, COIMBRA, Ana Maria Correia Rodrigues. O sinal: contributo para o estudo do seu conceito e regime, p. 644-645.

352 Conferir GONÇALVES, Carlos Roberto. *Direito Civil Brasileiro*, p. 431-432; LOUREIRO, Francisco Eduardo. Arras, p. 762; e SILVA, Jorge Cesa Ferreira da. *Inadimplemento das Obrigações*: comentários aos arts. 389 a 420 do código civil, p. 294-295; que destacam a natureza real e acessória do contrato.

353 OLIVEIRA, Nuno Manuel Pinto. *Ensaio Sobre o Sinal*, p. 20-21.

354 OLIVEIRA, Nuno Manuel Pinto. *Ensaio Sobre o Sinal*, p. 18.

355 PORTUGAL. Supremo Tribunal de Justiça. *Processo nº 784/03.4TBTM-AR.C1.S1*. Rel. Juiz Conselheiro Pinto de Almeida. Julgado em 03/11/2015.

356 COIMBRA, Ana Maria Correia Rodrigues. O sinal: contributo para o estudo do seu conceito e regime, p. 649, inclusive destaca que a lei portuguesa expressamente autoriza a constituição do sinal em momento posterior ao da celebração do contrato.

357 VENOSA, Silvio de Salvo. *Direito Civil*, p. 392.

ou o incumprimento da obrigação ou o exercício do direito de arrependimento, não será possível constituir um sinal para determinar quais serão os efeitos verificados por conta de um desses dois atos, já que eles já terão acontecido.

Desta acepção se retira, assim, a última percepção geral do sinal, qual seja, que ele serve tanto para definir efeitos antecipados, uma sanção, contra o incumprimento da obrigação assegurada, quanto para estabelecer um direito de arrependimento, definindo o valor que deve ser pago pela parte que quiser exercê-lo. Obviamente, trata-se de duas funções bastante antagônicas e que não podem ser exercidas ao mesmo tempo. Nesse sentido, é fácil verificar a existência de duas espécies diversas de sinal, uma cuja função é definir as consequências do incumprimento da obrigação assegurada e outra que estabelece um direito de arrependimento.

É fundamental que cada espécie seja analisada separadamente, pois suas características, funções e finalidades, funcionamento e efeitos são diversos, muitas vezes até diametralmente opostos. Antes, porém, cabe uma brevíssima incursão histórica sobre a figura, como forma de evidenciar a evolução do sinal e o desenvolvimento de duas espécies tão diversas e dicotômicas.

3.1.2. Breve Evolução Histórico-Doutrinária

Quando se realiza uma abordagem histórica sobre o sinal, uma primeira nota de cunho linguístico é sempre necessária. O termo sinal é um termo mais contemporâneo, e que teve desenvolvimento diverso nos Direitos de Portugal e do Brasil. O termo antigo para designar a figura era "arras", sendo que é este até hoje o termo escolhido pelo legislador brasileiro. No Brasil, o termo "sinal" é muitas vezes associado à prática e aos leigos[358], sendo o termo "arras" mais técnico. Alguns autores[359] chegam inclusive a traçar diferenças entre os termos, afirmando que "sinal" não é sinônimo de "arras", acepção que não parece certa. Na legislação portuguesa, o termo "sinal", que é o atualmente usado pelo Código, parece ter começado a ser utilizado na Idade Moderna, existindo menções a ele, por exemplo, nas Ordenações Filipinas (Livro 4, Título 2)[360]. A opção do presente trabalho foi sempre de-

---

358 FARIAS, Cristiano Chaves de; ROSENVALD, Nelson. Obrigações. In: _____. *Curso de Direito Civil*. 10ª ed. Salvador: Editora JusPodivm, 2016. v. II, p. 626; e ROSENVALD, Nelson. *Cláusula Penal*: A pena privada nas relações negociais, p. 174, destacam que a figura também é conhecida popularmente como "entrada".

359 LOUREIRO, Francisco Eduardo. Arras, p. 761-762; e SILVA, Jorge Cesa Ferreira da. *Inadimplemento das Obrigações*: comentários aos arts. 389 a 420 do código civil, p. 291-292.

360 BERNARDO, Nelson Raposo. Sinal da sua irredutibilidade por equidade: um problema de aplicação do artigo 812.º do código civil ao sinal. *Revista da Ordem dos Advogados*, Lisboa, ano 56, p. 367-425, 1996, p. 376-377.

signar a figura por sinal, pois é aquela escolhida pelo Código Civil português e também mais utilizada na prática contratual no Brasil.

Assim como foi feito para a cláusula penal, parece ser interessante proceder a uma breve incursão histórica sobre o desenvolvimento da figura, analisando sua evolução desde o Direito antigo até o fim do século XX. Porém, importante ressalvar que, diferentemente de sua espécie "irmã", a análise do desenvolvimento histórico do sinal é um pouco mais nebulosa. Isso porque os trabalhos especializados sobre o sinal, principalmente no Direito português, acabam por não trazer uma "parte histórica" sobre a figura, optando por proceder à análise mais direta do regime e funcionamento deste[361]. Ainda assim é possível fazer uma breve reflexão sobre a evolução da figura, principalmente considerando suas origens no Direito antigo, seu desenvolvimento na Idade Moderna, chegando à avaliação do estágio de entendimento da figura no século XX.

A palavra "arra" é normalmente identificada como tendo origem semítica[362], mas sua origem como uma figura próxima àquela que hoje se conhece vem do Direito grego[363]. Nesse sentido, é especialmente importante a lição de TALAMANCA[364], que alerta que sua função no Direito semita é diversa do Direito grego, que é efetivamente aquele que marca o surgimento da figura aqui analisada. No Direito grego, a noção de vinculação e obrigatoriedade no cumprimento das prestações acordadas não existia[365], servindo o "*arrhabon*" como forma de forçar as partes a cumprirem o contrato, possuindo função coercitiva[366]. A figura era particularmente popular para o reforço na vinculação dos contratos de compra e venda, aspecto que até hoje é observado. A *arrha* ou *arrahbom*, segundo CAIO MÁRIO[367], também encontrava predileção nos contratos esponsalícios, sendo inegável seu paralelismo com o "dote"[368].

---

361 É o caso, por exemplo, da tese de agregação de OLIVEIRA, Nuno Manuel Pinto. *Ensaio Sobre o Sinal*; e da clássica obra sobre o assunto de SILVA, João Calvão da. *Sinal e Contrato Promessa*, 2017.

362 RODRIGUES, Lia Palazzo. *Das Arras*. Porto Alegre: Livraria do Advogado Editora, 1998, p. 17.

363 BERNARDO, Nelson Raposo. Sinal da sua irredutibilidade por equidade: um problema de aplicação do artigo 812.º do código civil ao sinal, p. 372; COIMBRA, Ana Maria Correia Rodrigues. O sinal: contributo para o estudo do seu conceito e regime, p. 662; MONTEIRO, António Pinto. *Cláusula Penal e Indemnização*, p. 165.

364 TALAMANCA, Mario. Arrha. In: *Novissimo Digesto Italiano*. 3ª ed. Torino: Unione Tipografico Editrice Torinese, 1957. v. I, t. 2, p. 1001A.

365 CORDEIRO, António Menezes. *Tratado de Direito Civil*, v. IX, p. 504.

366 MONTEIRO, António Pinto. *Cláusula Penal e Indemnização*, p. 165-166.

367 PEREIRA, Caio Mário da Silva. *Instituições de Direito Civil*, v. III, p. 57-59.

368 RODRIGUES JUNIOR, Otavio Luiz. *Função, natureza e modificação da cláusula penal no direito civil brasileiro*, p. 201, inclusive destaca que a utilização contemporânea do anel de noivado é um resquício da tradição das arras do período antigo clássico.

A função coercitiva da figura no Direito grego, porém, não é identificada por todos. Entre aqueles que discordam dela está SANTOS JUSTO[369], que identifica uma função penitencial das arras no Direito grego, o que, porém, não parece ser correto pelas características que a figura possuía. Também PAULO MERÊA[370] aponta uma função penitencial nas arras no Direito romano, mas ao mesmo tempo destaca a não vinculatividade do contrato de compra e venda em sua vigência, o que também acaba afastando essa função de criar um direito de arrependimento.

Pelas características do Direito grego antigo e da própria "arra" nesse contexto, parece correto afirmar que estas possuíam sim função coerciva/punitiva[371], sendo que a perda da arra entregue era uma verdadeira penalidade[372]. Segundo ZIMMERMANN[373], ela era particularmente popular no Direito grego na medida em que criava uma penalidade por descumprimento da obrigação para ambas as partes. O autor também destaca sua importância devido ao fato de que um contrato desacompanhado de *arrhas* no Direito grego não podia ser executado pelas partes. Caso aquele que desse o sinal descumprisse a obrigação, ele perderia o objeto dado; por outro lado, caso o que recebesse o objeto não realizasse a prestação acordada, ele deveria devolver o objeto mais o seu equivalente[374]. Nesse sentido, parece ser possível afirmar que na Grécia antiga a figura criava uma verdadeira sanção punitiva destinada a pressionar os contratantes a cumprirem o acordo.

A função de reforço ou criação de vínculo obrigacional acabou sendo transportada para o Direito romano. Na época pré-justiniana, a principal função das arras era fazer com que o negócio celebrado entre as partes se tornasse obrigatório[375]. Essa função, porém, não perdurou por muito tempo. A evolução do Direito romano trouxe a noção de contratos consensuais, o que fez com que os negócios celebrados entre as pessoas fossem necessariamente vinculativos[376]. Dessa forma, a função vinculativa das arras deixou de fazer sentido, já que a constituição de uma obrigação, por si só, vincu-

---

369 JUSTO, António dos Santos. *Breviário de Direito Privado Romano*, p. 239.

370 MERÊA, Paulo. A Arra Penitencial no Direito Hispânico Anterior à Recepção. In: *Estudos de direito hispânico medieval*. Coimbra: Universidade de Coimbra, 1953. t. I, p. 50-51.

371 CORDEIRO, António Menezes. *Tratado de Direito Civil*, v. II, p. 666.

372 TALAMANCA, Mario. Arrha, p. 1001A.

373 ZIMMERMANN, Reinhard. *The Law of Obligations*: Roman Foundations of the Civilian Tradition, p. 231.

374 MCAULEY, Michel. One Thousand Years of Arra. *McGill Law Journal*, Montreal, v. 23, p. 693-706, 1977, p. 695.

375 RODRIGUES, Sílvio. *Das Arras*. São Paulo: Revista dos Tribunais, 1955, p. 15-17.

376 MCAULEY, Michel. One Thousand Years of Arra, p. 693-694, atribui o surgimento do consensualismo ao ponto de viragem da figura.

lava. Por outro lado, uma nova função começou a ganhar relevo, a função probatória, de confirmação do negócio celebrado[377]. Daí surgiu a primeira das espécies clássicas das arras ou sinal, o sinal confirmatório.

Interessante notar que essa função de prova da celebração do negócio jurídico se prestava tanto aos contratos concluídos, quanto àqueles a concluir, existindo a *arrha imperfecto pacto data* e a *arrha confirmatoria vel pacto perfecto data*[378]. Contudo, tais contratos deviam necessariamente ser de compra e venda ou com conteúdo afim, sendo praticamente uma cláusula acessória obrigatória desse tipo contratual[379]. Caso a *arrha* fosse dada em dinheiro, ela era imputada no pagamento quando do cumprimento do contrato, porém, quando ela fosse constituída por outro bem móvel, como um anel, o bem deveria ser devolvido quando se realizasse a prestação acordada[380].

Durante algum tempo essa função probatória, de confirmação do negócio jurídico, teve bastante relevância. Porém de certa forma acabou fazendo com que a figura perdesse seu interesse prático e força. Esse início do declínio da *arrha* com função apenas probatória pode ser verificado quando ela passa a somente produzir efeitos em relação àquele que dava o objeto[381], inexistindo obrigação para aquele que a recebia, ou seja, o *accipiens*. Assim o interesse prático da figura começou a diminuir, já que acabava não fazendo sentido celebrar um contrato "arral" somente para confirmar um negócio. ZIMMERMANN[382] evidencia esse declínio, relacionando-o principalmente com o surgimento dos contratos escritos. O autor, porém, diferentemente de outros estudiosos do assunto, identifica juntamente com esse declínio da função probatória uma volta da função penal da figura, que não parece efetivamente existir no Direito justinianeu.

Em verdade, a figura adquiriu nova feição, de enfraquecimento do vínculo jurídico, assumindo o caráter que hoje é conhecido como penitencial. A origem da espécie penitencial das arras, bem como a própria evolução da figura após o período inicial do Direito romano, porém, é bastante obs-

377 MONTEIRO, António Pinto. *Cláusula Penal e Indemnização*, p. 167; e RODRIGUES, Sílvio. *Das Arras*, p. 17-20.

378 SCEVOLA, Antonio. Caparra. In: *Il Digesto Italiano*. Torino: Unione Tipografico Editrice Torinese, 1888. v. VI, 1ª Parte, p. 725B.

379 TALAMANCA, Mario. Arrha, p. 1002A.

380 ZIMMERMANN, Reinhard. *The Law of Obligations*: Roman Foundations of the Civilian Tradition, p. 231.

381 MCAULEY, Michel. One Thousand Years of Arra, p. 698.

382 ZIMMERMANN, Reinhard. *The Law of Obligations*: Roman Foundations of the Civilian Tradition, p. 232-233.

cura e divide os estudiosos[383]. SÍLVIO RODRIGUES[384] faz uma longa análise da evolução da figura após a reforma no Direito romano operada por Justiniano, apontando essa nebulosidade em sua definição. O autor também evidencia as diversas concepções dos estudiosos clássicos sobre a natureza da figura no Direito romano pós-reforma de Justiniano, demonstrando que não há na doutrina romanista consenso sobre o assunto. Também VAZ SERRA é cético quanto à existência de uma efetiva função penitencial das arras no Direito justinianeu, evidenciado que sua dimensão no Direito romano é duvidosa[385]. SANTOS JUSTO[386], por outro lado, é mais enfático e afirma que houve naquela época uma verdadeira aproximação das funções confirmatória e penitencial das arras, com maior relevância da primeira função. De qualquer forma, porém, parece ser possível identificar no período clássico do Direito romano certa convivência harmônica entre ambas as funções, ainda que a penitencial tenha surgido um pouco mais tardiamente[387].

Não se sabe se tal afirmação é decorrente de uma interpretação um pouco enviesada da compilação justiniana[388], mas aparentemente é correto afirmar que as arras no período clássico romano podiam ser confirmatórias, quando se tratava de contrato perfeito, ou penitenciais, quando eram inseridas em promessa futura de contrato[389]. Ainda que alguns estudiosos de Direito romano[390] identifiquem a função punitiva convivendo com a função confirmatória, a função penitencial é aquela que efetivamente pode ser identificada, uma vez que a inserção de *arrhas* em um contrato não estabelecia uma sanção pelo incumprimento, mas uma "pena" (melhor identifica-

383 Conforme destacam MONTEIRO, António Pinto. *Cláusula Penal e Indemnização*, p. 167; e PEREIRA, Caio Mário da Silva. *Instituições de Direito Civil*, v. III, p. 58.

384 RODRIGUES, Sílvio. *Das Arras*, p. 20-35.

385 VAZ SERRA, Adriano Paes da Silva. Contrato-Promessa. *Boletim do Ministério da Justiça*, Lisboa, nº 76, 1958, p. 110.

386 JUSTO, António dos Santos. *Breviário de Direito Privado Romano*, p. 240.

387 PONTES DE MIRANDA, Francisco Cavalcanti. *Tratado de Direito Privado*. 3ª ed. Rio de Janeiro: Editor Borsoi, 1971. t. XXIV, p. 164.

388 ZIMMERMANN, Reinhard. *The Law of Obligations*: Roman Foundations of the Civilian Tradition, p. 233-234, identifica que a norma do *Codex* que previa as *arrhas* era bastante difícil de ser entendida e interpretada.

389 FOLIGNO, Dario. Arrha Poenirentialis. In: *Nuovo Digesto Italiano*. Torino: Unione Tipografico Editrice Torinense, 1937. v. I, p. 752B. Interessante notar que o autor evidencia essa possível confusão de interpretação do instituto das arras no Direito justiniano, atribuindo-a a uma diferença de tratamento no *Codex* e nas *Institutas*.

390 Como ZIMMERMANN acima citado e MCAULEY, Michel. One Thousand Years of Arra, p. 704-705.

do como preço) para a livre desvinculação. O que ocorria era um verdadeiro enfraquecimento da vinculação, e não seu reforço[391].

É possível destacar, portanto, aproveitando a lição de MENEZES LEITÃO[392], que houve certo movimento pendular do sinal na idade antiga, passando de uma figura com caráter penal, para uma figura confirmatória e posteriormente penitencial ao fim do período romano clássico. Interessante notar, por outro lado, que essa função penitencial também parece ser intrínseca aos costumes dos povos hispânicos. Como bem aponta PAULO MERÊA[393], a "arra" penitencial na península ibérica não tem origem no Direito romano justiniano ou germânico, mas no Direito vulgar, nas práticas e costumes de seus povos. A tradição dos povos ibéricos era utilizar a figura como instrumento de desvinculação das obrigações. Essa noção penitencial sobre o sinal presente no Direito hispânico[394] foi posteriormente consagrada tanto na época dos estatutos[395] quanto das ordenações[396]. É possível verificar, especificamente nas Ordenações Filipinas (Livro 4, Título 2), um interessante aspecto quanto à presunção de entrega do sinal, que inexistia já naquela época. Caso o contrato nada dissesse sobre a natureza do valor dado pelo comprador ao vendedor, este deveria presumir como "princípio de paga"[397]. O direito de arrependimento, portanto, somente se constituía caso as partes assim definissem, já que era inegavelmente algo alheio ao regime normal de vinculação das obrigações. MENEZES CORDEIRO[398], ao criticar o regime atual do sinal, destaca que as Ordenações Filipinas traziam um sistema harmônico e flexível sobre o sinal.

A função penitencial também seria aquela adotada pela codificação francesa, talvez influenciada pelas práticas comerciais da região de

391 Nas palavras do próprio ZIMMERMANN, Reinhard. *The Law of Obligations*: Roman Foundations of the Civilian Tradition, p. 234, que, contudo, alerta para a existência de uma presunção de um sinal confirmatório no Direito justiniano, ou seja, a *arrha poenitentialis* somente podia ser verificada caso as partes da obrigação assim determinassem.

392 LEITÃO, Luis Manuel Teles de Menezes. *Direito das Obrigações*, v. I, p. 236.

393 MERÊA, Paulo. A Arra Penitencial no Direito Hispânico Anterior à Recepção. In: *Estudos de direito hispânico medieval*, p. 47.

394 MONTEIRO, António Pinto. *Cláusula Penal e Indemnização*, p. 168.

395 BERNARDO, Nelson Raposo. Sinal da sua irredutibilidade por equidade: um problema de aplicação do artigo 812.º do código civil ao sinal, p. 375.

396 RODRIGUES, Sílvio. *Das Arras*, p. 48; e BERNARDO, Nelson Raposo. Sinal da sua irredutibilidade por equidade: um problema de aplicação do artigo 812.º do código civil ao sinal, p. 367-425.

397 RODRIGUES, Sílvio. *Das Arras*, p. 49-50.

398 CORDEIRO, António Menezes. *Tratado de Direito Civil*. Coimbra: Almedina, 2016. v. VII, p. 377.

Languedoc[399]. O *Code* de 1804 (artigo 1590) acabou concebendo as arras a partir de sua concepção penitencial, trazendo a possibilidade de as partes desistirem dos contratos de compra e venda caso algum bem fosse dado a título de sinal[400]. Mediante a constituição da *clause de dédit* era criada a possibilidade de uma das partes "desdizer", ou seja, se arrepender do contrato, aspecto que até os dias de hoje se mantém no Direito francês[401]. A concepção penitencial também foi aquela adotada pelo *codice albertino* (Código Civil do Reino da Sardenha de 1837) em seu artigo 1596, por inspiração não só do Direito francês, mas também da interpretação da doutrina italiana sobre a função das arras no Direito justiniano[402]. O legislador italiano de 1865 (artigos 1217 a 1230), porém, acabou rompendo com a visão penitencial presente no Código Civil francês e no Código do Reino da Sardenha, consagrando a *capparra* com função de fixação dos danos advindos do incumprimento[403].

Supreendentemente, não foi a natureza penitencial a consagrada pelos primeiros Códigos Civis de Portugal e do Brasil. Com o advento do Código Civil português de 1867 (artigo 1548º), ficou consagrada a concepção confirmatória do sinal[404], sendo que qualquer valor dado a título de sinal deveria ser considerado presumidamente confirmatório. O Código português estabelecia que qualquer valor antecipadamente pago no contrato-promessa de compra e venda deveria ser presumidamente mera convenção de prestação de um fato. Porém se o valor fosse dado a título de sinal, serviria como compensação das perdas e danos verificados por conta do incumprimento. Importante salientar, contudo, que o tratamento dado ao sinal pelo Código de Seabra era muito simplório[405].

O Código Civil português de 1867, portanto, não restringe a existência de apenas uma espécie de sinal, trazendo a presunção de sinal confirmatório, mas também a possibilidade de constituição de um sinal penitencial. Porém esse sinal não mais tinha a simples função probatória, destinada a confirmar a conclusão do negócio jurídico. Sua função passou a ser de

---

399 MERÊA, Paulo. A Arra Penitencial no Direito Hispânico Anterior à Recepção, p. 45-46.

400 RODRIGUES, Sílvio. *Das Arras*, p. 43-44.

401 CARBONNIER, Jean. Les Biens, Les Obligations, p. 2116.

402 FOLIGNO, Dario. Arrha Poenirentialis, p. 752.

403 BOZZI, Aldo. Caparra. In: *Nuovo Digesto Italiano*. Torino: Unione Tipografico Editrice Torinense, 1937. v. II, p. 790.

404 BERNARDO, Nelson Raposo. Sinal da sua irredutibilidade por equidade: um problema de aplicação do artigo 812.º do código civil ao sinal, p. 377-378. Aspecto destacado por civilistas da época, como MOREIRA, Guilherme Alves. *Instituições do Direito Civil Português*, p. 620, que afirmava que: "deve presumir-se que o sinal significa que o contrato é obrigatório".

405 CORDEIRO, António Menezes. *Tratado de Direito Civil*, v. IX, p. 507.

garantir a obrigação de reforçar o vínculo, sendo o sinal constituído para determinar o valor antecipado em caso de incumprimento do contrato, aproximando-se da função que a cláusula penal também possuía na época[406]. Foi esse também o sentido trazido pelo Código Civil brasileiro de 1916, que estabelecia um regime de presunção legal de constituição de arras confirmatórias (artigo 1.094), não ignorando, porém, uma possível constituição de um excecional direito de arrependimento através de arras penitenciais (artigo 1.095)[407]. Com o Código Beviláqua de 1916, a função de fixação antecipada das "perdas e danos" do sinal confirmatório ficou ainda mais evidente, sendo a possibilidade de desfazimento do contrato efeito apenas convencionalmente verificado.

Interessante notar que, no fim do século XIX e início do século XX, a função do sinal confirmatório passou a ser semelhante àquela verificada para a cláusula penal no mesmo período. No Direito alemão, o sinal surge no BGB (§338) como figura destinada a fixar antecipadamente o valor da indenização devida em caso de incumprimento do contrato[408]. Da leitura do artigo se extrai os mesmos efeitos da cláusula penal, ou seja, de ser um mínimo indenizatório devido pela parte que incumprir o contrato. Além da função indenizatória, a doutrina alemã da época também via a figura como espécie de pena convencional[409], existindo também uma função de pressão para o cumprimento da obrigação assegurada. Era cogitada, assim, a possibilidade de o sinal confirmatório exercer ao mesmo tempo a liquidação antecipada do dano e a coerção/punição do devedor.

Também no Direito italiano, com o advento do *Codice Civile* de 1942 (artigo 1385), a função indenizatória da *caparra confirmatoria* foi definitivamente consolidada. A figura era vista como tendo a mesma função da cláusula penal, ou seja, de reforçar o direito à reparação/compensação dos prejuízos verificados por conta do incumprimento[410]. Esse reforço, essa garantia ao direito de ressarcimento bastante eficaz, era destacado principalmente considerando a *caparra* como forma de autotutela[411]. Essa noção, de

406 MOREIRA, Guilherme Alves. *Instituições do Direito Civil Português*, p. 619-620; e ROCHA, Manuel António Coelho da. *Instituições de Direito Civil Portuguez*. 7ª ed. Lisboa: Livraria Clássica, 1907. v. II, p. 591.

407 RODRIGUES, Sílvio. *Das Arras*, p. 81-82.

408 ENNECERUS, Ludwig; KIPP, Theodor; WOLFF, Martin. *Tratado de Derecho Civil* – Derecho de Obligaciones, p. 183-184.

409 VON TUHR, Andreas. *Tratado de las obligaciones*, p. 244.

410 TRABUCCHI, Alberto. Instituiciones de Derecho Civil. Tradução Luis Martínez-Calcerrada. Madrid: Revista de Derecho Privado, 1967. v. II, p. 135.

411 BOZZI, Aldo. Caparra, p. 791.

que o sinal confirmatório ao mesmo tempo garantia e reforçava o direito do credor à indenização, podendo ser "autorrealizável", evidencia a força da teoria da dupla função também no Direito italiano.

O sinal confirmatório nessa época era constantemente ligado à cláusula penal nos países do sistema romano-germânico, o que fez com que as duas figuras experimentassem um desenvolvimento semelhante. A tese da dupla função, que teve seu apogeu na primeira metade do século XX, portanto, acabou se estendendo ao sinal com caráter confirmatório. E não foi diferente em Portugal e no Brasil, onde a figura tem sido vista como tendo uma dupla função indenizatória e coercitiva, nos mesmos moldes apontados para a cláusula penal[412]. Ocorre que essa visão monista do sinal confirmatório, diferentemente do que ocorreu com sua figura irmã, não parece ainda ter sido superada, conforme será melhor evidenciado a seguir.

Importante ressaltar, por fim, que o movimento das codificações em Portugal e no Brasil acabou trazendo também uma aceitação da existência de duas espécies de sinal. De um lado o sinal confirmatório, destinado a reforçar o vínculo obrigacional, e do outro o sinal penitencial, que estabelece um direito de arrependimento. Nos últimos 150 anos, essas duas espécies vêm convivendo de certa forma harmoniosamente nos ordenamentos do sistema lusófono, o que é sem dúvida importante para a consagração definitiva da figura. Porém, especificamente sobre o sinal confirmatório, a manutenção da tese da dupla função não é mais adequada, merecendo ser revista e criticada.

Concluindo, é possível afirmar que a evolução histórica do sinal também é uma evolução de sua concepção. Tendo surgido como verdadeira pena privada, destinada a criar vínculos obrigacionais quando estes ainda não existiam, passou a ser uma forma de provar a existência desses vínculos, posteriormente serviu para criar um direito de arrependimento, uma forma de desvinculação, e mais recentemente se aproximou da cláusula penal, sendo vista como forma de liquidação antecipada dos danos. A desenvolvimento da figura revela, portanto, que é perfeitamente válido e possível que diferentes espécies de sinal convivam, sendo inclusive algo previsto nos ordenamentos jurídicos. Assim, é fundamental que ela passe a ser vista também como uma pena privada convencional, como será evidenciado no próximo ponto.

3.2. Espécies

A noção de sinal acima apresentada é apenas geral. É necessário um maior detalhamento sobre as diferentes espécies da figura, principalmente

412 RODRIGUES, Lia Palazzo. *Das Arras*, p. 41.

considerando a evolução histórico-doutrinária anteriormente realizada bem como a polissemia do termo[413]. Essa diversidade de significados linguísticos, conforme já explicitado, fez com que a figura tenha exercido várias funções jurídicas e econômicas, que foram evoluindo e se modificando ao longo do tempo. Porém não se pode atualmente restringir a análise do sinal a apenas uma espécie com várias funções, sendo antes uma figura que comporta *fattispecies* diferentes[414], cada uma com uma função jurídica própria.

Assim, deve-se complementar a apresentação da noção geral do sinal com uma análise mais profunda de suas espécies, quais sejam, o sinal penitencial e o sinal confirmatório. Nesse sentido, é fundamental a verificação das características próprias de cada uma das espécies, considerando principalmente a função específica que cada uma exerce. Partir desta visão funcional, assim como foi feito na análise da cláusula penal, ajuda não só a individualizar e definir melhor cada espécie, mas principalmente a melhorar o entendimento sobre o funcionamento e os efeitos de cada uma delas. Não se trata, portanto, de mero capricho dogmático, mas antes, um importante exame que permitirá compreender melhor como cada espécie irá se comportar na prática.

3.2.1. Sinal Penitencial

O sinal penitencial tem como principal característica o enfraquecimento do vínculo obrigacional[415], já que sua principal função é criar um direito de arrependimento para as partes em um contrato ou obrigação. A intenção das partes na constituição dessa espécie de sinal é, portanto, a criação de um direito de retratação, ou seja, a possibilidade de livre desvinculação da relação obrigacional, que será bilateral[416] por causa da sua estrutura, como será detalhadamente evidenciado mais à frente. O *tradens*, ao entregar o valor ou objeto a título de sinal ao *accipiens*, o faz como forma de definir o preço de seu arrependimento[417], aceitando que o sinal seja retido caso opte por se desvincular do contrato ou obrigação. Da mesma forma, fica definido que o *accipiens* poderá se arrepender caso devolva o sinal "em dobro" para o *tradens*. Importante notar que, caso o contrato seja definitivo, esse arrependimento significará a possibilidade de desvinculação durante o prazo

413 OLIVEIRA, Nuno Manuel Pinto. *Ensaio Sobre o Sinal*, p. 155.

414 MARTINS-COSTA, Judith. Do adimplemento das obrigações, p. 504.

415 Aspecto destacado por OLIVEIRA, Nuno Manuel Pinto. *Ensaio Sobre o Sinal*, p. 46; e RODRIGUES, Lia Palazzo. *Das Arras*, p. 54.

416 De forma diversa, PRATA, Ana Maria Correia Rodrigues. *O Contrato-Promessa e o Seu Regime Civil*, p. 860, cogita a possibilidade de constituição de um sinal unilateral, o que não parece ser uma acepção muito correta.

417 MONTEIRO, António Pinto. *Cláusula Penal e Indemnização*, p. 171.

do contrato, e, por outro lado, caso seja um contrato-promessa, significará a possibilidade de recusa na celebração do contrato prometido. Essa "vontade de desvinculação", repita-se, é sempre constituída para ambas as partes. Em um contrato, o sinal penitencial usualmente virá previsto da seguinte forma:

> Cláusula XX – Na ocasião da celebração do presente contrato, A entrega para B a quantia de R$XXXXXX (xxxxxx reais) a título de sinal.
> Parágrafo 1º. Caso A, a qualquer tempo, desista do presente contrato, B poderá reter a referida quantia dada como sinal.
> Parágrafo 2º. Para que B, a qualquer tempo, desista do contrato, deverá devolver para A a quantia dada como sinal em dobro.

A noção de que o valor ou objeto dado como sinal penitencial é um verdadeiro preço do arrependimento das partes é fundamental para melhor entender as características dessa espécie. Isso porque, diferentemente da percepção de alguns autores[418], a função do sinal penitencial não serve para compensar ou indenizar a parte que não desistir do contrato, mas sim para criar um verdadeiro direito de arrependimento para aquele que deseje se desvincular. Não há que se falar em indenização, pois não há conduta ilícita do arrependido, e também não há que se falar em descumprimento[419], sendo o arrependimento uma manifestação lícita da vontade da parte[420]. Não se busca uma compensação para aquele que não quis desfazer o contrato. Ao contrário, se estabelece qual será o preço que cada parte deverá "pagar" caso queira "desdizer"[421] o contrato.

Essa percepção de licitude do exercício do direito de arrependimento é fundamental para posteriormente se analisar o funcionamento e os efeitos do sinal penitencial. Com a constituição dessa espécie arral há também a constituição de um direito potestativo de desvinculação do contrato[422]. Cria-se, na verdade, um verdadeiro direito subjetivo para as partes, já que

---

418 Como, por exemplo: RODRIGUES, Lia Palazzo. *Das Arras*, p. 55; SCAVONE JUNIOR, Luiz Antonio. *Do descumprimento das obrigações*: consequências à luz do princípio da restituição integral, interpretação sistemática e teleológica, p. 213; SILVA, Jorge Cesa Ferreira da. *Inadimplemento das Obrigações*: comentários aos arts. 389 a 420 do código civil, p. 298; VENOSA, Silvio de Salvo. *Direito Civil*, p. 381.

419 PONTES DE MIRANDA, Francisco Cavalcanti. *Tratado de Direito Privado*, t. XXIV, p. 172.

420 OLIVEIRA, Nuno Manuel Pinto. *Ensaio Sobre o Sinal*, p. 29. Interessante nota que RODRIGUES, Lia Palazzo. *Das Arras*, p. 55, também apresenta essa noção de licitude do arrependimento, mas acaba por se contradizer ao apontar uma função compensatória inexistente para o sinal penitencial.

421 Utilizando uma tradução da interessante noção francesa, que aponta o sinal penitencial como um *prix de dédit*: MONTEIRO, António Pinto. *Cláusula Penal e Indemnização*, p. 172.

422 OLIVEIRA, Nuno Manuel Pinto. *Ensaio Sobre o Sinal*, p. 93-94.

através de uma permissão normativa-convencional poderão exercer (aproveitar) esse direito (bem)[423]. Aquele que desejar se desvincular fará isso de forma lícita.

O sinal penitencial cria para as partes duas opções: cumprir o contrato ou livremente se arrepender[424]. Em última análise, a constituição de um sinal penitencial é efetivamente a constituição de uma obrigação com faculdade alternativa para o "devedor"[425]. Tal aspecto será melhor evidenciado quando forem analisados os efeitos e o funcionamento do sinal penitencial, mas desde já é importante destacar essa característica. Ao criar essa opção de cumprir ou desistir, o sinal penitencial acaba criando uma faculdade para a parte que quiser se arrepender, que poderá ou prestar a obrigação principal, cumprindo o contrato, ou prestar a obrigação alternativa, o sinal, extinguindo o contrato através da "dação em pagamento" do valor ou objeto constituído como sinal[426].

O sinal penitencial inegavelmente, conforme o bom ensinamento de CALVÃO DA SILVA[427], possui feição anormal, com caraterísticas diversas daquelas tradicionais do regime geral do direito obrigacional. Sua função específica é criar um direito de arrependimento, oferecendo a possibilidade de desvinculação lícita pela parte que desejar exercer esse direito. Tendo essa noção clara, ficará mais fácil, à frente no presente trabalho, analisar os efeitos e o funcionamento dessa espécie de sinal. É importante ter em mente esse caráter anômalo do sinal penitencial, principalmente quando da identificação de sua constituição pelas partes, uma vez que, conforme será estudado mais à frente, essa espécie somente pode ser constituída pela vontade das partes ou quando a lei expressamente determinar sua constituição[428]. Certas vezes sua existência será presumida, mas na maioria das vezes somente poderá ser identificada caso as partes tenham assim acordado.

---

423 Conforme já explicitado anteriormente, a concepção de direito subjetivo para CORDEIRO, António Menezes. *Tratado de Direito Civil*, v. I, p. 893, é: "permissão normativa específica de aproveitamento de um bem".

424 LOUREIRO, Francisco Eduardo. Arras, p. 774; e SILVA, Jorge Cesa Ferreira da. *Inadimplemento das Obrigações*: comentários aos arts. 389 a 420 do código civil, p. 312.

425 OLIVEIRA, Nuno Manuel Pinto. Conceito e regime(s) do sinal no direito civil português. In: *Estudos em homenagem ao Professor Doutor Carlos Ferreira de Almeida*. Coimbra: Almedina, 2011. v. 2, p. 538.

426 OLIVEIRA, Nuno Manuel Pinto. *Ensaio Sobre o Sinal*, p. 59-61.

427 SILVA, João Calvão da. *Sinal e Contrato Promessa*, p. 83.

428 SILVA, João Calvão da. *Sinal e Contrato Promessa*, p. 83.

3.2.2. Sinal Confirmatório

Com função diametralmente oposta à espécie penitencial, há que se destacar o sinal confirmatório, que tem como principal característica o reforço do vínculo obrigacional. Essa espécie não serve para definir um direito de arrependimento, pelo contrário estabelece uma sanção pelo incumprimento do contrato. Sua função original, conforme anteriormente evidenciado, era confirmar, provar que o contrato havia sido celebrado, função que cada vez mais vem perdendo importância[429], sendo possível até dizer que não mais subsiste[430]. Nos dias atuais, sua principal função é definir de forma antecipada as consequências do incumprimento do contrato ou da obrigação[431], servindo não mais como confirmação, mas como reforço do vínculo obrigacional[432]. Como bem evidencia MENZES CORDEIRO[433], uma das grandes virtudes do sinal é fixar um sistema rápido e eficiente de justiça contratual.

Tal aspecto merece destaque, pois a função confirmatória pura, ou seja, de prova, parece nos dias de hoje não ter relevância prática. Tal afirmação é particularmente válida, principalmente se for considerada a realidade do sinal no Direito espanhol. Na Espanha, a figura foi desenvolvida em torno de três espécies diferentes, quais sejam, *arras confirmatórias*, *arras penitenciales* e *arras penales*[434]. As duas últimas equivalem, respectivamente, ao sinal penitencial e ao sinal confirmatório no Direito lusófono. Já a terceira é uma espécie que acaba não produzindo efeitos, que não altera a dinâmica da relação contratual, sendo sua principal função confirmar a celebração de um negócio[435]. Isso tem feito com que a própria doutrina espanhola questione a existência das *arras confimatorias* como espécie autônoma[436].

---

429 Aspecto já apontado por RODRIGUES, Sílvio. *Das Arras*, p. 9; em meados do século passado.

430 Apesar de ainda ser amplamente apontado por alguma doutrina: LOUREIRO, Francisco Eduardo. Arras, p. 765; RODRIGUES, Lia Palazzo. *Das Arras*, p. 36; SILVA, Jorge Cesa Ferreira da. *Inadimplemento das Obrigações*: comentários aos arts. 389 a 420 do código civil, p. 296-297; TARTUCE, Flávio. *Direito Civil*, p. 261; TELLES, Inocêncio Galvão. *Direito das Obrigações*, p. 262; e VENOSA, Silvio de Salvo. *Direito Civil*, p. 381.

431 LEITÃO, Luis Manuel Teles de Menezes. *Direito das Obrigações*, v. I, p. 224.

432 FARIAS, Cristiano Chaves de; ROSENVALD, Nelson. Obrigações, p. 626-627.

433 CORDEIRO, António Menezes. *Tratado de Direito Civil,* v. VII, p. 385.

434 DIEZ-PICAZO, Luis; GULLON, Antonio. *Sistema de Derecho Civil*, p. 162.

435 LASARTE, Carlos. *Principios de Derecho Civil*, p. 207-208.

436 Como apontam: ESTIVAL ALONSO, Luis. *El Contrato de Arras*. Madrid: Difusión Juridica y Temas de Actualidad, 2006, p. 57; e VERDERA IZQUIERDO, Beatriz. *Los Elementos Definitorios de las Arras en el Derecho Patrimonial*. Madrid: Colegio de Registradores de la Propriedad y Mercantiles de España, 2005, p. 94-95, nota 6.

A autonomização de uma figura cuja função seja apenas a confirmação do contrato, nos dias de hoje, não faz sentido, e isso é evidente no Direito espanhol. O mesmo problema não parece acontecer em Portugal e no Brasil, mas serve de alerta para que a função probatória do sinal confirmatório não seja tratada como principal, nem seja muito destacada. O nome sinal confirmatório parece se manter somente por razões históricas e de tradição, mas a efetiva função confirmatória vem cada vez mais perdendo importância, o que, de certa forma, parece ser benefício para a figura.

Se a função confirmatória não é a principal, por outro lado a função de reforço da obrigação é sem dúvida de se destacar. Esta é a espécie de sinal que mais se aproxima da cláusula penal, principalmente do ponto de vista funcional, aspecto que é destacado maciçamente pela doutrina lusófona[437]. Essa afinidade funcional entre as duas figuras permite que muitas reflexões sejam realizadas, mas faz com que, principalmente, não se possa aceitar que essa espécie de sinal seja vista de forma unitária.

Historicamente, assim como ocorreu com a cláusula penal, o sinal confirmatório foi visto de forma unitária e bifuncional, sendo identificada uma coexistência da função indenizatória com a função coercitiva em uma única figura, o sinal confirmatório. Essa visão bifuncional, imitando o que ocorre com a figura "irmã" do sinal, acaba por sempre destacar a função de liquidação antecipada dos danos, e mencionar uma função coercitiva, de pressão ao cumprimento, que pode ser secundariamente verificado, aspecto que, inclusive, é bastante ressaltado pela jurisprudência portuguesa[438]. Diferentemente, o STJ-Brasil vem usualmente destacando somente a natu-

---

437 Conferir, entre outros: BERNARDO, Nelson Raposo. Sinal da sua irredutibilidade por equidade: um problema de aplicação do artigo 812.º do código civil ao sinal, p. 414; GOMES, Manuel Januário da Costa. *Em tema de contrato-promessa*. Lisboa: Editora AAFDL, 2005, p. 27; MARTINS-COSTA, Judith. Do adimplemento das obrigações, p. 511; MONTEIRO, António Pinto. *Cláusula Penal e Indemnização*, p. 163 e 187; SCAVONE JUNIOR, Luiz Antonio. *Do descumprimento das obrigações*: consequências à luz do princípio da restituição integral, interpretação sistemática e teleológica, p. 301; PRATA, Ana Maria Correia Rodrigues. *O Contrato-Promessa e o Seu Regime Civil*, p. 894.

438 PORTUGAL. Supremo Tribunal de Justiça. *Processo nº 2303/08.7TVLSB.L1.S1*. Rel. Juiz Conselheiro Helder Roque. Julgado em 07/06/2016; PORTUGAL. Supremo Tribunal de Justiça. *Processo nº 628/09.3YFLSB*. Rel. Juiz Conselheiro Paulo Sá. Julgado em 12/01/2010; PORTUGAL. Supremo Tribunal de Justiça. *Processo nº 08B2715*. Rel. Juiz Conselheiro Serra Baptista. Julgado em 13/11/2008; PORTUGAL. Supremo Tribunal de Justiça. *Processo nº 08B619*. Rel. Juiz Conselheiro Serra Baptista. Julgado em 19/06/2008; PORTUGAL. Supremo Tribunal de Justiça. *Processo nº 03B4295*. Rel. Juiz Conselheiro Ferreira de Almeida. Julgado em 06/05/2004.

reza indenizatória das arras, ignorando a possibilidade de existência de uma função coercitiva[439].

Certo é que a visão bifuncional do sinal deve ser afastada. Conforme bem evidencia por PINTO OLIVEIRA[440], parece ser impossível que tais funções sejam exercidas ao mesmo tempo. Também não parece correto relegar ao sinal uma função indenizatória exclusiva, já que a intenção das partes pode ser exatamente oposta desta. Assim como ocorre com a cláusula penal, parece ser correto afirmar que o sinal confirmatório possui duas (sub) espécies diferentes. De um lado há o sinal confirmatório-indenizatório, e de outro o sinal confirmatório-coercitivo.

Dessa forma, é importante analisar separadamente o sinal confirmatório com função indenizatória e o sinal confirmatório com função coercitiva. Sendo certo que ambas as subespécies do sinal confirmatório são sanções contra a parte inadimplente no contrato ou obrigação, elas não parecem ao mesmo tempo definir antecipada e eficientemente uma indenização e forçar o cumprimento, prevenindo o incumprimento, conforme defende ANTUNES VARELA[441]. Suas características e funções são diversas, valendo a pena estudá-las separadamente, destacando, principalmente, a natureza jurídica diversa de cada uma, afastando-se, assim, a tese da dupla função do sinal confirmatório[442].

3.2.2.1. Sinal Confirmatório-Indenizatório

O sinal confirmatório com caráter indenizatório, conforme o próprio nome já diz, é aquele cuja função é definir o valor da indenização devida pela parte que descumprir o contrato. É a subespécie do sinal confirmatório que possui características semelhantes à cláusula penal de liquidação antecipada do dano. Sua natureza jurídica é indenizatória, sendo sua principal característica a definição antecipada de uma sanção pelo incumprimento ao contraente faltoso[443]. Assim como ocorre com a cláusula penal como liquidação antecipada dos danos, e aproveitando a boa lição de VAZ

439 BRASIL. Superior Tribunal de Justiça. *AgRg no REsp 1394048/PB*. Rel. Min. Ricardo Villas Bôas Cuevas. *DJe* 09/12/2015; BRASIL. Superior Tribunal de Justiça. *REsp 1224921-PR*. Rel. Min(a). Nancy Andrighi. *DJe* 26/04/2011; BRASIL. Superior Tribunal de Justiça. *REsp 826827-MT*. Rel. Min. Sidinei Beneti. *DJe* 12/08/2010.

440 OLIVEIRA, Nuno Manuel Pinto. Conceito e regime(s) do sinal no direito civil português, p. 537.

441 VARELA, João de Matos Antunes. *Sobre o contrato-promessa*, p. 153.

442 Particularmente destacada por SILVA, João Calvão da. *Sinal e Contrato Promessa*, p. 135.

443 MONTEIRO, António Pinto. *Cláusula Penal e Indemnização*, p. 164.

SERRA, essa espécie de sinal é um meio simples de fazer com que a parte inocente na relação contratual seja compensada e veja de alguma forma seu interesse satisfeito[444].

Aqui, diferentemente do que ocorre com o sinal penitencial, não se está perante uma desvinculação lícita do contrato, mas um descumprimento, que é um verdadeiro ato ilícito[445], e que, portanto, deve ser sancionado. A sanção, no caso de constituição de um sinal confirmatório-indenizatório, será de caráter indenizatório. O *tradens* entrega para o *accipiens* o valor ou objeto a título de sinal, ciente que este será retido como sanção indenizatória, caso ele não cumpra o contrato ou obrigação. Da mesma forma, o *accipiens* ao receber o valor ou objeto a título de sinal, sabe que, em caso de incumprimento do contrato ou obrigação por sua culpa, deverá devolver o sinal "em dobro", sendo esta sua sanção indenizatória por incumprimento do contrato. Nesse sentido, a cláusula contratual que estabelece essa espécie de sinal normalmente será redigida nos seguintes termos:

> Cláusula XX – Na ocasião da celebração do presente contrato, A entrega para B a quantia de R$XXXXXX (xxxxxx reais) a título de sinal.
> Parágrafo 1º. Em caso de incumprimento do contrato por parte de A, B poderá reter a referida quantia dada como sinal, como compensação dos prejuízos verificados em decorrência da violação do contrato.
> Parágrafo 2º. Em caso de incumprimento do contrato por parte de B, A poderá exigir a quantia dada como sinal em dobro, como compensação dos prejuízos verificados em decorrência da violação do contrato.

Nessa espécie de sinal não há a criação de um direito de arrependimento, mas sim a constituição de uma sanção indenizatória contra a violação de um dever, qual seja, o dever de cumprir o contrato ou a obrigação[446]. Essa espécie é, portanto, aquela que mais se adequa às regras gerais do direito das obrigações e da responsabilidade civil contratual, privilegiando a vinculação obrigacional e a reparação/compensação dos danos advindos do incumprimento. Nesse sentido, caso haja violação do dever de cumprimento do contrato ou obrigação, ou recusa na celebração do contrato prometido por uma das partes, surgirá na parte não faltosa uma pretensão indenizatória, que será exercida através do funcionamento do sinal. O exercício da figura, porém, não será a única opção do não faltoso, que sempre poderá, caso seja possível, exigir o cumprimento forçado da obrigação.

---

444 VAZ SERRA, Adriano Paes da Silva. Resolução do Contrato. *Boletim do Ministério da Justiça*, Lisboa, nº 68, 1957, p. 117-118.

445 Sobre o incumprimento como ato ilícito, ver: SILVA, João Calvão da. *Cumprimento e Sanção Pecuniária Compulsória*, p. 95 e 152.

446 OLIVEIRA, Nuno Manuel Pinto. *Ensaio Sobre o Sinal*, p. 171.

Com a constituição do sinal confirmatório-indenizatório, portanto, são criadas duas opções para a parte inocente[447], ou exercer o sinal ou exigir o cumprimento forçado da prestação. Assim como no sinal penitencial, há constituição de uma obrigação com faculdade alternativa, mas desta vez para o "credor", ou mais especificamente para o contraente não faltoso. Essa faculdade, porém, somente aparecerá caso ocorra o incumprimento da prestação, predominando sempre, nessa espécie de sinal, o princípio do cumprimento das obrigações.

Por fim, cabe ressaltar que esta é a subespécie do sinal confirmatório típica. Seu funcionamento e seus efeitos, que serão apresentados adiante, são aqueles regulados e previstos na legislação portuguesa e brasileira. De modo geral, o sinal confirmatório-indenizatório é aquele normalmente presumido, já que é mais adequado à dinâmica do direito obrigacional. Porém, nem sempre será assim, existindo um regime de presunção diverso nos ordenamentos jurídicos português e brasileiro, que será apresentado no próximo tópico.

3.2.2.2. Sinal Confirmatório-Coercitivo

Paralelamente ao sinal confirmatório com índole indenizatória, cogita-se também a existência de outra subespécie com cariz coercitivo. Fundamental, portanto, apresentar as principais características do sinal confirmatório-coercitivo, que tem como função primordial pressionar as partes ao cumprimento do contrato. Trata-se de uma subespécie do sinal confirmatório destinada a coagir as partes a cumprirem a prestação contratada, estabelecendo uma sanção punitiva caso ocorra o inadimplemento. Assim, não parece difícil perceber que o sinal confirmatório-coercitivo é semelhante à cláusula penal *stricto sensu*, possuindo natureza jurídica de pena privada convencional. Pena esta que é destinada a sancionar o incumprimento culposo cometido pela parte faltosa[448].

Nesse tipo de sinal não há criação de uma sanção indenizatória, destinada a compensar a parte inocente, mas sim a constituição de uma sanção verdadeiramente punitiva. As partes, ao constituírem um sinal confirmatório-coercitivo, reforçam ainda mais o vínculo obrigacional, criando uma sanção punitiva bilateral para prevenir/punir o incumprimento[449]. O valor ou objeto entregue como sinal, nesse caso, atuará em duas frentes, antecipadamente, estabelecendo uma pressão para que as partes realizem a

---

447 OLIVEIRA, Nuno Manuel Pinto. *Ensaio Sobre o Sinal*, p. 117.

448 ROSENVALD, Nelson. *Cláusula Penal*: A pena privada nas relações negociais, p. 175.

449 Conforme destaca VARELA, João de Matos Antunes. *Sobre o contrato-promessa*, p. 153. Necessário ressaltar, porém, que o autor faz tal afirmação considerando uma visão unitária e bifuncional do sinal.

prestação, mas posteriormente, caso ocorra o incumprimento, sancionando punitivamente o contraente não faltoso. A cláusula contratual que estabelece essa espécie de sinal terá a seguinte redação:

> Cláusula XX – Na ocasião da celebração do presente contrato, A entrega para B a quantia de R$XXXXXX (xxxxxx reais) a título de sinal.
> Parágrafo 1º. Em caso de incumprimento do contrato por parte de A, B poderá reter a referida quantia dada como sinal, sem prejuízo da exigência das perdas e danos verificados em decorrência do incumprimento.
> Parágrafo 2º. Em caso de incumprimento do contrato por parte de B, A poderá exigir a quantia dada como sinal em dobro, sem prejuízo da exigência das perdas e danos verificados em decorrência do incumprimento.

Assim como ocorre com a subespécie indenizatória, o sinal confirmatório-coercitivo também privilegia a vinculação obrigacional, mas deixa de lado a reparação/compensação dos danos causados pelo incumprimento. Por outro lado, conforme já evidenciado, essa subespécie foca na prevenção do incumprimento, não se olvidando da possibilidade de este ocorrer, quando sua faceta punitiva virá à tona. A pena (valor ou objeto dado como sinal) nesse caso não terá relação com os danos. Ela também não serve como indenização pelo incumprimento, podendo no máximo atuar como uma satisfação para o credor, quando houver a substituição da pena pelo cumprimento[450], conforme será analisado mais à frente.

Nessa subespécie, também é verificada a constituição de uma obrigação com faculdade alternativa ao credor[451], ou mais especificamente à parte não faltosa. Caso haja incumprimento da prestação, surgem, para o não faltoso, três opções[452] para tutelar a violação a seu direito ao cumprimento. Ele poderá ou exigir o cumprimento forçado da prestação ou exercer o sinal, retendo ou recebendo em dobro o valor ou objeto do sinal, a título de pena convencional, ou, por fim, exigir o pagamento da indenização devida pelo incumprimento. Dessa forma, não se afasta uma possível pretensão indenizatória da parte não faltosa, tampouco se pode afastar a manutenção do interesse na prestação e pedido de cumprimento forçoso da prestação.

O sinal confirmatório-coercitivo é uma subespécie atípica de sinal, não encontrando no ordenamento jurídico português ou brasileiro regulamentação ou previsão. Assim como ocorre na cláusula penal *stricto sensu*, a possibilidade de sua constituição encontra substrato na autonomia privada, mais especificamente em seu viés do princípio da liberdade contratual,

---

450 Assim como ocorre com a pena convencional advinda da cláusula penal *stricto sensu*.

451 OLIVEIRA, Nuno Manuel Pinto. *Ensaio Sobre o Sinal*, p. 110.

452 OLIVEIRA, Nuno Manuel Pinto. Contributo para o estudo do regime jurídico do sinal. In: *Estudos em homenagem ao Prof. Doutor Manuel Henrique Mesquita*. Coimbra: Coimbra Editora, 2009. v. 3, p. 406-407.

conforme lição de PINTO OLIVEIRA[453]. Assim como ocorre com a cláusula penal de mesma natureza, há aqueles que irão cogitar a impossibilidade de sua constituição, alegando falta de sucedâneo legal ou mesmo afirmando que sua função e natureza não são adequadas ao direito civil[454]. Porém tal argumento não pode prevalecer.

Como acertadamente aponta o autor acima indicado, as normas que regulam o sinal são dispositivas, ou mais especificamente supletivas, sendo livre para as partes decidirem qual função essa cláusula acessória irá desempenhar. Pela interpretação da vontade das partes, portanto, poderá se identificar a constituição de um tipo de sinal que não é aquele previsto na legislação civil, cuja função e característica são aquelas acima destacadas, surgindo o sinal confirmatório-coercitivo. Parece ser, portanto, totalmente plausível apresentar as características e analisar o funcionamento e os efeitos do sinal confirmatório-coercitivo, pois é uma figura aplicável ao direito civil, principalmente se se considerar a evolução que este vem sofrendo nos últimos tempos.

3.3. Funcionamento e Efeitos

3.3.1. Regime de Presunção Legal do Sinal

Apresentada a noção de sinal e evidenciadas suas espécies e subespécies, cabe agora analisar como se dá seu funcionamento, e quais são os efeitos decorrentes de seu exercício. Conforme já anteriormente apontado, o regime legal do sinal está regulamentado no Código Civil português nos artigos 440º a 442º e 830º[455], já no direito brasileiro são os artigos 417 a 420 do Código Civil[456]. Da leitura e análise dos artigos retira-se não só como se

453 OLIVEIRA, Nuno Manuel Pinto. *Ensaio Sobre o Sinal*, p. 91.

454 Nesse sentido, importante destacar o alerta de CORDEIRO, António Menezes. *Tratado de Direito Civil*, v. II, p. 615; que afirma que há uma dificuldade em aceitar a função punitiva, já que muitas vezes ela não é vista como integrante da lógica da responsabilidade civil.

455 Cabe uma nota para destacar que, durante a década de 1980, foram feitas duas modificações legislativas no regime do sinal no Código Civil. Para uma análise pormenorizada sobre essas modificações, ver, entre outros: CORDEIRO, António Menezes. *Estudos de direito civil*. Coimbra: Almedina, 1994. v. I, p. 11-39 e 59-95; e SILVA, João Calvão da. *Sinal e Contrato Promessa*, p. 175-240.

456 Que trouxe mudanças significativas em relação ao regime consagrado no Código de 1916, bastante celebradas por boa parte da doutrina. Conferir, entre outros: GAGLIANO, Pablo Stolze; PAMPLONA FILHO, Rodolfo. *Novo Curso de Direito Civil*, p. 375; LOUREIRO, Francisco Eduardo. Arras, p. 759; MARTINS-COSTA, Judith. Do adimplemento das obrigações, p. 494; SILVA, Jorge Cesa Ferreira da. *Inadimplemento das Obrigações*: comentários aos arts. 389 a 420 do código civil, p. 290.

dá o funcionamento e os consequentes efeitos do sinal, mas principalmente qual a espécie presumida de sinal quando as partes forem silentes em sua definição.

O regime legal português para o sinal é um tanto quanto confuso, havendo muitas divergências na doutrina a respeito da predominância de um regime voltado para o sinal confirmatório[457] ou para o sinal penitencial[458]. Certo é que não parece existir verdadeira predominância de uma das espécies, tendo antes o legislador tratando o sinal de forma unitária, ou seja, atribuindo presunções tanto confirmatórias quanto penitenciais ao sinal, aspecto de certa forma criticado pela doutrina[459]. Cabe notar que a opção do legislador foi diversa daquela proposta por VAZ SERRA nos trabalhos preparatórios, já que o professor claramente entendia que o sinal confirmatório era aquele natural, sendo o sinal penitencial uma figura excepcional, que somente deveria existir caso as partes assim determinassem[460].

Nesse sentido, mais razão parecem ter ANA COIMBRA[461] e MENEZES CORDEIRO[462], que apontam a existência de dois regimes diversos para o sinal, um para os contratos em geral, e outro para os contratos-promessa. A autora vai além indicando a existência de uma "simbiose complexa que suporta os custos de uma solução de compromisso platonicamente perseguidora de uma conciliação do inconciliável"[463]. De fato, de uma leitura atenta dos artigos do Código Civil português, pode-se verificar que o regime para os contratos em geral (por exemplo, artigos 440º e 442º) é diverso daquele para os contratos-promessa (por exemplo, artigos 441º e 830º, nº 2).

---

457 Defendem que o regime do Código Civil português e predominantemente voltado ao sinal confirmatório, entre outros: LEITÃO, Luis Manuel Teles de Menezes. *Direito das Obrigações*, v. I, p. 237; OLIVEIRA, Nuno Manuel Pinto. *Ensaio Sobre o Sinal*, p. 146; PRATA, Ana Maria Correia Rodrigues. *O Contrato-Promessa e o Seu Regime Civil*, p. 921; SILVA, João Calvão da. *Cumprimento e Sanção Pecuniária Compulsória*, p. 281; TELLES, Inocêncio Galvão. *Direito das Obrigações*, p. 132.

458 Defendem que o regime do Código Civil português e predominantemente voltado ao sinal penitencial, entre outros: COSTA, Mário Júlio de Almeida. *Contrato-promessa*: uma síntese do regime vigente. 8ª ed. Coimbra: Almedina, 2004, p. 70; MONTEIRO, António Pinto. *Cláusula Penal e Indemnização*, p. 179-180; VARELA, João de Matos Antunes. *Sobre o contrato-promessa*, p. 68.

459 OLIVEIRA, Nuno Manuel Pinto. Conceito e regime(s) do sinal no direito civil português, p. 541.

460 VAZ SERRA, Adriano Paes da Silva. Resolução do Contrato, p. 115.

461 COIMBRA, Ana Maria Correia Rodrigues. O sinal: contributo para o estudo do seu conceito e regime, p. 667-669.

462 CORDEIRO, António Menezes. *Tratado de Direito Civil*, v. II, p. 667.

463 COIMBRA, Ana Maria Correia Rodrigues. O sinal: contributo para o estudo do seu conceito e regime, p. 667.

O apontamento dos autores, porém, somente pode ser considerado parcialmente acertado, já que, além de dois regimes diversos, um para os contratos em geral, e outro para os contratos-promessa, é possível verificar ainda a existência de regimes diversos para os contratos-promessa em geral e para os contratos-promessa relativos à constituição de direitos reais sobre imóveis edificados (regulados pelo artigo 410º, nº 3, do CCP). Dessa forma, vai se além, para afirmar a existência de três regimes diversos de presunção do sinal existentes no Código Civil, um para os contratos em geral, outro para os contratos-promessa em geral e um último para os contratos-promessa referidos no nº 3 do art. 410º.

Para os contratos em geral, incialmente, deve-se destacar que a presunção é da não existência de sinal quando as partes nada determinarem, segundo estabelece o artigo 440º do CCP. Qualquer quantia que seja entregue antes do vencimento da obrigação deve ser vista como simples antecipação de cumprimento, se nada as partes disserem sobre sua natureza[464]. Assim, somente se verificará a existência de um sinal caso as partes assim queiram, o que de certa forma facilitaria a verificação do tipo e natureza do sinal. Caso as partes estabeleçam que o valor dado de forma antecipada é efetivamente um sinal, mas não especifiquem qual tipo de sinal estão constituindo e nada digam sobre sua natureza, deve-se presumir que será um sinal confirmatório-indenizatório.

A presunção de sinal confirmatório diz respeito ao regime normal das obrigações adotadas pelo Direito português, em que o cumprimento é a regra[465] e a possibilidade de arrependimento, ou seja, de desvinculação potestativa da obrigação, uma exceção à regra geral, conforma destaca CALVÃO DA SILVA[466]. Não se pode presumir que da constituição de um sinal automaticamente surja um direito de arrependimento para as partes, já que, em princípio, sempre há a possiblidade de se exigir o cumprimento da obrigação em vez de se pedir o sinal. Há, portanto, necessidade de um acordo entre a partes ou de determinação legal para se verificar a existência de um sinal penitencial.

A presunção que o sinal é confirmatório-indenizatório, e não confirmatório-coercitivo, se dá pelo fato de ser essa a espécie de sinal que o legislador optou por consagrar, conforme é possível inferir da leitura do nº 4 do artigo

---

464 Conforme bem sublinham: COIMBRA, Ana Maria Correia Rodrigues. O sinal: contributo para o estudo do seu conceito e regime, p. 623; e MONTEIRO, António Pinto. *Cláusula Penal e Indemnização*, p. 175.

465 Sobre o princípio geral de cumprimento que vige não só no Direito português, mas predominantemente em todo o sistema romano-germânico, ver: SILVA, João Calvão da. *Cumprimento e Sanção Pecuniária Compulsória*, p. 140-170.

466 SILVA, João Calvão da. *Sinal e Contrato Promessa*, p. 82-83.

442 do CCP[467]. Conforme anteriormente evidenciado, o sinal confirmatório-coercitivo tem natureza de pena privada convencional, havendo necessidade de sempre ser constituído pela vontade inequívoca das partes. Nesse sentido, a posição de PINTO OLIVEIRA[468], ao defender que haja presunção de que o sinal nos contratos em geral seja confirmatório-coercitivo, merece críticas e não deve prosperar. Não se pode defender que haja presunção legal de constituição de uma pena privada convencional, não sendo certa a presunção de que o sinal nos contratos em geral seja presumidamente um sinal confirmatório-coercitivo.

Nos contratos-promessa (em geral) o regime de presunção legal é inverso ao dos contratos em geral. Incialmente, há que se sublinhar a existência de uma presunção de constituição de sinal quando houver qualquer tipo de antecipação de cumprimento nos contratos-promessa de compra e venda, mesmo que as partes estabeleçam que o valor ou objeto dado antecipadamente à celebração do contrato definitivo não seja um sinal[469/470]. Essa presunção decorre da leitura da norma contida no artigo. 441º do Código Civil português, que expressamente determina tal presunção. Importante, contudo, destacar que, ainda que o artigo somente se refira a contratos-promessa de compra e venda, a doutrina[471] vem entendendo que a presunção de existência de sinal deve ser aplicada a todos os contratos-promessa onerosos com eficácia real.

Apresentada essa particularidade relativa aos contratos-promessa onerosos com eficácia real sobre edifícios e frações autônomas, cabe notar que seja pela presunção legal, seja em decorrência de uma constituição convencional do sinal, nos contratos-promessa em geral, caso as partes

---

467 Que deixa claro que o sinal confirmatório tratado pelo código tem nítida natureza indenizatória, aspecto destacado por PRATA, Ana Maria Correia Rodrigues. *O Contrato--Promessa e o Seu Regime Civil*, p. 895.

468 OLIVEIRA, Nuno Manuel Pinto. *Ensaio Sobre o Sinal*, p. 201.

469 Presunção *juris tantum* criticada por SILVA, João Calvão da. *Sinal e Contrato Promessa*, p. 140.

470 Para, LEITÃO, Luis Manuel Teles de Menezes. *Direito das Obrigações*, v. I, p. 226, essa presunção, apesar de parecer absoluta, pode ser afastada, sublinhando, contudo, que a constituição da prova desse afastamento parece ser impossível. No mesmo sentido: COIMBRA, Ana Maria Correia Rodrigues. O sinal: contributo para o estudo do seu conceito e regime, p. 625-626; PRATA, Ana Maria Correia Rodrigues. *O Contrato-Promessa e o Seu Regime Civil*, p. 936-937. A posição dos autores não é a mais acertada. A crítica à presunção absoluta do artigo 441º parece ser correta, mas daí defender que ela possa ser ilidida não parece ser correto, principalmente considerando uma interpretação literal do texto legal em comento.

471 Por exemplo, COSTA, Mário Júlio de Almeida. *Contrato-promessa*: uma síntese do regime vigente, p. 71; e PRATA, Ana Maria Correia Rodrigues. *O Contrato-Promessa e o Seu Regime Civil*, p. 929.

nada digam sobre a natureza do sinal, a presunção será da existência de um sinal penitencial. Trata-se de uma percepção que parece ser praticamente unânime na doutrina portuguesa[472], que, mesmo muitas vezes criticando essa opção legislativa, não nega que tenha sido essa a presunção adotada pelo Código Civil de 1966 com redação final dada após a alteração de 1986.

Em sentido contrário a esse quase senso comum, PINTO OLIVEIRA[473] defende que a presunção deve ser de um sinal confirmatório, argumentando que esse é o tipo de sinal que mais se adequa aos princípios gerais das obrigações, devendo haver prova inequívoca de que foi constituído um direito de arrependimento para que se possa verificar a existência de um sinal penitencial. Porém não parece ser uma afirmativa acertada, principalmente considerando que o artigo 830, nº 2, estabelece que, em caso de existência de sinal, a execução específica do contrato-promessa deve ser presumidamente afastada. Deve se presumir que o sinal garante um direito de arrependimento para a parte que o constituiu, uma vez que a possibilidade de execução específica do contrato fica afastada, ocorrendo o enfraquecimento da obrigação, efeito típico do sinal penitencial[474]. Nesse sentido, parece particularmente interessante uma lição trazida do Direito espanhol, da alçada de MANUEL ALBALADEJO, que, mesmo entendendo que a presunção de arras *penales* (confirmatórias no Direito lusófono) seja aquela que mais se adequa aos princípios básicos do direito das obrigações, aponta que a existência de norma legal afasta esse raciocínio lógico[475].

Para que seja ilidida essa presunção de impossibilidade de execução específica do contrato-promessa, as partes devem estabelecer, por exemplo, que o sinal constituído seja confirmatório. Dessa forma é fácil verificar que a presunção será sempre da existência de um sinal penitencial, devendo existir manifestação da vontade das partes definindo a constituição de outro tipo de sinal, seja ele confirmatório-indenizatório ou confirmatório-coercitivo.

Por fim, cabe analisar o regime legal presumido para os contratos-promessas referidos no nº 3 do artigo 410º, ou seja, aqueles contratos-promes-

---

472 Entre outros, COIMBRA, Ana Maria Correia Rodrigues. O sinal: contributo para o estudo do seu conceito e regime. *O Direito*, Lisboa, ano 122, v. III-IV, 1990, p. 668; CORDEIRO, António Menezes. *Tratado de Direito Civil*, v. II, p. 667; GOMES, Manuel Januário da Costa. *Em tema de contrato-promessa*, p. 28; LEITÃO, Luis Manuel Teles de Menezes. *Direito das Obrigações*, v. I, p. 225-226; MONTEIRO, António Pinto. *Cláusula Penal e Indemnização*, p. 186; PRATA, Ana Maria Correia Rodrigues. *O Contrato-Promessa e o Seu Regime Civil*, p. 925; SILVA, João Calvão da. *Sinal e Contrato Promessa*, p. 139-142.

473 OLIVEIRA, Nuno Manuel Pinto. *Ensaio Sobre o Sinal*, p. 158-161.

474 Conforme aponta o próprio OLIVEIRA, Nuno Manuel Pinto. *Ensaio Sobre o Sinal*, p. 92-94, quando da qualificação do sinal penitencial.

475 ALBALADEJO, Manuel. *Las Arras en la Jurisprudencia del Tribunal Supremo*. Madrid: Editoriales de Derecho Reunidas, 1996, p. 69-60.

sa que sejam relativos "à celebração de contrato oneroso de transmissão ou constituição de direito real sobre edifício, ou fracção autónoma dele, já construído, em construção ou a construir"; em outras palavras, os contratos-promessa relativos à transmissão ou constituição de direitos reais de bens imóveis edificados[476]. Nesses tipos específicos de contrato-promessa, a presunção que qualquer quantia ou objeto dado como antecipação de cumprimento seja um sinal, válida para os contratos-promessa em geral, se mantém. Por outro lado, a presunção sobre o regime do sinal se inverte. Haverá, portanto, presunção de constituição de um sinal confirmatório-indenizatório, caso as partes nada digam sobre sua natureza[477].

Tal presunção se dá pelo fato de o artigo 830º, nº 3, vedar que as partes possam afastar a execução específica do contrato-promessa referido no artigo 410º, nº 3. A presunção de afastamento da execução específica existente nos contratos-promessa com a constituição de sinal, que caracteriza o direito de arrependimento típico do sinal penitencial, dá lugar à proibição legal de afastamento da execução específica, que faz com que o regime do sinal penitencial não seja mais compatível. Assim, a presunção volta a ser da constituição de um sinal confirmatório-indenizatório, como no caso dos contratos em geral, uma vez que nesse tipo de contrato-promessa o sinal é utilizado para reforçar a obrigação e não para criar um direito de arrependimento.

Mais que isso, segundo o correto entendimento de PINTO OLIVEIRA[478], parece existir verdadeira vedação legal à constituição de um sinal penitencial nesses tipos de contrato-promessa. Há expressa proibição ao afastamento da possibilidade de executar o contrato-promessa, que faz decorrer uma proibição tácita ao direito de arrependimento das partes. Portanto, nos contratos-promessa referidos no artigo 410º, nº 3, não se trata de simples presunção de constituição de um sinal confirmatório, mas a única possibilidade legal existente, uma vez vedada a possibilidade de constituição de um sinal penitencial.

Já no Direito brasileiro, o regime de presunção legal do sinal é bem mais objetivo, existindo um tratamento único para todos os tipos de contrato. O legislador de 2002 resolveu vários dos problemas apontados pela doutrina relativos ao regime legal do sinal no Código de 1916, sendo uma das figuras que foi melhor regulamentada pelo Código Civil, conforme já foi acima evidenciado.

---

476 Como se refere SILVA, João Calvão da. *Sinal e Contrato Promessa*, p. 142, "promessa relativa à celebração de contrato oneroso de transmissão ou constituição de direito real sobre edifício ou fracção autónoma dele, já construído, em construção ou a construir".

477 Conforme parece destacar PRATA, Ana Maria Correia Rodrigues. *O Contrato-Promessa e o Seu Regime Civil*, p. 1017.

478 OLIVEIRA, Nuno Manuel Pinto. *Ensaio Sobre o Sinal*, p. 104.

Incialmente, há que se ressaltar que, assim como o Código Civil português para os contratos em geral, o Código Civil brasileiro determina que não se pode presumir a existência do sinal (ou arras, na locução do Código), já que o artigo 417 do diploma brasileiro é claro ao determinar que o valor ou objeto deve ser dado "a título de arras". Assim, não é suficiente a entrega de um valor antecipado, devendo haver a constituição de um negócio arral[479] para que posteriormente os efeitos da figura sejam observados. Não há, assim, uma presunção de sua constituição. Os contratantes devem indicar que o objeto ou valor dado antecipadamente é um sinal, ou destacar que foi dado a título de arras.

Superada esta ressalva inicial, caso *tradens* entregue um valor ou bem ao *accipiens* a título de sinal, e nada mais seja estabelecido, sempre se deverá presumir que foi constituído um sinal confirmatório-indenizatório[480]. Tal presunção, não custa lembrar, independe do tipo de contrato ou obrigação envolvida. A constituição de arras, no Direito brasileiro, será presumidamente voltada para a sanção do incumprimento das obrigações, através da predeterminação do mínimo indenizatório para o caso de inadimplemento por uma das partes, possuindo natureza indenizatória e caráter confirmatório. A presunção da constituição de um sinal penitencial não se aplica no Direito brasileiro[481], seja qual for o tipo de contrato ou obrigação. O sinal penitencial, segundo estabelece o artigo 420 do CCB, somente pode ser verificado caso as partes estipulem expressamente o direito de arrependimento, através de manifestação inequívoca da vontade[482]. É, portanto, um regime de presunção que não merece tantos apontamentos. Foi tratado de forma unitária e objetiva, estabelecendo apenas uma presunção para todos os contratos e obrigações, de caráter confirmatório, que é aquela que, conforme aponta CAIO MÁRIO[483], mais valoriza as relações obrigacionais.

3.3.2. Sinal Penitencial

O sinal penitencial, conforme anteriormente destacado, é aquele que se presume nos contratos-promessa em geral no Direito português, mas que somente pode decorrer da vontade das partes do Direito brasileiro. O efeito imediato verificado quando da constituição dessa espécie de sinal é a criação de um direito de arrependimento. Tal direito, cabe destacar, será

479 LOUREIRO, Francisco Eduardo. Arras, p. 761-762.

480 SILVA, Jorge Cesa Ferreira da. *Inadimplemento das Obrigações*: comentários aos arts. 389 a 420 do código civil, p. 296.

481 LOUREIRO, Francisco Eduardo. Arras, p. 775.

482 FARIAS, Cristiano Chaves de; ROSENVALD, Nelson. Obrigações, p. 629.

483 PEREIRA, Caio Mário da Silva. *Instituições de Direito Civil*, v. III, p. 59.

criado para as duas partes, ou seja, tanto para o *accipiens* quanto para o *tradens*[484]. Em outras palavras, ao constituírem um sinal penitencial, as partes definem qual será o valor que deverá ser pago caso uma delas decida se desvincular do contrato (ou obrigação), sendo imediatamente criado um direito de arrependimento.

O sinal penitencial, portanto, enfraquece a obrigação[485], tendo efeitos inversos ao do sinal confirmatório. O estabelecimento desse tipo de sinal permite que uma das partes, a qualquer momento, desde que antes do vencimento da obrigação, se desvincule do contrato livre e imotivadamente[486]. No caso de constituição de um sinal penitencial, para os contratos em geral, será criada uma possibilidade de desvinculação do contrato até o momento de sua execução[487]. Já nos contratos-promessa haverá, por outro lado, a possibilidade de recusa da celebração do contrato definitivo até o momento em que este deveria ser celebrado.

Outro efeito que parece decorrer imediatamente do estabelecimento de um sinal penitencial pelas partes seria o afastamento tácito da possibilidade de cumprimento forçado ou execução específica do contrato (ou contrato-promessa). A princípio, o funcionamento e os efeitos do sinal penitencial parecem não ser compatíveis com a possibilidade de uma das partes exigir o cumprimento forçado da prestação objeto do contrato. Porém, tal incompatibilidade é apenas aparente, sendo necessário analisar como se dá o funcionamento do sinal penitencial, ou seja, como se dá o exercício do direito de arrependimento decorrente dessa cláusula contratual.

Quanto ao funcionamento do sinal penitencial, cabe incialmente ressaltar que ele está diretamente ligado ao efeito dele decorrente, motivo pelo qual serão analisados de forma simultânea. Uma primeira nota para esclarecer que o efeito claro e lógico caso a obrigação seja cumprida ou o contrato prometido seja celebrado é a imputação do valor na prestação ou devolução do objeto dado caso a imputação seja impossível[488], conforme estabelecem os artigos 442º, nº 1 do Código Civil português, e 417, segunda parte, do Código Civil brasileiro. Nesse caso não haverá exercício do direito

---

484 OLIVEIRA, Nuno Manuel Pinto. *Ensaio Sobre o Sinal*, p. 66.

485 OLIVEIRA, Nuno Manuel Pinto. *Ensaio Sobre o Sinal*, p. 46; e ROSENVALD, Nelson. *Cláusula Penal*: A pena privada nas relações negociais, p. 178.

486 MONTEIRO, António Pinto. *Cláusula Penal e Indemnização*, p. 164-165.

487 PEREIRA, Caio Mário da Silva. *Instituições de Direito Civil*, v. III, p. 60; e VENOSA, Silvio de Salvo. *Direito Civil*, p. 382.

488 Efeito que todos os tipos de sinal têm em comum. Destacam esse efeito, entre outros: COIMBRA, Ana Maria Correia Rodrigues. O sinal: contributo para o estudo do seu conceito e regime, p. 656; PRATA, Ana Maria Correia Rodrigues. *O Contrato-Promessa e o Seu Regime Civil*, p. 882; SILVA, João Calvão da. *Sinal e Contrato Promessa*, p. 84.

de arrependimento por nenhuma das partes, não cabendo se falar em funcionamento do sinal[489].

O problema surge quando há o efetivo exercício do direito de arrependimento, devendo ser analisado como ele se dá, e quais são os seus efeitos. Para que a parte se desvincule do contrato, é fundamental que ela exerça o direito de arrependimento de forma eficaz, sendo certo que as formas de exercício para o *accipiens* e para o *tradens* são formal e materialmente diferentes. Por outro lado, importante sublinhar que o momento de exercer tal arrependimento deve ser necessariamente antes do cumprimento do contrato, sendo também correto afirmar que, caso haja prazo para o cumprimento estabelecido pelas partes, este será também o prazo fatal para o exercício do direito de arrependimento. A desvinculação deve ser sempre verificada antes da data do vencimento da obrigação estabelecida pelas partes[490].

No caso do *tradens,* ou seja, aquele que entrega o valor ou objeto dado a título de sinal, o direito de arrependimento se torna eficaz a partir do momento em que o *accipiens* for notificado de sua desistência. É necessária, portanto, uma declaração de vontade válida produzida pelo *tradens* e recebida pelo *accipiens*[491], em que o primeiro demonstre ao segundo que deseja se desvincular da obrigação, ocorrendo, portanto, o funcionamento do direito de arrependimento. Essa desistência também fará com que haja o funcionamento do sinal penitencial, devendo o *accipiens* reter o valor ou objeto dado como sinal pelo *tradens,* conforme estabelecem os artigos 442º, nº 2, primeira parte, do Código Civil português, e 420 do Código Civil brasileiro, sendo consequentemente extinta a relação contratual.

Já no caso do *accipiens*, ou seja, aquele que recebe o valor ou objeto dado a título de sinal, a simples notificação ao *tradens* de sua vontade em desvincular-se do contrato não é suficiente para tornar o direito de arrependimento plenamente eficaz. Existe a necessidade da efetiva devolução do valor recebido em dobro ou objeto recebido mais o seu equivalente[492]. A "desistência" do *accipiens* somente será eficaz com a entrega do sinal em dobro[493].

Diferentemente do que aponta JUDITH MARTINS-COSTA[494], não é a partir do arrependimento do *accipiens* que nasce a obrigação de devolução

489 LOUREIRO, Francisco Eduardo. Arras, p. 776.

490 PONTES DE MIRANDA, Francisco Cavalcanti. *Tratado de Direito Privado*, t. XXIV, p. 180.

491 Nesse sentido: OLIVEIRA, Nuno Manuel Pinto. *Ensaio Sobre o Sinal*, p. 47.

492 OLIVEIRA, Nuno Manuel Pinto. *Ensaio Sobre o Sinal*, p. 47.

493 MONTEIRO, António Pinto. *Cláusula Penal e Indemnização*, p. 186; e SCAVONE JUNIOR, Luiz Antonio. *Do descumprimento das obrigações*: consequências à luz do princípio da restituição integral, interpretação sistemática e teleológica, p. 213.

494 MARTINS-COSTA, Judith. Do adimplemento das obrigações, p. 768.

"em dobro" do valor ou objeto dado como sinal. Pelo contrário, a desvinculação do contrato somente irá operar quando houver o funcionamento do sinal, sendo que o arrependimento somente ocorrerá quando o *tradens* efetivamente receber o "sinal em dobro" do Direito português, ou o "sinal mais o equivalente" do Direito brasileiro.

Dessa forma, não há que se falar em devolução do valor em dobro com correção monetária ou incidência de juros de mora, conforme apontam alguns autores brasileiros[495]. Como o arrependimento somente será eficaz quando o *accipiens* efetivamente entregar o valor ou objeto "em dobro" para o *tradens,* em momento algum surgirá uma obrigação de entrega em decorrência do exercício do direito de arrependimento. Os dois efeitos, quais sejam, desvinculação do contrato e entrega "em dobro", estão interligados, não se vislumbrando a possibilidade de que haja mora por parte do *accipiens,* já que em momento algum existirá a constituição de uma obrigação. Além disso, mais uma vez salienta-se que este valor não tem natureza indenizatória, sendo na verdade um preço, uma prestação alternativa à principal, não fazendo sentido exigir que esse "preço seja pago" com atualização monetária quando as partes assim não estabeleceram.

Também não se cogita a possibilidade de o efeito alternativo do sinal previsto na parte final do artigo 442, nº 2, do Código Civil português, seja verificado no sinal penitencial. A exigência do "valor da coisa ao invés do dobro" é um efeito com caráter nitidamente indenizatório, aspecto alheio à função do sinal penitencial. É uma sanção, segundo o texto expresso da norma, contra o "não cumprimento da promessa", não podendo ser utilizado quando do arrependimento lícito do *accipiens*. Além disso, esse efeito depende de uma declaração de vontade do *tradens*, outro aspecto que não se harmoniza com o funcionamento dessa figura. Como o direito de arrependimento somente depende da entrega do sinal "em dobro" pelo *accipiens* ao *tradens*, sendo um direito potestativo que não depende de aceitação do segundo, não há participação daquele que vai receber o sinal em dobro no processo, não existindo a possibilidade de qualquer exigência para que o arrependimento ocorra após eficazmente exercido.

Importante destacar que os diplomas civis de Portugal e do Brasil utilizam termos diferentes para determinar o modo de devolução do valor ou do objeto. Enquanto o CCP emprega o termo "em dobro", o CCB faz uso do termo "mais o equivalente". Considerando, conforme já anteriormente apontado, que o sinal pode ser dado em valor pecuniário ou através da entrega de outro objeto, esses termos acabam sendo complementares.

---

495 LOUREIRO, Francisco Eduardo. Arras, p. 776; MARTINS-COSTA, Judith. Do adimplemento das obrigações, p. 769-770; e SILVA, Jorge Cesa Ferreira da. *Inadimplemento das Obrigações*: comentários aos arts. 389 a 420 do código civil, p. 317.

Assim, caso o sinal seja constituído por um valor pecuniário, por exemplo R$10.000,00 (dez mil reais), para que haja o exercício do direito de arrependimento, o *accipiens* deve devolver para o *tradens* esse valor em dobro, ou seja, R$20.000,00 (vinte mil reais). Utiliza-se, portanto, a locução expressa da lei portuguesa, devendo a expressão "mais o equivalente"[496] do Direito brasileiro ser interpretada como "em dobro" para esses casos[497]. Por outro lado, caso o sinal seja constituído pela entrega de um objeto, por exemplo, um carro cujo valor é de R$10.000,00 (dez mil reais) na data da celebração do contrato, para que o direito de arrependimento seja exercido, o *accipiens* deverá devolver o objeto mais o seu equivalente em valor pecuniário ao *tradens*, ou seja, devolver o carro e pagar R$10.000,00 (dez mil reais). Nesse caso, a locução expressa é a do Código Civil brasileiro, devendo a expressão "em dobro" do Código Civil português ser interpretada como o valor pecuniário equivalente[498].

Um problema surge quando o objeto dado a título de sinal for bem fungível, por exemplo, 5.000 (cinco mil) sacas de café que perfazem um valor total de R$10.000,00 (dez mil reais). Pergunta-se: nesse caso, a devolução do sinal deverá se efetivamente "em dobro", devendo ser devolvidas 10.000 (dez mil) sacas de café, ou deverá ser pelo "seu equivalente", devolvendo-se as 5.000 (cinco mil) sacas de café e mais o pagamento de R$10.000,00 (dez mil reais)? A letra da lei de cada uma das legislações analisadas parece indicar a resposta. No Direito português, portanto, parece ser correto afirmar que a devolução deverá ser literalmente em dobro, o seja, o *tradens* deverá devolver 10.000 (dez mil) sacas de café. Na mesma direção parece apontar HUGO RAMOS ALVES, que indica a possibilidade do "credor" de exigir o dobro do que entregou quando se tratar de coisa fungível[499]. No Direito brasileiro, por outro lado, a solução mais correta deve ser a devolução do objeto entregue adicionado de seu equivalente pecuniário, ou seja, as sacas mais o valor "equivalente" delas em dinheiro.

Consideradas as particularidades do exercício do direito de arrependimento decorrentes da constituição de um sinal penitencial, não fica difícil perceber que este pode conviver em harmonia com as regras do cumprimento forçado das obrigações ou execução específica do contrato-promes-

496 Vários autores brasileiros apontam que a expressão "mais o equivalente" é a mesma que "em dobro"; conferir., entre outros: FARIAS, Cristiano Chaves de; ROSENVALD, Nelson. Obrigações, p. 627; MARTINS-COSTA, Judith. Do adimplemento das obrigações, p. 759; SCAVONE JUNIOR, Luiz Antonio. *Do descumprimento das obrigações*: consequências à luz do princípio da restituição integral, interpretação sistemática e teleológica, p. 214.

497 TARTUCE, Flávio. *Direito Civil*, p. 261.

498 OLIVEIRA, Nuno Manuel Pinto. *Ensaio Sobre o Sinal*, p. 24.

499 ALVES, Hugo André Ramos. *Dação em Cumprimento*. Coimbra: Almedina, 2017, p. 496.

sa. Conforme afirma CALVÃO DA SILVA[500], o direito de arrependimento está em desacordo com os princípios regentes do direito obrigacional, sendo que este não cria um direito ao "incumprimento" para as partes[501], mas uma possibilidade jurídica futura de desvinculação, que somente será eficaz quando do seu exercício regular. Assim, enquanto uma das partes não exercer o direito de arrependimento, o dever de cumprir subsiste, e mais que isso, o direito ao cumprimento continuará existindo. É perfeitamente plausível que haja um pedido de cumprimento forçado da obrigação ou execução específica do contrato-promessa pela parte interessada no cumprimento enquanto o direito de arrependimento não for exercido.

Feitas tais considerações, cabe por fim analisar qual o efeito final na relação contratual entre as partes. Considerando, conforme afirma MENEZES CORDEIRO[502], que o sinal não é uma extinção em sentido técnico, mas extinção do dever de prestar, não há que se falar em inadimplemento do contrato, que seria um ato ilícito, mas sim, uma faculdade de desistência do contrato, que é um ato lícito[503].

A constituição do sinal penitencial é, na verdade, a constituição de uma obrigação com faculdade alternativa para o devedor, mais especificamente uma faculdade alternativa para aquele que vai desistir do contrato[504]. O direito de arrependimento cria a alternativa de desvinculação lícita do contrato para aquele que vai desistir, abrindo a possibilidade de que, em vez da prestação principal, ele ofereça o sinal, que será um substituto dessa prestação[505]. A prestação continua sendo apenas uma, a principal, mas ao oferecer como alternativa o valor do sinal (em singelo ou em dobro), a parte se desvincula da obrigação.

A parte que desiste extingue, assim, a prestação principal ao optar pelo arrependimento, sendo essa extinção operada pelo cumprimento alternativo realizado pela dação em pagamento do sinal[506]. Não cabe nesse caso recusa por parte daquele que não desistiu do contrato, já que se trata de

---

500 SILVA, João Calvão da. *Sinal e Contrato Promessa*, p. 140.

501 OLIVEIRA, Nuno Manuel Pinto. *Ensaio Sobre o Sinal*, p. 119.

502 CORDEIRO, António Menezes. *Estudos de direito civil*, p. 85. Interessante também apontar que RODRIGUES, Lia Palazzo. *Das Arras*, p. 56, critica a utilização da palavra resolução no artigo 420 do então projeto do novo Código Civil brasileiro, que acabou sendo suprimida quando da aprovação do texto final.

503 OLIVEIRA, Nuno Manuel Pinto. *Ensaio Sobre o Sinal*, p. 50.

504 Em sentido diverso é o entendimento de COIMBRA, Ana Maria Correia Rodrigues. O sinal: contributo para o estudo do seu conceito e regime, p. 667.

505 OLIVEIRA, Nuno Manuel Pinto. *Ensaio Sobre o Sinal*, p. 58-71.

506 RODRIGUES, Lia Palazzo. *Das Arras*, p. 57.

um direito potestativo do arrependido[507]. HUGO RAMOS ALVES[508] questiona esta compreensão, evidenciando que a dinâmica da dação em pagamento (ou dação em cumprimento) é diversa daquela observada para o sinal penitencial. Para o autor, enquanto a dação em pagamento é constituída mediante o consentimento do credor quanto à possibilidade de o devedor realizar uma prestação diversa daquela originalmente estabelecida, o sinal penitencial estabelece um poder de substituição, uma alternativa para a parte que quiser desistir. O sinal penitencial estabelece uma obrigação com faculdade alternativa para o "arrependido" e não uma dação em cumprimento, já que há um acordo prévio para essa substituição da prestação que não se adequa à estrutura da dação[509]. Há uma voluntariedade, um consentimento prévio no sinal penitencial que faz com que sua estrutura seja diversa da dação em cumprimento.

Apesar dos sólidos argumentos do autor, contudo, o pagamento do "preço de arrependimento" estabelecido pelo sinal parece sim ser uma espécie de dação em pagamento Como bem aduz PINTO OLIVEIRA[510], o sinal penitencial configura uma situação de dação em cumprimento, pois há, no momento de funcionamento do sinal penitencial, um cumprimento verificado pela realização de uma prestação diversa. Essa extinção da obrigação por cumprimento diverso deve ser entendida como dação em cumprimento, pois entendê-la como cumprimento normal da obrigação afronta a lógica do direito das obrigações e o princípio do cumprimento. Portanto, o efeito final do funcionamento do sinal penitencial não deve ser encarado como uma resolução ou revogação do contrato, e também não pode significar o simples cumprimento da obrigação. Há, assim, a extinção do dever de prestar o objeto principal, com cumprimento alternativo mediante a dação em pagamento (em singelo ou em "dobro") do valor ou objeto dado como sinal.

3.3.3. Sinal Confirmatório

Feitas as considerações sobre o funcionamento e os efeitos do sinal penitencial, que tem como característica marcante o enfraquecimento das relações obrigacionais, a atenção se volta para o sinal confirmatório, que, ao contrário, é uma figura que objetiva o reforço da vinculação entre as partes no seio do contrato[511]. Dessa forma, seu modo de funcionamento,

---

507 SILVA, Jorge Cesa Ferreira da. *Inadimplemento das Obrigações*: comentários aos arts. 389 a 420 do código civil, p. 313.

508 ALVES, Hugo André Ramos. *Dação em Cumprimento*, p. 501-502.

509 ALVES, Hugo André Ramos. *Dação em Cumprimento*, p. 236-237.

510 OLIVEIRA, Nuno Manuel Pinto. *Ensaio Sobre o Sinal*, p. 71.

511 OLIVEIRA, Nuno Manuel Pinto. Conceito e regime(s) do sinal no direito civil português, p. 550.

bem como alguns de seus efeitos serão diversos daqueles verificados para o sinal penitencial.

Porém, conforme apontado anteriormente, o sinal confirmatório não deve ser encarado como uma figura única, existindo, em verdade, duas espécies distintas, uma com natureza indenizatória e outra com natureza coercitiva. Assim, é fundamental analisar o funcionamento e os efeitos de cada figura de forma individualizada, de forma a melhor entender e compatibilizar a função a que cada uma propõe.

3.3.3.1. Sinal Confirmatório Indenizatório

O sinal confirmatório-indenizatório, presumido para os contratos em geral e para as promessas referidas no artigo 410º, nº 3, do Direito português e, de forma geral, no Direito brasileiro tem como principal função a determinação antecipada do valor da indenização devida por cada uma das partes no caso de inadimplemento do contrato. Como consequência, o efeito imediato criado por esse tipo de sinal é a proteção do direito ao cumprimento do contrato com reforço da vinculação obrigacional das partes e determinação antecipada das consequências do incumprimento.

O funcionamento do sinal confirmatório-indenizatório, portanto, somente se dá caso haja inadimplemento do contrato por uma das partes[512]. Em caso de cumprimento[513], o valor ou objeto dado como sinal deverá ser imputado na prestação objeto do contrato, devendo ele ser devolvido de forma simples se essa imputação for impossível[514], conforme estabelecem os artigos 442º, nº 1, do Código Civil Português e 417 do Código Civil brasileiro.

É a partir do incumprimento da obrigação assegurada pelo sinal que seus efeitos mediatos passam a ser produzidos, mas é necessário identificar exatamente a partir de quando o sinal confirmatório-indenizatório irá funcionar. Assim como ocorre com a cláusula penal de liquidação antecipada dos danos, o sinal confirmatório-indenizatório servirá para indenizar ou compensar a parte lesada pelo inadimplemento do contrato. Seu funcionamento, por consequência, depende da verificação dos requisitos da responsabilidade civil[515]. Dessa forma, é necessário verificar o momento em que a parte inocente poderia pedir uma indenização nos termos gerais da responsabilidade civil para ser possível determinar quando o sinal produzirá efeitos.

512 SILVA, João Calvão da. *Sinal e Contrato Promessa*, p. 87.

513 FARIAS, Cristiano Chaves de; ROSENVALD, Nelson. Obrigações, p. 626; e TARTUCE, Flávio. *Direito Civil*, p. 260. Os efeitos do sinal em caso de cumprimento são de certa forma os mesmos para qualquer tipo de sinal.

514 LEITÃO, Luis Manuel Teles de Menezes. *Direito das Obrigações*, v. I, p. 226.

515 OLIVEIRA, Nuno Manuel Pinto. *Ensaio Sobre o Sinal*, p. 109; e PRATA, Ana Maria Correia Rodrigues. *O Contrato-Promessa e o Seu Regime Civil*, p. 884.

Tal questão, que pareceria de simples solução, é na verdade uma das mais controvertidas na doutrina portuguesa. Para ANTUNES VARELA[516], com a alteração de 1986 no regime do sinal, o legislador permitiu, equivocadamente, que ele funcionasse a partir da simples mora[517] do contraente faltoso. O autor critica tal possibilidade, mas argumenta que a legislação portuguesa parece permitir que o funcionamento do sinal seja dessa maneira.

Outros autores portugueses, como COSTA GOMES[518] e ANA PRATA[519] defendem que o funcionamento do sinal é incompatível com o regime da mora, somente podendo acontecer quando do incumprimento definitivo do contrato. No mesmo sentido, CALVÃO DA SILVA[520] argumenta que o regime do sinal é direcionado para o incumprimento do contrato, não para a simples mora, e vai além, sublinhando que o sinal não é uma sanção razoável para a simples mora do contraente faltoso. Tal entendimento é particularmente importante, segundo o autor, no caso da mora na celebração do contrato prometido, não parecendo possível a defesa da possibilidade de constituição de um sinal moratório. Nesse sentido, a jurisprudência recente do STJ-Portugal parece pacífica quanto à impossibilidade de funcionamento do sinal diante da simples mora, havendo necessidade de conversão em incumprimento definitivo[521].

516 VARELA, João de Matos Antunes. *Das obrigações em geral.* 10ª ed. Coimbra: Almedina, 2010. v. I, p. 343.

517 Importante mais uma vez ressaltar que o conceito de mora no Direito português é diverso do Direito brasileiro. Para o primeiro, somente há mora com o atraso no cumprimento da obrigação, havendo um conceito mais alargado de mora no segundo.

518 GOMES, Manuel Januário da Costa. *Em tema de contrato-promessa*, p. 27, nota 4.

519 PRATA, Ana Maria Correia Rodrigues. *O Contrato-Promessa e o Seu Regime Civil*, p. 889.

520 SILVA, João Calvão da. *Sinal e Contrato Promessa*, p. 98-103. Cabe destacar também a extensa compilação de julgados relacionados à inaplicabilidade do regime do sinal para a mora que o autor apresenta nas páginas 105-120.

521 PORTUGAL. Supremo Tribunal de Justiça. *Processo nº 280/13.1TBCDN.C1.S1*. Rel. Juíza Conselheira Maria da Graça Trigo. Julgado em 02/02/2017; PORTUGAL. Supremo Tribunal de Justiça. *Processo nº 7185/12.1TBCSC.L1.S1*. Rel. Juíza Conselheira Maria da Graça Trigo. Julgado em 13/10/2016; PORTUGAL. Supremo Tribunal de Justiça. *Processo nº 410/10.5TBABF.E1.S1*. Rel. Juiz Conselheiro Pires da Rosa. Julgado em 16/06/2016; PORTUGAL. Supremo Tribunal de Justiça. *Processo nº 924/14.8TVLSB.C1.S1*. Rel. Juiz Conselheiro Lopes do Rego. Julgado em 19/05/2016; PORTUGAL. Supremo Tribunal de Justiça. *Processo nº 125/05.6TBVFL.P1.S1*. Rel. Juiz Conselheiro Granja da Fonseca. Julgado em 26/03/2015; PORTUGAL. Supremo Tribunal de Justiça. *Processo nº 1227/12.8TVLSB.L1.S1*. Rel. Juíza Conselheira Ana Paula Boularot. Julgado em 24/02/2015; PORTUGAL. Supremo Tribunal de Justiça. *Processo nº 473/12.9TVLSB.L1.S1*. Rel. Juiz Conselheiro Tavares de Paiva. Julgado em 15/01/2015; PORTUGAL. Supremo Tribunal de Justiça. *Processo nº 25/09TBVCT.G1.S1*. Rel. Juiz Conselheiro Martins de Souza. Julgado em 10/01/2012; todos publicados em www.dgsi.pt.

De forma oposta e minoritária parece ser a posição de MENEZES CORDEIRO[522], que critica a necessidade de que haja o incumprimento definitivo da obrigação, defendendo especialmente que, para o sinal inserido em um contrato-promessa, seu funcionamento se dê tão logo haja violação do prazo estabelecido para a celebração do contrato prometido. De fato, a solução para o contrato-promessa parece ser correta e interessante, mas, conforme acima evidenciado, não tem sido esta a posição da jurisprudência e doutrina.

Do lado brasileiro o assunto não tem merecido muitas reflexões da doutrina, com apenas algumas considerações. Para SCAVONE JUNIOR[523] o sinal nunca poderá produzir efeitos com a simples mora, sendo necessária sua conversão em incumprimento absoluto. FRANCISCO LOUREIRO[524] parece ter um posicionamento diferente, admitindo que o sinal produza efeitos quando da mora, mas trata-se de uma divergência apenas aparente, já que o autor defende que o exercício do sinal somente ocorra quando a mora esteja ligada à perda do interesse, que na prática significa uma conversão em incumprimento definitivo da obrigação.

De fato, considerando a natureza indenizatória dessa espécie de sinal confirmatório, a compatibilidade de seu funcionamento com simples mora fica afastada. Considerando que, caso as partes não tivessem constituído um sinal, o contratante inocente somente poderia formular pedido indenizatório após a conversão do incumprimento em definitivo, parece ser este o modo de funcionamento do sinal confirmatório-indenizatório. Em última análise, tal funcionamento somente se dará quando houver incumprimento definitivo do contrato ou obrigação[525], fazendo surgir para a parte não faltosa o direito de exercer o sinal. É essa, aliás, a interpretação mais correta que se deve fazer quando da leitura dos artigos 442º, nº 2[526], do diploma civil português e 418[527] do diploma civil brasileiro.

Com o incumprimento definitivo do contrato (ou da obrigação) assegurado pelo sinal confirmatório-indenizatório, este é exercido pelo contraente não faltoso, sendo verificado seu principal efeito imediato. Necessário destacar que esse incumprimento deve ser culposo, segundo se depreende da

522 CORDEIRO, António Menezes. *Tratado de Direito Civil*, v. VII, p. 386 e 388-389.

523 SCAVONE JUNIOR, Luiz Antonio. *Do descumprimento das obrigações*: consequências à luz do princípio da restituição integral, interpretação sistemática e teleológica, p. 213.

524 LOUREIRO, Francisco Eduardo. Arras, p. 767.

525 OLIVEIRA, Nuno Manuel Pinto. *Ensaio Sobre o Sinal*, p. 200.

526 Que diz "não cumprir".

527 Que diz "não executar".

leitura do artigo 442º, nº 2, do CCP e de uma interpretação sistemática dos artigos 418 e 419 com o artigo 393 do CCB[528].

Pergunta-se, por fim, se o incumprimento do contrato deve se total, ou se o funcionamento do sinal comporta o incumprimento parcial do contrato ou obrigação. Diferentemente do que ocorre na cláusula penal, tanto a legislação portuguesa, quanto a legislação brasileira são silentes sobre o assunto, havendo necessidade de a doutrina e a jurisprudência se pronunciarem sobre a questão. Para ANA PRATA[529] o sinal confirmatório pode produzir efeitos em caso de incumprimento parcial do contrato, mas a fim de que isso ocorra, esse inadimplemento parcial deve ser suficiente para justificar a extinção do contrato[530]. No mesmo sentido, FRANCISCO LOUREIRO[531] argumenta que o incumprimento deve ser substancial, ser grave a ponto de fazer com que o contraente inocente perca o interesse na realização da obrigação.

Tal questão parece ser facilmente resolvida se for utilizada a visão funcional e a verificação dos interesses tutelados defendida por PINTO MONTEIRO para a cláusula penal[532]. O sinal confirmatório normalmente será utilizado com a finalidade de assegurar a obrigação principal do contrato, somente produzindo efeitos caso o contrato seja totalmente descumprido. Porém não parecem existir óbices para que o sinal confirmatório seja utilizado para assegurar uma obrigação acessória ou lateral em um contrato. Nesse caso, o incumprimento dessa obrigação significará apenas o incumprimento parcial do contrato, mas como o sinal foi constituído para assegurar essa obrigação, esse interesse, ele poderá funcionar e produzir efeitos mesmo que haja o cumprimento da obrigação principal.

Uma última questão sobre o funcionamento do sinal confirmatório-indenizatório merece análise, mais uma vez considerando as semelhanças funcionais existentes entre a cláusula penal indenizatória e o sinal confirmatório-indenizatório[533]. Assim como ocorre com a cláusula penal de liqui-

528 GAGLIANO, Pablo Stolze; PAMPLONA FILHO, Rodolfo. *Novo Curso de Direito Civil*, p. 380; LOUREIRO, Francisco Eduardo. Arras, p. 768; e SILVA, Jorge Cesa Ferreira da. *Inadimplemento das Obrigações*: comentários aos arts. 389 a 420 do código civil, p. 306.

529 PRATA, Ana Maria Correia Rodrigues. *O Contrato-Promessa e o Seu Regime Civil*, p. 895.

530 Para um visão comparada luso-brasileira sobre a resolução, seus fundamentos e a forma de exercício, ver PIRES, Catarina Monteiro. Resolução do Contrato por Incumprimento no Direito Português, Brasileiro e Alemão. *Revista de Direito Civil*, Lisboa, ano II, nº 1, 2017, principalmente p. 78-82 e 86-87. Interessante notar que a autora destaca a patente diferença de regulação da matéria nos referidos ordenamentos (p. 76).

531 LOUREIRO, Francisco Eduardo. Arras, p. 767.

532 MONTEIRO, António Pinto. *Cláusula Penal e Indemnização*, p. 434.

533 SCAVONE JUNIOR, Luiz Antonio. *Do descumprimento das obrigações*: consequências à luz do princípio da restituição integral, interpretação sistemática e teleológica, p. 211.

dação antecipada dos danos, a existência de danos é um dos pressupostos para funcionamento do sinal confirmatório-indenizatório[534]. O contraente não faltoso não precisa provar que efetivamente sofreu prejuízo[535] para que o sinal possa ser exercido, já que há presunção dos danos e inversão do ônus da prova quando da constituição dessa espécie de sinal. Mas tal presunção pode ser ilidida caso o devedor faça prova da inexistência dos danos.

FERREIRA DA SILVA[536] vai além e afirma que fica dispensada não só a prova, como a própria existência dos danos para que o sinal confirmatório possa ser exercido. Porém tal entendimento não se harmoniza com a natureza indenizatória dessa espécie de sinal. A prova da inexistência dos danos feita pelo contraente faltoso, portanto, será sempre suficiente para afastar o funcionamento do sinal confirmatório-indenizatório.

Feitas tais considerações e caso ocorra o incumprimento definitivo do contrato por causa imputável a uma das partes devido à existência de danos, o sinal confirmatório-indenizatório passa a funcionar, produzindo efeitos mediatos. Caso o incumprimento se deva a fato imputável ao *tradens*, o *accipiens* poderá reter o valor ou objeto dado como sinal como compensação por esse incumprimento. Por outro lado, caso o incumprimento seja imputado ao *accipiens,* o bem dado a título de sinal deverá ser devolvido em dobro para o *tradens*.

Esse é o efeito mediato clássico do sinal confirmatório-indenizatório, consagrado nos artigos 442º, nº 2, do CCP e 418 do CCB. As considerações sobre a questão são as mesmas já apresentadas para o sinal penitencial. Conforme evidenciado na seção anterior, caso seja entregue um valor pecuniário como sinal, o contraente faltoso deve devolvê-lo em dobro, de acordo com a expressão literal da norma portuguesa, devendo ser esta a interpretação do termo "mais o equivalente" da norma brasileira. Já quando um objeto for dado como sinal, sua devolução deve ser acompanhada pela entrega de seu equivalente pecuniário, conforme a letra da norma brasileira, devendo a expressão "em dobro" da lei portuguesa ser interpretada neste sentido, restituição do objeto mais o seu valor em pecúnia. As considerações feitas para o sinal penitencial, sobre a entrega de bens fungíveis que não dinheiro, como sacas de cafés, também se aplicam a esta espécie. Portanto, no Direito português se cogita a necessidade de devolução efetivamente em dobro dos bens entregues, enquanto no Direito brasileiro se verifica a plausibilidade da devolução dos bens entregues acrescidos de seu valor em pecúnia.

---

534 Conforme destaca OLIVEIRA, Nuno Manuel Pinto. *Ensaio Sobre o Sinal*, p. 44.

535 FARIAS, Cristiano Chaves de; ROSENVALD, Nelson. Obrigações, p. 628.

536 SILVA, Jorge Cesa Ferreira da. *Inadimplemento das Obrigações*: comentários aos arts. 389 a 420 do código civil, p. 307.

Juntamente com esse dever de restituição "em dobro" do sinal por parte do *accipiens* faltoso, a legislação brasileira prevê a necessidade de devolução do valor atualizado monetariamente, com cumulação de juros de mora e honorários advocatícios caso sejam cabíveis, segundo dispõe a parte final do artigo 418 do CCB. FERREIRA DA SILVA[537] alerta para os perigos e excessos que essa disposição pode trazer, apontando que sua interpretação tem que se dar caso a caso. Assim, por exemplo, se não houver demora na devolução do sinal em dobro, não haverá que se falar na incidência juros, e se não ocorrer "judicialização" da questão, tampouco haverá que se falar em acréscimo de honorários advocatícios.

Já a legislação portuguesa não se pronuncia sobre o assunto. CALVÃO DA SILVA defende que o sinal não é uma dívida de valor, já que se trata de quantia líquida e certa, não podendo correr juros de mora mesmo que haja atraso na devolução "em dobro" do sinal. Porém mais razão parece ter COSTA GOMES[538], que argumenta, criticando um acórdão do Tribunal da Relação de Lisboa, que do incumprimento do contrato surge uma nova obrigação, qual seja, devolver o sinal "em dobro" para o *tradens.* Essa nova obrigação deve ser cumprida logo que ocorra o incumprimento definitivo do contrato (ou da promessa, no caso específico analisado pelo autor). Dessa forma, caso haja atraso no cumprimento dessa nova obrigação, que é a de entrega do sinal em dobro, o *accipiens* deve "suportar a indenização moratória calculada "a forfait", nos termos do art. 806º do Código Civil"[539].

Além dos efeitos clássicos do sinal confirmatório-indenizatório (retenção ou devolução em dobro), o legislador português, com as reformas no regime do sinal de 1980 e finalmente de 1986, conferiu efeito (exclusivo para os contratos-promessa) nada ortodoxo à espécie desencadeando várias considerações doutrinárias[540]. Ele introduziu uma segunda opção para o *tradens* em caso de inadimplemento por parte do *accipiens* nos contratos-promessa em que houver a tradição do objeto principal do contrato prometido. Tal efeito pode ser verificado quando, no contrato-promessa de compra e venda imobiliário, o imóvel seja entregue ao comprador antes da celebração do contrato definitivo.

537 SILVA, Jorge Cesa Ferreira da. *Inadimplemento das Obrigações*: comentários aos arts. 389 a 420 do código civil, p. 308-309.

538 GOMES, Manuel Januário da Costa. *Em tema de contrato-promessa*, p. 27-35. No mesmo sentido, ver PRATA, Ana Maria Correia Rodrigues. *O Contrato-Promessa e o Seu Regime Civil*, p. 898-902.

539 GOMES, Manuel Januário da Costa. *Em tema de contrato-promessa*, p. 34.

540 Como, por exemplo: CORDEIRO, António Menezes. *Estudos de direito civil*, v. I, p. 83-84; PRATA, Ana Maria Correia Rodrigues. *O Contrato-Promessa e o Seu Regime Civil*, p. 945-1016; SILVA, João Calvão da. *Sinal e Contrato Promessa*, p. 90-94; e VARELA, João de Matos Antunes. *Sobre o contrato-promessa*, p. 132-135.

Nesses casos, em vez de exigir a devolução do sinal em dobro, o *tradens* pode pedir como indenização, segundo estabelece o artigo 442º, nº 2, parte final, a diferença entre o valor da coisa traditada e seu preço[541]. Em outras palavras, conforme bem explica ANTUNES VARELA[542], o *tradens*, em lugar de pedir o valor do sinal em dobro, pode pedir o valor da diferença entre o valor pago no momento da celebração do contrato-promessa e o valor real no momento do incumprimento. Cabe ressaltar que tal hipótese foi pensada para uma época em que havia sérios problemas inflacionários em Portugal[543], numa clara tentativa de evitar a negação da celebração do contrato por motivos meramente especulativos[544] e, consequentemente, o enriquecimento sem causa dos vendedores de imóveis[545]. Nos dias atuais, porém, a realidade inflacionária portuguesa é bastante diferente[546], e essa opção já não parece aplicável, já que muito dificilmente a variação no preço será maior que o sinal "em dobro". Ainda assim não deixa de ser uma opção legalmente prevista para o *tradens* quando houver a recusa do *accipiens* na celebração do contrato prometido.

Importante ressaltar que esse "efeito alternativo" do sinal confirmatório-indenizatório, previsto no Código Civil português, sem correspondente legal no diploma brasileiro, desencadeia outro efeito vindo do funcionamento do sinal, que é a chamada "exceção de cumprimento do contrato-promessa". Segundo estabelece o nº 3 do artigo 442º do Código Civil português, caso o *tradens* opte por esse "efeito alternativo" do sinal confirmatório, exigindo o "valor da coisa" em detrimento do sinal "em dobro", o *accipiens* pode opor esse exercício do sinal, se oferecendo para celebrar

---

541 Interpretação construída por XAVIER, Vasco da Gama Lobo. Contrato-promessa: algumas notas sobre as alterações do Código civil constantes do Dec-Lei nº 236/80, de 18 de Julho. *Revista de Direito e Estudos Sociais*, Coimbra, nº 1-4, 1983, p. 33-36. O autor destaca que, se o efeito previsto literalmente pela norma fosse o verificado, estar-se-ia perante uma situação claramente desproporcionada.

542 VARELA, João de Matos Antunes. *Das obrigações em geral*. 10. ed., v. I, p. 342. O autor, porém, critica a "fórmula" utilizada, argumentando que o preço convencionado pode ser irreal, e propondo que a melhor opção teria sido a definição do valor que aumentou entre a celebração e o incumprimento do contrato.

543 CORDEIRO, António Menezes. *Estudos de direito civil*, v. I, p. 79.

544 COSTA, Mário Júlio de Almeida. *Contrato-promessa*: uma síntese do regime vigente, p. 73.

545 LEITÃO, Luis Manuel Teles de Menezes. *Direito das Obrigações*, v. I, p. 235.

546 Sendo verificado ultimamente um longo período de estabilidade, principalmente após a instituição do Euro como moeda nacional, conforme é possível observar no gráfico disponível em PORDATA. *Taxa de Inflação (Taxa de Variação do Índice de Preços no Consumidor)*: total e por consumo individual por objectivo. Última actualização: 2017-01-12. Disponível em: <http://www.pordata.pt/Portugal/Taxa+de+Infla%C3%A7%C3%A3o+(Taxa+de+Varia%C3%A7%C3%A3o+do+%C3%8Dndice+de+Pre%C3%A7os+no+Consumidor)+total+e+por+consumo+individual+por+objectivo-2315>.

o contrato prometido. Importante ressaltar, porém, conforme MENEZES LEITÃO[547], que o efeito previsto no referido artigo somente se aplica aos contratos-promessa.

A chamada "exceção de cumprimento do contrato-promessa", possibilidade aberta pelo legislador na reforma de 1986, vem sendo duramente criticada pela doutrina portuguesa[548]; os críticos alegam não ser ela compatível como o regime do sinal. Como o sinal somente produz efeitos quando há incumprimento em definitivo do contrato, não faria sentido falar em oferecimento para cumprir uma promessa que já foi definitivamente descumprida. Como já teria ocorrido a perda do interesse no cumprimento do contrato com a conversão da mora em incumprimento definitivo, tal exceção colocaria o credor em situação de desvantagem.

Em sentido contrário, COSTA GOMES[549] argumenta que, mesmo que haja incumprimento definitivo, o interesse do *tradens* na celebração do contrato pode subsistir, sendo fundamental verificar a manutenção do interesse para que a possibilidade de oposição da exceção seja mantida. MENEZES CORDEIRO[550], a quem é atribuída a criação dessa figura, também defende sua aplicação, ponderando que, mesmo que ocorra o incumprimento definitivo, não há a destruição retroativa do contrato, e que o exercício do sinal não constitui a extinção do contrato em sentido técnico. O autor aponta quatro requisitos para que essa exceção de cumprimento possa ser exercida: incumprimento de uma promessa, tradição da coisa objeto do contrato prometido, exigência do "valor da coisa" em vez do sinal "em dobro" e não cumprimento definitivo desde que haja manutenção do interesse do *tradens*, destacando quanto ao último requisito que, caso haja manifestação inequívoca de perda do interesse em celebrar o contrato prometido, a exceção não poderá operar[551]. Por fim, também parece ser interessante destacar as considerações de MENZES LEITÃO[552], que argumenta que nesses casos não há funcionamento do sinal com a simples mora. Para o autor, a escolha do não faltoso pelo efeito usualmente denominado de "valor da coisa" é feita quando ocorre a simples mora, porém o efeito em si somente será verificado quando ocorrer o incumprimento definitivo do contrato. Por isso é

547 LEITÃO, Luis Manuel Teles de Menezes. *Direito das Obrigações*, v. I, p. 232.

548 Ver, entre outros: COIMBRA, Ana Maria Correia Rodrigues. O sinal: contributo para o estudo do seu conceito e regime, p. 638; SILVA, João Calvão da. *Sinal e Contrato Promessa*, p. 123; PRATA, Ana Maria Correia Rodrigues. *O Contrato-Promessa e o Seu Regime Civil*, p. 985; VARELA, João de Matos Antunes. *Sobre o contrato-promessa*, p. 148-154.

549 GOMES, Manuel Januário da Costa. *Em tema de contrato-promessa*, p. 17-21.

550 CORDEIRO, António Menezes. *Estudos de direito civil*, v. I, p. 85-86.

551 CORDEIRO, António Menezes. *Estudos de direito civil*, v. I, p. 53-56.

552 LEITÃO, Luis Manuel Teles de Menezes. *Direito das Obrigações*, v. I, p. 233.

possível garantir ao faltoso o exercício da exceção de cumprimento do contrato, ressalvando-se, contudo, a necessidade de que haja a manutenção do interesse do credor no cumprimento.

Trata-se, portanto, de questão bastante controvertida, e longamente debatida pela doutrina, principalmente no fim da década de 1980 e início da década de 1990, mas que nos dias atuais perde cada vez mais importância. Considerando o momento de estabilidade inflacionária vivido em Portugal desde a mudança da moeda para o euro, esse "efeito alternativo" para o sinal confirmatório-indenizatório previsto no Código Civil português não vem sendo muito utilizado, servindo muitas vezes apenas um exemplo acadêmico. Ainda assim, ficam evidenciadas de forma breve as questões atinentes a esse efeito pouco ortodoxo previsto pelo legislador.

Outro efeito mediato do sinal confirmatório-indenizatório que possui nuances diversas no Direito português e no Direito brasileiro é relacionado à eventual verificação de dano excedente decorrente do incumprimento do contrato. Segundo estabelece o nº 4 do artigo 442º do Código Civil português, caso não haja estipulação diversa, o sinal retido pelo *accipiens* ou recebido em dobro pelo *tradens* constitui a única indenização que a parte não faltosa tem direito de receber em decorrência do incumprimento praticado pela outra parte[553]. Dessa forma, para que a parte não faltosa possa exigir indenização pelos danos excedentes sofridos em decorrência do inadimplemento, é necessária uma estipulação nesse sentido, assim como ocorre na cláusula penal indenizatória.

No Direito brasileiro, por outro lado, o sinal confirmatório-indenizatório funciona, na verdade, como um mínimo indenizatório[554]. É possível, segundo estabelece o artigo 419, primeira parte, que a parte inocente faça o pedido de uma indenização suplementar caso seja verificada a existência de danos excedentes, não sendo necessário o estabelecimento do pacto de dano excedente. Importante destacar que essa norma, segundo SCAVONE JUNIOR[555], sofre clara influência do Direito alemão, que vê não somente no sinal, mas também na cláusula penal indenizatória figuras que estabelecem mínimos convencionais de indenização.

Não há necessidade, portanto, de um acordo entre as partes para que o dano verificado pelo contraente não faltoso seja integralmente reparado

---

553 Dispositivo criticado por MONTEIRO, António Pinto. *Cláusula Penal e Indemnização*, p. 183-184.

554 Aspecto bastante destacado na doutrina, conferir, entre outros: LOUREIRO, Francisco Eduardo. Arras, p. 770; MARTINS-COSTA, Judith. Do adimplemento das obrigações, p. 757; SILVA, Jorge Cesa Ferreira da. *Inadimplemento das Obrigações*: comentários aos arts. 389 a 420 do código civil, p. 311; e TARTUCE, Flávio. *Direito Civil*, p. 261.

555 SCAVONE JUNIOR, Luiz Antonio. *Do descumprimento das obrigações*: consequências à luz do princípio da restituição integral, interpretação sistemática e teleológica, p. 211.

pelo inadimplente. Caso o valor estabelecido pelo sinal não seja suficiente para cobrir todo o prejuízo experimentado e o não faltoso tenha como provar a existência do dano excedente[556], o sinal servirá como valor mínimo da indenização, devendo o inadimplente ser condenado a pagar valor a mais, havendo ressarcimento integral dos danos[557].

Porém cabe uma nota de crítica à norma consagrada na segunda parte do referido artigo, que parece não se harmonizar com o funcionamento regular do sinal. Estabelece o artigo 419 em sua parte final que, caso ocorra o cumprimento forçado da obrigação, ou seja, caso o não faltoso execute o contrato ou a obrigação, e haja pedido das perdas e danos decorrentes da demora no cumprimento[558], o sinal também servirá como mínimo indenizatório. Ocorre que essa disposição acaba criando uma dinâmica totalmente alheia ao funcionamento do sinal, uma vez que gera um efeito para o caso de cumprimento do contrato diverso do previsto no artigo 417.

Mesmo que se considere que houve mora no cumprimento que levou o contraente não faltoso a pedir o cumprimento forçado dessa obrigação, em caso de procedência do pedido, há efetivo cumprimento. Segundo as regras normais de funcionamento do sinal, em caso de cumprimento da obrigação, o valor ou objeto dado deverá ser imputado na prestação ou devolvido em caso de impossibilidade. A regra da segunda parte do artigo 419 determina um efeito diametralmente oposto, autorizando que o não faltoso retenha o sinal como indenização moratória mesmo que seja verificado o cumprimento da obrigação. Não é difícil identificar, portanto, o motivo pelo qual se deve criticar essa previsão legal, que deve ter sua aplicação afastada por não se adequar ao funcionamento normal do sinal confirmatório-indenizatório.

Por fim, pergunta-se qual será o efeito derradeiro do sinal. Ocorrendo o incumprimento definitivo do contrato e, consequentemente, o funcionamento do sinal confirmatório-indenizatório, produzindo-se os efeitos acima indicados, questiona-se qual será o efeito verificado. Anteriormente já foi destacada a acertada posição de MENEZES CORDEIRO, para quem, no momento do exercício do sinal, não se pode verificar uma extinção ou uma resolução em sentido técnico. O autor entende que o regime da resolução

556 SCAVONE JUNIOR, Luiz Antonio. *Do descumprimento das obrigações*: consequências à luz do princípio da restituição integral, interpretação sistemática e teleológica, p. 212.

557 MARTINS-COSTA, Judith. Do adimplemento das obrigações, p. 764-765, destaca que o artigo 419 é uma consagração expressa do princípio da reparação (indenização) integral do dano em matéria responsabilidade contratual, similar ao artigo 416 que trata da cláusula penal.

558 Conforme explicitam LOUREIRO, Francisco Eduardo. Arras, p. 773; e SILVA, Jorge Cesa Ferreira da. *Inadimplemento das Obrigações*: comentários aos arts. 389 a 420 do código civil, p. 311.

do contrato não combina com o regime do sinal, e procura demonstrar a dinâmica diversa de cada um[559]. Porém não parece que essa máxima se mantenha após o efetivo exercício do sinal.

Para CALVÃO DA SILVA[560] e alguns autores brasileiros[561], o pedido de resolução do contrato está implícito sempre que houver exercício de qualquer tipo de sinal. Tal afirmação parece não ser compatível com o entendimento de MENEZES CORDEIRO exposto acima, mas na verdade trata-se de incompatibilidade apenas aparente. É que do exercício do sinal pelo contraente não faltoso se subsume a vontade de também resolver o contrato, ou extinguir a obrigação, mas tal resolução somente irá ocorrer ao fim de toda a cadeia de efeitos do funcionamento do sinal. É um efeito que normalmente irá ocorrer, inclusive com expressa previsão no artigo 418 do Código Civil brasileiro. A resolução do contrato ou a extinção da obrigação, portanto, é o efeito final do funcionamento do sinal confirmatório-indenizatório, somente ocorrendo após a verificação da ocorrência dos outros efeitos normais do exercício da figura.

Por fim, uma última nota para destacar que a existência do sinal confirmatório-indenizatório não faz com que a possibilidade de exigência do cumprimento coercitivo da prestação seja afastada. Assim, a partir do momento da constituição do incumprimento definitivo do contrato, ou descumprimento da obrigação acessória assegurada pelo sinal, a parte inocente pode, em vez de fazer funcionar o sinal, exigir o cumprimento forçado da prestação. Tal entendimento, inclusive, possui previsão expressa no Direito brasileiro, conforme se extrai da leitura atenta da norma contida na segunda parte do artigo 419, que possibilita o pedido de "execução"[562] do contrato. No Direito português também existe norma expressa permitindo que a parte opte pela execução específica do contrato-promessa em alternativa ao funcionamento do sinal, prevista no nº 3 do artigo 422º do CCP. Mas essa possibilidade não está restrita aos contratos-promessa, já que nos contratos em geral, mesmo não havendo expressa previsão (trata-se de uma conclusão lógica das regras gerais do direito obrigacional), já que o credor tem o direito de ver o contrato cumprido[563].

A existência de sinal confirmatório-indenizatório, portanto, não faz com que a opção do contraente não faltoso quando do incumprimento do contrato fique restrita ao funcionamento deste. Pelo contrário, sua cons-

559 CORDEIRO, António Menezes. *Tratado de Direito Civil*, v. VII, p. 387.

560 SILVA, João Calvão da. *Sinal e Contrato Promessa*, p. 95.

561 LOUREIRO, Francisco Eduardo. Arras, p. 766; SILVA, Jorge Cesa Ferreira da. *Inadimplemento das Obrigações*: comentários aos arts. 389 a 420 do código civil, p. 298.

562 O termo mais correto seria exigir o cumprimento do contrato.

563 OLIVEIRA, Nuno Manuel Pinto. *Ensaio Sobre o Sinal*, p. 116-118.

tituição, assim como ocorre com a cláusula penal, faz com que surjam alternativas para que o "credor" tutele seu crédito. Se no caso do sinal penitencial as alternativas de cumprimento são abertas para aquele que deseja se desvincular do contrato, no sinal confirmatório, de forma diametralmente oposta, as alternativas surgem para aquele que busca com que a outra parte cumpra a prestação. Dessa forma, a figura também pode ser entendida como uma obrigação com faculdade alternativa, não para a parte *debitoris*, mas sim para a parte *creditoris*, mais especificamente para o contratante não faltoso.

3.3.3.2. Sinal Confirmatório Coercitivo

O sinal confirmatório-coercitivo tem natureza de pena privada e é voltado para sancionar a conduta ilícita do contraente que não cumprir o contrato. Por ter esse caráter punitivo, essa espécie de sinal nunca pode ser presumida, uma vez que tal presunção violaria o brocardo *nulla poena sine legem*. Tanto no Direito português, quanto no Direito brasileiro somente é possível verificar a constituição do sinal confirmatório-coercitivo caso as partes assim estabeleçam. Por se tratar de espécie de sinal atípica, não prevista nos ordenamentos português e brasileiro, as normas que regulamentam os outros tipos de sinal não se aplicam de forma integral, somente funcionando como normas supletivas quando for possível aplicá-las. Nesse sentido, todas as normas que tratem o sinal como sanção de natureza indenizatória não devem ser aplicadas, já que são incompatíveis com a natureza punitiva do sinal coercitivo.

O efeito imediato que se verifica quando do estabelecimento desse sinal é, por consequência, o estabelecimento de uma pena privada para a parte que violar o contrato. Além disso há um reforço na vinculação obrigacional entre as partes, reforço que será mais forte do que no sinal indenizatório, já que há verdadeira coerção ao cumprimento da prestação contratada[564].

Assim como ocorre com as outras espécies de sinal, o efeito verificado quando do cumprimento do contrato pelas partes é a imputação do valor ou objeto dado como sinal na prestação devida, ou, em caso de impossibilidade, a devolução em singelo para o *tradens*. Caso haja o cumprimento, portanto, o sinal funcionará na verdade como antecipação de cumprimento e seus efeitos não serão verificados. Se, por outro lado, a imputação do objeto dado como sinal são for possível no cumprimento da obrigação assegurada, ele deverá ser devolvido de forma simples ao *tradens*, a fim de evitar

564 ROSENVALD, Nelson. *Cláusula Penal*: A pena privada nas relações negociais, p. 175. Cumpre destacar, porém, que o autor não apresenta a visão dualista mais moderna sobre o sinal.

o enriquecimento sem causa do *accipiens.* Como bem demonstra MENEZES LEITÃO[565], quando há a impossibilidade de imputação do sinal no "preço" da obrigação, é verificada uma situação de *condictio ob causam finitam*, ou seja, uma situação em que a causa jurídica da dação passa a não mais existir, havendo necessidade de restituição para evitar o enriquecimento sem causa. Importante notar que essa situação é verificada não só quando existir impossibilidade de imputação, mas também quando houver um incumprimento da obrigação sem culpa da parte ou quando o sinal for revogado ou nulo.

Diferentemente, quando se verificar o incumprimento do contrato, o sinal confirmatório-coercitivo irá funcionar e produzir efeitos. Porém, diferentemente do que ocorre no caso do sinal confirmatório-indenizatório, e nos exatos moldes da cláusula penal *stricto sensu*, essa espécie de sinal passa a produzir efeitos logo que ocorra o incumprimento[566], não havendo necessidade de constituição em mora da obrigação e posterior conversão em incumprimento definitivo do contrato. O raciocínio nesse caso deve ser diverso do sinal com caráter indenizatório. Na espécie em análise há constituição de uma verdadeira sanção punitiva contra o inadimplemento, sendo produzidos efeitos logo que este se verifique.

Como não há função indenizatória no sinal confirmatório-coercitivo, a verificação dos requisitos da responsabilidade civil em geral não se aplica[567], existindo na verdade toda uma dinâmica própria das penas privadas, assim como ocorre com a cláusula penal propriamente dita. Isso significa dizer que o momento de exercício dessa espécie de sinal não precisa coincidir com o momento em que seria possível pleitear um pedido indenizatório.

Considerando essa dinâmica própria, para que ocorra o funcionamento do sinal confirmatório-coercitivo, não é preciso que haja produção de danos[568]. Não custa repetir que a espécie não possui natureza indenizatória e sim sancionatória punitiva, o que faz com que não só seja dispensada a prova dos danos por parte do contraente faltoso, mas seja desnecessária a própria existência deles. Não cabe, assim, ao contraente faltoso, a possibilidade de prova da inexistência de danos como defesa perante o exercício do sinal. O inadimplente poderá se defender unicamente demonstrando que não teve culpa, ou seja, que o incumprimento se deu por fato a si não impu-

565 LEITÃO, Luis Manuel Teles de Menezes. *O enriquecimento sem causa no direito civil*: estudo dogmático sobre a viabilidade da configuração unitária do instituto, face à contraposição entre as diferentes categorias de enriquecimento sem causa. Coimbra: Almedina, 2005, p. 490-491.

566 Conforme destaca OLIVEIRA, Nuno Manuel Pinto. *Ensaio Sobre o Sinal*, p. 111 e 198.

567 OLIVEIRA, Nuno Manuel Pinto. *Ensaio Sobre o Sinal*, p. 109.

568 OLIVEIRA, Nuno Manuel Pinto. *Ensaio Sobre o Sinal*, p. 44. Também destaca esse aspecto, apesar de não apresentar uma visão dualista sobre o sinal confirmatório, ROSENVALD, Nelson. *Cláusula Penal*: A pena privada nas relações negociais, p. 176.

tável, aspecto que faz com que essa espécie de sinal seja um reforço ainda maior na vinculação entre as partes.

Ocorrendo, portanto, o incumprimento da prestação, ou a não celebração do contrato-promessa, o sinal confirmatório-coercitivo passará a funcionar no mesmo momento e, consequentemente, começará a produzir seus efeitos mediatos clássicos. Caso a violação se dê por fato imputável ao *tradens*, o *accipiens* poderá reter o valor ou objeto dado como sinal. Por outro lado, caso a violação seja praticada pelo *accipiens*, o *tradens* poderá exigir o dobro do valor dado ou a restituição do objeto entregue mais o seu equivalente pecuniário. Cabe ressaltar que não se vislumbra nessa espécie de sinal a possibilidade do "efeito alternativo" previsto no nº 2 do artigo 442º do Código Civil português, já que se trata de um efeito com natureza nitidamente indenizatória/compensatória, que não combina com o sinal coercitivo.

Uma questão que parece carecer de reflexão por parte da doutrina lusófona é a possibilidade de se estabelecer como efeito do sinal confirmatório-coercitivo uma consequência mais gravosa do que aquela prevista na lei. Seria possível, por exemplo, as partes determinarem a devolução do sinal pelo *accipiens* em triplo, e não em dobro? A resposta mais coerente e adequada à estrutura do sinal, e também aos princípios que regem as relações obrigacionais, tem que ser negativa. O estabelecimento de uma sanção dessa magnitude não parece harmonizar com a dinâmica normal do sinal. Além disso tal exigência acaba colocando uma das partes em situação de extrema desvantagem em relação à outra, violando os ditames da boa-fé, podendo tal conduta ser reconhecida como o exercício abusivo de uma posição jurídica[569].

Importante ressaltar que o sinal confirmatório-coercitivo, assim como a cláusula penal *stricto sensu*, apesar de não se relacionar com a indenização, substitui o valor desta caso ocorra incumprimento do contrato. Essa subespécie de sinal tem, portanto, efeito mediato substitutivo, funcionando como satisfação do interesse do credor no cumprimento. Esse efeito aparentemente obstaria a pretensão indenizatória pela parte inocente, porém tal óbice não é absoluto, comportando algumas exceções, assim como ocorre com a cláusula penal com a mesma natureza.

A primeira exceção diz respeito à já mencionada apreciação da identidade dos interesses pensada por PINTO MONTEIRO[570]. Para que seja afastado esse óbice aparente da cumulação entre o sinal e a indenização, inicialmente é fundamental verificar qual o interesse protegido pelo sinal. Caso o sinal seja utilizado para reforçar a obrigação principal, e os danos

569 CORDEIRO, António Menezes. Do abuso do direito: estado das questões e perspectiva.

570 MONTEIRO, António Pinto. *Cláusula Penal e Indemnização*, p. 434.

somente decorram da violação desta, não será possível o pedido de indenização, já que há uma identidade de interesses em jogo. Porém, caso os danos sejam decorrentes da violação de uma cláusula ou dever acessório, é perfeitamente plausível que a parte inocente exerça o sinal e, ao mesmo tempo, peça a indenização pelos danos decorrentes dessa violação "secundária ou lateral", já que não é possível verificar a existência de uma colisão de interesses. Ainda, caso o sinal seja utilizado para reforçar uma obrigação acessória, a violação da obrigação principal permite que a parte não faltosa pleiteie a indenização daí decorrente.

Uma segunda exceção se verifica quando as partes expressamente determinarem que o exercício do sinal não impossibilitará o pleito indenizatório. Trata-se de uma determinação decorrente de uma cláusula comumente utilizada nos contratos. Nesses termos, as partes acabam estabelecendo, além da possibilidade de exercício do sinal, a possibilidade de pedido indenizatório. Importante sublinhar o entendimento de FARIAS e ROSENVALD[571], que apesar de não apresentarem uma visão dualista sobre o sinal confirmatório, afirmam que não há nenhum óbice para que as partes estabeleçam cláusula em que se cumule o sinal com a totalidade do valor das perdas e danos. Os autores, porém, de forma incorreta, identificam no artigo 419 do CCB uma verdadeira prova de que o sinal pode ser considerado uma pena privada, entendimento que não pode prevalecer, tendo em vista que tal norma índole indenizatória é uma concretização do princípio da reparação integral que baseia toda a dinâmica da responsabilidade civil no Direito brasileiro.

No Direito português, também, não parece haver nenhum impedimento para que esse tipo de cláusula seja aplicado, já que no direito obrigacional e contratual vigora o princípio da liberdade, consagrado no artigo 405º do CCP. Ainda que o diploma civil português possua uma dinâmica voltada para o sinal confirmatório de cariz indenizatório, não se vislumbra vedação a essa disposição contratual. As partes, portanto, desde que respeitem os limites que o sistema impõe, podem estabelecer que o sinal funcione em conjunto com a pretensão indenizatória, caso esta exista.

Além do efeito clássico mediato, o efeito clássico derradeiro do sinal também é verificado. Assim, quando há incumprimento do contrato por uma das partes, além da possibilidade de exigir o sinal, o não faltoso pode pedir a resolução do contrato ou a extinção da obrigação. Mais uma vez repete-se que tal efeito somente será verificado quando a cadeia de efeitos do sinal terminar. Não é, portanto, um efeito que surge logo do incumprimento do contrato, mas somente após o efetivo funcionamento do sinal, sendo o último a ser verificado.

571 FARIAS, Cristiano Chaves de; ROSENVALD, Nelson. Obrigações, p. 628.

Trata-se de uma consideração importante, já que, assim como ocorre com o sinal confirmatório-indenizatório, o sinal coercitivo não é a única opção que o contraente não faltoso tem para tutelar seu interesse. Em verdade, nessa espécie de sinal, as opções são ainda mais ampliadas. Conforme já anteriormente destacado, o sinal confirmatório cria uma obrigação com faculdade alternativa para o não faltoso, que pode escolher como irá tutelar seu direito ao cumprimento da prestação. Caso as partes estabelecem um sinal coercitivo, portanto, quando for verificado o incumprimento do contrato, será aberta uma série de alternativas para a consecução do direito ao cumprimento por parte do contraente inocente.

Além das duas opções já apontadas para o sinal confirmatório-indenizatório, quais sejam, a possibilidade de exercício do sinal ou a exigência do cumprimento coercitivo da prestação, uma terceira opção se apresenta com o sinal confirmatório-coercitivo, que é a possibilidade de pedir a indenização pelo incumprimento do contrato[572]. Essa possibilidade de pedir a reparação/compensação dos danos sofridos em decorrência do inadimplemento se mantém para a parte não faltosa, já que o sinal nesse caso não tem função indenizatória, e sim punitiva. São verificadas, portanto, pelo menos três alternativas de satisfação do interesse do "credor" quando o sinal coercitivo for estabelecido, que podem ser exercidas de forma exclusiva ou sucessiva, dependendo de sua escolha.

3.4. Controle do Valor do Sinal

3.4.1. Ressalva Inicial

Analisadas as principais questões relativas à função e natureza jurídica, e traçadas as principais considerações acerca do funcionamento e dos efeitos de cada um dos tipos de sinal, é preciso analisar uma última questão envolvendo a figura, que é o controle de seu valor. Trata-se de assunto amplamente tratado pela doutrina, seja portuguesa, seja brasileira, mas que muitas vezes parece ter respostas inadequadas ou insuficientes. Autores portugueses[573] e brasileiros[574] defendem que o controle do valor do sinal deve se dar nos mesmos moldes do controle da pena convencional, deven-

572 OLIVEIRA, Nuno Manuel Pinto. *Ensaio Sobre o Sinal*, p. 117.

573 Entre eles ALVES, Hugo André Ramos. *Dação em Cumprimento*, p. 494, nota 460; MONTEIRO, António Pinto. *Cláusula Penal e Indemnização*, p. 195-224; OLIVEIRA, Nuno Manuel Pinto. *Ensaio Sobre o Sinal*, p. 257.

574 Por exemplo: ROSENVALD, Nelson. *Cláusula Penal*: A pena privada nas relações negociais, p. 177 e 181; SILVA, Jorge Cesa Ferreira da. *Inadimplemento das Obrigações*: comentários aos arts. 389 a 420 do código civil, p. 309; SCAVONE JUNIOR, Luiz Antonio. *Do descumprimento das obrigações*: consequências à luz do princípio da restituição integral, interpretação sistemática e teleológica, p. 301-302; e TARTUCE, Flávio. *Direito Civil*, p. 262.

do ser aplicados por analogia os artigos que regulamentam a matéria, quais sejam, o artigo 812º do Código Civil português e o artigo 413 do Código Civil brasileiro. Nesse mesmo, sentido é possível encontrar decisões do STJ-Portugal[575]. Também foi assim que decidiu o STJ-Brasil em julgado recente[576]. Ambas as cortes superiores têm sido positivas quanto à possibilidade de aplicar analogicamente as regras de controle do valor da cláusula penal para o controle do valor do sinal. De fato, essa aplicação analógica é um tanto quanto sedutora[577] e à primeira vista parece ser correta. Porém não é a melhor forma de proceder. Diferentemente do que defende a doutrina e a vem decidindo a jurisprudência, o controle do sinal não deve ser feito nos mesmos moldes da cláusula penal.

Essa impossibilidade de aplicação analógica das normas de controle da cláusula penal ao sinal não significa, contudo, que este não possa e não deva ser controlado. Mesmo considerando que, diferentemente do valor da pena convencional decorrente da cláusula penal, o valor do sinal raramente será excessivo[578], uma vez que encontra limites no próprio valor da obrigação, não se pode afastar a possibilidade de seu controle. Porém esse controle não deve ser feito mediante a utilização de uma ou outra norma de forma analógica.

Não cabe agora adentrar nessa discussão, que será realizada mais à frente no presente trabalho. Importante, ainda assim, ressaltar, como bem aponta RAPOSO BERNARDO[579], que a utilização forçosa do 812º (ou 413) para o controle do valor do sinal é desnecessária. A ordem jurídica civil portuguesa e a brasileira possuem "armas" suficientemente sólidas e robustas para controlar o sinal, principalmente considerando o olhar funcional que se defende no presente trabalho e os efeitos produzidos por cada espécie, sendo agora necessário verificar como se pode utilizar tal arsenal para controlar as figuras em análise.

575 PORTUGAL. Supremo Tribunal de Justiça. *Processo nº 1377/06.0TVLSB.L1.S.1*. Rel. Juiz Conselheiro Urbano Dias. Julgado em 20/05/2010; PORTUGAL. Supremo Tribunal de Justiça. *Processo nº 04B3837*. Rel. Juiz Conselheiro Salvador da Costa. Julgado em 18/11/2004; PORTUGAL. Supremo Tribunal de Justiça. *Processo nº 066618*. Rel. Juiz Conselheiro Ferreira da Costa. Julgado em 14/06/1977 (ainda que antigo, este julgado sempre é citado como paradigmático para o reconhecimento dessa aplicação analógica). Todos publicados em www.dgsi.pt.

576 BRASIL. Superior Tribunal de Justiça. *REsp 1513259/MS*. Rel. Min. João Otávio de Noronha. Publicado em *DJe* 22/02/2016.

577 BERNARDO, Nelson Raposo. Sinal da sua irredutibilidade por equidade: um problema de aplicação do artigo 812.º do código civil ao sinal, p. 420.

578 Como cogitam BERNARDO, Nelson Raposo. Sinal da sua irredutibilidade por equidade: um problema de aplicação do artigo 812.º do código civil ao sinal, p. 414; e SILVA, João Calvão da. *Cumprimento e Sanção Pecuniária Compulsória*, p. 305-306.

579 BERNARDO, Nelson Raposo. Sinal da sua irredutibilidade por equidade: um problema de aplicação do artigo 812.º do código civil ao sinal, p. 416.

3.4.2. Sinal Penitencial

Para a solução do problema relacionado ao controle do valor do sinal penitencial, parece que é necessário, antes de mais nada, entender para que serve esse valor, ou seja, avaliar a função exercida por essa espécie de sinal tendo em mente seu funcionamento e seus efeitos. Como anteriormente evidenciado, a principal função do sinal penitencial é a criação de um direito de arrependimento para as partes. Além disso foi destacado que seu efeito derradeiro é a extinção do dever prestar pela substituição por uma prestação alternativa. O controle do exercício do sinal penitencial, portanto, passa na verdade por um controle do exercício do direito de arrependimento, ou seja, o controle do exercício de um poder, de um direito potestativo a ser exercido por uma das partes, que deve ser controlado através do abuso de direito (artigos 334º do CCP e 187 do CCB)[580]. Segundo aponta JUDITH MARTINS-COSTA, os parâmetros da boa-fé também devem ser verificados quando haja pedido de resolução (*lato sensu*) do contrato[581]. Ainda que não se considere a extinção da obrigação quando haja arrependimento em caso de resolução do ponto de vista técnico, tal acepção da autora vale também para o exercício do sinal penitencial. Ou seja, a boa-fé em sua função corretora também deve ser utilizada como parâmetro de controle da desvinculação exercida pelas partes por meio do sinal penitencial. A extinção da obrigação, seja por qualquer motivo, deve observar os parâmetros da boa-fé, devendo ser incluída nessa noção a extinção pela dação em cumprimento operada pelo sinal penitencial.

Esse controle do exercício do direito de arrependimento parece ser simples e meramente ligado ao momento em que uma das partes irá exercê-lo. Conforme verificado, a desvinculação não pode coincidir ou ultrapassar o momento da execução do contrato ou do cumprimento da obrigação. Mas na verdade o controle deve ser mais amplo. Não se pode olvidar que se está perante o campo de atuação da boa-fé, e qualquer comportamento que exceda os limites por ela impostos será considerado um comportamento abusivo, merecendo assim um controle. Dessa forma, se no momento do exercício do direito de arrependimento for verificado um comportamento que viole os ditames da boa-fé, o exercício deverá ser impedido[582]. Não há nesse caso, contudo, que se falar em controle do valor do sinal penitencial, uma vez que seu próprio exercício será obstado.

Pergunta-se, por outro lado, se será possível, considerando que o exercício do direito de arrependimento e, consequentemente, do sinal peniten-

580 RODRIGUES, Lia Palazzo. *Das Arras*, p. 58-64.

581 MARTINS-COSTA, Judith. *A Boa-fé no Direito Privado*: critérios para a sua aplicação, p. 677.

582 CORDEIRO, António Menezes. Do abuso do direito: estado das questões e perspectivas.

cial foi regular, controlar o valor estabelecido pelas partes, ou seja, o preço do arrependimento. PINTO OLIVEIRA[583] é enfático ao afastar a possibilidade de controle do valor pactuado pelas partes como preço pelo arrependimento. Ele argumenta que o valor do sinal penitencial não serve para sancionar uma conduta ilícita, pelo contrário, serve para definir o preço de uma conduta lícita, qual seja, o preço para o exercício do direito do arrependimento. Dessa forma, possibilitar ao julgador moderar esse valor significaria autorizar a total ingerência dele no conteúdo da declaração da vontade das partes, uma vez que tal valor foi livremente decidido pelas partes.

A princípio, o argumento do referido autor parece ser incontestável, sendo que uma redução no valor do sinal penitencial livremente acordado pelas partes poderia realmente significar uma ingerência do julgador no conteúdo do contrato. Porém bem se sabe que nos dias de hoje não há que se falar em autonomia das vontades, mas sim autonomia privada[584], e que, ao analisar o conteúdo de alguma cláusula contratual, o julgador deve considerar os limites da autonomia das partes de acordo com o sistema jurídico, e principalmente de acordo com os limites impostos pela boa-fé. Obviamente não é salutar ou recomendável que exista um sistema jurídico em que o julgador constantemente possa modificar ou exercer ingerência no conteúdo dos contratos e obrigações, porém isso não quer dizer que o julgador nunca deva exercer seu poder de controle.

Nesse sentido, o posicionamento de PINTO OLIVEIRA não pode prosperar. Mesmo que se considere que o exercício em si do sinal penitencial (o direito de arrependimento) foi regular, não se pode rejeitar que o valor seja excessivo. Tal situação também deve ser considerada como abuso de direito, não em relação ao exercício do sinal, e sim em relação aos efeitos de seu exercício, que tampouco podem ser abusivos. Dessa forma, caso seja verificado abuso manifesto em relação ao valor a ser retido ou recebido em dobro, o julgador deverá utilizar o artigo 334º do CCP ou o artigo 187 do CCB, reconhecendo o abuso e decotando o valor considerado abusivo.

Além disso o principal motivo para o eventual controle do sinal, com redução de seu valor, passa pela possibilidade de alteração das circunstâncias ou onerosidade excessiva[585]. Um dos principais aspectos relacionados ao sinal é a necessidade de tradição do valor ou objeto, devendo essa entre-

583 OLIVEIRA, Nuno Manuel Pinto. *Ensaio Sobre o Sinal*, p. 260 e 257-266.

584 Que como bem aponta VICENTE, Dário Moura. A Autonomia Privada e seus Diferentes Significados à Luz do Direito Comparado. *Revista de Direito Civil*, Lisboa, ano I, nº 2, 2016, p. 280-286, nos países do sistema romano-germânico, apesar de se basear na vontade humana, deve ser sempre exercida dentro dos limites da lei e do sistema, e não pode significar uma força absoluta da vinculatividade das obrigações.

585 BERNARDO, Nelson Raposo. Sinal da sua irredutibilidade por equidade: um problema de aplicação do artigo 812.º do código civil ao sinal, p. 417.

ga sempre ocorrer anteriormente à verificação de seus efeitos. Nesse sentido, não será incomum que no momento de uma das partes exercer o direito de arrependimento, haja alguma modificação na sua situação fático-jurídica que faça com que o valor do sinal se torne excessivo. Essa verificação superveniente do exagero do valor do sinal, seja o valor retido, seja o valor que deve ser devolvido "em dobro", ensejará o pedido da redução do valor pelo "arrependido". Caso sejam verificados os pressupostos da alteração de circunstâncias do artigo 437º do diploma civil português, ou a onerosidade excessiva dos artigos 478 a 480 do diploma brasileiro, o juiz deverá reduzir o valor, exercendo o controle do sinal conforme é aqui defendido[586].

Tais considerações não só demonstram que existe a possibilidade de controle do valor do sinal penitencial, como também evidenciam a desnecessidade de aplicar de forma forçosa o artigo 812º do CCP ou o artigo 413 do CCB. O sistema jurídico privado tanto de Portugal quanto do Brasil possui mecanismos suficientes para que esse controle seja exercido, cabendo ao julgador analisar em que contexto o pedido de redução do valor do "preço de arrependimento" está sendo formulado. Caso seja em um contexto de normalidade do exercício do sinal penitencial, mas que fique evidenciado que seu valor é abusivo, o julgador deverá utilizar as normas que determinam a proibição do abuso de direito e, reconhecendo o exercício abusivo, decotar a parte excessiva, reduzindo o valor. Por outro lado, caso o contexto seja de verificação de mudanças supervenientes na posição fático-jurídica das partes que seja suficiente para alterar as circunstâncias do contrato (Portugal), ou tornar o valor excessivamente oneroso para a parte que deseja desistir (Brasil), o julgador também deverá moderar o valor, utilizando a segunda parte do nº 1 do artigo 437º da lei civil portuguesa, ou o artigo 480 da lei civil brasileira.

3.4.3. Sinal Confirmatório

3.4.3.1. Sinal Confirmatório-Indenizatório

O sinal confirmatório-indenizatório, como o próprio nome já diz, possui natureza indenizatória, sendo sua principal função determinar antecipadamente o valor da compensação que deverá ser paga pela parte que descumprir a obrigação assegurada. Conforme já evidenciado, por ter caráter

586 Para uma visão comparatista luso-brasileiro sobre esses institutos que decorrem da cláusula *rebus sic stantibus*, ver: ASCENSÃO, José de Oliveira. Onerosidade excessiva por "alteração das circunstâncias". *Revista da Ordem dos Advogados*, Lisboa, ano 65, v. III, dez. 2005; e KHOURI, Paulo. R. Roque. *A Revisão Judicial dos Contratos no Novo Código Civil, Código do Consumidor e Lei 8.666/93*. São Paulo: Atlas, 2006, principalmente p. 7-27.

indenizatório, o funcionamento dessa espécie de sinal depende do preenchimento de todos os requisitos da responsabilidade civil, sendo o principal deles a existência de danos. Apesar de essa espécie de sinal funcionar como uma espécie de presunção convencional da existência de prejuízo em caso de incumprimento, a apresentação de prova em sentido contrário por parte do faltoso afasta seu funcionamento. Caso o faltoso não consiga fazer essa prova em contrário, ou porque os danos efetivamente ocorreram, ou porque a prova foi efetivamente impossível, o sinal irá funcionar, sendo verificados os efeitos já analisados.

Por ter esse cariz indenizatório, e considerando que vige tanto em Portugal, quando no Brasil, o princípio da reparação integral dos danos causados, na constituição desse tipo de sinal as partes sempre devem buscar um valor que seja efetivamente aquele que corresponda à reparação dos danos esperados em função do incumprimento do contrato ou obrigação. Porém já foi visto que, no Brasil, o valor será na verdade um mínimo indenizatório, sempre sendo possível que, em caso de prova da existência de danos superiores ao valor do sinal, o lesado seja integralmente reparado. Em Portugal, tal situação também não está totalmente afastada, podendo ser estabelecido um acordo para a reparação do dano excedente, como disciplina o nº 4 do artigo 442. Portanto, não se afasta a possibilidade de eventual "aumento do valor do sinal", para que o objetivo de reparação integral do dano seja alcançado. Obviamente não será um aumento real deste valor, mas sim uma condenação que considere o sinal mais os danos excedentes experimentados e provados pelo lesado.

Porém, o problema ocorre quando o valor do sinal é superior ao valor do prejuízo experimentado pelo lesado. Mais uma vez, considerando que o princípio basilar que rege a responsabilidade é o da reparação integral do dano, caso o valor do sinal for superior ao valor dos danos, não se estaria violando tal princípio nem o regime normal da responsabilidade civil contratual. A resposta é simples, e deve ser a mesma dada para a cláusula penal de liquidação antecipada dos danos. Por ter cariz indenizatório, o valor do sinal não pode nunca supracompensar o lesado. Não é possível que o valor do sinal seja superior aos danos efetivamente sofridos. A forma de controle, porém, conforme já amplamente destacada, deve ser diferente daquela utilizada para a cláusula penal.

Caso o lesante consiga provar que o valor do sinal constituído é superior ao valor do prejuízo causado pelo incumprimento do contrato ou obrigação, o julgador deverá reduzir o valor. Essa redução, contudo, não deve se dar pela utilização da regra do artigo 812º ou do artigo 413, mas sim pelas regras do enriquecimento sem causa. O julgador, portanto, deverá moderar o valor do sinal, reduzindo até o patamar do valor dos danos efetivamente sofridos pelo lesado, como forma de evitar que haja enriquecimento sem causa deste, vedado pelos artigos 473 do CCP e 884 do CCB. Mas os efeitos e a forma de controle através do enriquecimento sem causa são diferentes quando se tratar da retenção e quando se tratar da devolução em dobro do sinal.

Relativamente à retenção do sinal pelo *accipiens* de um objeto ou bem cujo valor é superior ao valor dos danos efetivamente verificados, estar-se-ia perante uma situação de enriquecimento sem causa por não verificação do efeito pretendido. Isso porque as partes tinham como efeito pretendido para o valor dado a título de sinal a compensação da parte que fosse lesada pelo incumprimento. Se for verificado que o valor foi superior aos danos efetivamente provados pela parte-lesante que incumpriu o contrato, uma parte do valor deverá ser devolvida. Há a verificação de uma *condictio causa data* nessa prestação antecipada indenizatória, já que o efeito total dela não foi verificado[587]. Não sendo verificado o efeito pretendido, o *accipiens* deve devolver ao *tradens* o valor que exceder o montante dos prejuízos apurados, com base nos ditames dos artigos 473º, nº 3, do Código Civil português e 884 do Código Civil brasileiro. Nesse caso há efetiva necessidade de restituição, pois o enriquecimento sem causa é verificado.

Por outro lado, relativamente à devolução "em dobro" do sinal cujo valor for superior ao montante dos prejuízos havidos, não se verifica *a priori* situação de enriquecimento sem causa[588]. Porém será necessário que o julgador ajuste o valor que deve ser entregue pelo *accipiens* ao *tradens* como forma de evitar que o segundo se locuplete. Assim, o princípio da proibição do enriquecimento sem causa, existente em ambos os ordenamentos jurídicos, servirá de fundamento para a intervenção do julgador na eficácia do negócio jurídico celebrado pelas partes[589]. Não há nesse caso, portanto, verdadeira necessidade de restituição do enriquecimento injustificado, mas antes uma atuação preventiva do julgador para evitar que o enriquecimento sem causa venha a se concretizar.

Obviamente não se pode olvidar que em uma relação contratual existem valores subjetivos, que muitas vezes fazem com que o valor que uma das partes dá para o cumprimento do contrato seja maior que o valor dos prejuízos verificados em decorrência do incumprimento. O julgador deve ter esse aspecto em mente no momento do controle do valor do sinal, devendo o lesado também sublinhar esta questão como forma de resguardar

587 LEITÃO, Luis Manuel Teles de Menezes. *O enriquecimento sem causa no direito civil*: estudo dogmático sobre a viabilidade da configuração unitária do instituto, face à contraposição entre as diferentes categorias de enriquecimento sem causa, p. 512-514.

588 Já que não é possível identificar a situação nas 4 (quatro) categorias de enriquecimento propostas por MENEZES LEITÃO, que podem ser verificadas de forma sintética em: LEITÃO, Luis Manuel Teles de Menezes. O Enriquecimento sem Causa no Novo Código Civil Brasileiro. In: *Estudos em homenagem ao Prof. Doutor Manuel Henrique Mesquita*. Coimbra: Coimbra Editora, 2009. v. II, p. 21-30.

589 NANNI, Giovanni Ettore. *Enriquecimento sem causa*, p. 356-359.

seu direito. Assim pode-se cogitar que um sinal que seja um pouco superior aos danos não seja reduzido. Porém, qualquer valor que seja "mais que um pouco" superior deve ser controlado, devendo o julgador decotar o valor excessivo aproximando-o do valor do dano, do prejuízo. Por fim, vale dizer que todas as considerações feitas sobre o controle da cláusula penal como liquidação antecipada do dano devem também ser levadas em conta no controle do sinal.

3.4.3.2. Sinal Confirmatório-Coercitivo

Finalmente, cabe analisar os pressupostos de controle do valor do sinal confirmatório-coercitivo, que, por seu caráter de pena privada, muito se assemelha ao controle da pena convencional decorrente da cláusula penal *stricto sensu*. Todas as considerações sobre o controle daquela espécie, portanto, se aplicam à espécie de sinal agora em análise.

O sinal confirmatório-coercitivo é uma pena privada convencional. Seu exercício, como foi evidenciado, é um direito subjetivo do contraente não faltoso. Nesse sentido, o parâmetro de controle do valor do sinal confirmatório-coercitivo é o abuso de direito. Deve se utilizar dos ditames da boa-fé objetiva e sua função corretora para controlar o direito do credor à pena convencional. Caso seja verificado que o valor da pena estabelecida no sinal é excessivo, esta deve ser reduzida, já que seu exercício sem moderação geraria uma situação tipicamente abusiva, qual seja, o exercício disfuncional de posições jurídicas[590].

Ao exercer a pena convencional decorrente da constituição desse tipo de sinal, o não faltoso precisa respeitar os ditames da boa-fé objetiva. Dessa forma, a exigência de uma pena com valor excessivo caracteriza abuso de direito, uma vez que, de forma desproporcional e ao mesmo tempo, o credor estará se beneficiando excessivamente e impondo grave sacrifício àquele que descumprir a obrigação[591]. O *accipiens* que retenha um objeto ou bem dado como sinal cujo valor seja excessivo estará abusando de seu direito à retenção, ou seja, de seu direito à pena. No mesmo sentido, o *tradens* que exige a devolução em dobro do sinal cujo valor é exorbitante também estará abusando de seu direito. O problema do controle do sinal confirmatório-coercitivo, portanto, passa por identificar o que deve ser interpretado como valor abusivo nesse tipo de pena privada. É sem dúvida aspecto de difícil apreciação, principalmente considerando que existe uma clara limitação de seu valor, que não pode ser superior ao valor da obrigação.

590 OLIVEIRA, Nuno Manuel Pinto. *Ensaio Sobre o Sinal*, p. 233.

591 CORDEIRO, António Menezes. Do abuso do direito: estado das questões e perspectivas.

Porém, mesmo que a verificação da abusividade dessa espécie de pena convencional esteja mais condicionada que no caso da pena proveniente da cláusula penal, deve-se sempre ter em mente a possibilidade de seu controle pelo julgador. Verificada, caso a caso, a abusividade da pena proveniente do sinal confirmatório-coercitivo, contrária à boa-fé e aos ditames dos artigos 344º e 762º, nº 2, do Direito português, e 187 e 422 do Direito brasileiro, o julgador deve reduzi-la. Os requisitos e o procedimento acabam sendo os mesmos para a pena convencional decorrente da cláusula penal *stricto sensu*. Deve, assim, afastar a parte do valor efetivamente abusiva, reduzindo o valor da pena, mas levando sempre em conta que a redução não pode nunca significar a supressão da função coercitiva e punitiva, própria das penas privadas.

Pela própria natureza de pena privada que o sinal confirmatório-coercitivo possui, a verificação da excessividade do valor da pena, da abusividade no exercício dessa posição jurídica, deve considerar o comportamento e a capacidade econômica do lesante. Nesse sentido, parece ser possível afirmar que a gravidade da conduta do lesante é um aspecto fundamental que o julgador deve ter em conta quando do controle do valor dessa espécie de sinal. Uma conduta muito gravosa não pode merecer ajuste, uma vez que a principal função da pena privada convencional é punir o ofensor. Por outro lado, caso seja verificado que o incumprimento se deu por culpa leve do lesante, as circunstâncias do caso podem levar à necessidade de ajuste do valor da pena. Além disso é importante analisar a situação econômica do faltoso, uma vez que o próprio incumprimento do contrato pode ter ocorrido por motivações econômicas, que podem levar à impossibilidade de pagamento do valor da pena em sua totalidade. Fundamental, porém, ressaltar que a simples situação econômica precária do lesante não pode nunca ser motivo para a redução da pena. A construção da redução do valor do sinal deve ser científica, sendo certo que a forma de controle irá variar de acordo com a situação de incumprimento por cada parte na relação obrigacional.

Caso o incumprimento do contrato se dê por fato imputável ao *tradens*, importante ter em mente que o valor já foi entregue para o *accipiens*. Dessa forma, o eventual ato abusivo que estará sendo analisado é o direito de retenção do sinal pelo *accipiens*. Por todas as considerações acima apresentadas, essa parece ser a situação de controle mais difícil de ser verificada, pois já houve a entrega do bem, sendo a pena nesse caso a perda do valor entregue. Somente em casos em que fique muito evidente que o valor é excessivo, e que a punição é demasiadamente grave e desproporcional, o julgador deve reduzir o valor da pena, determinando que uma parte dele seja devolvida para o *tradens*.

No outro quadrante, quando o incumprimento for causado pelo *accipiens*, o exercício de controle do valor será muito mais próximo do controle da cláusula penal. Nesse caso o funcionamento do sinal se assemelha ao da cláusula penal, já que o faltoso deve devolver o objeto ou bem dado como sinal ao *tradens*, acrescido de seu equivalente pecuniário (em dobro). O ato a ser controlado, portanto, será o direito do *tradens* de exigir o pagamento do sinal em dobro. A pena, nessa situação, deve ser efetivamente paga pelo faltoso, que juntamente com a devolução do sinal deve acrescentar o valor "dobrado". Por isso o julgador, no processo de análise da excessividade da pena, deverá verificar se esse valor a mais devolvido pelo *accipiens* é proporcional à punição pelo incumprimento do contrato. Caso seja verificado que a pena é abusiva, ou seja, que o valor é excessivo, o julgador deverá determinar a devolução do sinal e decotar a parte abusiva do valor a mais. Fundamental nesse processo de controle do valor do sinal, porém, que o julgador nunca esqueça da função coercitiva/punitiva exercida pela figura, e que também não olvide que houve efetivamente violação do acordo pactuado entre as partes. Assim, levando em conta tais premissas, parece ser possível fazer o controle dessa pena privada convencional sem prejudicar sua importância prática.

4

DOS PONTOS DE DIVERGÊNCIA ENTRE AS FIGURAS

Traçadas as considerações mais relevantes sobre a cláusula penal e o sinal, cabe agora apresentar as perspectivas de comparação entre as duas. No desenvolvimento do presente trabalho, algumas vezes já foram evidenciadas as diferenças e as semelhanças entre as figuras. Agora parece ser importante apresentá-las de um modo mais sistemático. Tal exercício pode parecer desnecessário ou motivado por um preciosismo teórico, mas de fato se mostra importante, principalmente como forma de refletir sobre algumas divergências ou convergências dessas figuras. Isso porque tais aspectos são apenas mencionados ou evidenciados pela doutrina, sem que haja muitas vezes uma reflexão mais detalhada sobre o assunto.

Para tanto, inicialmente serão apresentadas as diferenças que podem ser verificadas entre as figuras. Como forma de melhor sistematizar os pontos de divergências entre a cláusula penal e o sinal, optou-se por dividi-las em dois planos. O primeiro prende-se com a estrutura das figuras, cujas diferenças são principalmente verificadas quanto à constituição e ao funcionamento. O segundo plano prende-se com a função das figuras, sendo importante fixar distinções mais claras entre a cláusula penal e o sinal penitencial, e entre as espécies indenizatória e coercitiva de cada uma das figuras. Por fim, parece também importante desenvolver de forma mais sistematizada a diferença quanto à forma de controle do valor das figuras.

4.1. Plano Estrutural

A cláusula penal e o sinal são, como já foi anteriormente evidenciado, cláusulas assessórias típicas de relações contratuais, inseridas em contratos em geral, ou mesmo relações obrigacionais, destinadas a certo fim. Também foi demonstrado que ambos os institutos são negócios jurídicos, já que são declarações de vontade destinadas a constituir obrigações e definir direitos, buscando o objetivo acima mencionado. Por serem negócios jurídicos muitas vezes destinados a fins comuns e com afinidade funcional, poderia ser cogitado que sua estrutura fosse a mesma. Mas não é o que acontece. Quando se faz uma análise detida das figuras e se as coloca em perspectiva, logo se verifica que do ponto de vista estrutural elas são consideravelmente diversas.

A diferença estrutural entre as figuras se relaciona com a forma como cada uma é constituída, sendo a cláusula penal uma promessa de prestação futura, enquanto o sinal constitui uma entrega de coisa. Tal aspecto é particularmente destacado por ALMEIDA COSTA[592], que, ao referir sobre as diferenças "formais" entre as figuras, aponta o modo de constituição diverso que cada uma possui. O sinal possui um caráter real que não é verificado na cláusula penal, aspecto que é ressaltado por certa doutrina[593]. Sendo ambas as figuras negócios jurídicos, essa referida diferença é verificada no plano da existência de cada uma e, mais especificamente, se relaciona com um dos elementos gerais do plano da existência[594], qual seja, sua forma. JUNQUEIRA DE AZEVEDO[595] bem evidencia que todos os negócios jurídicos possuem uma forma, que é o modo como a declaração de vontade deve ser expressa para que o negócio jurídico exista, sendo que alguns possuem formas típicas e outros atípicas.

A constituição do sinal prescinde de certa solenidade, ou forma típica, a entrega do bem a título de sinal, fazendo com que este possua o caráter real acima referido, sendo um negócio jurídico *real quoad constitutionem*. O sinal depende de um ato material, a entrega da coisa, para ser constituído, somente existindo caso tal ato seja efetivamente praticado[596]. Por outro lado, a cláusula penal não possui forma típica, bastando apenas a declaração de vontade das partes para que seja constituída. Trata-se de negócio jurídico meramente consensual, não sendo identificado elemento específico para que este exista. Assim, é possível traçar uma separação bem nítida entre um negócio jurídico puramente convencional, a cláusula penal, e outro que tem natureza real, o sinal.

Para que as partes estipulem uma cláusula penal, é necessária uma declaração de vontade válida de cada uma delas. Uma das partes será o credor da obrigação, e terá o direito ao cumprimento ou "alternativamente" à sanção estabelecida na cláusula. A outra parte será o devedor, aquele que promete a realização de uma prestação "alternativa" caso não cumpra a obrigação acordada. Já na estipulação do sinal, não basta a declaração de vontade das partes, é preciso algo mais, que é a entrega do bem objeto do sinal. Uma das partes, o *tradens*, entrega para a outra parte, o *accipiens*, uma coisa a título de sinal, surgindo assim o negócio jurídico. É preciso, portanto, além da declaração de vontade das partes em constituírem o sinal, um ato jurídico material, que é a entrega do bem.

---

592 COSTA, Mário Júlio de Almeida. *Direito das obrigações*, 12. ed., p. 796.

593 Como: GAGLIANO, Pablo Stolze; PAMPLONA FILHO, Rodolfo. *Novo Curso de Direito Civil*, p. 380; MONTEIRO, António Pinto. *Cláusula Penal e Indemnização*, p. 185; OLIVEIRA, Nuno Manuel Pinto. *Ensaio Sobre o Sinal*, p. 79; e VENOSA, Silvio de Salvo. *Direito Civil*, p. 389.

594 AZEVEDO, Antônio Junqueira de. *Negócio Jurídico* - Existência, Validade e Eficácia, p. 31-32.

595 AZEVEDO, Antônio Junqueira de. *Negócio Jurídico* - Existência, Validade e Eficácia, p. 126.

596 ROSENVALD, Nelson. *Cláusula Penal*: A pena privada nas relações negociais, p. 174-175.

Da avaliação da forma de constituição de cada uma dessas cláusulas se observa outra diferença estrutural, relacionada com a classificação da obrigação gerada. O negócio jurídico que constitui a cláusula penal usualmente irá criar uma obrigação unilateral, pois somente uma das partes será o credor da prestação "alternativa" prometida, sendo a outra o devedor dessa obrigação. Suponha-se que, em uma obrigação de entrega de coisa certa, por exemplo, um carro, as partes estabeleçam que, em caso de atraso na realização dessa prestação, aquele que deve entregar o carro tenha que pagar R$50,00 (cinquenta reais) por dia de atraso. Nesse caso, somente uma parte é a devedora da cláusula penal, sendo a outra a credora.

É possível argumentar que essa possibilidade somente existiria quando houvesse relação paritária entre as partes, não podendo ser inserida uma cláusula penal unilateral em contratos por adesão ou de consumo. Nesse sentido, inclusive, vem decidindo o STJ-Brasil[597], ao determinar que, caso seja verificada uma cláusula penal unilateral em contratos ou relações "consumeristas", ela deve ser interpretada como bilateral[598]. Porém, ainda assim a estrutura da cláusula penal faz com que a obrigação nela contida seja unilateral. Isso porque ela é destinada somente a reforçar uma obrigação por vez. Ainda que em um contrato se estabeleça que "Em caso de violação de qualquer cláusula do presente contrato, a parte violadora deverá pagar o valor de R$1.000,00 (mil reais)", a obrigação oriunda dessa cláusula penal será unilateral. A cláusula penal em si será bilateral, pois é destinada às duas partes, mas no núcleo de cada obrigação assegurada a prestação futura é unilateral, pois somente haverá um credor e um devedor.

Por outro lado, o negócio jurídico (*real quoad constitutionem*) que constitui o sinal estabelece uma obrigação bilateral[599]. Ambas as partes são credoras e devedoras de obrigações ao mesmo tempo[600]. Tanto o *tradens*

---

597 BRASIL. Superior Tribunal de Justiça. *AgInt no AREsp 706499/RJ*. Rel. Min. Antonio Carlos Ferreira. *DJe* 16/06/2017; BRASIL. Superior Tribunal de Justiça. *REsp nº 1.665.550/BA*. Rel. Min. Nancy Andrighi. *DJe* 16/05/2017; BRASIL. Superior Tribunal de Justiça. *AgInt no AREsp 985690/AM*. Rel. Min. Moura Ribeiro. DJe 03/04/2017; BRASIL. Superior Tribunal de Justiça. *REsp. 1119740/RJ*. Rel. Min. Massami Uyeda. *DJe* 13/10/2011.

598 Contudo, considerando a quantidade de demandas sobre o assunto, o Ministro Luis Felipe Salomão propôs uma afetação de todos os processos que versam sobre a possibilidade de inversão da cláusula penal em favor do consumidor, para que estes sejam decididos em conjunto por meio do rito dos recursos repetitivos. BRASIL. Superior Tribunal de Justiça. *ProAfR no REsp 1614721/DF*. Rel. Min. Luis Felipe Salomão. *DJe* 03/05/2017; BRASIL. Superior Tribunal de Justiça. *ProAfR no REsp 1631485/DF*. Rel. Min. Luis Felipe Salomão. *DJe* 03/05/2017.

599 Conforme já destacava PONTES DE MIRANDA, Francisco Cavalcanti. *Tratado de Direito Privado*, t. XXIV, p. 158, ao apresentar as diferenças entre as arras do Direito antigo e as arras contemporâneas.

600 CORDEIRO, António Menezes. *Tratado de Direito Civil*, v. VI, p. 556.

quanto o *accipiens* possuem um crédito e um débito simultâneos, existindo assim prestações recíprocas que são a tônica das obrigações bilaterais. Considerando um hipotético contrato-promessa de venda de um imóvel, em que uma das partes entrega para a outra R$1.000,00 (mil reais) a título de sinal, a constituição desse sinal cria obrigações para ambas as partes. Aquele que entregou a quantia fica obrigado a "perder" o bem caso não cumpra o contrato, enquanto aquele que recebeu o valor fica obrigado a devolvê-lo em dobro caso não celebre o contrato prometido.

Verifica-se, dessa forma, que a cláusula penal é um negócio jurídico voltado para o futuro, que somente irá funcionar e produzir efeitos caso certo fato ocorra, e que estabelece uma obrigação unilateral, destinada a somente uma das partes na relação obrigacional. Já o sinal é um negócio jurídico mais atual, que no momento de sua constituição já produz alguns efeitos e que acaba criando uma obrigação bilateral, voltada para ambas as partes da relação obrigacional. Há cláusulas penais que têm consequência bilateral para as partes, mas no geral a estrutura delas levará a uma unilateralidade natural, enquanto a estrutura do sinal, por outro lado, levará sempre a uma bilateralidade[601].

Por fim, cabe mencionar que a divergência estrutural entre as figuras também é sentida na definição de seu objeto. A cláusula penal, por ser uma promessa futura, admite uma gama de opções bem mais alargada, podendo ser constituída como sanção uma obrigação de pagar dinheiro, de entregar certo bem ou mesmo a perda de determinado direito. Não haverá limite estrutural quanto ao objeto, que não precisa ter qualquer relação com o objeto da obrigação principal. Como visto, existem alguns limites legais para a cláusula penal, que dependem de sua espécie ou tipo de contrato em que foi inserida, mas as limitações existentes não estão ligadas a sua estrutura.

O sinal, diversamente, possui certas restrições quanto ao seu objeto, muitas das quais se dão por conta de sua estrutura. Como essa figura é constituída por uma prestação presente, com a entrega de um bem, usualmente será desejável que esse bem guarde relação com o objeto da prestação principal. Por ter aspecto de princípio de pagamento, inclusive, será de certa forma usual que o sinal seja dado em dinheiro. Além disso, o sinal encontra um limite intrínseco, natural, relacionado com sua estrutura. Não se cogita, como anteriormente foi demonstrado, que o sinal seja constituído por um bem ou valor que ultrapasse o valor da obrigação principal. Essa possibilidade não parece ser compatível com a estrutura e a forma de constituição do sinal, além de também não se harmonizar com seu funcionamento e produção de efeitos. Em um contrato-promessa de compra e venda de um imóvel, cujo valor seja de R$100.00,00 (cem mil reais), não faz nenhum sen-

601 OLIVEIRA, Nuno Manuel Pinto. *Ensaio Sobre o Sinal*, p. 243-244.

tido que o comprador entregue como sinal para o vendedor a quantia de R$150.00,00 (cento e cinquenta mil reais). Trata-se de algo alheio à natureza e à estrutura do sinal, existindo, portanto, um limite intrínseco que não é verificado na cláusula penal[602].

Certo é que, apresentadas as diferenças estruturais, a afirmação de que o sinal é uma espécie de cláusula penal cai por terra, sendo efetivamente uma figura diversa[603]. A diferença estrutural das duas figuras acaba influenciando em sua constituição, definição de seu objeto e também na verificação de certos efeitos. Obviamente que os principais efeitos do sinal também são "condicionados", sendo que sua eficácia, assim como a da cláusula penal, depende de certo fato para ser desencadeada (incumprimento da obrigação ou exercício do direito de arrependimento). Porém, essa característica não se prende muito com aspectos estruturais, e sim aspectos funcionais, que serão tratados mais adiante.

4.2. Plano Funcional

4.2.1. A Cláusula Penal e o Sinal Penitencial

No plano funcional, a primeira divergência que merece considerações diz respeito à diferença entre a função exercida pela cláusula penal e a função exercida pelo sinal penitencial. A cláusula penal, independente de qual seja sua espécie, como já foi demonstrado no presente trabalho, terá sempre o efeito de reforçar a relação obrigacional. Por outro lado, o sinal penitencial tem como principal efeito o enfraquecimento da relação. Portanto, ao se analisar as diferenças funcionais entre as figuras, o principal aspecto que deve ser levado em conta será o efeito imediato de cada uma delas. Também os efeitos mediatos e o funcionamento das figuras acabam sendo diversos, uma vez que cada uma exerce uma função diversa, devendo ser tecidos alguns comentários também sobre esse aspecto.

A cláusula penal, independente de qual espécie se tratar, sempre servirá para sancionar o incumprimento da obrigação[604]. Trata-se de uma cláusula voltada para tutelar o interesse do credor no cumprimento da obrigação, podendo estabelecer uma sanção indenizatória ou punitiva, mas sempre destinada a disciplinar um comportamento que é ilícito e culposo, qual seja, a não realização da prestação acordada. Independente da função específica que cada uma das espécies de cláusula penal exerce, é possível dizer que a

602 OLIVEIRA, Nuno Manuel Pinto. *Ensaio Sobre o Sinal*, p. 245.

603 OLIVEIRA, Nuno Manuel Pinto. *Ensaio Sobre o Sinal*, p. 84.

604 MONTEIRO, António Pinto. Sobre as "Cláusulas de Rescisão" dos Jogadores de Futebol. In: *Estudos em homenagem ao Prof. Doutor Manuel Henrique Mesquita*. Coimbra: Coimbra Editora, 2009. v. II, p. 252.

cláusula penal *lato sensu* exerce uma macrofunção de reforço das obrigações. As partes, quando estipulam uma cláusula penal, procuram reforçar a relação existente entre elas, fixando de forma antecipada as consequências que serão verificadas em caso de incumprimento. A essência da cláusula penal é o reforço da obrigação, atuando como uma garantia (*lato sensu*) de seu cumprimento[605].

Essa estipulação antecipada, na verdade, significa a criação de um direito subjetivo para o credor. Caso o cumprimento da obrigação não ocorra, a referida sanção poderá ser exercida. Isso significa dizer que a cláusula penal somente irá funcionar caso haja esse fato ilícito, o incumprimento da obrigação[606]. Verificado esse fato, observa-se um efeito sancionatório direcionado ao devedor[607] de um lado, e um efeito facultativo para o credor de outro, que poderá exercer seu direito à sanção caso assim entenda. A cláusula penal, portanto, estabelece uma opção para o credor[608].

O sinal penitencial, por outro lado, possui uma função, de certa forma, diametralmente oposta. Trata-se de uma cláusula que serve não para reforçar, mas sim para enfraquecer a relação obrigacional. Já não mais é estabelecida uma sanção pelo incumprimento da obrigação, mas definido um preço que deve ser pago por aquela parte que desejar se desvincular da relação. Sai a função indenizatória/coercitiva/sancionatória e entra a função penitencial, que significa a criação de um verdadeiro direito de arrependimento[609]. O direito não é mais do credor de exigir a sanção, mas sim do "devedor" de, pagando o "preço" acordado, arrepender da obrigação, desvinculando-se livremente da relação anteriormente estabelecida. Em vez de se criar uma faculdade de agir para o credor, é estabelecida uma faculdade de agir para qualquer uma das partes que não queria mais realizar a prestação acordada[610].

Alguns autores clássicos do Direito brasileiro[611] muitas vezes, de forma errônea, apontavam uma similitude funcional entre as figuras. Porém, como bem anota ROSENVALD[612], há uma clara diferença entre a cláusula penal e as arras penitenciais. De fato, a partir das considerações acima expostas, não parece ser muito difícil verificar que, do ponto de vista funcional, essas

605 FRANÇA, Rubens Limongi. *Teoria e Prática da Cláusula Penal*, p. 158.

606 OLIVEIRA, Nuno Manuel Pinto. *Ensaio Sobre o Sinal*, p. 86.

607 MONTEIRO, António Pinto. *Cláusula Penal e Indemnização*, p. 188.

608 SILVA, João Calvão da. *Sinal e Contrato Promessa*, p. 34.

609 OLIVEIRA, Nuno Manuel Pinto. *Ensaio Sobre o Sinal*, p. 81.

610 MONTEIRO, António Pinto. *Cláusula Penal e Indemnização*, p. 185.

611 Como: PEREIRA, Caio Mário da Silva. *Instituições de Direito Civil*, v. III, p. 60; RODRIGUES, Sílvio. *Das Arras*, p. 91; VENOSA, Silvio de Salvo. *Direito Civil*, p. 388.

612 ROSENVALD, Nelson. *Cláusula Penal*: A pena privada nas relações negociais, p. 178.

figuras exercem funções não só diversas como antagônicas. Na verdade, o sinal penitencial não pode ser confundido do ponto de vista funcional com a cláusula penal, e sim com a multa penitencial.

O sinal penitencial, como já insistentemente referido, estabelece um direito de arrependimento para as partes em uma relação contratual. Sua dinâmica é aquela normal para o sinal. Uma das partes, o *tradens*, entrega um bem para a outra parte, o *accipiens*. Caso o primeiro queira desistir do contrato, perde a coisa. Caso o segundo queira se arrepender, devolve a coisa para o segundo em dobro. A desvinculação é um ato lícito, diferentemente do que ocorre na cláusula penal. O funcionamento do sinal penitencial não depende de uma violação, mas sim do exercício de um direito, que é um ato lícito do desistente[613].

A multa penitencial também é uma cláusula que estabelece um direito de arrependimento para as partes. Esse direito de retratação, porém, é constituído sem que haja a entrega antecipada de um bem[614]. Quando as partes estabelecem uma multa penitencial, fica constituída uma opção de desvinculação, pela promessa de uma prestação futura. A parte que quiser se desvincular da obrigação deve realizar essa "prestação prometida", pagando o preço do arrependimento no momento do exercício de seu direito, e não de forma antecipada. Entre as espécies de multa penitencial as chamadas "cláusulas de rescisão" são muito comuns[615], sendo bastante utilizadas em contratos entre futebolistas e clubes de futebol, por exemplo.

Basicamente a multa penitencial constitui a possibilidade de o devedor comprar sua saída do contrato[616]. Fica estabelecido um valor (ou uma prestação) que deverá ser pago somente se o "arrependido" efetivamente quiser se desvincular. A estrutura da multa penitencial, portanto, é semelhante à da cláusula penal, mas sua função é a mesma do sinal penitencial. Por causa disso, LIMONGI FRANÇA[617] chega a referir-se à multa penitencial como cláusula penal "impropriamente considerada", defendendo a necessidade de tratar essa figura no quadro geral da cláusula penal. Também SCAVONE JUNIOR defende que essa cláusula contratual não pode ser estipulada no Direito brasileiro utilizando as normas que regulamentam a cláusula penal como argumento[618]. Mas

---

613 OLIVEIRA, Nuno Manuel Pinto. *Ensaio Sobre o Sinal*, p. 86.

614 MONTEIRO, António Pinto. *Cláusula Penal e Indemnização*, p. 185.

615 MONTEIRO, António Pinto. Sobre as "Cláusulas de Rescisão" dos Jogadores de Futebol, p. 256.

616 OLIVEIRA, Nuno Manuel Pinto. *Ensaio Sobre o Sinal*, p. 76.

617 FRANÇA, Rubens Limongi. *Teoria e Prática da Cláusula Penal*, p. 130.

618 SCAVONE JUNIOR, Luiz Antonio. *Do descumprimento das obrigações*: consequências à luz do princípio da restituição integral, interpretação sistemática e teleológica. São Paulo, p. 190-191.

importante destacar que a cláusula penal e a multa penitencial são figuras independentes, principalmente do ponto de vista funcional[619]. A diferença entre as duas significa que não só a análise delas deve ser feita de forma separada, mas também o tratamento e o regime jurídico devem ser distintos.

Por outro lado, a semelhança funcional entre o sinal penitencial e a multa penitencial é inegável e de certa forma interessante de ser destacado, a fim de evidenciar ainda mais a diferença funcional entre essas figuras e a cláusula penal. As duas primeiras figuras enfraquecem a relação obrigacional e criam um direito de arrependimento para o "devedor". Já a terceira figura reforça, resguarda a obrigação, criando o direito a uma sanção indenizatória ou punitiva para o credor. Assim, de um lado há enfraquecimento e de outro o reforço da relação obrigacional, ou seja, funções diametralmente opostas. Isso faz com que o efeito imediato e o fundamento de funcionamento das figuras também sejam diferentes.

Nesse sentido, importante, por fim, destacar que o efeito derradeiro dessas figuras, por serem funcionalmente opostas, também será diverso. O preço do arrependimento estabelecido por um sinal penitencial ou por uma multa penitencial não tem função reparatória/compensatória, e muito menos punitiva[620]. O pagamento do preço do arrependimento, na verdade, funciona como uma dação em pagamento, sendo assim verificada a extinção da obrigação com satisfação do credor. Como já anteriormente evidenciado, não é verificado escopo indenizatório no sinal penitencial, pois haverá um cumprimento da obrigação, ainda que de forma alternativa. Será, portanto, um efeito diverso daquele verificado na cláusula penal, cujo efeito final é a resolução da obrigação por incumprimento. Fica evidenciado, portanto, que o sinal penitencial (e a multa penitencial) do ponto de vista funcional é bastante diverso da cláusula penal.

4.2.2. A Função Indenizatória e a Função Coercitiva

Não se pode deixar de destacar também a clara diferença existente entre a cláusula penal e o sinal quando assumem função indenizatória e coercitiva. Quando o sinal não assumir uma função penitencial, sua macrofunção será a mesma da cláusula penal *lato sensu*, de reforço da relação obrigacional. Mas ainda assim é possível verificar uma divergência funcional entre as figuras dependendo das espécies analisadas. Isso porque se defende no presente trabalho a teoria dualista da cláusula penal e do sinal, sendo refutado que qualquer uma dessas figuras assuma a dupla função, como

---

619 PONTES DE MIRANDA, Francisco Cavalcanti. *Tratado de Direito Privado*, t. XXVI, p. 63-64.

620 Como parece indicar RODRIGUES JUNIOR, Otavio Luiz. *Função, natureza e modificação da cláusula penal no direito civil brasileiro*, p. 294.

era historicamente identificado. Haverá, assim, uma convergência funcional entre a espécie cláusula penal como liquidação antecipada do dano e o sinal confirmatório-indenizatório, ambos com função reparadora/compensatória. Também haverá uma convergência entre a cláusula penal *stricto sensu* e o sinal confirmatório-coercitivo, as duas com cariz compulsório/punitivo. Porém entre esses dois grupos há uma dicotomia funcional evidente.

PINTO MONTEIRO[621], ao fazer a comparação entre as figuras, destaca a afinidade funcional entre as figuras, sublinhando que a função compulsória exercida pelo sinal é a mesma da cláusula penal *stricto sensu*. No mesmo sentido, ROSENVALD[622] aponta essa afinidade funcional das figuras, destacando o caráter punitivo de ambas. Porém os dois autores acabam ignorando a existência de um sinal com cariz indenizatório e, consequentemente, a possibilidade de que exista também uma divergência funcional entre este e a cláusula penal. Não é esta a visão que parece mais correta, já que, diga-se mais uma vez, o sinal comporta duas espécies[623], uma indenizatória e outra coercitiva. Assim, além de funções análogas, a cláusula penal e o sinal também poderão exercer funções antagônicas.

Superada, portanto, a tese da dupla função, e também a tese da exclusividade da função coercitiva do sinal, é possível indicar dois grupos dessas figuras, cada um com uma função. As características, efeitos e o funcionamento da cláusula penal e do sinal, quando assumem função indenizatória ou função coercitiva, já foram longamente analisados e evidenciados no presente trabalho. Vale a pena, porém, em síntese apertada, apresentar as principais diferenças.

Sendo certo que, independentemente da espécie (excluindo-se, claro, o sinal penitencial), a cláusula penal e o sinal estabelecem uma sanção contra o incumprimento da obrigação assegurada, a diferença funcional entre as figuras é na verdade uma diferença quanto à natureza dessa sanção. Dessa forma, quando as partes desejam constituir uma cláusula penal ou sinal cujo objetivo é definir antecipadamente o valor da indenização pelo incumprimento devido pelo devedor ao credor, a natureza dessa sanção será indenizatória. Por outro lado, caso as partes queiram estabelecer uma cláusula penal ou sinal como forma de pressionar o devedor a cumprir a obrigação, a sanção estabelecida será coercitiva/punitiva, e sua natureza será de pena privada.

Essa divergência funcional irá influenciar, principalmente, o modo de funcionamento de cada uma das figuras. Enquanto a cláusula penal e o sinal com função indenizatória, por serem cláusulas de fixação antecipada da res-

621 MONTEIRO, António Pinto. *Cláusula Penal e Indemnização*, p. 187.

622 ROSENVALD, Nelson. *Cláusula Penal*: A pena privada nas relações negociais, p. 176.

623 OLIVEIRA, Nuno Manuel Pinto. *Ensaio Sobre o Sinal*, p. 44.

ponsabilidade civil, funcionam de acordo com os pressupostos desta; a cláusula penal e o sinal com função coercitiva são cláusulas que estabelecem penas privadas, e por isso mesmo têm uma dinâmica de funcionamento próprio destas[624]. Isso ocorre porque no primeiro grupo a finalidade buscada pelas partes é a de reparar/compensar os danos causadas pelo incumprimento da obrigação, enquanto que no segundo o objetivo é criar uma pressão no devedor para cumprir a obrigação, com posterior punição caso ocorra o incumprimento. Inegavelmente há nas duas figuras uma macrofunção sancionatória[625], mas como de um lado há uma sanção reparatória/compensatória e do outro uma sanção punitiva, é possível identificar, ao final, uma divergência funcional de certa forma bastante visível.

4.3. Sobre a Forma de Controle do Valor

As diferenças verificadas entre a cláusula penal e o sinal as destacadas acima são de certa forma normalmente apontadas pela doutrina, pelo que muitas vezes não são criadas grandes polêmicas ou discussões. Pelo contrário, a diferença quanto à forma de controle do valor das sanções relativas à cláusula penal e ao sinal parece ser aquela que mais interessa no presente trabalho. Trata-se de questão algo controvertida, mas que muitas vezes acaba recebendo respostas que parecem inadequadas. No tópico 3.4 do presente trabalho, ficou evidenciado que a doutrina e a jurisprudência vêm entendendo que os artigos dos diplomas civis de Portugal e do Brasil que regulam o controle da pena convencional referente à cláusula penal devem ser utilizados também para controlar o valor do sinal. Argumentou-se que tal solução parece inadequada, posteriormente sendo demonstrado como deve ser feito o controle de cada uma das espécies de sinal. Cabe agora, de forma mais substancial, tecer considerações que justifiquem a posição defendida. Importante, antes, porém, destacar que tais considerações se referem exclusivamente às espécies de cláusula penal e sinal típicas, ou seja, a cláusula penal como liquidação antecipada do dano, o sinal penitencial e o sinal confirmatório-indenizatório.

O principal defensor da utilização das regras de controle da cláusula penal para o sinal no Direito português é o professor PINTO MONTEIRO. O autor argumenta que há uma inegável analogia entre a cláusula penal e o sinal, principalmente quanto ao aspecto funcional, o que é suficiente para que a norma do artigo 812º do CCP (e consequentemente o artigo

624 OLIVEIRA, Nuno Manuel Pinto. *Ensaio Sobre o Sinal*, p. 108-109.

625 Para uma visão detalhada sobre a pluralidade de funções que a sanção pode ter, ver: ROSENVALD, Nelson. *As Funções da Responsabilidade Civil*: A Reparação e a Pena Civil. 2ª ed. São Paulo: Atlas, 2014, p. 35-44.

413 do CCB) seja aplicável ao sinal[626]. Ao rebater as críticas daqueles que não concordam com essa aplicação analógica, o autor identifica o artigo 812º como a expressão de um princípio amplo, destinado a coibir abusos, não concordando que a norma tenha caráter excepcional, o que impediria sua aplicação analógica[627]. Além disso, o autor não enxerga que haja uma lacuna deliberada do legislador que impeça essa aplicação analógica, não entendendo que o silêncio do legislador tenha sido deliberado a ponto de efetivamente desejar que não existisse a possibilidade de controlar o valor do sinal[628]. Para o autor, aliás, essa aplicação deve se dar tanto para o controle do sinal confirmatório, quanto para o sinal penitencial[629]. Em sentido parcialmente idêntico, PINTO OLIVEIRA também defende a aplicação analógica do artigo 812º ao sinal confirmatório, afirmando que é um entendimento que se adequa ao princípio da proibição do abuso na definição dos direitos do credor[630], afastando, contudo, a possibilidade de aplicação para o sinal penitencial[631].

No Direito brasileiro o assunto foi de certa forma "uniformizado" do ponto de vista doutrinário, com a edição do Enunciado 165[632], aprovado na III Jornada de Direito Civil do Conselho da Justiça Federal. Segundo esse entendimento, que serve como orientação doutrinária de aplicação e interpretação do direito, o controle do sinal, seja penitencial, seja confirmatório, deve ser realizado segundo as regras do artigo 413 do CCB. Defendendo esse entendimento, SCAVONE JUNIOR[633] destaca que o artigo em questão fala em controle da penalidade, e não em cláusula penal, devendo ser aplicado analogicamente ao sinal. TARTUCE[634] também defende esse entendimento, ressaltando que a função social do sinal faz com que a figura possa ser controlada nos mesmos moldes da cláusula penal.

Em que pese todos os argumentos favoráveis, não parece ser esse o posicionamento mais acertado, não se cogitando a possibilidade de aplicação analógica dos artigos destinados ao controle da cláusula penal ao si-

626 MONTEIRO, António Pinto. *Cláusula Penal e Indemnização*, p. 195-196.

627 MONTEIRO, António Pinto. *Cláusula Penal e Indemnização*, p. 209-211.

628 MONTEIRO, António Pinto. *Cláusula Penal e Indemnização*, p. 213-215.

629 MONTEIRO, António Pinto. *Cláusula Penal e Indemnização*, p. 218-220.

630 OLIVEIRA, Nuno Manuel Pinto. *Ensaio Sobre o Sinal*, p. 255.

631 OLIVEIRA, Nuno Manuel Pinto. *Ensaio Sobre o Sinal*, p. 260.

632 "Enunciado 165: Art. 413: Em caso de penalidade, aplica-se a regra do art. 413 ao sinal, sejam as arras confirmatórias ou penitenciais." (CONSELHO DE JUSTIÇA FEDERAL. *Jornadas de Direito Civil I, II, IV e V* – Enunciados aprovados)

633 SCAVONE JUNIOR, Luiz Antonio. *Do descumprimento das obrigações*: consequências à luz do princípio da restituição integral, interpretação sistemática e teleológica, p. 302-303.

634 TARTUCE, Flávio. *Direito Civil*, p. 262.

nal, já que não se vislumbra a existência de uma lacuna. Como bem aponta LARENZ[635], nem toda falta de regulação pelo legislador deve ser encarada como uma lacuna. O autor alemão evidencia que existem situações em que o legislador efetivamente não quis regular algo, o chamado silêncio eloquente. Isso significa dizer que muitas vezes o legislador deliberadamente deixará de regular certa questão, pois efetivamente entendeu que ela não merece tratamento legal, não sendo uma questão lacunosa, mas sim uma questão efetivamente sem regulação.

Na regulação do regime do sinal, é possível verificar que, tanto o legislador português quanto o legislador brasileiro nada falaram sobre o controle do valor, mesmo que em ambos os códigos a regulação da figura tenha sido de certa forma extensa. De forma diversa nos dois códigos, há regras específicas sobre o controle da "pena convencional", que se encontram no capítulo destinado ao regime da cláusula penal. Pergunta-se, então, por que o legislador estabeleceu regras para o controle da cláusula penal e não para o valor do sinal?

Não parece ser difícil verificar que o legislador foi eloquentemente silencioso quanto a essa questão. Nesse sentido, como bem aponta ANTUNES VARELA[636], não se vislumbra a existência de uma lacuna no Código Civil português, que deliberadamente não regulou a matéria. Não parece ser possível, dessa forma, uma aplicação analógica do artigo 812º, já que não há uma lacuna, não sendo possível aplicar o artigo 10º do CCP. Tampouco se pode vislumbrar uma lacuna na lei brasileira, que, de forma aparentemente deliberada, tratou do controle da pena convencional no artigo 413, mas não disse nada nos artigos que regulam o sinal, que inclusive são tratados na sequência dos artigos sobre a cláusula penal. Não é correta a orientação doutrinária consagrada pela III Jornada de Direito Civil do CJF[637]. Não havendo omissão (lacuna), não se pode utilizar da analogia, conforme estabelece o artigo 4º da Lei de Introdução às Normas de Direito Brasileiro (Decreto-Lei nº 4.657, de 1942).

Além disso, a existência de uma lacuna pressupõe não só a falta de regulamentação, mas também a necessidade de regulamentação específica[638]. Já ficou evidenciado que o sinal não carece de normas para regulamentar o controle de seu valor. Este pode ser feito utilizando mecanismos

---

635 LARENZ, Karl. *Metodologia da ciência do direito*. Tradução José Lamego. 4ª ed. Lisboa: Fundação Calouste Gulbenkian, 2005, p. 525.

636 VARELA, João de Matos Antunes. Anotação ao acórdão do Supremo Tribunal de Justiça de 1º de Fevereiro de 1983. *Revista Legislação e Jurisprudência*, Coimbra, ano 119, nº 3742-3753, 1987, p. 347.

637 GAGLIANO, Pablo Stolze; PAMPLONA FILHO, Rodolfo. *Novo Curso de Direito Civil*, p. 380, nota 7.

638 LARENZ, Karl. *Metodologia da ciência do direito*, p. 526.

existentes no sistema jurídico lusófono, como, por exemplo, o controle das declarações de vontade viciadas, o enriquecimento sem causa ou da alteração das circunstâncias[639]. O próprio PINTO OLIVEIRA[640], um dos defensores da aplicação analógica da regra do controle da "pena convencional" ao valor do sinal, reconhece a existência de outras formas de controle. Ele reconhece que a redução do valor do sinal pode ser alcançada diretamente, através da aplicação do 334º e do 762º, nº 2, ou indiretamente, através da aplicação do 812º. Ou seja, utilizando-se da regra da proibição do abuso de direito, considerando os ditames da boa-fé, é possível alcançar o mesmo resultado que se alcançaria através do controle do valor pela regra da redução equitativa. Assim, mesmo que não se verifique uma alteração superveniente, uma hipótese de locupletamento ou um vício original na constituição do sinal, é possível controlar o valor do sinal, através da proibição do abuso de direito, conforme já foi defendido anteriormente no presente trabalho.

Mesmo que eventualmente se considere que as afirmações acima estão equivocadas, e que de fato existem lacunas nos ordenamentos jurídicos português e brasileiro, que merecem ser preenchidas com a aplicação analógica dos artigos 812º e 413, essa analogia deveria ser obstada. Isso porque as normas que regulamentam o controle da cláusula penal são excepcionais do ponto de vista material, o que significa dizer que não são suscetíveis de aplicação analógica[641]. As normas acima referidas se destinam ao controle do valor da sanção indenizatória estabelecida em cláusula penal. O controle do valor, diminuindo o valor da sanção, portanto, excepciona o direito do credor à indenização. Há, assim, um controle de um direito subjetivo à sanção definida na cláusula penal. É uma norma destinada a regular um grupo de casos específico, o grupo das obrigações que possuam cláusula penal.

O controle do sinal, por outro lado, pertence a outro grupo de casos. O controle do exercício do direito do sinal é diverso do controle do exercício da cláusula penal. Esse aspecto é ainda mais evidente no sinal penitencial, que não é destinado a sancionar uma conduta ilícita[642], mas também é verificado no sinal confirmatório-indenizatório, que possui uma configuração, uma dinâmica diversa da cláusula penal como liquidação antecipada do dano. Em comum, ambos podem ser identificados como direitos subjetivos do "credor" da obrigação. Mas não se pode entender que os dois grupos de casos sejam idênticos. A utilização analógica desses artigos excepcionaria o normal exercício de um direito

639 BERNARDO, Nelson Raposo. Sinal da sua irredutibilidade por equidade: um problema de aplicação do artigo 812.º do código civil ao sinal, p. 418-419.

640 OLIVEIRA, Nuno Manuel Pinto. *Ensaio Sobre o Sinal*, p. 237.

641 LARENZ, Karl. *Metodologia da ciência do direito*, p. 502-503.

642 OLIVEIRA, Nuno Manuel Pinto. *Ensaio Sobre o Sinal*, p. 258.

subjetivo das partes (o direito de arrependimento ou o direito à indenização previamente fixada), o que não pode ser admitido.

Defende-se no presente trabalho que não há uma verdadeira lacuna quanto à regulamentação do controle do sinal, o que impede uma aplicação analógica das regras de controle da cláusula penal. E ainda que tal defesa seja equivocada, e que efetivamente haja uma lacuna, verifica-se que as normas de controle da "pena convencional" têm natureza excepcional. Assim, não parece ser correta a defesa da aplicação analógica das regras de redução equitativa da pena convencional ao valor do sinal quando este for excessivo. Mais que isso, parece ser correto afirmar que seu controle deve se dar por mecanismos outros que não a redução equitativa da "pena convencional", principalmente considerando as divergências estruturais que as figuras possuem e que foram acima destacadas.

A cláusula penal indenizatória possui uma dinâmica de controle própria, inclusive com normais legais para regulamentar e embasar esse controle, que, no Direito português e no Direito brasileiro, se restringe ao poder do julgador de reduzir a "pena convencional" de forma equitativa e quando for manifestamente excessiva. Como se trata de cláusula que estabelece uma prestação futura e uma determinação antecipada do valor da indenização, a possibilidade de abusos e valores excessivos é bastante grande, o que faz com que o controle seja mais comum. Esse aspecto da cláusula penal também justifica que haja uma norma específica de controle, que, diferentemente do que defende PINTO MONTEIRO, não é uma norma que desencadeia um princípio de alcance geral, mas pelo contrário, é uma norma que absorve os ditames da boa-fé, sendo um exemplo de sua função corretiva do conteúdo contratual.[643].

O sinal, por outro lado, tem regras esparsas e não exclusivas, possuindo uma dinâmica de controle diversa de acordo com sua espécie. Primeiramente é importante sempre considerar que o sinal possui um limite intrínseco, que de certa forma diminui os problemas relacionados a seu valor[644]. Ainda assim não se pode descartar a necessidade de reduzir esse valor. O controle do valor do sinal penitencial será feito mediante a verificação do exercício do direito de arrependimento, ou seja, a verificação última que deve ser feita é se há abuso do direito de arrependimento. Já o sinal confirmatório-indenizatório será controlado quando houver vício de vontade em sua constituição, alteração das circunstâncias ou onerosidade excessiva, verificação de locupletamento ou abuso de direito.

643 MARTINS-COSTA, Judith. *A Boa-fé no Direito Privado*, p. 581.

644 OLIVEIRA, Nuno Manuel Pinto. *Ensaio Sobre o Sinal*, p. 245.

5

DOS PONTOS DE CONVERGÊNCIA ENTRE AS FIGURAS

5.1. Convergência Quanto à Natureza Indenizatória

A cláusula penal como liquidação antecipada do dano e o sinal confirmatório- indenizatório são figuras que, do ponto de vista funcional, possuem inegável convergência, aspecto sempre muito sublinhado pela doutrina lusófona[645]. Ambas as figuras, como foi evidenciado no presente trabalho, têm natureza indenizatória e são destinadas à mensuração antecipada do valor da indenização devida pelo devedor, ao credor, caso haja incumprimento da obrigação. O foco maior do presente trabalho está na avaliação das semelhanças funcionais entre a cláusula penal e o sinal quando assumem caráter coercitivo/punitivo, mas vale a pena traçar algumas considerações mais sistematizadas sobre as modalidades indenizatórias das figuras.

Tanto a cláusula penal como liquidação antecipada do dano quanto o sinal confirmatório-indenizatório são cláusulas destinadas a definir antecipadamente o valor da indenização. Ambas têm, por isso, função indenizatória. Reconhecer a afinidade funcional da cláusula penal e do sinal com função reparadora de danos significa, em última análise, dizer que ambas as figuras são cláusulas voltadas para a fixação convencional da responsabilidade civil contratual. Nesse sentido, não parece ser difícil verificar que elas possuem um efeito em comum, qual seja, a definição de forma antecipada de qual será a sanção indenizatória devida em razão do incumprimento da obrigação, ao mesmo tempo definindo regras especiais relativas à própria avaliação da responsabilidade civil contratual.

Como já foi evidenciado no presente trabalho, não se cogita a possibilidade de exigência de uma cláusula penal ou de um sinal com escopo indenizatório caso não sejam preenchidos os pressupostos normais da res-

645 BERNARDO, Nelson Raposo. Sinal da sua irredutibilidade por equidade: um problema de aplicação do artigo 812.º do código civil ao sinal, p. 414; CASSETTARI, Christiano. *Multa contratual*: teoria e prática da cláusula penal, p. 13; LOUREIRO, Francisco Eduardo. Arras, p. 771-772; MARTINS-COSTA, Judith. Do adimplemento das obrigações, p. 755; MONTEIRO, António Pinto. *Cláusula Penal e Indemnização*, p. 187; OLIVEIRA, Nuno Manuel Pinto. *Ensaio Sobre o Sinal*, p. 82-83; PRATA, Ana Maria Correia Rodrigues. *O Contrato-Promessa e o Seu Regime Civil*, p. 894; SALLES, Pedro Amaral. *A Função Coercitiva da Cláusula Penal e uma Crítica ao art. 412 do Código Civil de 2002*. São Paulo: Almedina, 2014; entre outros.

ponsabilidade civil contratual. Para que se verifique o funcionamento de qualquer uma dessas duas figuras, é fundamental que haja incumprimento com culpa do devedor, ou seja, por fato a si imputável. Não basta que ocorra apenas o incumprimento da obrigação, mas que ele ocorra por culpa do devedor. Importante ressaltar, conforme afirma MENEZES CORDEIRO[646], que a culpa e a ilicitude na responsabilidade civil obrigacional são presumidas[647]. Quando o devedor não realizar a prestação, caberá a ele provar que não conseguiu assim proceder por causa de algum fato legalmente previsto como desculpável, como, por exemplo, caso fortuito ou de força maior.

Este, porém, não é o único requisito para que o devedor seja responsabilizado pelo incumprimento de uma obrigação e também não parece ser aquele que levanta as maiores discussões. Juntamente com o incumprimento culposo, deve ser verificada a existência de prejuízo, segundo estabelece o artigo 798º do Código Civil português, ou de perdas e danos, como estabelece o artigo 389 do diploma civil brasileiro[648]. Em outras palavras, deve haver a produção de um dano, para que o devedor seja civilmente responsabilizado pelo incumprimento da obrigação. Isso significa dizer que, para que a cláusula penal como liquidação antecipada do dano ou o sinal confirmatório-indenizatório funcionem e produzam efeitos, o incumprimento da obrigação deve ter gerado danos para o credor. Essas figuras são voltadas para liquidar antecipadamente o valor dos danos[649], sendo certo que a existência dos danos acaba sendo um requisito fundamental para seu funcionamento. A existência de dano é condição essencial da responsabilidade civil[650], seja ela aquiliana ou obrigacional, e esteja ela condicionada a uma cláusula de fixação antecipada ou não.

Como também já foi anteriormente evidenciado, com a estipulação de

---

646 CORDEIRO, António Menezes. *Tratado de Direito Civil*. Coimbra: Almedina, 2014. v. VIII, p. 392.

647 Posição, contudo, que não é majoritária na doutrina. Em sentido contrário, ver: COSTA, Mário Júlio de Almeida. *Direito das obrigações*, 12. ed., p. 1037-1038; TELLES, Inocêncio Galvão. *Direito das Obrigações*, p. 334; que somente consideram a culpa presumida na responsabilidade obrigacional, sem nada falar sobre a ilicitude; e VARELA, João de Matos Antunes. *Das obrigações em geral*, v. II, p. 100-101, que expressamente afirma que cabe ao credor a prova da ilicitude.

648 Importante ressaltar que, ainda que as expressões utilizadas sejam diferentes, a noção de prejuízo do Direito português, segundo lição de VARELA, João de Matos Antunes. *Das obrigações em geral*, v. II, p. 105, engloba tanto o dano emergente (dano) quanto os lucros cessantes (perdas).

649 OLIVEIRA, Nuno Manuel Pinto. *Cláusulas acessórias ao contrato*: cláusulas de exclusão e de limitação do dever indemnizar: cláusulas penais, p. 88; e OLIVEIRA, Nuno Manuel Pinto. *Ensaio Sobre o Sinal*, p. 109.

650 PINTO, Paulo Mota. *Interesse contratual negativo e interesse contratual positivo*. Coimbra: Coimbra Editora, 2008, p. 536.

uma cláusula penal ou de um sinal com a função aqui avaliada, há o estabelecimento de uma presunção de existência dos danos provocados pelo incumprimento. Há certa inversão do ônus da prova, cabendo ao devedor a comprovação da inexistência do prejuízo/perdas e danos para que a execução da sanção indenizatória seja afastada. Se o devedor conseguir demonstrar que o credor não sofreu nenhum dano por conta do incumprimento da obrigação assegurada, ele não deverá ser condenado a pagar o valor estabelecido na cláusula penal. Da mesma forma, por exemplo, se o *accipiens* provar que a não celebração do contrato prometido não significou nenhum dano para o *tradens*, ele não será obrigado a devolver o valor recebido a título de sinal em dobro. E se o *tradens* também fizer essa prova, a retenção do sinal pelo *accipiens* fica obstado.

Resta, porém, na definição do que deve se entender por "prejuízo" ou "perdas e danos" nessas situações, a grande questão controversa e muitas vezes não abordada pela doutrina. Como já foi apontado, grande parte da doutrina defende a desnecessidade da ocorrência de danos para se exigir a "pena convencional" ou para fazer o sinal funcionar. Alguns autores[651] porém sustentam a ideia apontada acima, sem, contudo, especificar qual seria a noção de dano que se deve considerar. Trata-se de problema que merece algumas reflexões e considerações. Se há necessidade da ocorrência de danos e certa presunção de que eles existem, como o julgador deve proceder na avaliação das provas apresentadas pelo devedor quando este alega que nos danos não existiram? Em outras palavras, o que deve ser entendido efetivamente por "prejuízo" ou "perdas e danos" quando houver incumprimento de uma obrigação?

O conceito de dano ainda hoje está bastante condicionado pela ideia retirada da teoria da diferença, segundo a qual o dano é simplesmente "todo prejuízo, desvantagem ou perda que é causado nos bens jurídicos, de caráter patrimonial ou não"[652]. Contudo tal definição não parece ser suficiente para resolver todos os problemas com que a responsabilidade civil atualmente se depara. Como bem aponta MOTA PINTO, a noção de dano retirada da teoria da diferença é inegavelmente atrativa, mas insuficiente e inadequada para os dias atuais[653]. Nesse sentido, parece bastante claro que não se pode tratar o dano contratual apenas do ponto de vista de perda econômica, levando em conta apenas a variação patrimonial do credor

651 Além do já citado acima, é possível apontar: GONÇALVES, Carlos Roberto. *Direito Civil Brasileiro*, p. 419; ROSENVALD, Nelson. *Cláusula Penal*: A pena privada nas relações negociais, p. 126.

652 VAZ SERRA, Adriano Paes da Silva. Obrigação de Indemnização (Colocação, Fontes, Dano, Nexo Causal, Extensão, Espécies de Indemnização). Direito da Abstenção e de Remoção. *Boletim do Ministério da Justiça*, Lisboa, nº 83 a 84, 1959, p. 8.

653 PINTO, Paulo Mota. *Interesse contratual negativo e interesse contratual positivo*, p. 810.

para medi-lo. Dentro de uma relação obrigacional existem interesses que muitas vezes não podem ser avaliados do ponto de vista econômico, mas que podem ser subjetivamente valorados, merecendo tutela do Direito[654]. Dessa forma, o julgador não deve afastar a incidência da sanção indenizatória quando o devedor simplesmente demonstrar que o credor não sofreu nenhum decréscimo em seu patrimônio.

Pensando-se no caso de contrato-promessa de compra e venda de um imóvel que não se concretizou por culpa exclusiva do comprador/*tradens*, não cabe o afastamento da incidência do sinal caso este alegue que não houve danos para o vendedor e prove que o imóvel foi posteriormente vendido. O dano contratual nesse caso não deve ser visto simplesmente como uma variação econômica do patrimônio do credor, ele é mais que isso. Por outro lado, fundamental afastar da noção de dano contratual qualquer relação com a capacidade econômica ou com a culpa do devedor que viola a obrigação[655]. Tais parâmetros servem para medir outros tipos de sanção que não a indenizatória, que busca apenas reparar/compensar o credor pelos prejuízos sofridos.

Estabelecer uma noção definitiva de dano nesse contexto de responsabilidade contratual com a fixação antecipada dos direitos do credor, parece ser bastante difícil, mas a relação entre e dano e interesse pode ajudar. A violação de um contrato ou a inexecução de uma obrigação é, em última análise, a lesão de um interesse. Uma obrigação sempre procura satisfazer o interesse legítimo do credor, e caso haja o incumprimento desta, surge a obrigação de reparar o dano[656]. Mais uma vez se recorre à lição de MOTA PINTO[657], que bem demonstra que dano como lesão a um interesse pode ser entendido como "perturbação na repartição de bens desejada". Ou seja, quando há incumprimento de um contrato, caso haja desarranjo nessa repartição anteriormente desenhada pelas partes, se estará perante uma situação de dano. O mesmo autor é categórico ao afirmar que "o dano não suporta a fixidez, sendo movediço ou fugidio, renovando-se constantemente com o tempo, segundo o acaso das circunstâncias de cada caso, não se conseguindo aprisionar numa medida definitiva e geral"[658].

A relação entre o incumprimento de uma obrigação e a existência de um dano, portanto, deve ser verificada caso a caso e deve acima de tudo levar em conta aquilo que as partes pretendiam ao estabelecer aquela re-

654 SILVA, Clovis do Couto e. O conceito de dano no direito brasileiro e comparado. *Revista de Direito Civil Contemporâneo*, São Paulo, v. 2, p. 333-348, jan.-mar. 2015, p. 334-335.

655 MARMITT, Arnaldo. *Perdas e Danos*. Rio de Janeiro: Aide, 1987, p. 375-377.

656 NORONHA, Fernando. *Direito das Obrigações*. 4ª ed. São Paulo: Saraiva, 2013, p. 580-581.

657 PINTO, Paulo Mota. *Interesse contratual negativo e interesse contratual positivo*, p. 541.

658 PINTO, Paulo Mota. *Interesse contratual negativo e interesse contratual positivo*, p. 1067.

lação obrigacional. Nesse sentido, MENEZES CORDEIRO[659] também parece trazer uma importante lição, ao afirmar que o valor do prejuízo a ser computado na indenização por incumprimento de uma obrigação deve ser o valor ao direito à prestação para o credor dessa obrigação. Fundamental, portanto, levar em conta o valor do cumprimento da obrigação.

Além disso, o conteúdo da obrigação e a vontade das partes são fundamentais para se verificar a existência do "prejuízo" ou das "perdas e danos" proveniente de uma violação contratual. Nesse contexto, a inserção de uma cláusula penal de liquidação antecipada do dano ou de um sinal confirmatório-indenizatório já constitui boa medida para facilitar a análise desses aspectos. A inserção da sanção indenizatória em um contrato, como já diversas vezes apontado, significa a criação de uma presunção de existência de dano e, consequentemente, deve ser interpretada como uma demonstração de valorização do contrato. Ou seja, quando, em um contrato de fornecimento mensal de certo produto, o credor exige que o devedor pague uma quantia X por cada dia de atraso no fornecimento a título de indenização antecipadamente liquidada, isto é uma demonstração de que ele valoriza o cumprimento do contrato e entende que haverá um prejuízo de X caso a prestação seja cumprida de forma retardada. Caso efetivamente ocorra atraso no fornecimento, o devedor deverá provar de forma inequívoca que não houve nenhum prejuízo, somente assim se afastando a incidência da cláusula penal acordada.

Volta-se ao contrato-promessa de compra e venda de um imóvel acima cogitado, imaginando-se que a venda do imóvel foi acordada em R$300.000,00 (trezentos mil reais), e que foi dado um sinal confirmatório-indenizatório de R$30.000,00 (trinta mil reais), que é o prejuízo imaginado pelo vendedor caso a venda não venha a se concretizar, principalmente considerando as despesas extraordinárias que o incumprimento significaria. Se o comprador, ao término, não concretiza o negócio por sua culpa exclusiva, por exemplo, não comparecendo no dia e hora marcado para a lavratura da escritura, o vendedor pode reter o sinal, e o comprador pode ajuizar uma ação alegando que não houve prejuízos para o vendedor. Para embasar suas alegações, o comprador apresenta a prova da venda do referido imóvel pelo valor de R$600.000,00 (seiscentos mil reais) no mesmo dia que deveria ser lavrada a escritura, mostrando que não houve nenhuma despesa extraordinária e que efetivamente não conseguiria pagar todo o valor devido. Nesse caso, não parece que houve verdadeira violação do interesse do credor, não ocorreu a "perturbação na repartição de bens desejada". O caso aqui evidenciado parece bastante caricato, mas serve para mostrar em quais termos se cogita o

659 CORDEIRO, António Menezes. *Tratado de Direito Civil*, v. IX, p. 493.

afastamento da incidência dessas sanções indenizatórias prefixadas por ausência de produção de danos.

Para que o devedor de uma sanção indenizatória proveniente de uma cláusula penal ou de um sinal afaste sua aplicação, é fundamental que faça uma prova robusta, contundente, da não ocorrência dos danos. Na dúvida, o julgador deve sempre aplicar a sanção, já que há presunção da existência de prejuízo para o credor quando ocorre incumprimento de uma obrigação. Também deve sempre prevalecer o valor mais favorável ao lesado[660]. Além disso, como já diversas vezes evidenciado, o cumprimento é a forma natural de extinção de uma obrigação, de satisfação do interesse do credor; é, como bem aponta CALVÃO DA SILVA, "o momento capital e decisivo, verdadeiro centro de gravidade da relação obrigacional"[661]. O incumprimento, portanto, será um desvio nesse caminho natural da obrigação e, normalmente, causará danos ao credor. O prejuízo será de certa forma algo naturalmente verificado quando a prestação acordada não for realizada, somente sendo afastado em casos específicos, que devem ser inequivocamente provados pelo devedor.

Todas as considerações aqui feitas servem para demonstrar que a análise sobre a convergência funcional entre a cláusula penal e o sinal com funções indenizatórias, em última análise, perpassam as considerações sobre os pressupostos da responsabilidade civil. Ambas as figuras, em suas espécies indenizatórias, acabam sendo na verdade cláusulas de liquidação antecipada do valor dos danos em consequência do incumprimento, ou seja, cláusula de fixação da responsabilidade civil da parte que descumprir a obrigação. As figuras se equivalem do ponto de vista funcional, pois determinam uma sanção reparatória/compensatória dos prejuízos verificados por conta da não realização da prestação acordada. Equivalem também, consequentemente, quanto a seus requisitos de aplicação, sendo a verificação dos danos o principal deles.

5.2. Convergência quanto à Natureza Coercitiva: as Penas Privadas Convencionais

5.2.1. Noção de Pena Privada

Durante o desenvolvimento do presente trabalho, foi evidenciado que a cláusula penal e o sinal com função coercitiva possuem natureza jurídica de pena privada. Faltou, porém, uma explicação melhor sobre o instituto. Nesse sentido, parece fundamental apresentar uma noção de pena privada, para que seja possível melhor definir sobre o que está se falando.

660 MARMITT, Arnaldo. *Perdas e Danos*, p. 365.

661 SILVA, João Calvão da. *Cumprimento e Sanção Pecuniária Compulsória*, p. 69.

Quando se fala de pena privada, é bastante comum a imediata relação desta com o Direito antigo, principalmente o romano[662]. Segundo PASQUALE VOCI, a pena privada na idade clássica era uma figura vital[663]. A palavra pena deriva do latim *poena*, que por sua vez é derivada do grego *poiné*, que significa resgate[664]. O Direito grego possui algumas figuras destinadas a desestimular o incumprimento das obrigações, que podem ser identificadas como penas privadas[665]. Também no Direito romano, principalmente nas épocas antiga e clássica, era verificada a existência de penas aplicadas pelos privados e destinadas a regular as relações privadas[666]. A pena era o preço que o autor do ato ilícito pagava para se livrar da *vindacta*, sendo assim liberado do ilícito cometido. Parece correto afirmar que, principalmente no início de seu desenvolvimento, a responsabilidade civil no Direito romano era baseada na punição e na vingança, sendo que as sanções eram voltadas para esse fim, somente aos poucos servindo como satisfação ou reparação para o lesado[667].

Pena, como bem demonstra CARNELUTTI, é um castigo destinado àquele que pratica ato ilícito consistente em um mal que necessariamente é posterior ao delito praticado[668]. Mas o autor parece condicionar esse castigo à prática de ilícitos que sejam criminais. Isso porque, no atual estágio de evolução do Direito, a pena está intimamente ligada ao Direito Penal e ao poder repressivo do Estado, sendo destinada à repressão de ilícitos penais, mais notadamente crimes. A ideia de pena, assim, parece estar desvinculada do direito privado, e mais especificamente da responsabilidade civil, seja ela aquiliana ou contratual. Porém tal percepção não é correta, sendo certo

---

662 Ainda que CORDEIRO, António Menezes. *Tratado de Direito Civil*, v. IX, p. 482, afirme que a noção de pena privada no Direito romano esteja intimamente ligada com a noção de indenização, e que somente no estágio evolutivo atual em que a ciência do Direito se encontra é que se verifica a possibilidade de separar essas dimensões.

663 VOCI, Pasquale. *Risarcimento e pena privada nel diritto romano classico*. Milano: Giuffrè, 1939, p. 185. Ressaltando, porém, que a figura é diferente do que se pode efetivamente considerar uma pena privada na contemporaneidade.

664 GRIVOT, Débora Cristina Holenbach. Limites ao Valor da Indenização: O Problema da Função Punitiva da Responsabilidade Civil. In: RODRIGUES JUNIOR, Otavio Luiz; MAMEDE, Gladston; ROCHA, Maria Vital da (Orgs.). *Responsabilidade civil contemporânea: em homenagem a Sílvio de Salvo Venosa*. São Paulo: Atlas, 2011, p. 613.

665 RODRIGUES JUNIOR, Otavio Luiz. *Função, natureza e modificação da cláusula penal no direito civil brasileiro*, p. 24.

666 RODRIGUES JUNIOR, Otavio Luiz. *Função, natureza e modificação da cláusula penal no direito civil brasileiro*, p. 25-26.

667 LOURENÇO, Paula Meira. *A Função Punitiva da Responsabilidade Civil*. Coimbra: Coimbra Editora, 2006, p. 54-58.

668 CARNELUTTI, Francesco. *O Problema da Pena*. Tradução Ricardo Pérez Banega. São Paulo: Editora Pilares, 2015, p. 17-18.

que as funções punitiva e preventiva da responsabilidade civil têm sido cada vez mais destacadas[669], o que se percebe com certa frequência na doutrina portuguesa[670], e ainda de forma incipiente na doutrina brasileira[671].

A noção de pena privada, por outro lado, ainda não parece ser muito difundida ou mesmo aceita pela doutrina[672], mesmo que FERREIRA DA SILVA[673] aponte que o caráter punitivo/sancionatório de alguns institutos venha ganhando força no Brasil, identificando certa tendência de ressurgimento das penas privadas. Algumas vezes esse instituto é referido nos trabalhos que versam sobre a função punitiva e preventiva da responsabilidade civil[674], normalmente relacionada com a noção de *punitive damages* do Direito anglo-americano[675], mas não se tem verificado uma verdadeira defesa de sua existência ou importância.

Segunda afirma PINTO MONTEIRO[676], os *punitive damages* têm sido o principal alicerce para a redescoberta da doutrina pelas penas privadas. Isso se dá pelo fato de tal figura ser uma sanção destinada a punir comportamentos particularmente reprováveis no seio das relações privadas. Os *punitive damages*, na doutrina americana, são comumente

---

669 ROSENVALD, Nelson. *As Funções da Responsabilidade Civil*: A Reparação e a Pena Civil, p. 16-18.

670 Entre outros: CORDEIRO, António Menezes. *Tratado de Direito Civil,* v. VIII, p. 515; COSTA, Mário Júlio de Almeida. *Direito das obrigações*, 12ª ed., p. 532-533; LEITÃO, Luis Manuel Teles de Menezes. *Direito das Obrigações*, v. I, p. 254; VARELA, João de Matos Antunes. *Das obrigações em geral*. 9ª ed. Coimbra: Almedina: 1996. v. I, p. 943; VASCONCELOS, Pedro Pais de. *Teoria Geral do Direito Civil*. 8ª ed. Coimbra: Almedina, 2015, p. 17.

671 Como por exemplo: FARIAS, Cristiano Chaves de; ROSENVALD, Nelson; BRAGA NETTO, Felipe Peixoto. Responsabilidade Civil. In: _____. *Curso de Direito Civil*. 3ª ed. Salvador: Editora JusPodivm, 2016. v. III, p. 62; TARTUCE, Flávio. *Direito Civil*, p. 430-432.

672 ROSENVALD, Nelson. *As Funções da Responsabilidade Civil*: A Reparação e a Pena Civil, p. 28-29.

673 SILVA, Jorge Cesa Ferreira da. *Inadimplemento das Obrigações*: comentários aos arts. 389 a 420 do código civil, p. 234 e 282.

674 MARTINS-COSTA, Judith. Os Danos à Pessoa no Direito Brasileiro e a Natureza da Reparação. *Revista da Faculdade de Direito da UFRGS*, Porto Alegre, v. 19, 2001, p. 205-207; OLIVEIRA, Rodrigo Pereira Ribeiro de. A Responsabilidade Civil por Dano Moral e seu Caráter Desestimulador. Belo Horizonte: Arraes, 2012, principalmente p. 43-44 e 53-56.

675 GUIMARÃES, Patrícia Carla Monteiro. Os danos punitivos e a função punitiva da responsabilidade civil. *Direito e Justiça: Revista da Faculdade de Direito da Universidade Católica Portuguesa*, Lisboa, v. XV, t. 1, 2001, p. 159-206; LOURENÇO, Paula Meira. Os Danos Punitivos. *Revista da Faculdade de Direito da Universidade de Lisboa*, Coimbra, v. XLIII, nº 2, p. 1076 e 1089; MARTINS-COSTA, Judith; PARGLENDER, Mariana Souza. Usos e Abusos da Função Punitiva (*punitive damages* e o direito brasileiro). *Revista do CEJ*, Brasília, nº 28, jan./mar. 2005, p. 21-23.

676 MONTEIRO, António Pinto. *Cláusula Penal e Indemnização*, p. 651-655, nota 1525.

definidos como um valor pecuniário atribuído ao autor de uma ação civil, em adição ao valor da indenização, quando se verificar que o réu-lesante atuou com malícia, dolo ou grave negligência[677]. Trata-se de uma sanção pecuniária, que advém de uma condenação usualmente proferida por um júri[678], que vai além da sanção indenizatória devida pelo lesante ao lesado, os chamados *compensatory damages*[679]. Também são diversos dos chamados *aggravated damages*[680], que são as condenações pecuniárias superiores aos danos efetivamente sofridos, sendo um *plus* à indenização[681]. Ambas as figuras têm função reparatória e estão destinadas a compensar o lesado pelos danos sofridos. Diversamente, os *punitive damages* possuem função de punição e desestímulo[682] e estão voltados para sancionar punitivamente condutas ilícitas especialmente danosas.

De fato, a própria doutrina estadunidense identifica um caráter misto penal-privado nos *punitive damages*[683], que poderia fazer com que a figura se enquadrasse na categoria de pena privada. Porém é fundamental destacar que se trata de um instituto alheio à tradição romano-germânica[684], não se vislumbrando sua aplicação no atual estágio de desenvolvimento do Direito português ou do Direito brasileiro. Isso porque a responsabilidade civil aquiliana de ambos os países parece ainda estar bastante condicionada à função reparatória/compensatória, voltada para a eliminação dos danos por meio da indenização. Ainda que se considere a existência de certa função punitiva na indenização por danos não patrimoniais[685], aspecto bas-

---

677 GARNER, Bryan A.; BLACK, Henry Campbell. *Black's Law Dictionary*. 7ª ed. St. Paul, Minnesota: Thomson/West, 1999, p. 396; e OWEN, David G. A Punitive Damages Overview: Functions, Problems and Reform. *Villanova Law Review*, v. 39, nº 2, 1994, p. 364.

678 Principalmente na realidade estadunidense. OWEN, David G. A Punitive Damages Overview: Functions, Problems and Reform, p. 364.

679 LOURENÇO, Paula Meira. Os Danos Punitivos, p. 1030.

680 GOMES, Júlio. Uma função punitiva para a responsabilidade civil e uma função reparatória para a responsabilidade penal? *Revista de Direito e Economia*, Coimbra, 1989, p. 108; e OGUS, Anthony I. *The Law of Damages*. London: Butterworths, 1973, p. 29, ainda que o autor (p. 34) destaque que a diferenciação das figuras é mais teórica do que prática.

681 LOURENÇO, Paula Meira. Os Danos Punitivos, p. 1081-1082.

682 OWEN, David G. A Punitive Damages Overview: Functions, Problems and Reform, p. 374-381.

683 OWEN, David G. The Moral Foundations of Punitive Damages. *Alabama Law Review*, v. 40, 1989, p. 705.

684 Sendo recorrente a recusa de tribunais em executar sentenças estrangeiras que contenham condenações em *punitive damages* por violação da ordem pública, como aponta CORDEIRO, António Menezes. *Tratado de Direito Civil*, v. II, p. 613-616.

685 CORDEIRO, António Menezes. *Tratado de Direito Civil*, v. VIII, p. 515; e LEITÃO, Luis Manuel Teles de Menezes. *Direito das Obrigações*, v. I, p. 303.

tante sublinhado pela jurisprudência do STJ-Portugal[686] e do STJ-Brasil[687], é fundamental destacar que a dinâmica de aplicação dos *punitive damages* é diversa. Também muito se fala sobre a relação desse instituto da *common law* com as sanções aplicadas na tutela dos interesses coletivos e difusos[688]. Mesmo que se considere os inegáveis reflexos punitivos e preventivos que tais sanções possuem[689], as dinâmicas de aplicação também são bem diferentes, o que significa dizer que não é essa a porta de entrada para a aplicação dos *punitive damages* na realidade lusófona.

Obviamente que se trata de uma discussão que por si só merece um trabalho autônomo, motivo pelo qual não vale a pena continuar tecendo considerações sobre o assunto. Certo é que o estudo do instituto parece particularmente interessante como forma de melhor entender a função punitiva da responsabilidade civil, mas não deve ser utilizado como mecanismo de introdução desses conceitos no Direito pátrio[690]. É, na verdade, uma

---

686 Como nos julgados: PORTUGAL. Supremo Tribunal de Justiça. *Processo nº 8514/12.3TBVNG.P2.S1*. Rel. Juiz Conselheiro Olindo Geraldes. Julgado em 07/12/2016; PORTUGAL. Supremo Tribunal de Justiça. *Processo nº 2855/12.7TJVNF.G1.S1*. Rel. Juiz Conselheiro Alexandre Reais. Julgado em 27/10/2016; PORTUGAL. Supremo Tribunal de Justiça. *Processo 1021/11.3TBABT.E1.S1*. Rel. Juiz Conselheiro Lopes do Rego. Julgado em 21/01/2016; Supremo Tribunal de Justiça. *Processo 237/13.2TCGMR.G1.S1*. Rel. Juíza Conselheira Maria de Graça Trigo. Julgado em 07/04/2016; PORTUGAL. Supremo Tribunal de Justiça. *Processo nº 2185/04.8TBOER.L1.S1*. Rel. Juiz Conselheiro Fonseca Ramos. Julgado em 26/01/2016. Todos publicados em www.dgsi.pt.

687 Nas decisões mais recentes, cita-se: BRASIL. Superior Tribunal de Justiça. *REsp 1440721/GO*. Rel. Min. Maria Isabel Gallotti. *DJe* 11/10/2016; BRASIL. Superior Tribunal de Justiça. *AgInt no REsp 1600378/SC*. Rel. Min. Regina Helena Costa. *DJe* 18/10/2016; BRASIL. Superior Tribunal de Justiça. *AgRg no REsp 1241655/SC*. Rel. Min. Og Fernandes. *DJe* 13/09/2016; BRASIL. Superior Tribunal de Justiça. *AgInt no AREsp 862868/CE*. Rel. Min. Moura Ribeiro. *DJe* 23/06/2016; BRASIL. Superior Tribunal de Justiça. *AgRg no AREsp 578903/DF*. Rel. Min. Marco Buzzi. *DJe* 17/11/2015; BRASIL. Superior Tribunal de Justiça. *AgRg no REsp 1519722/PE*. DJe. Rel. Min. Humberto Martins. *DJe* 25/08/2015; BRASIL. Superior Tribunal de Justiça. *AgRg no AREsp 595676/MG*. Rel. Min. Marco Buzzi. *DJe* 15/06/2015; BRASIL. Superior Tribunal de Justiça. *AgRg no REsp 1428488/SC*. Rel. Min. Sidnei Beneti. *DJe* 11/06/2014.

688 MARTINS-COSTA, Judith; PARGLENDER, Mariana Souza. Usos e Abusos da Função Punitiva (*punitive damages* e o direito brasileiro), p. 23; e SOUSA, Miguel Teixeira. A Tutela Jurisdicional dos Interesses Difusos no Direito Português. 19 maio 2016. Disponível em: <https://docs.google.com/viewer?a=v&pid=sites&srcid=ZGVmYXVsdGRvbWFpbnxpcHBjaXZpbHxneDozZmYwZTExZjc0N2MxYzAw>.

689 TEIXEIRA NETO, Felipe. *Dano Moral Coletivo*: a configuração e a reparação do dano extrapatrimonial por lesão aos interesses difusos. Curitiba: Juruá, 2014, p. 206-216.

690 Como bem alerta BUSNELLI, Francesco D. Verso una Ricoperta delle Pene Private? In: BUSNELLI, Francesco D.; SACLFI, Gianguido (Coords.). *Le Pene Private*. Milano: Giuffrè Editore, 1985, p. 7. Para o autor, o estudioso das penas privadas deve sempre evitar inserir no catálogo de penas privadas figuras alheias ao ordenamento jurídico a que pertence.

forma de melhor compreender o instituto, já que a experiência dos *punitive damages* na *common law*, segundo afirma PAOLO GALLO[691], trouxe uma segunda primavera para as penas privadas.

A pena privada, porém, não está somente ligada aos *punitive damages*, e na verdade não é uma ideia completamente alheia à *civil law* e mais especificamente ao Direito português e brasileiro. O direito civil, na valiosa lição de JUNQUEIRA DE AZEVEDO[692], efetivamente pune, não podendo ser aceitas como verdades afirmações contrárias. No mesmo sentido, OLIVEIRA ASCENSÃO[693] destaca, dentro das chamadas sanções punitivas, ainda que a pena criminal seja aquela mais usual, a existência de verdadeiras penas civis[694], que são sanções de natureza civil, mas com caráter efetivamente repressivo. Fundamental destacar que existem diversas sanções de natureza civil cujo caráter é claramente punitivo[695], podendo ser identificadas como penas privadas. Entre elas é possível ressaltar a revogação da doação por ingratidão[696], a repetição do indébito[697], sanções contra violações de direitos autorais[698], sanções condominiais, a deserdação.

Nesse rol de sanções punitivas civis, têm particular destaque as *astreintes*, figura originada do labor jurisprudencial do Direito francês[699] e

691 GALLO, Paolo. *Pene Private e Responsabilità Civile*. Milano: Giuffrè Editore, 1996, p. 52.

692 AZEVEDO, Antônio Junqueira de. Por Uma Nova Categoria de Dano Na Responsabilidade Civil: O Dano Social. In: FILOMENO, José Geraldo Brito; WAGNER JÚNIOR, Luiz Guilherme da Costa; Gonçalves, Renato Afonso (Coords.). *O Código Civil e sua interdisciplinaridade*: os reflexos do Código Civil nos demais ramos do Direito. Belo Horizonte: Del Rey, 2004, p. 372.

693 ASCENSÃO, José de Oliveira. *O Direito*: Introdução e Teoria Geral, p. 73-74.

694 Ressaltando-se que no presente trabalho a preferência é por usar a expressão "pena privada".

695 Como destacam ROSENVALD, Nelson. *As Funções da Responsabilidade Civil:* A Reparação e a Pena Civil, p. 69-76; e ANTUNES, Henrique Sousa. Nótula sobre as Penas Privadas na Responsabilidade Civil em Portugal. In: CAMPOS, Diogo Leite de (Org.). *Estudos em Homenagem ao Prof. Doutor Manuel Henrique Mesquita*. Coimbra: Coimbra Editora, 2009. v. I, p. 135-137.

696 ROSENVALD, Nelson. *Cláusula Penal*: A pena privada nas relações negociais, p. 198.

697 Figura que, segundo MARQUES, Cláudia Lima. *Contratos no Código de Defesa do Consumidor*. 4ª ed. São Paulo: Revista dos Tribunais, 2012, p. 1054, configura uma punição exemplar, nos moldes dos *punitive/exemplary damages* do Direito anglo-americano.

698 ASCENSÃO, José de Oliveira. Direito Civil – Direito de Autor e Direitos Conexos. Coimbra: Coimbra Editora, 2012, p. 630-632.

699 Aspecto destacado por vários autores portugueses e brasileiros, como: ALBUQUERQUE, Pedro de. O direito ao cumprimento de prestação de facto, o dever de a cumprir e o princípio *nemo ad factum cogi potest*: providência cautelar, sanção pecuniária compulsória e caução. In: *Estudos em honra de Ruy de Albuquerque*. Lisboa, 2006. v. 2, p. 517; ASSIS, Araken de. *Manual de Execução*. 18ª ed. São Paulo: Revista dos Tribu-

que atualmente é aplicada em boa parte das ordens jurídicas do sistema romano-germânico. Em Portugal, a figura assume o nome de sanção pecuniária compulsória, e está prevista no Código Civil, em seu artigo 829-A. Já no Brasil, sua denominação é multa coercitiva, e está regulada no Código de Processo Civil de 2015, em seu artigo 537. Trata-se de uma figura com clara função compulsória e punitiva, voltada para induzir o réu/devedor a cumprir uma obrigação ou decisão judicial[700]. Ela atua coercitivamente sobre sua vontade, de forma a fazer com que ele realize a prestação devida[701]. Caso tal pressão não seja eficaz, surge então a obrigação de pagar a sanção determinada pelo julgador, ou seja, a pena. Inclusive não é raro encontrar na doutrina a identificação da figura como uma verdadeira pena[702].

É fundamental destacar que a sanção decorrente das *astreintes* é totalmente independente da indenização, aspecto bastante sublinhado

nais, 2016, p. 190-191; COSTA, Mário Júlio de Almeida. *Direito das Obrigações*, 12. ed., p. 1063; LAMY, Eduardo. Do Cumprimento de Sentença que Reconheça a Exigibilidade de Obrigação de Fazer, de não Fazer ou de Entregar Coisa. In: STRECK, Lênio Luiz; NUNES, Dierle; CUNHA, Leonardo Carneiro da (Orgs.). *Comentários ao Código de Processo Civil*. São Paulo: Saraiva, 2016, p. 775; LEITÃO, Luis Manuel Teles de Menezes. *Direito das Obrigações*, v. II, p. 266; PROENÇA, José Carlos Brandão. *Lições de Cumprimento e Não Cumprimento das Obrigações*, p. 162; SILVA, João Calvão da. *Cumprimento e Sanção Pecuniária Compulsória*, p. 385.

700 BUENO, Cássio Scarpinella. *Manual de Direito Processual Civil*. 2ª ed. São Paulo: Saraiva, 2016, p. 470-471; e SILVA, João Calvão da. *Cumprimento e Sanção Pecuniária Compulsória*, p. 393-396.

701 Nesse sentido, importante a lição de SILVA, João Calvão da. *Cumprimento e Sanção Pecuniária Compulsória*, p. 393, que define a sanção pecuniária compulsória como sendo um "meio indirecto de constrangimento decretado pelo juiz, destinado a induzir o devedor a cumprir a obrigação a que se encontra adstrito e a obedecer a injunção judicial". No mesmo sentido a definição de FACHIN, Luiz Edson. Redução de multa imposta por não-cumprimento tempestivo de ordem judicial – incidência do § 6º do artigo 461 do enriquecimento sem causa. *Revista Forense*, Rio de Janeiro, v. 103, nº 392, jun.-ago. 2007, p. 261, para quem a multa cominatória é o "preceito cominatório por meio do qual se busca instar alguém a fazer ou deixar de fazer algo, ou, ainda, a realizar a entrega de coisa certa".

702 ANTUNES, Henrique Sousa. Nótula sobre as Penas Privadas na Responsabilidade Civil em Portugal, p. 139; ASSIS, Araken de. *Manual de Execução*, p. 191; CORDEIRO, António Menezes. Embargos de terceiro, reintegração de trabalhador e sanções pecuniárias compulsórias. *Revista da Ordem dos Advogados*, Lisboa, ano 58, v. III, dez. 1998, p. 1225-1229; SANTOS, Ernane Fidélis dos. Execução por Título Extrajudicial das Obrigações de Entrega de Coisa e das Obrigações de Fazer e não Fazer, de Acordo com a Lei 11.382/2006. In: SANTOS, Ernane Fidelis dos *et al.* (Coord.). *Execução Civil*: Estudos em Homenagem ao Professor Humberto Theodoro Júnior. São Paulo: Editora Revista dos Tribunais, 2007, p. 769-770; LEITÃO, Luis Manuel Teles de Menezes. *Direito da Obrigações*. 11ª ed. Coimbra: Almedina, 2017. v. II, p. 267, nota 581; MONTEIRO, António Pinto. Cláusulas Limitativas e de Exclusão da Responsabilidade Civil, p. 199-201, nota 436.

pela doutrina lusófona[703]. Não há qualquer relação entre danos sofridos pelo credor pelo não cumprimento da obrigação. Nesse sentido, é possível verificar o cariz repressivo dessa sanção, que não serve como forma de reparação ou compensação dos prejuízos decorrentes do incumprimento. Ela pode ser decretada ainda que o credor não prove ou mesmo não sofra prejuízos, não havendo qualquer relação entre as *astreintes* e a ocorrência de danos. Além disso a sanção decorrente das *astreintes* não substitui a obrigação do devedor de cumprir a obrigação principal. O cumprimento da decisão judicial será devido juntamente com o pagamento da sanção, caso haja descumprimento inicial, não surgindo uma obrigação com faculdade alternativa para o devedor[704]. A obrigação de realizar a prestação principal subsiste ainda que o devedor pague o valor da sanção arbitrado pelo tribunal.

Por ser um mecanismo de coerção ao cumprimento da obrigação, por meio da ameaça de uma sanção punitiva, e ser independente da indenização pelo não cumprimento da obrigação, as *astreintes* devem ser enquadradas na categoria das penas privadas. Mesmo que se argumente que a figura possui escopo público e de direito adjetivo, sua principal função é tutelar um interesse privado, o interesse do credor no cumprimento da obrigação ou decisão judicial. É certo que tal mecanismo de coerção é derivado do poder estatal, uma vez que é o julgador que a decreta, mas ainda assim a *astreinte* deve ser enquadrada na categoria das penas privadas, já que tutela interesses do credor e tem caráter de regulação de relações privadas[705].

Esta consideração sobre as *astreintes* auxilia na formulação da noção de pena privada, que diferentemente do que afirma CARNELUTTI não é somente a pena aplicada pelo ofendido[706]. Pena privada é qualquer sanção de natureza civil cujo conteúdo tenha caráter punitivo, ou seja, qualquer

---

703 ALBUQUERQUE, Pedro de. O direito ao cumprimento de prestação de facto, o dever de a cumprir e o princípio *nemo ad factum cogi potest*: providência cautelar, sanção pecuniária compulsória e caução, p. 521-522; CORDEIRO, António Menezes. Embargos de terceiro, reintegração de trabalhador e sanções pecuniárias compulsórias, p. 1229; SILVA, João Calvão da. *Cumprimento e Sanção Pecuniária Compulsória*, p. 410-412; BUENO, Cássio Scarpinella. *Manual de Direito Processual Civil*, p. 470; MONNERAT, Fábio Victor da Fonte. Execução Específica das Obrigações de Fazer e não Fazer. In: ALVIM, Eduardo Arruda; BRUSCHI, Gilberto Gomes; CHECHI, Mara Larsen; COUTO, Monica Bonetti (Orgs.). *Execução Civil e Temas Afins* – do CPC/1973 ao Novo CPC: Estudos em Homenagem ao Professor Araken de Assis. São Paulo: Revista dos Tribunais, 2014. v. 1, p. 342-B; SANTOS, Ernane Fidélis dos. Execução por Título Extrajudicial das Obrigações de Entrega de Coisa e das Obrigações de Fazer e não Fazer, de Acordo com a Lei 11.382/2006, p. 769-B; entre outros.

704 SILVA, João Calvão da. *Cumprimento e Sanção Pecuniária Compulsória*, p. 417.

705 Conforme ensina ROSENVALD, Nelson. *As Funções da Responsabilidade Civil*: A Reparação e a Pena Civil, p. 55-56.

706 CARNELUTTI, Francesco. *O Problema da Pena*, p. 45.

sanção aflitiva que não seja qualificada como penal ou administrativa[707]. Sua qualificação independe do aplicador da sanção. Trata-se de uma figura com caráter residual, mas que tem em seu núcleo a preocupação com a regulamentação e a sanção de ilícitos cometidos no seio de relações privadas. É um instrumento destinado a tutelar interesses e regular condutas no âmbito do direito privado, englobando assim relações consumeristas, trabalhistas, societárias e civis de forma geral. Isso não quer dizer que as penas privadas sirvam apenas para tutelar interesses individuais, não possuindo relevância social, mas que mesmo no âmbito difuso e coletivo são sanções voltadas para as relações privadas. Em poucas palavras, com o auxílio da lição de JUDITH MARTINS-COSTA[708], é possível afirmar que a pena privada, em sentido *lato*, é uma sanção punitiva estabelecida para tutelar interesses privados.

Nesse sentido, é fundamental apresentar o contributo de PAOLO GALLO[709] para o desenvolvimento da noção do instituto. O autor italiano indica que a pena privada *stricto sensu* pode ser subdividida em três categorias: as penas privadas negocias ou convencionais, as penas privadas legislativas ou legais e as penas privadas judiciais. Considerando essa divisão, o primeiro grupo de penas surgiria de um ato voluntário, um negócio jurídico, sendo esta a categoria que engloba a cláusula penal *stricto sensu* e o sinal confirmatório-coercitivo, como será evidenciado a seguir. O segundo grupo abarca aquelas sanções punitivas civis expressamente previstas por certa disposição legal, como a repetição do indébito e a deserdação por ingratidão. O terceiro é constituído por sanções que dependem de um provimento judicial, como as *astreintes*, por exemplo. Isso não significa que as sanções que integram cada grupo não estejam previstas em alguma disposição normativa, mas sim que sua aplicação é de titularidade exclusiva dos tribunais, por isso penas privadas judiciais. SILVIO MAZZARESE[710] chega a criticar essa tentativa de sistematização das penas privadas em três categorias, mas ainda assim reconhece que elas sempre poderão ser constituídas por uma disposição de vontade, um preceito legal ou uma decisão judicial. Fica claro que a classificação como pena privada não deve levar em conta simplesmente o titular da punição, ou o destinatário da punição, mas sim o conteúdo da relação tutelada e a conduta do ofensor. Todas elas tutelam interesses privados e regulam comportamentos e relações privadas.

---

707 ROSENVALD, Nelson. *As Funções da Responsabilidade Civil*: A Reparação e a Pena Civil, p. 54.

708 MARTINS-COSTA, Judith. Do adimplemento das obrigações, p. 621.

709 GALLO, Paolo. *Pene Private e Responsabilità Civile*, p. 33.

710 MAZZARESE, Silvio. Clausola Penale e Pena Privata. In: BUSNELLI, Francesco D.; SACLFI, Gianguido. *Le Pene Private*. Milano: Giuffrè Editore, 1985, p. 263.

ROSENVALD, inspirado na doutrina italiana, chega a propor ainda outra divisão, apresentando uma diferença entre penas privadas e penas civis[711]. Nesse quadro de dicotomia entre as espécies de sanções punitivas privadas, a pena privada seria aquela destinada a regular relações privadas intersubjetivas, tutelando interesses individuais. Por outro lado, as penas civis seriam sanções punitivas de ordem social e coletiva, voltadas para a tutela de interesses coletivos e principalmente para a punir e prevenir condutas que violem interesses subjetivos e metaindividuais[712]. A cláusula penal e as *astreintes* seriam exemplos de penas privadas. Já as figuras existentes no Direito lusófono, como as multas condominiais, e figuras alheias, como os *punitive damages*, se enquadrariam na categoria de pena civil[713]. Também haveria uma diferença quanto a alguns princípios gerais do direito aplicáveis a cada uma dessas categorias, com destaque para o princípio do *nulla poena sine legem,* que não seria aplicável às penas privadas, somente às penas civis.

Porém tal percepção não parece correta, já que se verifica a necessidade de expressa constituição da pena. Qualquer pena, seja ela privada ou pública, está submetida ao princípio do *nulla poena sine legem*[714]. O que será diferente é em qual medida tal princípio deverá ser interpretado. Assim, seja mediante uma declaração de vontade das partes em um negócio jurídico, ou uma decisão do juiz em um processo ou a aplicação de uma norma, a pena privada para existir depende de ser estabelecida de forma explícita e inequívoca, não cabendo presunção de seu estabelecimento. Certo é que se mostra essencial que haja um ato de constituição da sanção punitiva civil que possa ser verificado para que a pena privada exista.

A dicotomia apresentada pelo autor brasileiro, porém, não parece ainda fazer sentido. A noção de pena privada ainda se encontra em um contexto inseguro, faltando uma maior sistematização e conceituação da doutrina sobre o assunto. Este é inclusive o alerta feito por MASSIMO BIANCA, para quem é fundamental que a doutrina fixe uma noção jurídica autônoma do instituto da pena privada[715]. Assim, é preferível desenvolver a noção de pena privada de forma unitária, englobando todas as sanções de natureza civil que possuam um conteúdo repressivo. É certo que isso significará de

711 ROSENVALD, Nelson. *As Funções da Responsabilidade Civil*: A Reparação e a Pena Civil, p. 56-62.

712 ROSENVALD, Nelson. *As Funções da Responsabilidade Civil*: A Reparação e a Pena Civil, p. 68-69.

713 ROSENVALD, Nelson. *As Funções da Responsabilidade Civil*: A Reparação e a Pena Civil, p. 73 e 167-173.

714 CARNELUTTI, Francesco. *O Problema da Pena*, p. 52.

715 BIANCA, C. Massimo. Riflessioni sulla Pena Privata. In: BUSNELLI, Francesco D.; SACLFI, Gianguido (Coords.). *Le Pene Private*. Milano: Giuffrè Editore, 1985. p. 409.

alguma forma uma dificuldade a mais no exercício de sistematização das penas privadas, já que estará se tentando englobar uma quantidade bastante grande de figuras, que muitas vezes são diversas. Mas ainda assim é possível proceder dessa forma, já que, como bem aponta o referido autor italiano, é possível identificar algumas características fundamentais.

Em qualquer figura que seja classificada como pena privada, o caráter preventivo e o repressivo serão sempre verificados. Uma pena privada, sendo sanção punitiva de natureza civil, serve ao mesmo tempo para punir/sancionar um comportamento ilícito e estabelecer uma pressão, uma coerção ao cumprimento devido, sempre tendo em vista uma relação privada[716]. Entre essas duas funções, punitiva e preventiva, a segunda prevalece em relação à primeira. Isso quer dizer que o principal foco de uma pena privada não é simplesmente punir o agente do ato ilícito. Por outro lado, a busca por prevenir que tal ato ocorra é primordial. Há uma pressão psicológica sobre o agente, para que ele realize a conduta devida, como, por exemplo, o cumprimento de um contrato, ou de uma decisão judicial. O principal objetivo da pena privada, portanto, é fazer com que o agente desista de praticar o comportamento ilícito[717]. Também é voltado para a precaução nas relações extracontratuais, procurando evitar que danos ocorram, desestimulando comportamentos que sejam antijurídicos e reprováveis[718].

Outro aspecto fundamental para estabelecer uma noção jurídica autônoma de pena privada é relacionado com o dano. Sendo certo que, por se tratar de uma sanção contra comportamentos ilícitos, a ocorrência de danos quase sempre será verificada, a noção de pena privada é independente da ocorrência de danos. A pena privada não está interessada na produção dos danos e em sua posterior reparação[719], mas sim na tutela das condutas, na prevenção da ocorrência do ato ilícito e posterior punição caso danos ocorram. Por outro lado, a avaliação da ilicitude do comportamento e da culpa são fundamentais e de certa voltam a ficar em evidência[720]. A avaliação da culpa possui inegável valor moral e pedagógico[721], aspecto que está intimamente ligado ao instituto ora em análise.

A pena privada serve para regular comportamentos e tutelar interesses privados, constituindo um quadro heterogêneo de figuras, que em sua

716 MAZZARESE, Silvio. Clausola Penale e Pena Privata, p. 263.

717 VOCI, Pasquale. *Risarcimento e pena privada nel diritto romano classico*, p. 9.

718 ROSENVALD, Nelson. *As Funções da Responsabilidade Civil*: A Reparação e a Pena Civil, p. 62-69.

719 MONTEIRO, António Pinto. *Cláusula Penal e Indemnização*, p. 663-669, nota 1537.

720 MONTEIRO, António Pinto. *Cláusula Penal e Indemnização*, p. 659-663, nota 1536.

721 SILVA, João Calvão da. Responsabilidade Civil do Produtor. Coimbra: Almedina, 1990, p. 110-111.

diversidade e diferença encontram uma similitude de funções que as unem. A redescoberta desse instituto parece fundamental[722], estando sua noção ainda em construção, carecendo de maior desenvolvimento pela doutrina. Como ficou evidenciado, seu núcleo central é o das sanções de natureza civil em cujo conteúdo possa se verificar um caráter punitivo. Juntamente com este, também se verifica um caráter preventivo, que de certa forma é o primordial. Tais figuras são meios de pressão privada, destinadas a incentivar e pressionar os agentes a cumprirem as obrigações e deveres legais, evitando que atos considerados reprováveis pelo sistema jurídico ocorram.

5.2.2. A Cláusula Penal e o Sinal como Penas Privadas Convencionais

Dentro da noção de pena privada acima apresentada, foi evidenciada a divisão entre três espécies diversas, cujo fundamento de diferenciação está na forma de constituição da pena, em sua origem. É possível identificar penas privadas que sejam originadas de decisões judiciais, como a *astreinte*, que é uma pena privada judicial. Também existem aquelas previstas na lei, como a repetição do indébito, que terão origem legislativa. E por fim aquelas que decorrem de um negócio jurídico, de um ato negocial entre as partes de uma relação jurídica, e, por esse motivo, se enquadram na categoria de penas privadas negociais ou convencionais. Esta espécie de pena privada é referida, na doutrina italiana, como *pene private negoziali*[723], e por isso vem sendo denominada por pena privada negocial em língua portuguesa. Porém entende-se que o mais correto seria denominá-la pena privada convencional, como vem normalmente sendo feito no presente trabalho. Isso porque o termo pena convencional está incorporado no léxico da tradição jurídica lusófona[724]. É um termo corriqueiro, utilizado não só no ordenamento jurídico, mas também tanto pela doutrina quanto pela prática jurídica portuguesa e brasileira. Por esse motivo, a denominação "penas privadas convencionais" parece ser a mais correta, e aquela que vem sendo utilizada no desenvolvimento deste trabalho.

O fundamento para a existência das penas privadas convencionais está no princípio da liberdade contratual e na autonomia da vontade[725]. Como o nome bem diz, essa categoria de pena privada não é baseada em provimentos judiciais ou disposições legais, mas no acordo de vontade das partes, em

---

722 ANTUNES, Henrique Sousa. *Da inclusão do lucro ilícito e de efeitos punitivos entre as consequências da responsabilidade civil extracontratual*: a sua legitimação pelo dano. Coimbra: Coimbra Editora, 2011, p. 629.

723 GALLO, Paolo. *Pene Private e Responsabilità Civile*, p. 33.

724 CORDEIRO, António Menezes. *Tratado de Direito Civil*, v. IX, p. 475.

725 FRANÇA, Rubens Limongi. *Teoria e Prática da Cláusula Penal*, p. 206; e ROSENVALD, Nelson. *As Funções da Responsabilidade Civil*: A Reparação e a Pena Civil, p. 58.

uma convenção. Fundamental, porém, que esse acordo seja inequívoco, ou seja, que a verificação da intenção das partes na constituição de uma pena privada se dê de forma literal. Não cabem aqui presunções de existência de um acordo que preveja uma pena privada. Deve se interpretar o negócio jurídico nesse caso buscando a indicação da vontade das partes considerando o próprio conteúdo da declaração[726].

No exercício de interpretação da vontade negocial das partes, buscando verificar se a constituição de uma pena privada convencional era pretendida, o valor da pena e sua relação com o valor do contrato ou com o valor dos danos esperados é fundamental. A princípio, identifica-se uma pena privada convencional quando a sanção por ela estabelecida for maior que o valor dos danos efetivamente verificados[727]. Porém esta não é a única forma de verificar a existência de um caráter punitivo privado, sendo necessário avaliar outros elementos, com destaque para uma verdadeira intenção coercitiva das partes, destinada à tutela do cumprimento da obrigação. Isso significa dizer que no exercício de interpretação negocial deve se buscar a função que a sanção procura ter na efetiva dinâmica da relação obrigacional[728].

Não parece difícil verificar que a cláusula penal e o sinal, quando assumem função coercitiva, se enquadram nessa categoria de pena privada. Ambas as figuras, em sua função coercitiva, são exemplos claros de penas privadas convencionais. São sanções de natureza civil, com caráter punitivo, cuja principal função é coagir o devedor ao cumprimento da obrigação assegurada, e que surgem de um negócio jurídico, de uma declaração de vontade das partes. Tanto a cláusula penal *stricto sensu* quanto o sinal confirmatório-coercitivo se enquadram na categoria das sanções punitivas civis e, consequentemente, na noção de pena privada. São figuras que agem em dois momentos, inicialmente pressionando o devedor ao cumprimento da obrigação, momento da coerção, e posteriormente castigando aquele que mesmo assim não realize a prestação acordada, momento da punição[729].

Pode-se argumentar que ambas as figuras, quando assumem esse cariz coercitivo, sejam estranhas aos ordenamentos jurídicos de Portugal e do Brasil[730].

---

726 LARENZ, Karl. *Metodologia da ciência do direito*, p. 419-421.

727 Nesse sentido, BRUNI, Alessandra. Clausola Penale e Poteri Riduttivi del Giudice. In: BUSNELLI, Francesco D.; SACLFI, Gianguido (Coords.). *Le Pene Private*. Milano: Giuffrè Editore, 1985, p. 287; e PARDOLESI, Roberto. Liquidazione Contrattuale del danno. In: BUSNELLI, Francesco D.; SACLFI, Gianguido (Coords.). *Le Pene Private*. Milano: Giuffrè Editore, 1985, p. 252.

728 MONTEIRO, António Pinto. *Cláusula Penal e Indemnização*, p. 641-643.

729 ROSENVALD, Nelson. *Cláusula Penal*: A pena privada nas relações negociais, p. 213.

730 RODRIGUES JUNIOR, Otavio Luiz. *Função, natureza e modificação da cláusula penal no direito civil brasileiro*, p. 276-277; SILVA, João Calvão da. Direitos de Autor, Cláusula Penal e Sanção Pecuniária Compulsória, p. 149-151.

De fato, o arranjo, no regime jurídico de ambas as figuras no Código Civil português e no Código Civil brasileiro, privilegia um escopo indenizatório, podendo-se inclusive afirmar que a regulamentação é exclusivamente voltada para a cláusula penal e para o sinal, que buscam a liquidação antecipada do dano. Porém, como bem ensina JUDITH MARTINS-COSTA[731], as regras legais nas relações de direito privado, principalmente aquelas que possam ser consideradas paritárias, são majoritariamente dispositivas ou supletivas. A intervenção da lei no conteúdo contratual é apenas eventual, sendo totalmente plausível que as partes, com base no princípio da liberdade contratual, estabeleçam negócios jurídicos cujo conteúdo estabeleça sanções punitivas civis, ou seja, penas privadas convencionais. Assim, não há que se falar que a cláusula penal punitiva não pode ser convencionada pelas partes pois encontra óbices legais, ou que o sinal confirmatório-coercitivo não tem aplicação pois a lei somente define efeitos para a espécie indenizatória.

Fica claro, portanto, que as penas privadas convencionais acabam muitas vezes não possuindo bases legais[732]. Tal afirmação pode parecer contraditória em relação ao apontamento feito acima, relativo à aplicação do princípio do *nulla poena sine legem* às penas privadas. Mas de fato não é. As penas privadas, para existirem, necessitam da verificação de um ato de constituição explícito e inequívoco. Um desses atos pode ser a edição de uma norma estabelecendo uma pena privada qualquer. Também pode ser estabelecida uma sanção civil cujo conteúdo é punitivo por meio de uma decisão judicial. Da mesma forma pode ocorrer a constituição de uma pena privada mediante a declaração de vontade qualificada, ou seja, um negócio jurídico. Assim, o princípio acima apontado, para as penas privadas convencionais, deve ser reinterpretado, devendo ser entendido como *nulla poena sine pactum*. Por decorrerem da autonomia privada e do princípio da liberdade, elas não necessitam possuir bases legais, e de fato no atual estágio de desenvolvimento do Direito lusófono normalmente não terão. Mas é fundamental que haja um ato inequívoco de sua constituição, um *pactum* que substituirá a *legem*.

Feitas tais considerações, importa dizer que, no contexto da redescoberta das penas privadas na doutrina italiana, a cláusula penal é sempre tratada como pedra angular, como ponto de partida, sendo um dos principais institutos que trazem à tona a discussão sobre o poder punitivo dos agentes privados[733]. No mesmo sentido, considerando as semelhanças funcionais en-

731 MARTINS-COSTA, Judith. *A Boa-fé no Direito Privado*: critérios para a sua aplicação, p. 573-574.

732 FRANÇA, Rubens Limongi. *Teoria e Prática da Cláusula Penal*, p. 205.

733 BRUNI, Alessandra. Clausola Penale e Poteri Riduttivi del Giudice, p. 287; BIANCA, C. Massimo. Riflessioni sulla Pena Privata. In: BUSNELLI, Francesco D.; SACLFI, Gianguido (Coords.). *Le Pene Private*. Milano: Giuffrè Editore, 1985, p. 408; MOSCATI, Enri-

tre esta figura e o sinal confirmatório-coercitivo[734], não parece ser difícil afirmar que são estas as duas figuras fundamentais na discussão e análise das penas privadas, principalmente na categoria convencional. É exatamente o aspecto coercitivo relacionado com o cumprimento das obrigações que dá base para a caracterização das penas privadas convencionais, sendo figuras que estabelecem sanções punitivas caso essa coerção não seja alcançada.

Porém, mesmo com o reconhecimento dessas características, muitas vezes tais figuras não são identificadas como penas privadas. Nesse contexto, CALVÃO DA SILVA[735] chega a propor uma sistematização das figuras destinadas à coerção privada, que seriam meios de pressão privada destinados a assegurar o cumprimento da obrigação. O autor, contudo, peca ao não considerar essas figuras como verdadeiras penas privadas, mesmo identificando sua natureza sancionatória e sua função predominantemente preventiva[736]. De forma também surpreendente, PINTO MONTEIRO[737], o grande idealizador da noção de cláusula penal punitiva em língua portuguesa, não qualifica a figura como pena privada, destacando mais sua natureza compulsória.

Certo é a cláusula penal e o sinal são qualificados como penas privadas por causa da natureza compulsória e do cariz preventivo. Obviamente, junto com essa característica vem a índole punitiva, a ameaça de sanção, que efetivamente caracteriza a pena. As penas privadas não surgem com a intenção pura e simples de punir, de castigar, mas tais características decorrem de sua principal função, que é a tutela ao direito do crédito que o credor possui, pressionando o devedor ao cumprimento da obrigação. A sanção, assim, é apenas uma consequência natural do objetivo maior da pena privada, que é busca pelo cumprimento das obrigações[738].

Quando se fala na afinidade funcional entre a cláusula penal *stricto sensu* e o sinal confirmatório-coercitivo, o que se está em última análise re-

---

co. Pena Privata e Autonomia Privata. In: BUSNELLI, Francesco D.; SACLFI, Gianguido (Coords.). *Le Pene Private*. Milano: Giuffrè Editore, 1985, p. 235; PARDOLESI, Roberto. Liquidazione Contrattuale del danno, p. 251.

---

734 Aspecto destacado por vários autores de ambos os países analisados. Entre outros ver: MARTINS-COSTA, Judith. Do adimplemento das obrigações, p. 755; MONTEIRO, António Pinto. *Cláusula Penal e Indemnização*, p. 187; OLIVEIRA, Nuno Manuel Pinto. *Ensaio Sobre o Sinal*, p. 83-84; PRATA, Ana Maria Correia Rodrigues. *O Contrato-Promessa e o Seu Regime Civil*, p. 894; ROSENVALD, Nelson. *Cláusula Penal*: A pena privada nas relações negociais, p. 176.

735 SILVA, João Calvão da. *Cumprimento e Sanção Pecuniária Compulsória*, p. 229-231.

736 SILVA, João Calvão da. *Cumprimento e Sanção Pecuniária Compulsória*, p. 240-241.

737 MONTEIRO, António Pinto. *Cláusula Penal e Indemnização*, p. 670.

738 ROSENVALD, Nelson. *As Funções da Responsabilidade Civil*: A Reparação e a Pena Civil, p. 40.

conhecendo é certa identidade eficacional que ambas as figuras possuem, um fator de eficácia[739] em comum, qual seja, o incumprimento da obrigação. O momento de funcionamento delas é o mesmo. Assim que ocorra o fato de eficácia, ou seja, a não realização da prestação, os efeitos do negócio jurídico passam a serem verificados. Importante ressaltar que alguns dos efeitos desencadeados por cada uma das figuras são diversos, uma vez que a estrutura da cláusula penal e do sinal são diferentes. Contudo é possível verificar dois efeitos, que talvez sejam os mais relevantes, que ocorrem quando se está diante das espécies coercitivas das figuras. De um lado há o efeito de reforço da obrigação, que inegavelmente é verificado. De outro lado há a sanção punitiva, que será verificada caso o fator de eficácia acima mencionado ocorra.

O efeito sanção não é aquele prioritariamente buscado pelas partes. Quando, por exemplo, uma cláusula penal punitiva é acordada pelos contratantes, o que se busca é o efeito de reforço da vinculatividade. A sanção é um efeito condicionado a um evento, o incumprimento, que não é querido pelas partes. Em outras palavras, a pena convencional não é uma consequência buscada pelas partes, mas apenas uma consequência natural de seu objetivo principal. O que se quer quando se estabelece uma pena privada é resguardar o cumprimento contratual mediante o estabelecimento de uma pressão sobre o devedor. Pressão que parece totalmente legítima, pois está destinada a incentivar o cumprimento da obrigação, ou seja, a proporcionar a concretização do objetivo de qualquer relação contratual, que é a realização da prestação acordada pelo devedor. O ideal em uma relação obrigacional é o cumprimento da obrigação, a realização da prestação. Ainda que se estabeleça uma cláusula penal ou um sinal, tal situação se mantém. CALVÃO DA SILVA[740] é categórico ao demonstrar que somente o cumprimento satisfaz plenamente o interesse do credor, não existindo qualquer sanção que seja capaz de efetivá-lo. Assim, a utilização de um instrumento voltado a privilegiar a busca pela concretização dessa máxima, como as penas privadas convencionais, parece bastante importante. Nesse sentido PONTES DE MIRANDA[741] já sublinhava que a cláusula penal serve para estimular o cumprimento do contrato, sendo certo que as partes vão procurar evitar incorrer na pena por ela estabelecida.

Parece importante novamente ressaltar que exigência da pena convencional quando ocorra incumprimento não será a única opção do credor.

739 Os fatores de eficácia, consoante o valioso ensinamento de AZEVEDO, Antônio Junqueira de. *Negócio Jurídico* - Existência, Validade e Eficácia, p. 60, se relacionam com o início da produção de efeitos do negócio jurídico.

740 SILVA, João Calvão da. *Cumprimento e Sanção Pecuniária Compulsória*, p. 144.

741 PONTES DE MIRANDA, Francisco Cavalcanti. *Tratado de Direito Privado*, t. XXVI, p. 59-60.

A cláusula penal (na modalidade substitutiva) e o sinal confirmatório (*lato sensu*) são cláusulas que criam uma obrigação com faculdade alternativa à parte *creditoris*. Quando assumem sua feição coercitiva/punitiva, essas cláusulas, caso ocorra o incumprimento da obrigação assegurada, abrem três alternativas para o credor: a exigência do pagamento da pena, a exigência da indenização pelos prejuízos causados calculada pelos critérios normais de responsabilidade civil, ou a exigência do cumprimento forçado da obrigação. O cumprimento da obrigação, portanto, continuará sendo uma opção, e de certa forma a opção mais interessante para o credor, que em alternativa à exigência da realização coativa da prestação, poderá exigir ou a pena ou a indenização. Trata-se de mais uma demonstração de que a pena convencional não é, necessariamente, buscada pelo credor. Ela será apenas uma das opções que este tem para tutelar seu direito ao crédito, sendo que sempre que o interesse no cumprimento se mantiver, a busca será pelo cumprimento da obrigação, mesmo que seja forçado.

As obrigações com faculdade alternativa constituem um direito subjetivo para aquele que tenha a faculdade de escolha[742]. Consequentemente, a pena privada convencional também será um direito subjetivo do credor[743]. Quando for verificado o incumprimento da obrigação, o credor terá o direito de exigir a pena, ou utilizar as outras formas previstas na legislação para tutelar seu direito ao cumprimento e ao crédito. E o credor somente poderá exercer esse direito subjetivo, essa posição jurídica, plenamente caso atue nos estritos limites e parâmetros da boa-fé. Caso exceda esses limites, ou seja, abuse de seu direito, a pena convencional poderá ser controlada.

Conforme já foi verificado, as penas privadas convencionais, como a cláusula penal *stricto sensu* e o sinal confirmatório-coercitivo, podem ser submetidas à apreciação judicial, sendo a proibição do abuso do direito e a boa-fé os parâmetros de controle. Assim, ainda que a pena seja um direito do credor, ela não poderá ser exercida de forma desmedida. O valor da pena não pode ser abusivo, a ponto de colocar o devedor em uma situação de extrema desvantagem. Através da função corretiva da boa-fé é possível controlar o exercício e o valor das penas privadas convencionais, averiguando sua validade ou moderando sua eficácia[744].

Todas essas considerações parecem fundamentais para retirar o forte estigma ainda existente quanto às penas privadas e à função punitiva da responsabilidade civil, principalmente no seio das relações obrigacionais,

---

742 ALVES, Hugo André Ramos. *Dação em Cumprimento*, p. 233-234.

743 PEREIRA, Caio Mário da Silva. *Instituições de Direito Civil*, v. I, p. 19-30; que destaca que o direito subjetivo é uma faculdade de agir de seu titular.

744 MARTINS-COSTA, Judith. *A Boa-fé no Direito Privado*: critérios para a sua aplicação, p. 572.

com aquelas apresentadas por OTAVIO LUIZ RODRIGUES JUNIOR[745]. O autor critica o renovado interesse sobre as penas privadas, argumentando ser inadequada a ideia de que os homens cumprem as obrigações por medo. Também procura evidenciar que o direito não é baseado na coação[746], defendendo uma maior valorização das sanções que bonifiquem os agentes que respeitam as normas em vez de punirem[747].

Porém tais considerações não parecem de todo corretas. Sem dúvida, sanções "premiais" também valorizam o direito e o princípio do cumprimento das obrigações. Também parece interessante a noção de que Direito não é coerção, mas sim fundamentado na sanção. Ao mesmo tempo é possível afirmar que o Direito não pode continuar menosprezando a força que a pressão psicológica exerce no seio das relações privados[748]. Ainda mais considerando aquela destinada a evitar o cometimento de atos ilícitos, e mais especificamente voltada para efetivar o princípio do cumprimento das relações obrigacionais. Não se esquecendo também que as penas privadas não são simplesmente baseadas na coerção, porquanto também são constituídas por sanções.

Ao se defender a importância das penas privadas, não está se defendendo a inserção do medo como elemento fundamental das relações obrigacionais. Como bem aponta JUDITH MARTINS-COSTA[749], a complexidade psíquico-sociológica e os problemas de figuras como a cláusula penal coercitiva não podem ser relegados a segundo plano. A autora aponta que a figura é, sem dúvida, um mecanismo fundamental para o fortalecimento da economia contratual e de valorização da noção de vinculatividade das obrigações. As penas privadas, especialmente as convencionais, merecem a atenção da doutrina e do operador do Direito lusófono, pois auxiliam na resolução de problemas e principalmente a retomar a valorização das relações obrigacionais.

5.2.3. Do Contributo da Análise Econômica do Direito - Incentivo e Sinalização

Os aspectos acima evidenciados ficam ainda mais nítidos quando se utiliza alguns dos contributos da análise econômica do direito e da teoria

745 RODRIGUES JUNIOR, Otavio Luiz. Considerações sobre a Coação como Elemento Acidental da Estrutura da Norma Jurídica: A Ideia de Pena e Sanção Premial. *Arquivos do Ministério da Justiça*, Brasília, ano 51, nº 190, 2006, p. 306.

746 RODRIGUES JUNIOR, Otavio Luiz. Considerações sobre a Coação como Elemento Acidental da Estrutura da Norma Jurídica: A Ideia de Pena e Sanção Premial, p. 304.

747 RODRIGUES JUNIOR, Otavio Luiz. Considerações sobre a Coação como Elemento Acidental da Estrutura da Norma Jurídica: A Ideia de Pena e Sanção Premial, p. 308-309.

748 SILVA, João Calvão da. *Cumprimento e Sanção Pecuniária Compulsória*, p. 237.

749 MARTINS-COSTA, Judith. Do adimplemento das obrigações, p. 626-627.

econômica do contrato no contexto da análise das penas privadas. Na análise das penas privadas convencionais, a partir do destaque da similitude funcional existente entre a cláusula penal *stricto sensu* e o sinal confirmatório-coercitivo, o contributo da análise econômica do direito, através da teórica econômica do contrato é inegável. A partir dessa análise é possível verificar que, além das funções jurídicas, as funções econômicas de ambas as figuras são semelhantes, com destaque especial para a função incentivadora e a função sinalizadora. Como bem aponta CORDEIRO[750] a *Law and Economics* é um interessante instrumento de análise, que pode contribuir para a modernização da ciência do Direito. Além disso, certamente, é um mecanismo que ajuda, e muito, a afastar o forte estigma e as questões morais envolvendo o instituto.

Interessante ressaltar que a literatura da análise econômica sobre a cláusula penal é bastante extensa. Entre os assuntos mais debatidos ganha destaque a análise da eficiência da *penalty doctrine*[751] e a análise comparativa da eficiência dos sistemas de *civil* e *common law*[752]. Também assumem especial relevância os trabalhos voltados para a economia comportamental, o chamado behaviorismo[753], podendo ser apontados diversos ensaios dedicados ao assunto[754]. Um dos principais autores italianos sobre a pena privada aqui já mencionado, PAOLO GALLO[755], também destaca a relação entre as penas privadas e a "eficiência econômica", dando particular atenção ao

750 CORDEIRO, António Menezes. *Tratado de Direito Civil*, v. VIII, p. 348.

751 Entre outros: POSNER, Richard. *Economic Analysis of Law*. 6ª ed. New York: Aspen Publishers, 2003, p. 128-131; REA JR., Samuel. Penalty Doctrine in Contract Law. In: NEWMAN, Paul (Ed.). *The Palgrave Dictionary of Economics and Law*. London: Macmillan Reference Limited, 1998, v. III; e RUBIN, Paul. Unenforceable Contracts: Penalty Clauses and Specific Performance. *Journal of Legal Studies*, v. 10, nº 2, p. 237-247, jun. 1981.

752 Por exemplo: HATZIS, Aristides N. Civil Contract Law and Economic Reasoning: An Unlikely Pair? In: GRUNDMANN, Stefan; SCHAUER, Martin (Eds.). *The Architecture of European Codes And Contract Law*. Kluwer Law International, Private Law in European Context Series, 2006. v. 8, p. 159-191; e MATTEI, Ugo. The Comparative Law and Economics of Penalty Clauses in Contract, 1995.

753 Para uma visão geral sobre o assunto, ver: ARAÚJO, Fernando. *Teoria Econômica do Contrato*. Coimbra: Almedina, 2007, p. 304-319.

754 Como: BAFFI, Enrico. *Efficient Penalty Clauses with Debiasing*: Lessons from Cognitive Psychology, 2007. Disponível em: <http://ssrn.com/abstract=1029926>; EISENBERG, Melvin Aron. The Limits Of Cognition And The Limits Of Contract. *Stanford Law Review*, nº 47, p. 211 e ss., 1995; HILLMAN, Robert A. The Limits of Behavioral Decision Theory in Legal Analysis: The Case of Liquidated Damages. *Cornell Law Faculty Publications*, v. 85, p. 717-738, 2000; WILKINSON-RYAN, Tess. Do Liquidated Damages Encourage Breach? A Psychological Experiment. *Michigan Law Review*, v. 108, p. 633-672, 2010; entre outros.

755 GALLO, Paolo. *Pene Private e Responsabilità Civile*, p. 76-78.

valor subjetivo do contrato, utilizando-se de algumas noções econômicas em sua análise. Toda esta discussão é bastante interessante e por si só mereceria um trabalho à parte. Porém parece interessante focar a presente análise nas funções econômicas que podem ser verificadas pela cláusula penal e pelo sinal.

Cabe também uma breve nota para dizer que não se verificam trabalhos que visam à análise econômica do sinal. Isso porque tal figura de certa forma não existe no contexto do Direito anglo-americano, que ainda é o sistema jurídico que condiciona muito da produção da análise econômica do direto. É certo, porém, que a falta de considerações sobre o sinal não deve impedir que se proceda a uma análise dessa figura. As considerações que a literatura de *Law and Economics* traça sobre a cláusula penal pode muito bem ser transportada para o sinal, como se procurará demonstrar. Cabe, portanto, analisar a cláusula penal *stricto sensu* e o sinal confirmatório-coercitivo sob a ótica dos incentivos e da sinalização, que são duas noções econômicas que podem contribuir para o melhor entendimento e desenvolvimento das penas privadas.

A noção de incentivo na ciência econômica, na lição de FERNANDO ARAÚJO[756], está relacionada com a teoria das escolhas dos agentes econômicos, principalmente focando o modo como essas as realizam. O incentivo pode ser caracterizado como um elemento que interfere nos custos e benefícios marginais dos agentes econômicos e, consequentemente, condiciona seus comportamentos e suas escolhas. Resumidamente, o incentivo é algo que interfere nas preferências de uma pessoa, sem, contudo, interferir em sua liberdade. A ciência econômica tem bastante interesse na análise da relação entre o direito e os incentivos, e isso é ainda mais evidente quando está presente a teoria econômica do contrato.

Considerando que a parte em uma relação contratual, quando busca uma contratação, tem certas preferências anteriormente desenhadas e que, durante a negociação desse contrato podem surgir cláusulas que alterem tais preferências, daí surgindo a noção de incentivo no seio da análise econômica do contrato. O estabelecimento pelas partes de uma cláusula que estabelece uma sanção a ser paga pelo devedor ao credor caso seja verificado o incumprimento do contrato é um inegável incentivo. Entre essas sanções, a cláusula penal surge como a principal e é bastante destacada pela literatura de *Law and Economics*[757]. Interessante inclusive destacar que

756 ARAÚJO, Fernando. *Introdução à Economia*. 3ª ed. Coimbra: Almedina, 2005, p. 44-B-46-A.

757 ARAÚJO, Fernando. *Teoria Econômica do Contrato*, p. 919; DE GEEST, Gerrit; WUYTS, Filip. Penalty Clauses and Liquidated Damages. In: *Encyclopedia of Law and Economics*. Edited by Boudewijn Bouckeart e Gerrit De Geest. Cheltenham: Edward Elgar, 2000. v. III, p. 141-161, p. 143; MATTEI, Ugo. The Comparative Law and Economics of Penalty Clauses in Contract, p. 428, entre outros.

também na doutrina clássica civilista certas vezes se verifica a associação da cláusula penal e do sinal à noção de incentivo ao cumprimento da obrigação[758].

A cláusula penal que estabelece o pagamento de uma sanção pelo incumprimento cujo valor é superior ao valor dos prejuízos esperados, que do ponto de vista jurídico possui inegável caráter coercitivo, funcionando como pressão sobre o devedor. Do ponto de vista econômico, por outro lado, a função verificada é uma função incentivadora, já que seu estabelecimento claramente altera as preferências do devedor. No momento da contratação, a parte tem certo quadro de indiferença entre o cumprimento e o incumprimento do contrato, na medida em que, caso ele não realize a prestação devida, no máximo irá pagar pelo valor dos danos, que usualmente tem relação com o valor do contrato. Com o estabelecimento de uma cláusula penal, as perdas relacionadas ao descumprimento do contrato aumentam e ultrapassam aquelas observadas anteriormente. A sanção faz com que exista uma motivação extra para o cumprimento da prestação[759], funcionando assim como um incentivo para o cumprimento da obrigação. Interessante notar, nesse sentido, que o Código Civil holandês, em seu artigo 6:91, ao definir uma das funções que a cláusula penal pode exercer, usa exatamente a expressão "*incentive to perform the obligation*", acatando essa noção econômica tão importante.

Diante dessa alteração nas preferências, a tendência será que o devedor tome mais precauções e realize a prestação de forma mais diligente. É criado um incentivo ao comprimento do contrato celebrado entre as partes[760]. Não parece ser difícil verificar que o sinal confirmatório-coercitivo também possui essa função incentivadora. Na negociação de um contrato-promessa, por exemplo, a preferência inicial das partes em posteriormente celebrarem o contrato prometida é uma. Ambas sabem que, se este não for celebrado por fato imputável a uma delas, no máximo será paga uma indenização. Caso haja estipulação de um sinal com cariz coercitivo, a sanção para ambas as partes em caso de incumprimento do contrato será mais gravosa do que uma indenização. Assim haverá uma alteração na preferência das partes pelo cumprimento. Entre cumprir ou não cumprir este con-

758 Enquanto MONTEIRO, António Pinto. *Cláusula Penal e Indemnização*, p. 217, destaca as penas privadas convencionais como incentivos; SILVA, João Calvão da. *Cumprimento e Sanção Pecuniária Compulsória*, p. 356, dá desataque à função incentivadora da sanção pecuniária compulsória.

759 ARAÚJO, Fernando. *Introdução à Economia*, p. 44B-45A.

760 HATZIS, Aristides N. Having the Cake and Eating It Too: Efficient Penalty Clauses in Common and Civil Contract Law. *International Review of Law and Economics*, v. 22, nº 4, Dec. 2002, p. 390; MATTEI, Ugo. The Comparative Law and Economics of Penalty Clauses in Contract, p. 428.

trato, os contratantes passarão a preferir a primeira situação, sabendo que a segunda significará custos marginais mais altos. Para o *tradens*, a perda do sinal será mais gravosa do que os benefícios que a celebração do contrato trará, motivo pelo qual ele estará mais propenso a buscar a concretização do negócio prometido. Para o *accipiens*, a ameaça da obrigação de devolver o dobro do valor recebido também será inegavelmente mais custosa do que o bem-estar verificado em caso de realização da prestação, motivo pelo qual ele direcionará maiores esforços para o cumprimento da obrigação.

Essa noção econômica de incentivo como sendo uma forma de alterar os comportamentos dos agentes econômicos, principalmente considerando sua aplicação às penas privadas, acaba mostrando que não se trata de cumprir as obrigações por causa do "medo" da sanção punitiva. Os agentes econômicos, em maior ou menor escala, sempre buscam tomar decisões baseadas na busca pelo bem-estar ótimo, pelos maiores benefícios alcançados com os menores custos[761]. Assim, a cláusula penal e o sinal, em sua dimensão coercitiva, devem ser encarados como incentivos ao cumprimento do contrato. As figuras não atuam por meio do "medo", mas sim sob a perspectiva de que o fato de cumprir implicará menos custos do que não cumprir.

Junto à função incentivadora, a análise econômica também mostra que as penas privadas são interessantes pois servem como mecanismo de sinalização. Na ciência econômica, a sinalização é uma forma dos agentes econômicos transmitirem de forma fácil, segura e sem custos que são confiáveis[762]. Um dos exemplos de sinalização frequentemente apontado na literatura econômica é o uso de marcas pelos fornecedores de produtos e serviços em um mercado. A indicação de uma marca, de forma geral, costuma ser vista pelos consumidores como uma indicação de qualidade do produto ou serviço oferecido[763]. Mediante uma demonstração simples e facilmente identificável, o fornecedor, ao apresentar uma marca, dá uma

761 Nesse sentido, vale a pena verificar as considerações de ARAÚJO, Fernando. *Introdução à Economia*, p. 30-B-39-A.

762 ARAÚJO, Fernando. *Introdução à Economia*, p. 418-B-419-A.

763 ARAÚJO, Fernando. *Introdução à Economia*, p. 401B-402A. O autor argumenta exemplificando que o consumidor, quando em viagem a um país diferente, por exemplo, tende a optar por se hospedar em um hotel que pertença a uma cadeia conhecida (de certa marca), mesmo que seja mais caro que um alojamento local. Também aponta que o consumidor tende a beber o refrigerante da marca conhecida, mesmo que seja mais caro que uma outra bebida de marca desconhecida. Em ambas as situações, isso ocorre porque as pessoas tendem a preferir consumir produtos e serviços cuja qualidade seja assegurada, preferindo o certo pelo duvidoso, ainda que os custos monetários sejam um pouco mais elevados.

espécie de "seguro" de qualidade do produto para o público consumidor, se responsabilizando caso haja algum defeito no produto ou serviço[764].

No âmbito das relações contratuais, uma das principais questões que se discute é a distribuição dos riscos entre as partes. Problemas decorrentes da assimetria informacional, como o risco moral e a seleção adversa, podem atrapalhar a definição dos incentivos e a alocação dos riscos em um contrato[765]. Essa dificuldade em definir a distribuição dos riscos pode levar inclusive à situação de não celebração do contrato, fazendo com que haja perda de bem-estar geral e diminuição da atividade econômica. Esse problema, contudo, pode, muitas vezes, ser solucionado com as sinalizações transmitidas pelas partes.

As penas privadas podem facilmente ser identificadas como mecanismos de sinalização. Um devedor, quando aceita ou mesmo propõe a estipulação de uma cláusula penal, dá uma demonstração de modo simples, seguro e sem custos de que acredita que será capaz de realizar a prestação assegurada. A cláusula penal funciona como uma espécie de garantia de cumprimento dada pelo devedor ao credor[766]. Obviamente, não se trata de uma garantia na acepção estrita que o instituto possui no Direito, mas sim de uma forte demonstração do valor da "palavra dada", aspecto destacado inclusive por civilistas, como OTAVIO LUIZ RODRIGUES JUNIOR[767].

A cláusula penal usualmente será estipulada em um contrato por iniciativa do credor, cabendo ao devedor aceitar sua estipulação, informando de forma simples e com baixos custos que confia que irá cumprir o contrato. Não parece, porém, absurdo que seja o próprio devedor a propor o estabelecimento de uma cláusula penal. Nesse caso, a função sinalizadora ficará ainda mais evidente para o credor, e pode significar uma facilitação na celebração do contrato[768]. Essa hipótese de estipulação da cláusula penal pode ser especialmente útil para agentes econômicos que se encontram fora de determinado mercado, os chamados "novos entrantes". Esse oferecimento pelo próprio devedor para o estabelecimento de uma cláusula penal, colocando-se como "refém" do credor, é especialmente importante para a formação de contratos entre um agente já estabelecido no mercado e um novo agente, que não possui ainda reputação que possa ser verificável[769].

---

764 ARAÚJO, Fernando. *Teoria Econômica do Contrato*, p. 475-479.

765 ARAÚJO, Fernando. *Teoria Econômica do Contrato*, p. 297-300.

766 HATZIS, Aristides N. Having the Cake and Eating It Too: Efficient Penalty Clauses in Common and Civil Contract Law, p. 390.

767 RODRIGUES JUNIOR, Otavio Luiz. *Função, natureza e modificação da cláusula penal no direito civil brasileiro*, p. 256-260.

768 ARAÚJO, Fernando. *Teoria Econômica do Contrato*, p. 935.

769 FREIRE, Maria Paula Vaz. *Eficiência económica e restrições verticais*: os argumentos de eficiência e as normas de defesa da concorrência. Lisboa: AAFDL, 2008, p. 303-305.

E não se diga que a sinalização é uma função somente verificada no âmbito do comportamento do devedor. O credor, ao estipular uma cláusula penal em contrato, também transmite uma sinalização. Ele demonstra de forma simples e sem custos qual é o valor do cumprimento da obrigação[770]. Essa sinalização pode ser especialmente útil para a formação de contratos quando o credor valoriza subjetivamente o contrato, e mais especificamente o cumprimento deste[771]. Também é particularmente interessante para aqueles credores que possuem elevada aversão ao risco celebrarem contratos[772].

Com a sinalização do valor que o cumprimento tem para si, o credor auxilia na alocação "ótima" dos riscos de um contrato. O devedor também acaba contribuindo para essa alocação. Ao verificar essa sinalização de aversão ao risco, muitas vezes ele aceitará a estipulação da cláusula penal, evitando uma situação de não contrato. Como o devedor nessa situação é aquele que menos receia os riscos do contrato, o chamado *least cost avoider*, ele aceita a cláusula penal punitiva, permitindo que o contrato seja celebrado e seja eficiente, uma vez que se estará perante uma alocação ótima dos riscos.

As considerações sobre a cláusula penal *stricto sensu* como forma de sinalização também se aplicam para o sinal confirmatório-coercitivo, bem como para qualquer outra espécie de pena privada convencional. A própria noção e denominação do sinal por si só já engloba a ideia de sinalização. Sinalização é inclusive uma derivação do radical sinal. Também um contrato que possua uma cláusula prevendo um sinal é conhecido como "contrato sinalizado". O sinal é uma das figuras mais antigas utilizadas pelos agentes econômicos para sinalizar a sua fiabilidade, aspecto ainda mais evidente no sinal confirmatório-coercitivo. É, aliás, uma sinalização mais forte do que a própria cláusula penal, uma vez que se trata de uma demonstração de credibilidade através de uma dação presente e não de uma prestação futura[773].

Considerando o contrato-promessa de compra e venda de um imóvel, que é a situação mais comum no âmbito das obrigações sinalizadas, quando uma das partes entrega para a outra quantia referente ao preço a título de sinal, trata-se de uma demonstração simples e "gratuita"[774] de sua credibi-

770 MACKAAY, Ejan; ROUSSEAU, Stéphane. *Análise Econômica do Direito*. 2ª ed. Tradução Rachel Sztajn. São Paulo: Atlas, 2015, p. 480.

771 GOETZ, Charles J.; SCOTT, Robert E. Liquidated Damages, Penalties and the Just Compensation Principle: Some Notes on an Enforcement Model and a Theory of Efficient Breach. *Columbia Law Review*, v. 77, p. 554-594, 1977.

772 POSNER, Richard. *Economic Analysis of Law*, p. 128.

773 OLIVEIRA, Nuno Manuel Pinto. *Ensaio Sobre o Sinal*, p. 84-85.

774 Porque não há nenhum custo monetário adicional.

lidade como comprador desse imóvel. O vendedor, ao receber essa transmissão de confiança passada pelo comprador, sentirá uma maior firmeza no negócio que futuramente será celebrado, havendo uma facilitação na concretização dessa compra e venda. Além disso, considerando a dinâmica de funcionamento do sinal, o próprio vendedor também demonstra certa confiança na futura celebração do contrato de compra e venda definitivo. Ao receber o valor antecipado a título de sinal, ele sabe que deverá devolver esse valor em dobro caso a escritura não seja posteriormente lavrada por sua culpa. Nesse sentido, ele mostra que está propenso a buscar a concretização do negócio prometido.

A própria doutrina civilista algumas vezes aponta que o sinal é uma forma de demonstrar que certa confiança na concretização do negócio[775] ou que a vontade de contratar é verdadeira[776]. Isso equivale a dizer, do ponto de vista econômico, que o sinal é instrumento de sinalização. Muitas vezes ele facilitará que contratos sejam celebrados, principalmente considerando que a confiança é um elemento fundamental nas relações obrigacionais. Como a avaliação da idoneidade e da confiabilidade dos contratantes, principalmente nas compras e vendas imobiliárias, é de difícil verificação, o sinal serve como uma ótima sinalização, fazendo com que o contrato seja celebrado.

Há que se ressaltar também, ainda que brevemente, que do ponto de vista econômico ambas as figuras possuem inegável função redutora de custos de transação. Trata-se de um aspecto que talvez seja demasiadamente "economicista", mas que vale uma pequena menção, principalmente considerando que a noção de custos de transação[777] é basilar para toda a análise econômica do direito. A inserção de uma cláusula penal ou de um sinal, do ponto de vista econômico, é muitas vezes vista como uma tentativa das partes de trazerem a solução do problema do incumprimento o mais próximo possível do ótimo coaseano, se assemelhando de certa forma à solução negocial defendida pelo autor[778]. Ao estabelecer a pena privada em um contrato, as partes acabam reduzindo os custos de transação, pela redução dos chamados custos de litigância[779]. Isso porque o estabelecimento antecipado

775 COSTA, Mário Júlio de Almeida. *Contrato-promessa*: uma síntese do regime vigente, p. 73.

776 VENOSA, Silvio de Salvo. *Direito Civil*, p. 381.

777 ARAÚJO, Fernando. *Teoria Econômica do Contrato*, p. 197-203.

778 COASE, Ronald. The problem of social cost. *Journal of Law and Economics*, v. III, p. 1-44, 1960.

779 ARAÚJO, Fernando. *Teoria Econômica do Contrato*, p. 921-927; HATZIS, Aristides N. Having the Cake and Eating It Too: Efficient Penalty Clauses in Common and Civil Contract Law, p. 391; PRESSMAN, Michel. The two-contract approach to liquidated damages: A new framework for exploring the penalty clause debate. *Virginia Law & Business Review*, v. 7, nº 4, Spring 2013, p. 662. Além da redução dos custos de litigância, os autores destacam também a redução nos custos de liquidação, nos custos de erros judiciários, nos custos de acatamento, entre outros.

da sanção punitiva evita que sejam verificados os problemas da avaliação do valor da indenização pelo julgador, diminuindo alguns custos que podem ser verificados durante o litígio.

Quando eficientemente negociada, uma cláusula penal ou um sinal acabam estabelecendo um valor, um "preço", que deve ser pago pelo devedor caso não realize a prestação acordada. Com isso há, conforme já mencionado, uma aproximação da solução coaseana. As partes negociam a solução do problema do incumprimento, evitando que haja uma solução imposta por um terceiro. Essa solução negociada entre as partes é aquela que mais se aproxima das *property rules* (regras de propriedade) propostas por CALABRESI e MELAMED[780], o que significa dizer que será uma solução alcançada com os mais baixos custos de transação. É estabelecido um valor de titularidade (a pena convencional), que somente pode ser "adquirido" (inadimplemento do contrato) pelo devedor em caso de consentimento (recebimento do valor da pena) do credor, evitando a possibilidade de um fácil inadimplemento do contrato pelo devedor[781], podendo ser considerado como uma forma de as partes definirem uma regra privada de propriedade (*property rules*)[782]. Do ponto de vista do direito civil, parece ser uma consideração que não faz muito sentido, mas no seio da análise econômica do direito trata-se de importante função exercida por essas cláusulas.

Tudo isso posto, é possível afirmar que a avaliação das penas privadas sob a perspectiva da análise econômica do direito, principalmente considerando as funções de incentivo e sinalização, traz sólidos argumentos para rebater as críticas que recebem e a visão estigmatizada que ainda parece se manter. Obviamente que nem tudo são flores, e que a própria *Law and Economics* traça suas críticas e advertências em relação à figura, que pode ser uma possível fonte de comportamentos oportunistas[783], abusivos[784] ou

780 CALABRESI, Guido; MELAMED, A. Douglas. Property Rules, Liability Rules and Inalienability: A view of the cathedral. *Harvard Law Review*, v. 85, nº 6, 1972.

781 ARAÚJO, Fernando. *Teoria Econômica do Contrato*, p. 262-263.

782 FRIEDMAN, David D. *Law's order*: what economics has to do with law and why it matters. Princeton: Princeton University Press, 2000, p. 151.

783 ARAÚJO, Fernando. *Teoria Econômica do Contrato*, p. 696.

784 Principalmente por meio das chamadas *shotgun clauses* ou de sinalizações que sejam verdadeiros "blefes", comportamento comumente designado de *gambling*. Sobre o assunto, ver: ARAÚJO, Fernando. *Teoria Econômica do Contrato*, p. 934; HATZIS, Aristides N. Civil Contract Law and Economic Reasoning: An Unlikely Pair?, p. 185; HATZIS, Aristides N. Having the Cake and Eating It Too: Efficient Penalty Clauses in Common and Civil Contract Law, p. 397; e GOETZ, Charles J.; SCOTT, Robert E. Liquidated Damages, Penalties and the Just Compensation Principle: Some Notes on an Enforcement Model and a Theory of Efficient Breach, p. 584.

mesmo anticoncorrenciais[785]. Porém fica claro que tanto a cláusula penal *stricto sensu* quanto o sinal confirmatório-coercitivo, como principais exemplos das penas privadas convencionais, são instrumentos que auxiliam nos processos de contratação, simplificando de certa forma procedimentos complexos como o de definição da matriz de riscos e a busca pelas informações sobre a idoneidade e confiabilidade da contraparte. Importa concluir dizendo que, em última análise, são figuras voltadas para o aumento dos níveis de cumprimento dos contratos, contribuindo consequentemente para o aumento dos níveis de confiança e de contratação, e finalmente para o desenvolvimento econômico.

785 Com a utilização da cláusula penal como verdadeira barreira de entrada para novos concorrentes. Nesse sentido, são interessantes as contribuições de: AGHION, Phillippe; BOLTON, Patrick. Contracts as a Barrier to Entry. *The American Economic Review*, v. 77, nº 3, p. 388-401, June 1987; BRODLEY, Joseph F; MA, Ching-to Albert. Contract Penalties, Monopolizing Strategies, and Antitrust Policy. *Stanford Law Review*, v. 45, p. 1161-1213, 1992-1993, p. 1163-1664; FREIRE, Maria Paula Vaz. *Eficiência económica e restrições verticais*: os argumentos de eficiência e as normas de defesa da concorrência, p. 472.

6

CONCLUSÃO

Por tudo o que foi exposto, cabe, ao final, apresentar de forma articulada e sistemática algumas conclusões, delimitando as principais considerações sobre a cláusula penal e o sinal feitas durante o desenvolvimento do presente trabalho.

1. A cláusula penal é um negócio jurídico acessório que estabelece uma prestação alternativa à obrigação assegurada, que deverá ser realizada caso ocorra o incumprimento desta. É uma figura bastante utilizada na prática contratual e que, grosso modo, está regulamentada no Código Civil português, nos artigos 810º a 812º, e no Código Civil brasileiro, nos artigos 408 a 416.

2. Entre as principais características da cláusula penal é possível destacar sua acessoriedade e sua condição de disposição de uma prestação de uma obrigação a ser cumprida no futuro. Essas características fazem com que a cláusula penal seja ao mesmo tempo dependente de outra obrigação para existir e de certo fato para produzir efeitos.

3. A pena convencional é a sanção estabelecida quando se estipula uma cláusula penal. Ela normalmente será pecuniária, mas não parece existir obrigatoriedade de que a prestação por ela determinada seja o pagamento de quantia em dinheiro. Dessa forma, é possível que o objeto da pena convencional seja constituído pela prestação de um bem fungível ou não fungível, móvel ou imóvel, e mesmo signifique a perda de algum direito ou benefício.

4. A cláusula penal é uma figura milenar, cuja origem é atribuída ao Direito romano. Durante o decorrer dos séculos, a figura foi evoluindo e se desenvolvendo, sendo certo que suas funções, seu controle e seus limites variaram nesse percurso. No século XX, principalmente por influência do Direito francês e do Direito alemão, a cláusula penal se consolidou como figura unitária e bifuncional, servindo para ao mesmo tempo liquidar antecipadamente o valor dos danos esperados por conta do incumprimento da obrigação assegurada e pressionar o devedor a cumprir essa obrigação. Esta era a visão clássica da cláusula penal, chamada de monista, que também era verificada na doutrina portuguesa e ainda é largamente verificada na doutrina brasileira.

5. A visão monista da cláusula penal, contudo, não é a mais moderna. Nos dias de hoje, parece mais correto analisar a figura sob a ótica da visão dualista da cláusula penal. Isso significa dizer que atualmente é verificada a existência de duas espécies de cláusula penal, cada uma com uma função específica. Essa noção é a majoritariamente aceita pela doutrina portuguesa contemporânea, mas ainda não foi abraçada pela maioria dos civilistas brasileiros. Essa visão dualista também acaba afastando a divisão da cláusula penal em uma espécie compensatória e uma espécie moratória. Tal divisão não combina com a dinâmica dualista da cláusula penal, devendo na verdade ser encarada como uma separação entre modalidades da figura.

6. Uma das espécies da figura é a cláusula penal como liquidação antecipada dos danos. Sua função é determinar antecipadamente o montante indenizatório devido pelo devedor em caso de incumprimento da obrigação, e sua natureza é indenizatória. Essa espécie é a que se enquadra no conceito de cláusula penal apresentado no nº 1 do artigo 810º do Código Civil português, e também a que mais se harmoniza com o regime legal do Código Civil brasileiro. Dentro dessa espécie é possível identificar duas modalidades, uma substitutiva ou compensatória e outra cumulativa ou moratória.

7. A outra espécie é a cláusula penal *stricto sensu*. Sua função é compelir o devedor a cumprir a obrigação, e sua natureza é de pena privada. Caso a pressão em direção ao cumprimento não seja alcançada, a devedor será punido, devendo pagar a pena convencional. Por ser uma pena privada, essa espécie estabelece um direito subjetivo para o credor, que será o recebimento do valor da sanção punitiva caso ocorra o incumprimento da obrigação. Trata-se de espécie atípica de cláusula penal, já que não encontra fundamento no ordenamento jurídico português ou brasileiro. Dentro desta espécie também é possível identificar duas modalidades, uma substitutiva e outra cumulativa, também denominada de cláusula penal puramente compulsória.

8. A cláusula penal possuí como efeito geral o reforço da vinculatividade das partes de uma relação obrigacional. Mas cada uma das espécies possui efeitos próprios, sendo também específica a forma como cada uma funciona. Assim é fundamental que o operador do direito identifique qual espécie de cláusula penal se está analisando. Por meio da interpretação do negócio jurídico e principalmente da avaliação da vontade, da intenção das partes, é possível identificar a espécie de cláusula penal diante da qual se está, devendo ser ressaltado que há uma presunção de que a figura é indenizatória. Assim, em caso de dúvida, a cláusula penal deve ser identificada como de liquidação antecipada do dano.

9. Como efeitos imediatos da cláusula penal como liquidação antecipada dos danos é possível apontar a criação de uma sanção indenizatória para o caso de incumprimento da obrigação e a inversão da dinâmica probatória. A partir da avaliação desses dois efeitos, é possível apontar os pressupostos de funcionamento dessa espécie. A eficácia da cláusula penal indenizatória está condicionada ao incumprimento da obrigação assegurada, somente funcionando quando este fato ocorrer. Além disso, por ter natureza indenizatória, essa espécie somente poderá funcionar caso os pressupostos indenizatórios estejam preenchidos, ou seja, é fundamental a existência de ilicitude, culpa e principalmente da produção de danos. Porém, como há inversão do ônus da prova, cabe ao credor comprovar a não verificação desses pressupostos.

10. Os efeitos mediatos, aqueles que somente são identificados quando do incumprimento da obrigação, são diversos dependendo da modalidade de cláusula penal em análise. Na cláusula penal indenizatória substitutiva, observa-se um efeito substitutivo da sanção em relação ao cumprimento da obrigação. Essa modalidade somente produz efeitos quando há incumprimento definitivo da obrigação assegurada, servindo a sanção como reparação/compensação dos prejuízos sofridos pelo credor por conta da não realização da prestação acordada. O valor da sanção indenizatória será o único possível de ser reclamado pelo credor, a não ser que as partes tenham feito pacto de dano excedente. A sanção substitui o interesse do credor no cumprimento da obrigação, atuando como reparação pelos danos e determinando a extinção da obrigação.

11. Na cláusula penal indenizatória cumulativa, por outro lado, o efeito observado é de cumulação da sanção indenizatória com o cumprimento da obrigação. A sanção pode ser exigida assim que o incumprimento for verificado, normalmente servindo como compensação dos prejuízos causados pela mora na realização da prestação. Juntamente com a exigência da pena subsiste para o credor a possibilidade de exigir o cumprimento da obrigação, não sendo verificado o efeito extintivo que a outra modalidade desencadeia.

12. Quando há estipulação de uma cláusula penal *stricto sensu*, outros efeitos imediatos são verificados. O primeiro deles é a criação de uma pressão, de uma coerção sobre o devedor direcionada ao cumprimento da obrigação O outro efeito é a determinação de uma sanção punitiva, uma pena, para o caso de essa pressão não surtir efeito. São verificados, portanto, dois efeitos imediatos, um preventivo e outro punitivo. Além disso é estabelecida uma independência em relação às regras de responsabilidade civil, afastando-se, principalmente, a necessidade da verificação de danos para o funcionamento da pena.

13. A cláusula penal *stricto sensu* funciona tão logo ocorre a violação do contrato, ou seja, no exato momento em que é verificado o incumprimento da obrigação. Com esse funcionamento os efeitos imediatos passam a ser verificados, sendo que também para essa espécie eles são diversos dependendo da modalidade. Na cláusula penal punitiva substitutiva, a pena serve para ao mesmo tempo punir a conduta do devedor que viola o contrato e para satisfazer o direito ao cumprimento do credor. É verificada uma duplicidade de efeitos, punitivo de um lado e substitutivo/satisfativo do outro. Além disso também é verificado um efeito extintivo natural desta modalidade.

14. Diferentemente, na modalidade cumulativa, não há substituição do interesse no cumprimento, mas sim a cumulação da pena com a realização da prestação. A sanção punitiva, nesse caso, tem como efeito principal a punição do devedor inadimplente. Por isso essa espécie é conhecida como "puramente compulsória", pois tem efeito coercitivo/punitivo exclusivo. O credor pode, ao mesmo tempo, exigir o pagamento da pena convencional em conjunto com o cumprimento da obrigação, existindo um efeito cumulativo nessa modalidade.

15. Independentemente da espécie, a cláusula penal é um inegável instrumento de gestão contratual e de materialização da autonomia privadas das partes. Ao mesmo tempo, porém, pode ser um instrumento de abuso e de obtenção de vantagens indevidas, principalmente porque é uma disposição patrimonial futura. Sua história sempre esteve ligada a tentativas de limitações e controle, sendo certo que nos dias atuais o valor da pena convencional pode ser controlado pelo julgador nos principais países do sistema romano-germânico.

16. Os Códigos Civis de Portugal e do Brasil preveem a possibilidade de controle da pena convencional, autorizando a redução da pena convencional manifestamente excessiva. É a boa-fé objetiva, através do princípio da materialidade subjacente e da sua função corretora, e a proibição do abuso de direito que fundamentam a possibilidade de controle da pena convencional. Por isso é possível afirmar que a pena pode ser controlada *ex officio* pelo juiz, mas para tanto devem ser apresentados nos autos fundamentos e provas robustas para a diminuição do valor da pena.

17. O controle da pena convencional é diferente dependendo da espécie de cláusula penal. Em sua vertente indenizatória, a "pena" deve ser reduzida seguindo os ditames dos artigos 812º do Código Civil português e 413 do Código Civil brasileiro. A redução deve ser realizada quando for verificado um valor manifestamente excessivo, por meio da equidade, em sua vertente fraca, o que significa dizer que a decisão que determinar a minoração da pena convencional excessiva deverá ser construída cientificamente. Como se trata de sanção indenizatória, o valor será excessivo quando for maior que o valor dos prejuízos efetivamente verificados por conta do incumprimento do contrato. A relação entre os danos efetivamente sofridos pelo credor e o valor da pena é a indicação da excessividade que o julgador deve buscar nos autos para fundamentar a decisão de reduzir a sanção indenizatória antecipadamente estabelecida pelas partes.

18. Quando se estiver diante de pena convencional propriamente dita, com função punitiva, o controle não deve ser feito seguindo as normas acima referidas. O parâmetro de controle nesse caso será a proibição do abuso de direito, consagrado nos artigos 334º do CCP e 187 do CCB. Assim, o controle não deve se basear apenas no valor excessivo da pena, mas também no eventual abuso do credor na exigência da pena convencional. O principal parâmetro de avaliação deve ser a desproporção entre as vantagens obtidas pelo credor e o sacrifício sofrido pelo devedor em função da pena. Além disso, por ter função punitiva, a conduta e a situação econômica do devedor também devem ser levadas em conta. O julgador deve, ao reconhecer que o exercício do direito à pena é abusivo, decotar a parte que for excessiva, mantendo, contudo, o direito do credor, sempre tendo em mente de que se trata de verdadeira pena, voltada para sancionar o comportamento ilícito do inadimplente.

19. Ambas as espécies de penas podem e devem ser reduzidas de ofício pelo julgador, mas também aqui há certas nuances particulares. Quando a "pena" for indenizatória, há um ônus probatório para o devedor, que deve provar que o valor da sanção é maior que o valor do prejuízo efetivamente verificado. O devedor não precisa necessariamente pedir que o julgador reduza o valor, mas os autos devem conter elementos que demonstrem a excessividade da "pena". Assim, dizer que o julgador deve reduzir a sanção indenizatória *ex officio* significa evidenciar que ele não está adstrito aos pedidos do devedor, mas que ainda assim precisa encontrar fundamentos fáticos-probatórios que embasem sua decisão, sendo a desproporção da pena em relação aos danos o elemento fundamental.

20. Na pena convencional propriamente dita, por outro lado, o julgador tem mais liberdade no controle, já que a redução não está relacionada com o valor dos prejuízos. Porém ele deve ser mais parcimonioso e cuidadoso no exercício desse controle, como forma de evitar ingerência indevida na autonomia privada das partes e também supressão da função punitiva da pena. O julgador deve reduzir a pena *ex officio*, mas somente se o conjunto fático-probatório dos autos fornecerem elementos que justifiquem tal redução, como, por exemplo, o comportamento pouco culposo do devedor.

21. O sinal ou arras é um negócio jurídico constituído pela entrega antecipada de certo valor ou objeto por uma das partes em uma relação obrigacional, como forma de definir antecipadamente as consequências do incumprimento da obrigação ou criar um direito de arrependimento. É uma cláusula acessória muito utilizada na prática contratual, sobretudo nos contratos-promessa ou preliminares. Aquele que entrega o sinal é chamado de *tradens*, enquanto o que recebe é denominado *accipiens*, sendo constituída uma obrigação para cada um deles, podendo ser caracterizado como um negócio jurídico ou uma obrigação bilateral. A figura está regulamentada no Código Civil português nos artigos 440º a 442º e 830º e no Código Civil brasileiro nos artigos 417 a 420.

22. Para a constituição do sinal é fundamental, além da declaração de vontade dos contratantes, a entrega do objeto a título de sinal, já que se trata de negócio jurídico *quoad constitutionem*. Essa característica faz com que exista um limite intrínseco quanto ao objeto dado como sinal, que não pode possuir valor superior ao da obrigação assegurada. Não há, contudo, limites materiais muito rígidos para o objeto do sinal, que será dado preferencialmente em dinheiro, mas também através da entrega de bens móveis. Por ser uma cláusula acessória, o sinal é uma figura com certa dependência em relação à obrigação assegurada, dependendo da existência e validade desta para também existir.

23. A origem do sinal remonta ao Direito grego, quando era utilizado para criar vinculatividade às obrigações. Mas com seu desenvolvimento e evolução, inicialmente no Direito romano, passando pelo medievo até a consolidação no período das codificações, outras funções começaram a ser verificadas, como a comprobatória e a de arrependimento. No estágio de evolução atual da figura, verifica-se a existência de duas espécies de sinal distintas, o sinal confirmatório e o sinal penitencial.

24. O sinal penitencial é aquele cuja função é enfraquecer a relação obrigacional. As partes, ao estipularem essa espécie de sinal, criam um verdadeiro direito de arrependimento, autorizando que qualquer uma, de forma livre e imotivada, desista do contrato. Cria-se, assim, um direito potestativo de desvinculação, que é lícito e pode ser exercido por qualquer uma das partes até o momento de vencimento da obrigação. Quando há a constituição de um sinal confirmatório, ambas as partes acabam tendo duas opções, ambas lícitas: cumprir ou arrepender, sendo constituída uma obrigação com faculdade alternativa ao arrependido. Caso o *tradens* decida se desvincular, o valor dado pelo sinal será perdido, sendo retido pelo *accipiens*. Por outro lado, caso o *accipiens* queira se arrepender, deverá devolver o sinal em dobro, se livrando da relação obrigacional.

25. O sinal confirmatório originalmente servia apenas para confirmar o negócio celebrado pelas partes, função que cada dia mais vem perdendo importância. Por outro lado, ele também possui outra função, de reforço da vinculação entre as partes, definindo de forma antecipada as consequências do incumprimento da obrigação assegurada. Essa função se assemelha muito à da cláusula penal, motivo pelo qual não se pode mais admitir uma visão monista quanto ao sinal confirmatório, que acaba comportando duas subespécies.

26. Uma das suas subespécies é o sinal confirmatório-indenizatório, cuja natureza é indenizatória, e a função é de liquidação antecipada dos danos. Com a constituição dessa subespécie, as partes estabelecem de forma antecipada qual será a sanção indenizatória devida caso haja incumprimento do contrato. Em caso de incumprimento por parte do *accipiens*, este deverá devolver o sinal em dobro para o *tradens* como forma de compensá-lo pelos danos sofridos. Se a não realização da prestação, diversamente, ocorrer por fato imputável ao *tradens*, o *accipiens* poderá reter o sinal a título de indenização.

27. A outra subespécie é o sinal confirmatório-coercitivo, que tem natureza de pena privada e serve para estabelecer uma coerção sobre as partes direcionada à realização da prestação acordada. Com a constituição dessa subespécie, as partes procuram estabelecer uma pressão ao cumprimento da obrigação através da determinação da ameaça de uma sanção punitiva a ser paga pelo inadimplente. Caso ocorra o incumprimento por culpa do *tradens*, a sanção será a perda do sinal entregue como punição por seu ato ilícito. Se for o *accipiens* o culpado pela não realização da prestação, este deverá devolver o sinal em dobro como punição por seu comportamento.

28. A definição da espécie de sinal envolve a interpretação dos negócios jurídicos, mas os ordenamentos jurídicos português e brasileiro estabelecem um regime legal de presunções. No Direito português a presunção depende da espécie de contrato. Para os contratos em geral, o sinal será presumidamente confirmatório-indenizatório, para os contratos-promessa em geral será penitencial, e finalmente para os contratos-promessa relativos à constituição de direitos reais sobre imóveis edificados será novamente confirmatório-indenizatório. Já no Direito brasileiro, a presunção será sempre da constituição de um sinal confirmatório-indenizatório. Em ambos os ordenamentos, contudo, a constituição do próprio sinal não pode se presumir, decorrendo sempre da lei ou da vontade das partes. Qualquer valor ou objeto dado antecipadamente sem qualquer qualificação deve ser encarado como princípio de pagamento.

29. Os efeitos e o funcionamento do sinal variam de acordo com a espécie em análise. O sinal penitencial possui como efeito imediato o enfraquecimento da relação obrigacional, com a criação de um direito de arrependimento. Seu funcionamento está intimamente ligado a esse direito, ou seja, só ocorre quando há efetiva declaração de vontade de uma das partes em desvincular-se da obrigação. Para o *tradens* essa vontade pode ser verificada com a simples declaração direcionada para o *accipiens,* que poderá assim reter o sinal. A vontade deste, contudo, somente é verificada quando há efetiva devolução do sinal em dobro. Com o funcionamento do sinal, além desse efeito evidenciado, há também um efeito extintivo da obrigação. O sinal funciona como uma dação em cumprimento, sendo uma forma alternativa de satisfação do interesse das partes, fazendo com que ocorra a extinção do dever de prestar.

30. O sinal confirmatório possuí como marco-efeito imediato o reforço da vinculação obrigacional. Os outros efeitos e seu funcionamento, porém, são diferentes para cada uma das subespécies. Na subespécie indenizatória, esse reforço é obtido mediante a determinação antecipada da sanção indenizatória devida pelo inadimplente. Seu funcionamento está condicionado aos pressupostos da responsabilidade civil, havendo necessidade de se verificar a ocorrência do incumprimento definitivo com culpa e produção de danos. Quando ocorrer incumprimento por culpa do *tradens*, o efeito indenizatório verificado será a retenção do sinal pelo *accipiens*. Se for este último que descumprir a obrigação, surgirá no *tradens* a pretensão indenizatória do recebimento do sinal em dobro. No Direito português há ainda outro efeito, que é a possibilidade de o *tradens* exigir o "valor da coisa", que pode ser posteriormente obstado caso o *accipiens* ofereça uma exceção de cumprimento. No Direito português, também, caso não haja pacto de dano excedente, o sinal será a sanção indenizatória definitiva pelo incumprimento. Já no Direito brasileiro, o sinal age como sanção indenizatória mínima. Com o funcionamento do sinal e a verificação dos efeitos apontados, há também a extinção da obrigação, através da resolução por incumprimento.

31. Na subespécie coercitiva/punitiva, o reforço no vínculo próprio do sinal confirmatório é obtido mediante a pressão exercida sobre as partes em direção ao cumprimento das obrigações. Além do efeito mencionado acima, é verificado o efeito sancionatório condicionado, com o estabelecimento antecipado de penas convencionais. Quando houver incumprimento do contrato, o efeito sancionatório será verificado, devendo a parte que deu causa a essa violação contratual arcar com a pena estabelecida. Caso o incumprimento se dê por conta do *tradens,* ele perderá o sinal como punição por seu comportamento. Se for o *accipiens* quem não realizou a prestação, ele deve, como pena, devolver o sinal em dobro. As partes podem livremente estabelecer que o valor do sinal seja cumulado com a indenização por conta do incumprimento, mas não parece ser possível que elas determinem que a consequência do incumprimento para o *accipiens* seja a devolução do sinal numa proporção maior que duas vezes o valor deste. Ocorrendo o funcionamento do sinal, o efeito derradeiro será a extinção da obrigação, pela resolução por incumprimento.

32. O sinal possui um limite valorativo intrínseco que muitas vezes faz com que seja difícil verificar sua excessividade. Isso, contudo, não significa que a figura não deva ser controlada. Mas o controle do valor do sinal não deve ser feito mediante a utilização analógica das normas que regulam o controle da cláusula penal. A analogia nesse caso parece ser desnecessária ou mesmo inaplicável, já que existem outros mecanismos que podem ser utilizados no exercício do controle do sinal.

33. O controle do sinal penitencial é, antes de tudo, o controle do exercício do direito de arrependimento. O arrependido, quando decide se desvincular, está exercendo um poder, um direito. Ele deve respeitar as regras do ordenamento jurídico e principalmente os limites da boa-fé objetiva, sendo vedado o exercício de uma posição jurídica como essa de forma abusiva. O parâmetro de controle do sinal penitencial é, portanto, o abuso de direito. Além do controle do momento e forma como o direito de arrependimento é exercido, o julgador pode também controlar o valor, o preço, desse direito de arrependimento. Caso seja verificado abuso valorativo no direito de retenção por parte do *accipiens* ou no recebimento do sinal em dobro por parte do *tradens*, o julgador deverá reduzir o valor. Além disso, caso seja verificada alteração superveniente nos elementos do contrato que possam ser caracterizados como alteração das circunstâncias ou onerosidade excessiva, o julgador também deverá controlar o valor do sinal.

34. O exercício de controle do sinal confirmatório-indenizatório é baseado em sua natureza indenizatória, e principalmente galgado no princípio da reparação integral dos danos. Isso significa dizer que, caso o valor dessa subespécie de sinal seja suficiente para reparar/compensar a parte não faltosa pelos danos provenientes do incumprimento, não há que se falar em controle. Por outro lado, caso o valor seja superior aos danos, o sinal deverá ser controlado, como forma de evitar que o lesado se enriqueça de forma injustificada. Caso o *tradens* prove que os prejuízos causados por conta da sua violação foram inferiores ao valor do sinal, o julgador deverá determinar que o valor excessivo retido pelo *accipiens* seja devolvido. Se a dinâmica for inversa, o julgador deverá determinar que o valor devolvido seja diminuído. Além disso é possível que o julgador proceda ao controle caso seja verificado fato qualificável como alteração das circunstâncias ou onerosidade excessiva.

35. O controle do sinal com índole coercitiva/punitiva deve ser feito nos mesmos moldes da cláusula pena *stricto sensu*, já que ambas as figuras são penas privadas. O fundamento é a boa-fé objetiva e a proibição do abuso de direito, sendo a exigência de um sinal abusivo um comportamento qualificável como exercício disfuncional de uma posição jurídica. Caso o julgador verifique que há abuso no exercício do direito subjetivo à pena por parte do *accipiens*, ele deverá decotar o valor excessivo e determinar a devolução do excesso. Ao contrário, se a abusividade for praticada pelo *tradens*, ao exigir a devolução do sinal em dobro como pena, o julgador deverá determinar que o valor seja reduzido. Aspectos como a conduta do lesante e sua capacidade econômica são importantes no exercício de controle do sinal confirmatório-coercitivo, sendo certo que o julgador deve sempre ter em mente que a função punitiva da pena não pode ser suprimida.

36. A cláusula penal e o sinal possuem semelhanças inegáveis, mas também diferenças marcantes, principalmente do ponto de vista estrutural. A cláusula penal é um negócio jurídico que estabelece uma promessa de prestação futura, enquanto o sinal é um negócio jurídico que se constitui mediante a uma dação de bem presente. A forma de constituição desses negócios é diferente. Enquanto o primeiro negócio é constituído apenas com a declaração de vontade das partes, o segundo necessita da realização de certo ato material. A classificação obrigacional das figuras também é diferente, sendo a cláusula penal uma obrigação unilateral e o sinal uma obrigação bilateral. A estrutura diversa das figuras também faz com que a limitação quanto a seus objetos seja diversa. A cláusula penal acaba não tendo uma limitação lógica em seu objeto, diferentemente do sinal, cujo objeto não pode ser constituído por um bem com valor superior ao da obrigação assegurada.

37. Algumas espécies de cláusula penal e sinal também possuem divergências funcionais. Entre elas a mais nítida é entre a cláusula penal *lato sensu* e o sinal penitencial. Enquanto a cláusula penal, independente da espécie, tem como macroefeito o reforço da vinculatividade, o sinal penitencial possui efeito diametralmente oposto. A cláusula penal serve para definir antecipadamente as consequências do incumprimento da obrigação. Já o sinal penitencial serve para estabelecer um direito de arrependimento das partes. De um lado há a tutela dos direitos do credor e a sanção contra um comportamento ilícito, do outro há a permissão de desvinculação lícita da obrigação. O sinal penitencial em nada tem a ver com a cláusula penal, seja do ponto de vista estrutural, seja do ponto de vista funcional. A figura guarda, na verdade, semelhança com a multa penitencial, que também é uma figura diversa da cláusula penal.

38. Há também divergência funcional entre as espécies das figuras que têm índole indenizatória de um lado e índole coercitiva/punitiva de outro. Essa diferença diz respeito ultimamente à natureza da sanção determinada por cada espécie. A cláusula penal como liquidação antecipada do dano e o sinal confirmatório-indenizatório estabelecem uma sanção cuja natureza é indenizatória. Diferentemente, a cláusula penal *stricto sensu* e o sinal confirmatório-coercitivo determinam uma sanção punitiva, uma verdadeira pena privada.

39. As figuras também divergem quanto ao modo de controle, especialmente para aquelas espécies tipificadas nos Códigos Civis de Portugal e do Brasil. A cláusula penal típica, a de liquidação antecipada dos danos, deve ser controlada segundo as regras do artigo 812º do CCP e do artigo 413 do CCB. Tais normas não devem ser aplicadas, contudo, no controle do sinal penitencial ou do sinal confirmatório-indenizatório. Não se vislumbra motivos que autorizem a utilização das normas de controle da cláusula penal analogicamente do sinal. Da mesma forma não se verifica a necessidade dessa aplicação, já que o ordenamento jurídico fornece mecanismos suficientes para o controle do sinal.

40. A partir da identificação das diferenças funcionais entre as figuras, é possível ao mesmo tempo unir suas espécies em dois grupos de acordo com a convergência funcional. As espécies cuja função é liquidar antecipadamente os danos fazem parte do grupo com função indenizatória. Já as espécies cuja função é coercitiva/punitiva fazem parte do grupo das penas privadas.

41. O grupo com função indenizatória é composto pela cláusula penal como liquidação antecipada do dano e pelo sinal confirmatório-indenizatório. As figuras possuem inegável convergência funcional, sendo que ambas estabelecem uma dinâmica de responsabilidade civil contratual própria. As duas espécies têm como efeito tanto a criação de uma sanção indenizatória em caso de incumprimento, quanto a modificação da dinâmica probatória normal da responsabilidade civil contratual. Além disso os pressupostos de seu funcionamento são idênticos. Para que tanto a cláusula penal quanto o sinal com natureza indenizatória funcionem, é necessária a verificação do ato ilícito (incumprimento da obrigação) com culpa do lesante e principalmente com a produção de danos. Caso tais danos não ocorram, o funcionamento da figura fica obstado. A inexistência de danos, contudo, deve ser provada pelo contratante faltoso, e nesta avaliação o interesse do credor no cumprimento e o valor subjetivo que este dá ao cumprimento da obrigação devem ser levados em conta.

42. A cláusula penal *stricto sensu* e o sinal confirmatório-coercitivo fazem parte do grupo das penas privadas. A noção de pena privada é ainda nebulosa no Direito Civil contemporâneo, muitas vezes sendo encarada da mesma forma como no Direito antigo, mais especificamente no Direito romano. Nos dias atuais, a pena privada pode ser qualificada como qualquer sanção de natureza civil cujo conteúdo seja punitivo, ou seja, qualquer sanção punitiva destinada a regular e tutelar interesses privados. Dentro dessa noção é possível classificar as penas privadas em três grupos: as penas privadas legais ou legislativas, as penas privadas judiciais e as penas privadas negociais ou convencionais. No primeiro grupo é possível identificar, por exemplo, a repetição do indébito e a deserdação por ingratidão, enquanto no segundo é possível inserir as *astreintes*.

43. No grupo das penas privadas convencionais, as duas principais figuras, sem dúvida, são a cláusula penal *stricto sensu* e o sinal confirmatório-coercitivo. As figuras estabelecem sanções punitivas destinadas a tutelar interesses privados, sendo que sua constituição é convencional, ou seja, através da celebração de um negócio jurídico. As espécies punitivas da cláusula penal e do sinal são típicas penas privadas convencionais, agindo inicialmente de forma preventiva, pressionando as partes em direção ao cumprimento da obrigação, e posteriormente punindo aquele que eventualmente não realizar a prestação. Não são figuras cuja intenção primordial é punir o lesante, pelo contrário, sua principal função é valorizar o cumprimento das obrigações, procurando evitar que as partes em uma relação pratiquem ato ilícito, que é o incumprimento do contrato.

44. As penas privadas não funcionam através do terror, do medo. Sem dúvida há pressão sobre o devedor para cumprir a obrigação, mas tal coerção não deve ser vista de forma pejorativa. É fundamental que o Direito Civil contemporâneo valorize os institutos destinados à proteção do princípio do cumprimento, já que é somente com a realização da prestação que efetivamente a função da obrigação é plenamente satisfeita. Não se deve estigmatizar o instituto das penas privadas e, para tanto, é importante apresentar o contributo da análise econômica do direito.

45. As penas privadas, do ponto de vista da *Law and Economics*, possuem duas importantes funções: incentivadora e sinalizadora. Os agentes econômicos possuem certas preferências de cumprimento quando estão negociando em uma relação contratual, que podem ser alteradas mediante determinados incentivos. A cláusula penal *stricto sensu* e o sinal confirmatório-coercitivo atuam como incentivos, já que modificam o padrão pré-estabelecido de preferência dos contratantes, fazendo com que as partes passem a preferir mais o cumprimento da obrigação. Além disso as figuras atuam como sinalizadoras de idoneidade e comprometimento. Uma parte, quando aceita ou propõe uma cláusula penal ou sinal com função coercitiva/punitiva, acaba sinalando alguma informação, como sua confiança no cumprimento do contrato. Essas duas funções econômicas das penas privadas convencionais são muito importantes, pois podem contribuir para a maximização dos níveis de contratação, com a alocação ótima dos riscos contratuais e formação de contratos eficientes. Isso, em última análise, maximiza o bem-estar e pode ajudar no desenvolvimento econômico e na valorização das relações contratuais.

REFERÊNCIAS

AGHION, Phillippe; BOLTON, Patrick. Contracts as a Barrier to Entry. *The American Economic Review*, v. 77, nº 3, p. 388-401, June 1987.

ALBALADEJO, Manuel. *Compendio de Derecho Civil*. 2ª ed. Barcelona: Libreria Bosch, 1974.

ALBALADEJO, Manuel. *Las Arras en la Jurisprudencia del Tribunal Supremo*. Madrid: Editoriales de Derecho Reunidas, 1996.

ALBUQUERQUE, Pedro de. O direito ao cumprimento de prestação de facto, o dever de a cumprir e o princípio *nemo ad factum cogi potest*: providência cautelar, sanção pecuniária compulsória e caução. In: *Estudos em honra de Ruy de Albuquerque*. Lisboa, 2006. v. 2. p. 499-540.

ALVES, Hugo André Ramos. *Dação em Cumprimento*. Coimbra: Almedina, 2017.

ANDRADE, André Gustavo Corrêa de. *Dano Moral e Indenização Punitiva*. Rio de Janeiro: Lumen Juris, 2009.

ANTUNES, Henrique Sousa. *Da inclusão do lucro ilícito e de efeitos punitivos entre as consequências da responsabilidade civil extracontratual*: a sua legitimação pelo dano. Coimbra: Coimbra Editora, 2011.

ANTUNES, Henrique Sousa. Nótula sobre as Penas Privadas na Responsabilidade Civil em Portugal. In: CAMPOS, Diogo Leite de (Org.). *Estudos em Homenagem ao Prof. Doutor Manuel Henrique Mesquita*. Coimbra: Coimbra Editora, 2009. v. 1. p. 133-148.

ARAI, Rubens Hideo. Cláusula Penal. In: LOTUFO, Renan; NANNI, Giovanni Ettore (Orgs.). *Obrigações*. São Paulo: Atlas, 2011. p. 731-758.

ARAÚJO, Fernando. *Introdução à Economia*. 3ª ed. Coimbra: Almedina, 2005.

ARAÚJO, Fernando. *Teoria Econômica do Contrato*. Coimbra: Almedina, 2007.

ASCENSÃO, José de Oliveira. *Direito Civil* – Direito de Autor e Direitos Conexos. Coimbra: Coimbra Editora, 2012.

ASCENSÃO, José de Oliveira. O "abuso de direito" e o art. 334 do Código Civil: uma recepção transviada. In: *Estudos em Homenagem ao Professor Doutor Marcello Caetano* – No Centenário do seu Nascimento. Coimbra: Coimbra Editora, 2006. v. I. p. 607-631.

ASCENSÃO, José de Oliveira. *O Direito*: Introdução e Teoria Geral. 13ª ed. Coimbra: Almedina, 2006.

ASCENSÃO, José de Oliveira. Onerosidade excessiva por "alteração das circunstâncias". *Revista da Ordem dos Advogados*, Lisboa, ano 65, v. III, dez. 2005. Disponível em: <http://www.oa.pt/Conteudos/Artigos/detalhe_artigo.aspx?idc=1&idsc=44561&ida=44649>. Acesso em: 27 jun. 2017.

ASSIS, Araken de. *Manual de Execução*. 18ª ed. São Paulo: Revista dos Tribunais, 2016.

AZEVEDO, Álvaro Vilaça. *Teoria Geral das Obrigações e Responsabilidade Civil*. 12ª ed. São Paulo: Atlas, 2011.

AZEVEDO, Antônio Junqueira de. *Negócio Jurídico* - Existência, Validade e Eficácia. 4ª ed. São Paulo: Saraiva, 2002.

AZEVEDO, Antônio Junqueira de. Por uma nova categoria de dano na responsabilidade civil: o dano social. In: FILOMENO, José Geraldo Brito; WAGNER JÚNIOR, Luiz Guilherme da Costa; Gonçalves, Renato Afonso (Coords.). *O Código Civil e sua interdisciplinaridade*: os reflexos do Código Civil nos demais ramos do Direito. Belo Horizonte: Del Rey, 2004. p. 370-377.

BAFFI, Enrico. *Efficient Penalty Clauses with Debiasing*: Lessons from Cognitive Psychology, 2007. Disponível em: <http://ssrn.com/abstract=1029926>. Acesso em: 27 jun. 2017.

BENJAMIM, Peter. Penalties, Liquidated Damages and Penal Clauses in Commercial Contracts: A Comparative Study of English and Continental Law. *The International and Comparative Law Quarterly*, v. 9, nº 4, p. 600-627, Oct. 1960.

BERNARDO, Nelson Raposo. Sinal da sua irredutibilidade por equidade: um problema de aplicação do artigo 812.º do código civil ao sinal. *Revista da Ordem dos Advogados*, Lisboa, ano 56, p. 367-425, 1996.

BIANCA, C. Massimo. *Il Contrato*. Milano: Dott. A. Giuffrè Editore, 1984. (Diritto Civile, III).

BIANCA, C. Massimo. Riflessioni sulla Pena Privata. In: BUSNELLI, Francesco D.; SACLFI, Gianguido (Coords.). *Le Pene Private*. Milano: Giuffrè Editore, 1985. p. 407-413.

BOZZI, Aldo. Caparra. In: *Nuovo Digesto Italiano*. Torino: Unione Tipografico Editrice Torinense, 1937. v. II. p. 790A-796A.

BRODLEY, Joseph F; MA, Ching-to Albert. Contract Penalties, Monopolizing Strategies, and Antitrust Policy. *Stanford Law Review*, v. 45, p. 1161-1213, 1992-1993.

BRUNI, Alessandra. Clausola Penale e Poteri Riduttivi del Giudice. In: BUSNELLI, Francesco D.; SACLFI, Gianguido (Coords.). *Le Pene Private*. Milano: Giuffrè Editore, 1985. p. 287-289.

BUENO, Cássio Scarpinella. *Manual de Direito Processual Civil*. 2ª ed. São Paulo: Saraiva, 2016.

BUSNELLI, Francesco D. Verso una Ricoperta delle Pene Private? In: BUSNELLI, Francesco D.; SACLFI, Gianguido (Coords.). *Le Pene Private*. Milano: Giuffrè Editore, 1985. p. 3-10.

CALABRESI, Guido; MELAMED, A. Douglas. Property Rules, Liability Rules and Inalienability: A view of the cathedral. *Harvard Law Review*, v. 85, nº 6, 1972.

CARBONNIER, Jean. Les Biens, Les Obligations. In: _____. *Droit Civil*. Paris: Quadrige/Puf, 2004. v. 2.

CARNELUTTI, Francesco. *O Problema da Pena*. Tradução Ricardo Pérez Banega. São Paulo: Editora Pilares, 2015.

CARPENA, Heloísa. Abuso de Direito no Código de 2002 – Relativização de direitos na ótica civil-constitucional. In: TEPEDINO, Gustavo (Coord.). *A Parte Geral do Novo Código Civil* – Estudos na perspectiva civil-constitucional. Rio de Janeiro: Renovar, 2002. p. 367-385.

CARVALHO, Fabiano Aita. *Multa e Prisão Civil*: o Contempt of Court no Direito Brasileiro. Porto Alegre: Livraria do Advogado Editora, 2012.

CARVALHO, Jorge Morais; CRISTAS, Assunção; PEREIRA, Cícero Roberto; RAMOS Alice. *Incumprimento dos Contratos*: Avaliação Legislativa e Perspectivas de Deselvolvimento. Coimbra: Almedina, 2013.

CASSETTARI, Christiano. *Multa contratual*: teoria e prática da cláusula penal. 3ª ed. São Paulo: Revista dos Tribunais, 2011.

CASTRO VÍTORES, Germán de. *La cláusula penal ante la armonización del derecho contractual europeo*. Madrid: Dykinson, 2009.

COASE, Ronald. The problem of social cost. *Journal of Law and Economics*, v. III, p. 1-44, 1960.

COIMBRA, Ana Maria Correia Rodrigues. O sinal: contributo para o estudo do seu conceito e regime. *O Direito*, Lisboa, ano 122, v. III-IV, p. 621-671, 1990.

CONTINENTINO, Múcio. *Da Cláusula Penal no Direito Brasileiro*. São Paulo: Livraria Acadêmica, 1926.

COOTER, Robert; ULEN, Thomas. *Law and Economics*. 2ª ed. Boston: Addison-Wesley, 1998.

CORDEIRO, António Barreto Menezes. *Do Trust no Direito Civil*. Coimbra: Almedina, 2014.

CORDEIRO, António Menezes. A decisão segundo a equidade. *O Direito*, Lisboa, ano 122, v. 2, p. 261-280, 1990.

CORDEIRO, António Menezes. *Da boa-fé no Direito Civil*. Coimbra: Almedina, 2015.

CORDEIRO, António Menezes. *Direito das Obrigações*. Lisboa: Editora da AAFDL, 1986. v. II.

CORDEIRO, António Menezes. Do abuso do direito: estado das questões e perspectivas. *Revista da Ordem dos Advogados*, Lisboa, ano 65, v. II, set. 2005.

CORDEIRO, António Menezes. Embargos de terceiro, reintegração de trabalhador e sanções pecuniárias compulsórias. *Revista da Ordem dos Advogados*, Lisboa, ano 58, v. III, p. 1209-1232, dez. 1998.

CORDEIRO, António Menezes. *Estudos de Direito Civil*. Coimbra: Almedina, 1994. v. I.

CORDEIRO, António Menezes. *Litigância de má-fé, abuso do direito de ação e culpa "in agendo"*. 3ª ed. Coimbra: Almedina, 2014.

CORDEIRO, António Menezes. *Tratado de Direito Civil*. 2ª ed. Coimbra: Almedina, 2012. v. VI.

CORDEIRO, António Menezes. *Tratado de Direito Civil*. 3ª ed. Coimbra: Almedina, 2017. v. IX.

CORDEIRO, António Menezes. *Tratado de Direito Civil*. 4ª ed. Coimbra: Almedina, 2012. v. I.

CORDEIRO, António Menezes. *Tratado de Direito Civil*. 4ª ed. Coimbra: Almedina, 2017. v. II.

CORDEIRO, António Menezes. *Tratado de Direito Civil*. Coimbra: Almedina, 2009. t. I, v. II.

CORDEIRO, António Menezes. *Tratado de Direito Civil*. Coimbra: Almedina, 2011. v. IV.

CORDEIRO, António Menezes. *Tratado de Direito Civil*. Coimbra: Almedina, 2011. v. V.

CORDEIRO, António Menezes. *Tratado de Direito Civil*. Coimbra: Almedina, 2016. v. VII.

CORDEIRO, António Menezes. *Tratado de Direito Civil*. Coimbra: Almedina, 2014. v. VIII.

CORREIA, A. Ferrer; MESQUITA, M. Henrique. Anotação ao Acórdão do STJ de 3 de novembro de 1983. *Revista da Ordem dos Advogados*, Lisboa, ano 45, v. I, p. 129-158, 1985.

COSTA, Mário Júlio de Almeida. *Contrato-promessa*: uma síntese do regime vigente. 8ª ed. Coimbra: Almedina, 2004.

COSTA, Mário Júlio de Almeida. *Direito das obrigações*. 12ª ed. Coimbra: Almedina, 2009.

COSTA, Mário Júlio de Almeida. *Direito das obrigações*. 5ª ed. Coimbra: Almedina, 1991.

COSTA, Mario Júlio de Almeida; CORDEIRO, António Menezes. *Cláusula Contratuais Gerais*: Anotação ao Decreto-Lei nº 446/85, de 25 de Outubro. Coimbra: Almedina, 1990.

CRUZ, Sebastião. *Direito romano*: Ius Romanum. 4ª ed. Coimbra: DisLivro, 1984.

DE CUPIS, Adriano. *Istituzioni di Diritto Privato*. 4ª ed. Milano: Dott. A. Giuffrè Editore, 1987.

DE GEEST, Gerrit; WUYTS, Filip. Penalty Clauses and Liquidated Damages. In: *Encyclopedia of Law and Economics*. Edited by Boudewijn Bouckeart e Gerrit De Geest. Cheltenham: Edward Elgar, 2000. v. III, p. 141-161.

DIAZ ALABART, Silvia. *La Cláusula Penal*. Madrid: Reus, 2011.

DIEZ-PICAZO, Luis; GULLON, Antonio. *Sistema de Derecho Civil*. 10ª ed. Madrid: Tecnos, 2012. t. I, v. II.

DINIZ, Maria Helena. *Curso de Direito Civil Brasileiro*. 11ª ed. São Paulo: Saraiva, 1997. v. 7.

EDLIN, Aaron S. Breach Remedies. In: NEWMAN, Paul (Ed.). *The Palgrave Dictionary of Economics and Law*. London: Macmillan Reference Limited, 1998. v. I. p. 174A-179B.

EISENBERG, Melvin Aron. The Limits of Cognition and the Limits of Contract. *Stanford Law Review*, nº 47, p. 211 e ss., 1995.

ENNECERUS, Ludwig; KIPP, Theodor; WOLFF, Martin. *Tratado de Derecho Civil* – Derecho de Obligaciones. Traducción Blas Pérez González e José Alguer. Barcelona: Librería Bosch, 1933. v. I.

ESTACA, José Marques. A Cláusula Penal e a Responsabilidade Civil. In: CORDEIRO, António Menezes; LEITÃO, Luis Menezes; GOMES, Januário da Costa (Orgs.). *Novos Estudos de Direito Privado*. Coimbra: Almedina, 2003. p. 291-326. (Estudos em Homenagem ao Professor Doutor Inocêncio Galvão Telles, 4).

ESTIVAL ALONSO, Luis. *El Contrato de Arras*. Madrid: Difusión Juridica y Temas de Actualidad, 2006.

FACHIN, Luiz Edson. Redução de multa imposta por não-cumprimento tempestivo de ordem judicial – incidência do § 6º do artigo 461 do enriquecimento sem causa. *Revista Forense*, Rio de Janeiro, v. 103, nº 392, p. 259-267, jun.-ago. 2007.

FARIAS, Cristiano Chaves de; ROSENVALD, Nelson. Obrigações. In: _____. *Curso de Direito Civil*. 10ª ed. Salvador: Editora JusPodivm, 2016. v. II.

FARIAS, Cristiano Chaves de; ROSENVALD, Nelson; BRAGA NETTO, Felipe Peixoto. Responsabilidade Civil. In: _____. *Curso de Direito Civil*. 3ª ed. Salvador: Editora JusPodivm, 2016. v. III.

FIUZA, César. *Direito Civil*: curso completo. 18ª ed. São Paulo: Editora Revista dos Tribunais, 2015.

FOLIGNO, Dario. Arrha Poenirentialis. In: *Nuovo Digesto Italiano*. Torino: Unione Tipografico Editrice Torinense, 1937. v. I, p. 750B-753B.

FORGIONI, Paula Andrea. *Teoria Geral dos Contratos Empresariais*. 2ª ed. São Paulo: Editora Revista dos Tribunais, 2010.

FRADA, Manuel Carneiro da. Equidade (ou a "Justiça com Coração). In: *Estudos em Homenagem ao Prof. Doutor Jorge Miranda*. Coimbra: Coimbra Editora, 2012. p. 295-322.

FRADA, Manuel Carneiro da. *Teoria da Confiança e Responsabilidade Civil*. Coimbra: Almedina, 2004.

FRANÇA, Rubens Limongi. *Teoria e Prática da Cláusula Penal*. São Paulo: Saraiva, 1988.

FREIRE, Maria Paula Vaz. *Eficiência económica e restrições verticais*: os argumentos de eficiência e as normas de defesa da concorrência. Lisboa: AAFDL, 2008.

FRIEDMAN, David D. *Law's order*: what economics has to do with law and why it matters. Princeton: Princeton University Press, 2000.

FURMSTON, Michael. Recent Developments about Penalties. *National Law School of India Review*, v. 28, p. 18-35, 2016.

GAGLIANO, Pablo Stolze; PAMPLONA FILHO, Rodolfo. *Novo Curso de Direito Civil*. 15ª ed. São Paulo: Saraiva, 2014. v. 2.

GALLO, Paolo. *Pene Private e Responsabilità Civile*. Milano: Giuffrè Editore, 1996.

GARNER, Bryan A.; BLACK, Henry Campbell. *Black's Law Dictionary*. 7ª ed. St. Paul, Minnesota: Thomson/West, 1999.

GOETZ, Charles J.; SCOTT, Robert E. Liquidated Damages, Penalties and the Just Compensation Principle: Some Notes on an Enforcement Model and a Theory of Efficient Breach. *Columbia Law Review*, v. 77, p. 554-594, 1977.

GOMES, Júlio. Uma função punitiva para a responsabilidade civil e uma função reparatória para a responsabilidade penal? *Revista de Direito e Economia*, Coimbra, p. 105-144, 1989.

GOMES, Manuel Januário da Costa. *Em tema de contrato-promessa*. Lisboa: AAFDL, 2005.

GONÇALVES, Carlos Roberto. *Direito Civil Brasileiro*. 13ª ed. São Paulo: Saraiva, 2016. v. 2.

GRIVOT, Débora Cristina Holenbach. Limites ao Valor da Indenização: O Problema da Função Punitiva da Responsabilidade Civil. In: RODRIGUES JUNIOR, Otavio Luiz; MAMEDE, Gladston; ROCHA, Maria Vital da (Orgs.). *Responsabilidade civil contemporânea*: em homenagem a Sílvio de Salvo Venosa. São Paulo: Atlas, 2011. p. 610-635.

GUIMARÃES, Patrícia Carla Monteiro. Os danos punitivos e a função punitiva da responsabilidade civil. *Direito e Justiça: Revista da Faculdade de Direito da Universidade Católica Portuguesa*, Lisboa, v. XV, t. 1, p. 159-206, 2001.

HATZIS, Aristides N. Civil contract law and economic reasoning: an unlikely pair? In: GRUNDMANN, Stefan; SCHAUER, Martin (Eds.). *The Architecture of European Codes And Contract Law*. Kluwer Law International, Private Law in European Context Series, 2006. v. 8. p. 159-191.

HATZIS, Aristides N. Having the cake and eating it too: efficient penalty clauses in common and civil contract law. *International Review of Law and Economics*, v. 22, nº 4, p. 381-406, Dec. 2002.

HILLMAN, Robert A. The Limits of Behavioral Decision Theory in Legal Analysis: The Case of Liquidated Damages. *Cornell Law Review*, v. 85, p. 717-738, 2000.

JHERING, Rudolf von. *A Luta Pelo Direito*. Organização, introdução e notas de Fernando Luso Soares Filho. Lisboa: Edições Cosmos, 1992.

JORGE, Fernando Pessoa. *Direito das Obrigações*. Lisboa: AAFDL, 1976.

JUSTO, António dos Santos. *Breviário de Direito Privado Romano*. Coimbra: Coimbra Editora, 2010.

KHOURI, Paulo. R. Roque. *A Revisão Judicial dos Contratos no Novo Código Civil, Código do Consumidor e Lei 8.666/93*. São Paulo: Atlas, 2006.

LAMY, Eduardo. Do cumprimento de sentença que reconheça a exigibilidade de obrigação de fazer, de não fazer ou de entregar coisa. In: STRECK, Lênio Luiz; NUNES, Dierle; CUNHA, Leonardo Carneiro da (Orgs.). *Comentários ao Código de Processo Civil*. São Paulo: Saraiva, 2016. p. 773-777.

LARENZ, Karl. *Derecho Civil* – Parte General. Traducción Miguel Izquierdo y Macías-Picavea. Madrid: Edersa, 1978.

LARENZ, Karl. *Metodologia da ciência do direito*. Tradução José Lamego. 4ª ed. Lisboa: Fundação Calouste Gulbenkian, 2005.

LASARTE, Carlos. *Principios de Derecho Civil*. 19ª ed. Madrid: Marcial Pons, 2015. (Derecho de Obligaciones, II).

LEITÃO, Luis Manuel Teles de Menezes. *Direito das Obrigações*. 11ª ed. Coimbra: Almedina, 2017. v. II.

LEITÃO, Luis Manuel Teles de Menezes. *Direito das Obrigações*. 14ª ed. Lisboa: Almedina, 2017. v. I.

LEITÃO, Luis Manuel Teles de Menezes. O Enriquecimento sem Causa no Novo Código Civil Brasileiro. In: *Estudos em homenagem ao Prof. Doutor Manuel Henrique Mesquita*. Coimbra: Coimbra Editora, 2009. v. II. p. 9-31.

LEITÃO, Luis Manuel Teles de Menezes. O Enriquecimento sem Causa no Código Civil de 1966. In: *Comemoração dos 35 anos do Código Civil e dos 25 anos da Reforma de 1977*. Coimbra: Coimbra Editora, 2007. p. 15-37.

LEITÃO, Luis Manuel Teles de Menezes. *O enriquecimento sem causa no direito civil*: estudo dogmático sobre a viabilidade da configuração unitária do instituto, face à contraposição entre as diferentes categorias de enriquecimento sem causa. Coimbra: Almedina, 2005.

LIMA, Fernando Andrade Pires de; VARELA, João de Matos Antunes. *Código Civil Anotado*. 4ª ed. Coimbra: Coimbra Editora, 1997. v. II.

LISBOA, Roberto Senise. *Contratos Difusos e Coletivos*: a função social do contrato. 4ª ed. São Paulo: Saraiva, 2012.

LÔBO, Paulo. Obrigações. In: _____. *Direito Civil*. 2ª ed. São Paulo: Saraiva, 2011.

LOUREIRO, Francisco Eduardo. Arras. In: LOTUFO, Renan; NANNI, Giovanni Ettore (Coords.). *Obrigações*. São Paulo: Atlas, 2011. p. 759-779.

LOURENÇO, Paula Meira. *A Função Punitiva da Responsabilidade Civil*. Coimbra: Coimbra Editora, 2006.

LOURENÇO, Paula Meira. Os Danos Punitivos. *Revista da Faculdade de Direito da Universidade de Lisboa*, Coimbra, v. XLIII, nº 2, p. 1019-1111, 2002.

MACKAAY, Ejan; ROUSSEAU, Stéphane. *Análise Econômica do Direito*. 2ª ed. Tradução Rachel Sztajn. São Paulo: Atlas, 2015.

MARINI, Annibale. *La Clausola Penale*. Napoli: Jovene Editore, 1984.

MARMITT, Arnaldo. *Perdas e Danos*. Rio de Janeiro: Aide, 1987.

MARQUES, Cláudia Lima. *Contratos no Código de Defesa do Consumidor*. 4ª ed. São Paulo: Revista dos Tribunais. 2012.

MARQUES, J. Dias. *Teoria Geral do Direito Civil*. Coimbra: Coimbra Editora, 1959. v. II.

MARTINEZ, Pedro Romano. *Cumprimento Defeituoso em Especial na Compra e Venda e na Empreitada*. Coimbra: Almedina, 2015.

MARTINEZ, Pedro Romano. *Da Cessação do Contrato*. 3ª ed. Coimbra: Almedina, 2015.

MARTINS-COSTA, Judith. *A Boa-fé no Direito Privado*: critérios para a sua aplicação. São Paulo: Marcial Pons, 2015.

MARTINS-COSTA, Judith. Do adimplemento das obrigações. In: _____. *Comentários ao novo Código Civil*. Rio de Janeiro: Forense, 2009. v. 5. t. II.

MARTINS-COSTA, Judith. Os Danos à Pessoa no Direito Brasileiro e a Natureza da Reparação. *Revista da Faculdade de Direito da UFRGS*, Porto Alegre, v. 19, p. 181-207, 2001.

MARTINS-COSTA, Judith; PARGLENDER, Mariana Souza. Usos e Abusos da Função Punitiva (*punitive damages* e o direito brasileiro). *Revista do CEJ*, Brasília, nº 28, p. 15-32, jan./mar. 2005.

MATTEI, Ugo. The Comparative Law and Economics of Penalty Clauses in Contract. *American Journal of Comparative Law*, 43 Am. J. Comp. L. 427, 1995.

MATTIA, Fabio Maria de. Cláusula Penal Pura e Cláusula Penal não Pura. In: TEPEDINO, Gustavo; FACCHIN, Luiz Edson (Orgs.). *Obrigações e Contratos*: Obrigações: Funções e Eficácia. São Paulo: Editora Revista dos Tribunais, 2011. p. 1117-1149.

MAZZARESE, Silvio. Clausola Penale e Pena Privata. In: BUSNELLI, Francesco D.; SACLFI, Gianguido. *Le Pene Private*. Milano: Giuffrè Editore, 1985. p. 259-285.

MCAULEY, Michel. One thousand years of arra. *McGill Law Journal*, Montreal, v. 23, p. 693-706, 1977.

MEDICUS, Dieter. *Tratado de Las Relaciones Obligacionales*. Traducción Ángel Matínez Sarrion. Barcelona: Bosch, 1995. v. I.

MERÊA, Paulo. A arra penitencial no direito hispânico anterior à recepção. In: *Estudos de direito hispânico medieval*. Coimbra: Universidade de Coimbra, 1953. t. I. p. 37-58.

MONNERAT, Fábio Victor da Fonte. Execução específica das obrigações de fazer e não fazer. In: ALVIM, Eduardo Arruda; BRUSCHI, Gilberto Gomes; CHECHI, Mara Larsen; COUTO,

Monica Bonetti (Orgs.). *Execução Civil e Temas Afins* – do CPC/1973 ao Novo CPC: Estudos em Homenagem ao Professor Araken de Assis. São Paulo: Revista dos Tribunais, 2014. v. 1. p. 336-353.

MONTEIRO, António Pinto. A pena e o dano. In: *Estudos em homenagem a Miguel Galvão Teles*. Coimbra: Almedina, 2012. v. II. p. 659-679.

MONTEIRO, António Pinto. Anotação ao Acórdão do STJ de 27 de Setembro de 2011. *Revista Legislação e Jurisprudência*, Coimbra, ano 141, nº 3972, p. 177-199, 2012.

MONTEIRO, António Pinto. Artigo 811º, nº 3, do código civil: "requiem" pela cláusula penal indemnizatória. In: *Estudos em homenagem a António Barbosa de Melo*. Almedina: Coimbra, 2013. p. 153-175.

MONTEIRO, António Pinto. Cláusula Penal e comportamento abusivo do credor. In: *Estudos em homenagem ao Prof. Doutor António Castanheira Neves*. Coimbra: Coimbra Editora, 2008. v. II. p. 501-522.

MONTEIRO, António Pinto. *Cláusula Penal e Indemnização*. Coimbra: Almedina, 2014.

MONTEIRO, António Pinto. Cláusulas limitativas e de exclusão de responsabilidade civil. *Boletim da Faculdade de Direito da Universidade de Coimbra*, Coimbra, Almedina, v. 28, 1985.

MONTEIRO, António Pinto. Responsabilidade Contratual: Cláusula Penal e Comportamento Abusivo do Credor. *Revista da EMERJ*, v. 7, nº 26, p. 165-178, 2004.

MONTEIRO, António Pinto. Sobre as "Cláusulas de Rescisão" dos Jogadores de Futebol. In: *Estudos em homenagem ao Prof. Doutor Manuel Henrique Mesquita*. Coimbra: Coimbra Editora, 2009. v. II. p. 227-262.

MONTEIRO, António Pinto. Sobre o controle da Cláusula Penal. In: *Direitos das Obrigações*. Coimbra: Coimbra Editora, 2007. (Comemorações aos 35 anos do Código Civil e dos 25 anos da reforma de 1922, III).

MOREIRA, Guilherme Alves. *Instituições do Direito Civil Português*. Coimbra: Typografia F. França Amado, 1911. v. II.

MOSCATI, Enrico. Pena Privata e Autonomia Privata. In: BUSNELLI, Francesco D.; SACLFI, Gianguido (Coords.). *Le Pene Private*. Milano: Giuffrè Editore, 1985. p. 235-249.

NANNI, Giovanni Ettore. *Enriquecimento sem causa*. 3ª ed. São Paulo: Saraiva, 2012.

NORDIN, Emily. The Penalty Clause Bias. *Maastricht Journal of European and Comparative Law*, v. 21, p. 162-187, 2014.

NORONHA, Fernando. *Direito das Obrigações*. 4ª ed. São Paulo: Saraiva, 2013.

OGUS, Anthony I. *The Law of Damages*. London: Butterworths, 1973.

OLIVEIRA, Fernando Baptista. *Contratos Privados*: Das Noções à Prática Judicial. 2ª ed. Coimbra: Coimbra Editora, 2015. v. I.

OLIVEIRA, Nuno Manuel Pinto. *Cláusulas acessórias ao contrato*: cláusulas de exclusão e de limitação do dever indemnizar: cláusulas penais. 3ª ed. Coimbra: Almedina, 2008.

OLIVEIRA, Nuno Manuel Pinto. Conceito e regime(s) do sinal no direito civil português. In: *Estudos em homenagem ao Professor Doutor Carlos Ferreira de Almeida*. Coimbra: Almedina, 2011. v. 2. p. 535-554.

OLIVEIRA, Nuno Manuel Pinto. Contributo para a interpretação do nº 2 do Art. 811.º do Código Civil. *Scientia Iuridica*, Lisboa, v. 53, nº 300, p. 499-507, set.-dez. 2004.

OLIVEIRA, Nuno Manuel Pinto. Contributo para o estudo do regime jurídico do sinal. In: *Estudos em homenagem ao Prof. Doutor Manuel Henrique Mesquita*. Coimbra: Coimbra Editora, 2009. v. 3. p. 391-407.

OLIVEIRA, Nuno Manuel Pinto. Em tema de Agravamento da Pena Convencional. *Scientia Iurifica*, Lisboa, nº 296, Lisboa, p. 341-355, maio-ago. 2003.

OLIVEIRA, Nuno Manuel Pinto. Em tema de Redução Oficiosa da Pena Convencional. In: *Estudos em comemoração do 10º aniversário da Licenciatura em Direito da Universidade do Minho*. Coimbra: Almedina, 2000. p. 729-763.

OLIVEIRA, Nuno Manuel Pinto. *Ensaio sobre o sinal*. Coimbra: Coimbra Editora, 2008.

OLIVEIRA, Rodrigo Pereira Ribeiro de. *A responsabilidade civil por dano moral e seu caráter desestimulador*. Belo Horizonte: Arraes, 2012.

OWEN, David G. A Punitive Damages Overview: Functions, Problems and Reform. *Villanova Law Review*, v. 39, nº 2, p. 363-413, 1994.

OWEN, David G. The moral foundations of punitive damages. *Alabama Law Review*, v. 40, p. 705-739, 1989.

PALMER, Jessica. Implications of the new rule against penalties. *Victoria University Wellington Law Review*, nº 47, p. 305-326, 2016.

PARDOLESI, Roberto. Liquidazione Contrattuale del danno. In: BUSNELLI, Francesco D.; SACLFI, Gianguido (Coords.). *Le Pene Private*. Milano: Giuffrè Editore, 1985. p. 251-257.

PEREIRA, Caio Mário da Silva. *Instituições de Direito Civil*. 10ª ed. Rio de Janeiro: Forense, 2001. v. III.

PEREIRA, Caio Mário da Silva. *Instituições de Direito Civil*. 19ª ed. Rio de Janeiro: Forense, 2000. v. I.

PEREIRA, Caio Mário da Silva. *Instituições de Direito Civil*. 20ª ed. Rio de Janeiro: Forense, 2004. v. II.

PINTO, Carlos Alberto da Mota. *Teoria Geral do Direito Civil*. 3ª ed. Coimbra: Coimbra Editora, 1996.

PINTO, Carlos Alberto da Mota. *Teoria Geral do Direito Civil*. 4ª ed. Coimbra: Coimbra Editora, 2012.

PINTO, Paulo Mota. *Interesse contratual negativo e interesse contratual positivo*. Coimbra: Coimbra Editora, 2008.

PIOLA, Giuseppe. Clausola Penale. In: *Il Digesto Italiano*. Torino: Unione Tip. Editrice Torinese, 1902. v. VII, 2ª Parte, p. 364A-373B.

PIRES, Catarina Monteiro. Resolução do contrato por incumprimento no Direito Português, Brasileiro e Alemão. *Revista de Direito Civil*, Lisboa, ano II, nº 1, p. 75-96, 2017.

PONTES DE MIRANDA, Francisco Cavalcanti. *Tratado de Direito Privado*. 3ª ed. Rio de Janeiro: Editor Borsoi, 1971. t. XXIV.

PONTES DE MIRANDA, Francisco Cavalcanti. *Tratado de Direito Privado*. 3ª ed. Rio de Janeiro: Editor Borsoi, 1971. t. XXVI.

POSNER, Richard. *Economic Analysis of Law*. 6ª ed. New York: Aspen Publishers, 2003.

POTHIER, Robert Joseph. *Tratado das obrigações pessoaes e reciprocas nos pactos, contractos, convenções*. Tradução José Homem Correa Telles. Lisboa: Tip. António José da Rocha, 1849.

PRATA, Ana Maria Correia Rodrigues. *Cláusulas de exclusão e limitação da responsabilidade contratual*. Coimbra: Almedina, 1985.

PRATA, Ana Maria Correia Rodrigues. *O contrato-promessa e o seu regime civil*. Coimbra: Almedina, 1995. v. II.

PRESSMAN, Michel. The two-contract approach to liquidated damages: A new framework for exploring the penalty clause debate. *Virginia Law & Business Review*, v. 7, nº 4, p. 651-708, Spring 2013.

PROENÇA, José Carlos Brandão. *Lições de cumprimento e não cumprimento das obrigações*. Coimbra: Coimbra Editora, 2011.

RAIMUNDO, Miguel Assis; CLARO, João Martins. A aplicação e redução de multas contratuais no contrato de empreitada de obras públicas. *Cadernos de Justiça Administrativa*, Braga, nº 112, p. 12-29, jul./ago. 2015.

REA JR., Samuel. Penalty Doctrine in Contract Law. In: NEWMAN, Paul (Ed.). *The Palgrave Dictionary of Economics and Law*. London: Macmillan Reference Limited, 1998. v. III, p. 23A-27A.

REALE, Miguel. *Lições preliminares de Direito*. 10ª ed. Coimbra: Almedina, 1982.

ROCHA, Manuel António Coelho da. *Instituições de Direito Civil Portuguez*. 7ª ed. Lisboa: Livraria Clássica, 1907. v. II.

ROCHA, Maria Luiza do Valle. O conhecimento oficioso do abuso do direito. *Revista de Direito Civil*, Lisboa, ano II, nº 1, p. 189-228, 2017.

RODRIGUES JUNIOR, Otavio Luiz. Cláusula Penal: Natureza e Função no Direito Romano. In: PINTO, Eduardo Vera-Cruz (Org.). *O Sistema Contratual Romano*: De Roma ao Direito Actual. Coimbra: Coimbra Editora, 2010. p. 911 a 926.

RODRIGUES JUNIOR, Otavio Luiz. Considerações sobre a Coação como Elemento Acidental da Estrutura da Norma Jurídica: A Ideia de Pena e Sanção Premial. *Arquivos do Ministério da Justiça*, Brasília, ano 51, nº 190, p. 287-322, 2006.

RODRIGUES JUNIOR, Otavio Luiz. *Função, natureza e modificação da cláusula penal no direito civil brasileiro*. 418 f. Tese (Doutorado em Direito) – Faculdade de Direito da Universidade de São Paulo (USP), São Paulo, 2006.

RODRIGUES, Daniel Colnago. Poderes do Juiz na Efetivação da Tutela Específica. *RIDB*, Lisboa, ano 3, nº 5, p. 3793-3826, 2013.

RODRIGUES, Lia Palazzo. *Das Arras*. Porto Alegre: Livraria do Advogado Editora, 1998.

RODRIGUES, Sílvio. *Das Arras*. São Paulo: Revista dos Tribunais, 1955.

RODRIGUES, Sílvio. Parte geral das obrigações. In: _____. *Direito Civil*. 2ª ed. São Paulo: Saraiva, 1973. v. 2.

RODRIGUES, Silvio. Responsabilidade civil. In: _____. *Direito Civil*. 12ª ed. São Paulo: Saraiva, 1988. v. 4.

ROSENVALD, Nelson. *As funções da responsabilidade civil*: a reparação e a pena civil. 2ª ed. São Paulo: Atlas, 2014.

ROSENVALD, Nelson. *Cláusula penal*: A pena privada nas relações negociais. Rio de Janeiro: Lumen Juris, 2007.

RUBIN, Paul. Unenforceable Contracts: Penalty Clauses and Specific Performance. *Journal of Legal Studies*, v. 10, nº 2, p. 237-247, jun. 1981.

SÁ, Fernando Augusto Cunha de. *Abuso do Direito*. Coimbra: Almedina, 1997.

SALLES, Pedro Amaral. *A função coercitiva da cláusula penal e uma crítica ao art. 412 do Código Civil de 2002*. São Paulo: Almedina, 2014.

SANTOS, Ernane Fidélis dos. Execução por título extrajudicial das obrigações de entrega de coisa e das obrigações de fazer e não fazer, de acordo com a Lei 11.382/2006. In: SANTOS, Ernane Fidelis dos *et al.* (Coord.). *Execução Civil*: Estudos em Homenagem ao

Professor Humberto Theodoro Júnior. São Paulo: Editora Revista dos Tribunais, 2007. p. 763-771.

SCAVONE JUNIOR, Luiz Antonio. *Do descumprimento das obrigações*: consequências à luz do princípio da restituição integral, interpretação sistemática e teleológica. São Paulo: Editora Juarez Oliveira, 2007.

SCEVOLA, Antonio. Caparra. In: *Il Digesto Italiano*. Torino: Unione Tipografico Editrice Torinese, 1888. v. VI, 1ª Parte, p. 725B-728A.

SCHREIBER, Anderson. O Futuro da Responsabilidade Civil: um Ensaio sobre as Tendências da Responsabilidade Civil Contemporânea. In: RODRIGUES JUNIOR, Otavio Luiz; MAMEDE, Gladstone; ROCHA, Maria Vital da (Orgs.). *Responsabilidade civil contemporânea*: em homenagem a Sílvio de Salvo Venosa. São Paulo: Atlas, 2011. p. 717-730.

SHAKESPEARE, William. *O mercador de Veneza*. Tradução Daniel Jonas. Lisboa: Cotovia, 2008.

SHAKESPEARE, William. *The merchant of Venice*. Edited by Cedric Watts. Ware: Wordsworth Classics, 2000.

SILVA, Clovis do Couto e. O conceito de dano no direito brasileiro e comparado. *Revista de Direito Civil Contemporâneo*, São Paulo, v. 2, p. 333-348, jan.-mar. 2015.

SILVA, João Calvão da. Anotação ao acórdão do Supremo Tribunal de Justiça de 12 de novembro de 1998. *Revista Legislação e Jurisprudência*, ano 132, nº 3905-3906, 2000.

SILVA, João Calvão da. *Cumprimento e sanção pecuniária compulsória*. Coimbra: Almedina, 1987.

SILVA, João Calvão da. Direitos de Autor, Cláusula Penal e Sanção Pecuniária Compulsória. *Revista da Ordem dos Advogados*, Lisboa, ano 47, v. I, p. 129-156, 1987.

SILVA, João Calvão da. Processo executivo e sanção pecuniária compulsória. *O Direito*, Lisboa, ano 127, nº 1-2, p. 243-253, 1995.

SILVA, João Calvão da. *Responsabilidade Civil do Produtor*. Coimbra: Almedina, 1990.

SILVA, João Calvão da. *Sinal e Contrato Promessa*. 14ª ed. Coimbra: Almedina, 2017.

SILVA, Jorge Cesa Ferreira da. *Inadimplemento das Obrigações*: comentários aos arts. 389 a 420 do código civil. São Paulo: Revista dos Tribunais, 2007. (Coleção Biblioteca de Direito Civil, 7).

SILVA, Paula Costa e. Multas contratuais: Discricionariedade ou Vinculação. *Cadernos de Justiça Administrativa*, Braga, nº 112, p. 3-11, jul./ago. 2015.

SIMÃO, José Fernando. Cláusula Penal e Abono de Pontualidade ou Cláusula Penal e Cláusula Penal disfarçada. *Jornal Carta Forense*, 20 out. 2009. Disponível em: <http://www.cartaforense.com.br/conteudo/colunas/clausula-penal-e-abono-de-pontualidade-ou-clausula-penal-e-clausula-penal-disfarcada/4820>. Acesso em: 31 ago. 2017.

SIMÃO, José Fernando. Cláusula Penal e Redução de Ofício pelo Juiz – Parte 2. *Jornal Carta Forense*, 2 jun. 2014. Disponível em: <http://www.cartaforense.com.br/conteudo/colunas/clausula-penal-e-reducao-de-oficio-pelo-juiz---parte-2/13786>. Acesso em: 31 ago. 2017.

SOUSA, Miguel Teixeira. *A Tutela Jurisdicional dos Interesses Difusos no Direito Português*. 19 maio 2016. Disponível em: <https://docs.google.com/viewer?a=v&pid=sites&srcid=ZGVmYXVsdGRvbWFpbnxpcHBjaXZpbHxneDozZmYwZTExZjc0N2MxYzAw>. Acesso em: 31 ago. 2017.

TALAMANCA, Mario. Arrha. In: *Novissimo Digesto Italiano*. 3ª ed. Torino: Unione Tipografico Editrice Torinese, 1957. v. I, t. 2, p. 1001A-1003B.

TARTUCE, Flávio. *Direito Civil*. 11ª ed. Rio de Janeiro: Forense, 2016. v. 2.

TARTUCE, Flávio. Redução Equitativa da Indenização. In: RODRIGUES JUNIOR, Otavio Luiz; MAMEDE, Gladston; ROCHA, Maria Vital da (Orgs.). *Responsabilidade civil contemporânea*: em homenagem a Sílvio de Salvo Venosa. São Paulo: Atlas, 2011. p. 589-597.

TEIXEIRA NETO, Felipe. *Dano moral coletivo*: a configuração e a reparação do dano extrapatrimonial por lesão aos interesses difusos. Curitiba: Juruá, 2014.

TELLES, Inocêncio Galvão. *Direito das Obrigações*. 7ª ed. Coimbra: Coimbra Editora, 1997.

TEPEDINO, Gustavo. Notas sobre cláusula penal compensatória. In: _____. *Temas de direito civil*. Rio de Janeiro: Renovar, 2006. t. II, p. 47-61.

TEPEDINO, Gustavo; BARBOZA, Heloísa Helena; MORAES, Maria Celina Bodin de. *Código Civil Interpretado conforme a Constituição da República*. 3ª ed. Rio de Janeiro: Renovar, 2014. v. I.

TRABUCCHI, Alberto. *Instituiciones de Derecho Civil*. Traducción Luis Martínez-Calcerrada. Madrid: Revista de Derecho Privado, 1967. v. II.

VARELA, João de Matos Antunes. Anotação ao Acórdão do STJ de 3 de novembro de 1983. *Revista Legislação e Jurisprudência*, Coimbra, ano 121, p. 183-192 e 216-224, 1985.

VARELA, João de Matos Antunes. Anotação ao acórdão do Supremo Tribunal de Justiça de 1º de Fevereiro de 1983. *Revista Legislação e Jurisprudência*, Coimbra, ano 119, nº 3742-3753, p. 303-312 e 340-348, 1987.

VARELA, João de Matos Antunes. *Das obrigações em geral*. 7ª ed. Coimbra: Almedina, 1997. v. II.

VARELA, João de Matos Antunes. *Das obrigações em geral*. 9ª ed. Coimbra: Almedina: 1996. v. I.

VARELA, João de Matos Antunes. *Das obrigações em geral*. 10ª ed. Coimbra: Almedina: 2010. v. I.

VARELA, João de Matos Antunes. Parecer. *Revista da Ordem dos Advogados*, Lisboa, ano 45, v. I, p. 159-197, abr. 1985.

VARELA, João de Matos Antunes. *Sobre o contrato-promessa*. 2ª ed. Coimbra: Coimbra Editora, 1989.

VASCONCELOS, Pedro Pais de. *Teoria Geral do Direito Civil*. 8ª ed. Coimbra: Almedina, 2015.

VAZ SERRA, Adriano Paes da Silva. Contrato-Promessa. *Boletim do Ministério da Justiça*, Lisboa, nº 76, 1958.

VAZ SERRA, Adriano Paes da Silva. Obrigação de Indemnização (Colocação, Fontes, Dano, Nexo Causal, Extensão, Espécies de Indemnização). Direito da Abstenção e de Remoção. *Boletim do Ministério da Justiça*, Lisboa, nº 83 a 84, 1959.

VAZ SERRA, Adriano Paes da Silva. Pena Convencional. *Boletim do Ministério da Justiça*, Lisboa, nº 67, 1957.

VAZ SERRA, Adriano Paes da Silva. Resolução do Contrato. *Boletim do Ministério da Justiça*, Lisboa, nº 68, 1957.

VAZ SERRA, Adriano Pais da Silva. Anotação ao Acórdão de 19 de Outubro de 1978. *Revista de Legislação e de Jurisprudência*, Coimbra, nº 112, p. 121-127 e 130-132, 1981.

VENOSA, Silvio de Salvo. *Direito Civil*. São Paulo: Atlas, 2014. v. II.

VERDERA IZQUIERDO, Beatriz. *Los Elementos Definitorios de las Arras en el Derecho Patrimonial*. Madrid: Colegio de Registradores de la Propriedad y Mercantiles de España, 2005.

VICENTE, Dário Moura. A autonomia privada e seus diferentes significados à luz do direito comparado. *Revista de Direito Civil*, Lisboa, ano I, nº 2, p. 277-305, 2016.

VOCI, Pasquale. *Risarcimento e pena privada nel diritto romano classico*. Milano: Giuffrè, 1939.

VON TUHR, Andreas. *Tratado de las obligaciones*. Traducción W. Roces. Madrid: Reus, 1934. t. II.

WILKINSON-RYAN, Tess. Do Liquidated Damages Encourage Breach? A Psychological Experiment. *Michigan Law Review*, v. 108, p. 633-672, 2010.

XAVIER, Vasco da Gama Lobo. Contrato-promessa: algumas notas sobre as alterações do Código civil constantes do Dec-Lei nº 236/80, de 18 de Julho. *Revista de Direito e Estudos Sociais*, Coimbra, nº 1 a 4, p. 21-43, 1983.

ZIMMERMANN, Reinhard. *The Law of Obligations*: Roman Foundations of the Civilian Tradition. Oxford: Oxford University Press, 1996.

LEGISLAÇÃO CONSULTADA

ALEMANHA. *German Civil Code* (BGB Bürgerliches Gesetzbuch), 18 August 1896. Reformado em 2002. Disponível em: <http://www.fd.ulisboa.pt/wp-content/uploads/2014/12/Codigo-Civil-Alemao-BGB-German-Civil-Code-BGB-english-version.pdf>. Acesso em: 17 jun. 2017.

BÉLGICA. *Code Civil*, 1804. Disponível em: <http://www.erickirsch.be/civilicc/code_civil.PDF>. Acesso em: 17 jun. 2017.

BRASIL. Lei nº 10.406, de 10 de janeiro de 2002. Institui o Código Civil. *DOU*, 11 jan. 2002. Disponível em: <http://www.planalto.gov.br/ccivil_03/leis/2002/L10406.htm>. Acesso em: 17 jun. 2017.

BRASIL. Lei nº 3.071, de 1º de janeiro de 1916. Código Civil dos Estados Unidos do Brasil. *DOU*, 5 jan. 1916. Revogada pela Lei nº 10.406, de 2002. Disponível em: <http://www.planalto.gov.br/ccivil_03/leis/L3071.htm>. Acesso em: 17 jun. 2017.

ESPANHA. Real Decreto de 24 de julio de 1889. Código Civil. *Gaceta*, 25 Julio 1889, Disponível em: <http://noticias.juridicas.com/base_datos/Privado/cc.l4t1.html#a1152>. Acesso em: 17 jun. 2017.

FRANÇA. *Código Civil Francês* (Code Civil des Français), 1804. Atualizado. Disponível em: <http://www.fd.ulisboa.pt/wp-content/uploads/2014/12/Codigo-Civil-Frances-French-Civil-Code-english-version.pdf>. Acesso em: 17 jun. 2017.

FRANÇA. *Código Civil Francês* (Code Civil des Français), 1804. Original. Disponível em: <http://geneaduclos.free.fr/docs/Code%20Civil%20des%20Francais_1804.pdf>. Acesso em: 17 jun. 2017.

HOLANDA. *Civil Code of Netherlands* (Burgerlijk Wetboek), 1838. Reformado em 1992. Disponível em: <http://www.dutchcivillaw.com/civilcodegeneral.htm>. Acesso em: 17 jun. 2017.

ITÁLIA. *Codice Civile del 1865*. Disponível em: <http://www.notaio-busani.it/it-IT/codice-civile-1865.aspx>. Acesso em: 17 jun. 2017.

ITÁLIA. *Regio Decreto 16 marzo 1942, nº 262*. Codice Civile. Disponível em: <http://www.studiocataldi.it/codicecivile/>. Acesso em: 17 jun. 2017.

PORTUGAL. *Carta de Lei de 4 de julho de 1867*. Codigo Civil Portuguez. Disponível em: <http://www.fd.ulisboa.pt/wp-content/uploads/2014/12/Codigo-Civil-Portugues-de-1867.pdf>. Acesso em: 17 jun. 2017.

PORTUGAL. *Decreto-Lei nº 47 344, de 25 de novembro de 1966*. Código Civil Português. (Actualizado até à Lei 59/99, de 30/06). Disponível em: <http://www.stj.pt/ficheiros/fpstjptlp/portugal_codigocivil.pdf>. Acesso em: 17 jun. 2017.

PORTUGAL. *Ordenações Afonsinas*, 1446. Disponível em: <http://www.ci.uc.pt/ihti/proj/afonsinas/>. Acesso em: 17 jun. 2017.

PORTUGAL. *Ordenações Filipinas*, 1595. Disponível em: <http://www1.ci.uc.pt/ihti/proj/filipinas/ordenacoes.htm>. Acesso em: 17 jun. 2017.

PORTUGAL. *Ordenações Manuelinas*, 1513. Disponível em: <http://www1.ci.uc.pt/ihti/proj/manuelinas/>. Acesso em: 17 jun. 2017.

SUÍÇA. Swiss Civil Code. *Part Five*: The Code of Obligations. 30 March 1911. Disponível em: <https://www.admin.ch/opc/en/classified-compilation/19110009/201704010000/220.pdf>. Acesso em: 17 jun. 2017.

JURISPRUDÊNCIA CITADA

PORTUGAL – SUPREMO TRIBUNAL DE JUSTIÇA

PORTUGAL. Supremo Tribunal de Justiça. *Processo nº 280/13.1TBCDN.C1.S1*. Rel. Juíza Conselheira Maria da Graça Trigo. Julgado em 02/02/2017.

PORTUGAL. Supremo Tribunal de Justiça. *Processo nº 40/13.0TBBBR.C1.S1*. Rel. Juiz Conselheiro Lopes do Rego. Julgado em 12/01/2017.

PORTUGAL. Supremo Tribunal de Justiça. *Processo nº 8514/12.3TBVNG.P2.S1*. Rel. Juiz Conselheiro Olindo Geraldes. Julgado em 07/12/2016.

PORTUGAL. Supremo Tribunal de Justiça. *Processo nº 7185/12.1TBCSC.L1.S1*. Rel. Juíza Conselheira Maria da Graça Trigo. Julgado em 13/10/2016.

PORTUGAL. Supremo Tribunal de Justiça. *Processo nº 2855/12.7TJVNF.G1.S1*. Rel. Juiz Conselheiro Alexandre Reais. Julgado em 27/10/2016.

PORTUGAL. Supremo Tribunal de Justiça. *Processo nº 410/10.5TBABF.E1.S1*. Rel. Juiz Conselheiro Pires da Rosa. Julgado em 16/06/2016.

PORTUGAL. Supremo Tribunal de Justiça. *Processo nº 2303/08.7TVLSB.L1.S1*. Rel. Juiz Conselheiro Helder Roque. Julgado em 07/06/2016.

PORTUGAL. Supremo Tribunal de Justiça. *Processo nº 924/14.8TVLSB.C1.S1*. Rel. Juiz Conselheiro Lopes do Rego. Julgado em 19/05/2016.

PORTUGAL. Supremo Tribunal de Justiça. *Processo 237/13.2TCGMR.G1.S1*. Rel. Juíza Conselheira Maria de Graça Trigo. Julgado em 07/04/2016.

PORTUGAL. Supremo Tribunal de Justiça. *Processo nº 2185/04.8TBOER.L1.S1*. Rel. Juiz Conselheiro Fonseca Ramos. Julgado em 26/01/2016.

PORTUGAL. Supremo Tribunal de Justiça. *Processo 1021/11.3TBABT.E1.S1*. Rel. Juiz Conselheiro Lopes do Rego. Julgado em 21/01/2016.

PORTUGAL. Supremo Tribunal de Justiça. *Processo nº 266/14.9TBPRD-A.P1.S1*. Rel. Juiz Conselheiro Júlio Gomes. Julgado em 03/11/2015.

PORTUGAL. Supremo Tribunal de Justiça. *Processo nº 784/03.4TBTM-AR.C1.S1*. Rel. Juiz Conselheiro Pinto de Almeida. Julgado em 03/11/2015.

PORTUGAL. Supremo Tribunal de Justiça. *Processo nº 125/05.6TBVFL.P1.S1*. Rel. Juiz Conselheiro Granja da Fonseca. Julgado em 26/03/2015.

PORTUGAL. Supremo Tribunal de Justiça. *Processo nº 1227/12.8TVLSB.L1.S1*. Rel. Juíza Conselheira Ana Paula Boularot. Julgado em 24/02/2015.

PORTUGAL. Supremo Tribunal de Justiça. *Processo nº 3938/12.9TBPRD.P1.S1*. Rel. Juíza Conselheira Maria Clara Sottomayor. Julgado em 27/01/2015.

PORTUGAL. Supremo Tribunal de Justiça. *Processo nº 473/12.9TVLSB.L1.S1*. Rel. Juiz Conselheiro Tavares de Paiva. Julgado em 15/01/2015.

PORTUGAL. Supremo Tribunal de Justiça. *Processo nº 191/10.2TVLSB.L1.S1*. Rel. Juiz Conselheiro Azevedo Ramos. Julgado em 08/10/2013.

PORTUGAL. Supremo Tribunal de Justiça. *Processo nº 605/06.6TBVRL.P1.S1*. Rel. Juiz Conselheiro Helder Roque. Julgado em 24/04/2012.

PORTUGAL. Supremo Tribunal de Justiça. *Processo nº 25/09TBVCT.G1.S1*. Rel. Juiz Conselheiro Martins de Souza. Julgado em 10/01/2012.

PORTUGAL. Supremo Tribunal de Justiça. *Processo nº 81/1998.C1.S1*. Rel. Juiz Conselheiro Nuno Cameira. Julgado em 27/09/2011.

PORTUGAL. Supremo Tribunal de Justiça. *Processo nº 1377/06.0TVLSB.L1.S.1*. Rel. Juiz Conselheiro Urbano Dias. Julgado em 20/05/2010.

PORTUGAL. Supremo Tribunal de Justiça. *Processo nº 628/09.3YFLSB*. Rel. Juiz Conselheiro Paulo Sá. Julgado em 12/01/2010.

PORTUGAL. Supremo Tribunal de Justiça. *Processo nº 1942/07.8TBBNV.L1.S1*. Rel. Juiz Conselheiro Azevedo Ramos. Julgado em 12/09/2013.

PORTUGAL. Supremo Tribunal de Justiça. *Processo nº 09A0350*. Rel. Juiz Conselheiro Nuno Cameira. Julgado em 07/05/2009.

PORTUGAL. Supremo Tribunal de Justiça. *Processo nº 09A0440*. Rel. Conselheiro Urbano Dias. Julgado em 25/03/2009.

PORTUGAL. Supremo Tribunal de Justiça. *Processo nº 08B2715*. Rel. Juiz Conselheiro Serra Baptista. Julgado em 13/11/2008.

PORTUGAL. Supremo Tribunal de Justiça. *Processo nº 08S2056*. Rel. Conselheiro Bravo Serra. Julgado em 22/10/2008.

PORTUGAL. Supremo Tribunal de Justiça. *Processo nº 08B619*. Rel. Juiz Conselheiro Serra Baptista. Julgado em 19/06/2008.

PORTUGAL. Supremo Tribunal de Justiça. *Processo nº 07S2894*. Rel. Juiz Conselheiro Mário Pereira. Julgado em 23/04/2008.

PORTUGAL. Supremo Tribunal de Justiça. *Processo nº 07B1070*. Rel. Juiz Conselheiro Salvador Da Costa. Julgado em 26/04/2007.

PORTUGAL. Supremo Tribunal de Justiça. *Processo nº 05A3965*. Rel. Juiz Conselheiro Urbano Dias. Julgado em 07/03/2006.

PORTUGAL. Supremo Tribunal de Justiça. *Processo nº 04B3837*. Rel. Juiz Conselheiro Salvador da Costa. Julgado em 18/11/2004.

PORTUGAL. Supremo Tribunal de Justiça. *Processo nº 04B1701*. Rel. Juiz Conselheiro Neves Ribeiro. Julgado em 24/06/2004.

PORTUGAL. Supremo Tribunal de Justiça. *Processo nº 03B4295*. Rel. Juiz Conselheiro Ferreira de Almeida. Julgado em 06/05/2004.

PORTUGAL. Supremo Tribunal de Justiça. *Processo nº 03B2503*. Rel. Juiz Conselheiro Neves Ribeiro. Julgado em 09/10/2003.

PORTUGAL. Supremo Tribunal de Justiça. *Processo nº 02B013*. Rel. Juiz Conselheiro Eduardo Batista. Julgado em 24/04/2002.

PORTUGAL. Supremo Tribunal de Justiça. *Processo nº 99B7*15. Rel. Juiz Conselheiro Peixe Pelica. Julgado em 13/01/2000.

PORTUGAL. Supremo Tribunal de Justiça. *Processo nº 99B711*. Rel. Juiz Conselheiro Sousa Dinis. Julgado em 21/10/1999.

PORTUGAL. Supremo Tribunal de Justiça. *Processo nº 99A696*. Rel. Juiz Conselheiro Afonso Melo. Julgado em 12/10/1999.

PORTUGAL. Supremo Tribunal de Justiça. *Processo nº 99A001*. Rel. Juiz Conselheiro Lopes Pinto. Julgado em 09/02/1999.

PORTUGAL. Supremo Tribunal de Justiça. *Processo nº 98A1249*. Rel. Juiz Conselheiro Garcia Marques. Julgado em 26/01/1999.

PORTUGAL. Supremo Tribunal de Justiça. *Processo nº 98A1094*. Rel. Juiz Conselheiro Aragão Seia. Julgado em 20/01/1999.

PORTUGAL. Supremo Tribunal de Justiça. Acórdão de 03 de novembro de 1983. Rel. Juiz Conselheiro José dos Santos Silveira. *Revista da Ordem dos Advogados*, Lisboa, ano 45, vol. I, p. 113-127, abr. 1985.

PORTUGAL. Supremo Tribunal de Justiça. *Processo nº 066618*. Rel. Juiz Conselheiro Ferreira da Costa. Julgado em 14/06/1977.

BRASIL – SUPERIOR TRIBUNAL DE JUSTIÇA

BRASIL. Superior Tribunal de Justiça. REsp. 1.466.177/SP. Rel. Min. Luis Felipe Salomão. *DJe* 01/08/2017.

BRASIL. Superior Tribunal de Justiça. AgInt no AREsp 706499/RJ. Rel. Min. Antonio Carlos Ferreira. *DJe* 16/06/2017.

BRASIL. Superior Tribunal de Justiça. REsp n. 1.665.550/BA. Rel. Min. Nancy Andrighi. *DJe* 16/05/2017.

BRASIL. Superior Tribunal de Justiça. ProAfR no REsp 1498484/DF. Rel. Min. Luis Felipe Salomão. *DJe* 03/05/2017.

BRASIL. Superior Tribunal de Justiça. ProAfR no REsp 1614721/DF. Rel. Min. Luis Felipe Salomão. *DJe* 03/05/2017.

BRASIL. Superior Tribunal de Justiça. ProAfR no REsp 1631485/DF. Rel. Min. Luis Felipe Salomão. *DJe* 03/05/2017.

BRASIL. Superior Tribunal de Justiça. ProAfR no REsp 1635428/SC. Rel. Min. Luis Felipe Salomão. *DJe* 03/05/2017.

BRASIL. Superior Tribunal de Justiça. AgInt no AREsp 985690/AM. Rel. Min. Moura Ribeiro. *DJe* 03/04/2017.

BRASIL. Superior Tribunal de Justiça. REsp 1642314/SE. Rel. Min. Nancy Andrighi. *DJe* 22/03/2017.

BRASIL. Superior Tribunal de Justiça. AgInt no AREsp 685199/RJ. Rel. Min. Paulo de Tarso Sanseverino. *DJe* 02/03/2017.

BRASIL. Superior Tribunal de Justiça. REsp 1641131/SP. Rel. Min. Nancy Andrighi. *DJe* 23/02/2017.

BRASIL. Superior Tribunal de Justiça. AgInt no REsp 1624677/DF. Rel. Min. Raul Araújo. *DJe* 13/12/2016.

BRASIL. Superior Tribunal de Justiça. AgInt no REsp 1600378/SC. Rel. Min. Regina Helena Costa. *DJe* 18/10/2016.

BRASIL. Superior Tribunal de Justiça. *Informativo de Jurisprudência*, nº 0591, 4 a 18 out. 2016. Disponível em: <https://ww2.stj.jus.br/jurisprudencia/externo/informativo/?acao=pesquisarumaedicao&livre=@cod=0591. Acesso em: 26 ago. 2017.

BRASIL. Superior Tribunal de Justiça. REsp 1440721/GO. Rel. Min. Maria Isabel Gallotti. *DJe* 11/10/2016.

BRASIL. Superior Tribunal de Justiça. REsp 1.424.814/SP. Rel. Min. Marco Aurélio Bellizze. *DJe* 10/10/2016.

BRASIL. Superior Tribunal de Justiça. AgRg no REsp 1241655/SC. Rel. Min. Og Fernandes. *DJe* 13/09/2016.

BRASIL. Superior Tribunal de Justiça. AgRg no AREsp 324762/DF. Rel. Min. Antonio Carlos Ferreira. *DJe* 08/09/2016.

BRASIL. Superior Tribunal de Justiça. AgRg no REsp 149524/DF. Rel. Min. Moura Ribeiro. *DJe* 31/08/2016.

BRASIL. Superior Tribunal de Justiça. AgInt no AREsp 862868/CE. Rel. Min. Moura Ribeiro. *DJe* 23/06/2016.

BRASIL. Superior Tribunal de Justiça. REsp 1536354/DF. Rel. Min. Ricardo Vilas Bôas Cueva. *DJe* 20/06/2016.

BRASIL. Superior Tribunal de Justiça. REsp 1520327/SP. Rel. Min. Luis Felipe Salomão. *DJe* 27/05/2016.

BRASIL. Superior Tribunal de Justiça. REsp 1520327/SP. Rel. Min. Luis Felipe Salomão. *DJe* 27/05/2016.

BRASIL. Superior Tribunal de Justiça. REsp 1554965/PE. Rel. Min. Paulo de Tarso Sanseverino. *DJe* 14/03/2016.

BRASIL. Superior Tribunal de Justiça. EDcl no AgRg no AREsp 691747/RJ. Rel. Min. Marco Aurélio Bellizze. *DJe* 23/02/2016.

BRASIL. Superior Tribunal de Justiça. REsp 1513259/MS. Rel. Min. João Otávio de Noronha. *DJe* 22/02/2016.

BRASIL. Superior Tribunal de Justiça. AgRg no REsp 1100080/CE. Rel. Min. Antonio Carlos Ferreira. *DJe* 11/02/2016.

BRASIL. Superior Tribunal de Justiça. AgRg no REsp 1394048/PB. Rel. Min. Ricardo Villas Bôas Cuevas. *DJe* 09/12/2015.

BRASIL. Superior Tribunal de Justiça. AgRg no AREsp 578903/DF. Rel. Min. Marco Buzzi. *DJe* 17/11/2015.

BRASIL. Superior Tribunal de Justiça. REsp 1424074/SP. Rel. Min. Ricardo Villas Boâs Cueva. *DJe* 16/11/2015.

BRASIL. Superior Tribunal de Justiça. AgRg no REsp 1544333/DF. Rel. Min. Marco Aurélio Bellizze. *DJe* 13/11/2015.

BRASIL. Superior Tribunal de Justiça. REsp 832293/PR. Rel. Min. Raul Araújo. *DJe* 28/10/2015.

BRASIL. Superior Tribunal de Justiça. AgRg no REsp 1519722/PE. Rel. Min. Humberto Martins. *DJe* 25/08/2015.

BRASIL. Superior Tribunal de Justiça. AgRg no AREsp 595676/MG. Rel. Min. Marco Buzzi. *DJe* 15/06/2015.

BRASIL. Superior Tribunal de Justiça. AgRg no AREsp 592075/RJ. Rel. Min. João Otávio de Noronha. *DJe* 17/03/2015.

BRASIL. Superior Tribunal de Justiça. AgRg no AREsp 592075/RJ. Rel. Min. João Otávio de Noronha. *DJe* 17/03/2015.

BRASIL. Superior Tribunal de Justiça. REsp 1201515/MS. Rel. Min. Raul Araújo. *DJe* 09/09/2014.

BRASIL. Superior Tribunal de Justiça. AgRg no REsp 1428488/SC. Rel. Min. Sidnei Beneti. *DJe* 11/06/2014.

BRASIL. Superior Tribunal de Justiça. REsp 1.186.789/RJ. Rel. Min. Luis Felipe Salomão. *DJe* 13/05/2014.

BRASIL. Superior Tribunal de Justiça. REsp 1.335.617/SP. Rel. Min. Sidnei Beneti. *DJe* 22/04/2014.

BRASIL. Superior Tribunal de Justiça. AgRg no REsp 1092891/RS. Rel. Min. Luis Felipe Salomão. *DJe* 14/02/2013.

BRASIL. Superior Tribunal de Justiça. AgRg no Ag 1316972/SP. Rel. Des. Sidnei Beneti. *DJe* 27/09/2012.

BRASIL. Superior Tribunal de Justiça. AgRg no Ag 1189694/SP. Rel. Min. Raul Araújo. *DJe* 22/05/2012.

BRASIL. Superior Tribunal de Justiça. REsp. 1119740/RJ. Rel. Min. Massami Uyeda. *DJe* 13/10/2011.

BRASIL. Superior Tribunal de Justiça. REsp 1.224.921/PR. Rel. Min. Nancy Andrighi. *DJe* de 11/05/2011.

BRASIL. Superior Tribunal de Justiça. REsp 1224921-PR. Rel. Min. Nancy Andrighi. *DJe* 26/04/2011.

BRASIL. Superior Tribunal de Justiça. AgRg no REsp 886220/RS. Rel. Min. Paulo de Tarso Sanseverino. *DJe* 24/03/2011.

BRASIL. Superior Tribunal de Justiça. REsp 826827-MT. Rel. Min. Sidinei Beneti. *DJe* 12/08/2010.

BRASIL. Superior Tribunal de Justiça. REsp 761944/DF. Rel. Min. João Otávio de Noronha. *DJe* 16/11/2009.

BRASIL. Superior Tribunal de Justiça. REsp nº 968.091/DF. Rel. Min. Fernando Gonçalves. *DJe* 30/3/2009.

BRASIL. Superior Tribunal de Justiça. REsp 1061530/RS (Recusro Repetitivo). Rel. Min. Nancy Andrighi. *DJe* 10/03/2009.

MINAS GERAIS – TRIBUNAL DE JUSTIÇA

MINAS GERAIS. Tribunal de Justiça. Apelação Cível nº 0026707-32.2012.8.13.0362. Rel. Des. Cláudia Maia. *DOE* 16/09/2016.

MINAS GERAIS. Tribunal de Justiça. Apelação Cível nº 0055011-36.2012.8.13.0687. Rel. Des. Alberto Diniz Junior. *DOE* 29/10/2015.

MINAS GERAIS. Tribunal de Justiça. Apelação Cível nº 0058453-12.2014.8.13.0114. Rel. Des. Valdez Leite Machado. *DOE* 24/02/2017.

MINAS GERAIS. Tribunal de Justiça. Apelação Cível nº 0083883-67.2011.8.13.0470. Rel. Des. Pedro Aleixo. *DOE* 14/07/2017.

MINAS GERAIS. Tribunal de Justiça. Apelação Cível nº 0130938-45.2009.8.13.0450. Rel. Des. Saldanha da Fonseca. *DOE* 16/07/2014.

MINAS GERAIS. Tribunal de Justiça. Apelação cível nº 0136068-58.2013.8.13.0035. Des. Pedro Bernardes. *DOE* 04/12/2015.

MINAS GERAIS. Tribunal de Justiça. Apelação Cível nº 0165777-36.2012.8.13.0145. Rel. Des. Márcio Idalmo Santos Miranda. *DOE* 23/09/2016.

MINAS GERAIS. Tribunal de Justiça. Apelação Cível nº 0205843-15.2013.8.13.0245. Rel. Des. José Arthur Filho. *DOE* 25/08/2015.

MINAS GERAIS. Tribunal de Justiça. Apelação Cível nº 0364166-53.2013.8.13.0105. Rel. Des. Mariza Porto. *DOE* 10/06/2016.

MINAS GERAIS. Tribunal de Justiça. Apelação Cível nº 0452787-49.2011.8.13.0702. Rel. Des. João Cancio. *DOE* 16/11/2016.

MINAS GERAIS. Tribunal de Justiça. Apelação Cível nº 0483793-66.2014.8.13.0024. Rel. Des. Márcia De Paoli Balbino. *DOE* 02/02/2016.

MINAS GERAIS. Tribunal de Justiça. Apelação Cível nº 0526049-58.2013.8.13.0024. Rel. Des. José Augusto Lourenço dos Santos. *DOE* 23/06/2016.

MINAS GERAIS. Tribunal de Justiça. Apelação Cível nº 0823572-57.2011.8.13.0024. Rel. Des. José Flávio de Almeida. *DOE* 16/03/2017.

MINAS GERAIS. Tribunal de Justiça. Apelação Cível nº 1603260-90.2012.8.13.0024. Rel. Des. Edison Feital Leite. *DOE* 15/07/2016.

MINAS GERAIS. Tribunal de Justiça. Apelação Cível nº 2004591-42.2012.8.13.0024. Rel. Des. Arnaldo Maciel. *DOE* 11/08/2014.

MINAS GERAIS. Tribunal de Justiça. Apelação Cível nº 2821525-52.2006.8.13.0024. Rel. Des. Evangelina Castilho Duarte. *DOE* 29/08/2014.

MINAS GERAIS. Tribunal de Justiça. Apelação Cível nº 3200971-26.2010.8.13.0433. Rel. Des. Estevão Lucchesi. *DOE* 13/05/2016.

MINAS GERAIS. Tribunal de Justiça. Apelação Cível nº 6004375-42.2014.8.13.0024. Rel. Des. José Augusto Lourenço dos Santos. *DOE* 03/04/2017.

MINAS GERAIS. Tribunal de Justiça. Cível nº 0013421-71.2013.8.13.0452. Rel. Des. Juliana Campos Horta. *DOE* 04/05/2016.

SÃO PAULO – TRIBUNAL DE JUSTIÇA

SÃO PAULO. Tribunal de Justiça. Agravo de Instrumento nº 081620-10.2017.8.26.0000. Rel. Des. Coelho Mendes. *DOE* 12/07/2017.

SÃO PAULO. Tribunal de Justiça. Agravo de Instrumento nº 2076799-60.2017.8.26.0000. Rel. Des. José Wagner de Oliveira Melatto Peixoto. *DOE* 14/06/2017.

SÃO PAULO. Tribunal de Justiça. Apelação Cível nº 0081641-84.2012.8.26.0100. Rel. Des. Ronnie Herbert Barros Soares. *DOE* 21/03/2017.

SÃO PAULO. Tribunal de Justiça. Apelação Cível nº 009758-89.2014.8.26.0100. Rel. Des. Carlos von Adamek. *DOE* 28/07/2017.

SÃO PAULO. Tribunal de Justiça. Apelação Cível nº 0139377-94.2011.8.26.0100. Rel. Des. Edgard Rosa. *DOE* 01/06/2017.

SÃO PAULO. Tribunal de Justiça. Apelação Cível nº 1002849-54.2016.8.26.0005. Rel. Des. Ricardo Pessoa de Mello Belli. *DOE* 30/03/2017.

SÃO PAULO. Tribunal de Justiça. Apelação Cível nº 1003337-98.2013.8.26.0462. Rel. Des. Moreira Viegas. *DOE* 27/04/2017.

SÃO PAULO. Tribunal de Justiça. Apelação Cível nº 1004071-60.2015.8.26.0565. Rel. Des. Ana Maria Baldy. *DOE* 03/04/2017.

SÃO PAULO. Tribunal de Justiça. Apelação Cível nº 1012190-19.2015.8.26.0562. Rel. Des. Antonio Nascimento. *DOE* 23/03/2017.

SÃO PAULO. Tribunal de Justiça. Apelação Cível nº 1012404-04.2016.8.26.0100. Rel. Des. Artur Marques. *DOE* 13/03/2017.

SÃO PAULO. Tribunal de Justiça. Apelação Cível nº 1022613-37.2013.8.26.0100. Rel. Des. Flávio Cunha da Silva. *DOE* 22/03/2017.

SÃO PAULO. Tribunal de Justiça. Apelação Cível nº 1022871-82.2015.8.26.0001. Rel. Des. Sergio Gomes. *DOE* 07/03/2017.

SÃO PAULO. Tribunal de Justiça. Apelação Cível nº 1034402-96.2014.8.26.0100. Rel. Des. Fortes Barbosa. *DOE* 01/03/2017.

SÃO PAULO. Tribunal de Justiça. Apelação Cível nº 1035640-53.2014.8.26.0100. Rel. Des. Hugo Crepaldi. *DOE* 11/05/2017.

SÃO PAULO. Tribunal de Justiça. Apelação Cível nº 1092128-62.2013.8.26.0100. Rel. Des. Fortes Barbosa. *DOE* 15/03/2017.

SÃO PAULO. Tribunal de Justiça. Apelação Cível nº 4000416-40.2013.8.26.0002. Rel. Des. Penna Machado. *DOE* 03/08/2017.

JURISPRUDÊNCIA ANGLO-SAXÔNICA

REINO UNIDO. *Bridge v Campbell Discount Co Ltd, [1962] A.C. 600.* Disponível em: <http://swarb.co.uk/campbell-discount-company-ltd-v-bridge-hl-1962/>. Acesso em:15 Jul. 2017.

REINO UNIDO. *Cine Bes Filmcilik ve Yapimcilik and Another v United International Pictures and Others [2004] 1 CLC 401 CA* (Nov. 21 2003). Disponível em: <http://swarb.co.uk/cine-bes-filmcilik-ve-yapimcilik-and-another-v-united-international-pictures-and-others-ca-21-nov-2003/>. Acesso em: 15 Jul. 2017.

REINO UNIDO. *Dunlop Pneumatic Tyre Co Ltd v New Garage and Motor Co Ltd [1915] AC 79 HL* (1 Jul 1914). Disponível em: <http://swarb.co.uk/dunlop-pneumatic-tyre-company-ltd-v-new-garage-and-motor-company-ltd-hl-1-jul-1914/>. Acesso em: 15 Jul. 2017.

REINO UNIDO. England and Wales Court of Appeal. *George Mitchell (Chesterhall) Ltd. Respondents v. Finney Lock Seeds Ltd. Appellants [1983] 2 A.C. 803.* Disponível em: <http://www.bailii.org/ew/cases/EWCA/Civ/1982/5.html>. Acesso em: 15 Jul. 2017.

REINO UNIDO. *Jobson v Johnson [1989] 1 WLR 1026.*

REINO UNIDO. *Lombank Ltd v Excell [1964] 1 Q.B. 415.*

REINO UNIDO. *Lombard North Central Plc. v. Butterworth [1987] Q.B. 527.* Disponível em: <http://swarb.co.uk/lombard-north-central-v-butterworth-ca-31-jul-1986/>. Acesso em: 15 Jul. 2017.

REINO UNIDO. *Sport International Bussum B.V. and Others v. Inter-Footwear Ltd. [1984] 1 W.L.R. 776* (Jan. 2 1984). Disponível em: <http://swarb.co.uk/sport-international-bussum-bv-v-inter-footwear-ltd-hl-2-jan-1984/>. Acesso em: 15 Jul. 2017.

REINO UNIDO. Supreme Court. *Cavendish Square Holding BV v Makdessi and ParkingEye Ltd v Beavis [2015] UKSC 67* (4 November 2015). Disponível em: <http://www.bailii.org/uk/cases/UKSC/2015/67.html>. Acesso em: 15 Jul. 2017.

REINO UNIDO. *White & Carter (Councils) Ltd v McGregor, 1962 S.C. (H.L.).*